BEREAUX 1981

LES HOMMES DE 1851

EN VENTE A LA MÊME LIBRAIRIE

LES HOMMES DE 1848, par A. Vermorel. 1 vol. in-18 jésus (3e édition) . . . . 3 fr. 50 c.

LE COUP D'ÉTAT DU 2 DÉCEMBRE 1851, par les Auteurs du *Dictionnaire de la Révolution française*. 1 vol. in-18 raisin de 216 pages (7e édition). . . . . 0 fr. 50 c.

HISTOIRE DES CONSEILS DE GUERRE DE 1852, par les auteurs du *Dictionnaire de la Révolution Française* 1 vol. in-18 raisin de 432 pages (2e édition). . 1 fr. 25 c.

Clichy. — Imprimerie M. Loignon, Paul Dupont et Cie.

LES
HOMMES DE 1851

HISTOIRE DE LA PRÉSIDENCE

ET DU

RÉTABLISSEMENT DE L'EMPIRE

PAR

A. VERMOREL

PARIS

DÉCEMBRE-ALONNIER, LIBRAIRE-ÉDITEUR

20, RUE SUGER, 20

PRÈS DE LA PLACE SAINT-ANDRÉ-DES-ARTS

1869

TABLE DES MATIÈRES

PREMIÈRE PARTIE

LES HOMMES DE LA RUE DE POITIERS.

Préface.	I.
Chapitre I. — L'expédition de Rome	I
— II. — L'expédition de Rome à l'intérieur	36
— III. — La loi sur l'enseignement	86
— IV. — La loi de déportation	109
— V. — Les lois contre le droit de réunion	126
— VI. — Les lois contre la presse	133
— VII. — La loi du 31 mai	155
— VIII. — La révision de la Constitution	177

DEUXIÈME PARTIE

LES HOMMES DE L'ÉLYSÉE.

Chapitre I. — Le prince Louis-Napoléon Bonaparte	231
— II. — La conspiration impériale	279
— III. — Les préparatifs de la lutte	309
— IV. — Le coup d'État	357
— V. — La Constitution de 1852	399
Appendice	419

PRÉFACE.

Caussidière rapporte dans ses *Mémoires* ce trait caractéristique :

« Il me souvient qu'un peu avant le 23 août (c'est
« à cette date que l'Assemblée constituante autorisa les
« poursuites contre Louis Blanc et Caussidière), M. Por-
« talis, qui paraissait me vouer une sorte d'affection,
« me disait :

— « Vous feriez bien de solliciter du gouvernement
« une mission étrangère ; on vous l'accorderait certai-
« nement.

« Je lui demandai le pourquoi de ce conseil qui
« n'était point du tout d'accord avec mes intentions.

— « Parce qu'à tort ou à raison, l'on vous craint,
« et que l'on voudrait se débarrasser de vous à tout
« prix, me répondit-il.

— « Pourtant je crois être sincèrement républicain,
« lui dis-je.

— « Oui, mais d'une nuance trop foncée.

« Sur ce que je lui objectai que chaque corps d'armée
« avait une avant-garde et que le gouvernement s'éloi-
« gnait du but de la Révolution, il ajouta :

— « Au surplus, quand nous serons arrivés à
« M. Thiers, plutôt que de nous joindre à lui, nous
« nous rallierons à vous.

« Il aurait aussi bien fait de dire : Quand la maison
« sera brûlée, nous apporterons de l'eau pour éteindre
« le feu. »

Toute la philosophie de l'histoire des années 1848,
1849, 1850 et 1851 est contenue dans ces quelques
lignes. Ceux qui veulent se rendre compte du chemin
par lequel la République proclamée par le peuple le

24 février 1848 aboutit à l'Empire inauguré par le coup d'Etat du 2 décembre 1851, n'ont qu'à les bien méditer.

Nous avons retracé dans un ouvrage précédent le récit lamentable des événements de cette triste année 1848, qui pouvait être si grande, si glorieuse, si féconde.

Nous avons montré comment la République fut compromise et perdue par ceux auxquels avait été confiée la mission de la diriger et de la défendre. Nous avons dit comment ces hommes avaient trahi toutes les espérances sociales et libérales du peuple, comment ils en étaient arrivés à considérer les républicains sincères comme leurs plus grands ennemis, comment leurs provocations amenèrent la bataille de juin, parce qu'ils voulaient *en finir* avec les idées au nom desquelles avait été faite la Révolution ; comment, dans l'aveuglement de leur haine réactionnaire, ils en étaient arrivés à livrer la République aux hommes des partis monarchiques et cléricaux, en appelant au ministère MM. Dufaure et Vivien, et en faisant l'expédition romaine pour soutenir le pape contre le peuple.

Ce qui doit nous rendre implacables pour ces hommes, ce n'est pas qu'ils perdirent la République : les fautes sont toujours excusables ; — mais c'est qu'ils la livrèrent sciemment à ses ennemis naturels, ce qui est un crime.

Les hommes de la rue de Poitiers, auxquels les hommes de juin avaient eux-mêmes remis le gouvernement de la République, conspirèrent contre la République et pour une restauration monarchique, d'accord avec le Prince-Président et avec les hommes de l'Elysée: le rétablissement du pape par les armées françaises, la loi sur l'enseignement, les lois contre la presse et les clubs, la loi sur la déportation, la loi du 31 mai et finalement la demande en révision de la Constitution, marquent autant d'étapes dans cette voie. Les hommes de juin, se séparèrent d'eux alors, mais il était trop tard : ils avaient eux-mêmes mis le feu à la maison, et c'était lorsqu'elle était consumée qu'ils songeaient à l'éteindre.

Les hommes de la rue de Poitiers s'aperçurent trop tard, eux aussi, qu'ils avaient travaillé pour les hommes de l'Elysée. Le 2 décembre 1851, date funeste, vint mettre fin à leurs conspirations et aussi aux espérances persistantes de la démocratie qui s'était fortifiée dans ces luttes à la faveur desquelles s'était formée une génération virile d'hommes nouveaux.

Aujourd'hui que le pays est sorti de sa léthargie et veut rentrer en possession de lui-même, il importe de se rendre compte de l'enchaînement des faits qui ont amené le système contre lequel nous voulons réagir.

La date du 2 décembre 1851 est inséparable des deux dates du 25 juin 1848 et du 31 mai 1850. Le régime du 2 décembre est le produit direct de la réaction qui suivit le 25 juin 1848, et de la conspiration des partis monarchiques, qui, après avoir fait l'expédition romaine pour rétablir le pape, firent l'expédition de Rome à l'intérieur pour étouffer les aspirations populaires, et n'eurent pas de trêve qu'ils ne fussent parvenus à mutiler le suffrage universel.

Entre les hommes de juin, les hommes du 31 mai et les hommes du 2 décembre, il n'y a pas au fond antagonisme de principes ; ils se sont unis en 1848 par leurs actions, par leurs paroles et par leurs votes pour combattre la République et la liberté en tant qu'elle pourrait profiter aux socialistes. Ils sont encore tout prêts aujourd'hui à reformer cette coalition si elle devenait utile.

Il ne faut pas dire qu'il n'y a pas opportunité dans ces attaques contre les hommes qui sont *censés* représenter la démocratie et la liberté.

La question la plus intéressante qui puisse être posée est précisément celle de savoir s'ils représentent vraiment et sincèrement nos principes.

Les actes de MM. Thiers, Dufaure, de Falloux, de Montalembert et consorts pendant qu'ils étaient au pouvoir en 1849 et 1850 nous apprennent ce qu'il faut penser de leur libéralisme, en même temps qu'ils attestent leur haine aveugle contre la démocratie.

Cependant nos soi-disant démocrates, renouvelant la trahison qui a perdu la République en 1848, veulent encore aujourd'hui leur livrer la démocratie par la conspiration de l'union libérale, et ils ne peuvent plus avoir l'excuse de la bonne foi.

Etre poussé des hommes de l'Élysée aux hommes de la rue de Poitiers, c'est tomber de Charybde en Scylla.

Si l'on juge qu'une alliance momentanée est nécessaire, soit ! Mais alors il faut qu'elle ait lieu en complète connaissance de cause. Et plus l'alliance serait jugée utile, plus il serait nécessaire de bien connaître nos alliés.

Que ceux qui m'attaquent me prennent en flagrant délit de mensonge, qu'ils m'accusent de tronquer les faits ou de dissimuler une partie de la vérité : alors on pourra comprendre leur colère. Mais si mes publications les blessent précisément parce que je dis la vérité et toute la vérité, il serait plus prudent à eux de se taire.

Il n'y a que ceux qui veulent tromper le peuple, ou ceux qui se servent de lui en le méprisant, qui puissent penser que toute vérité n'est pas opportune à dire en politique.

Nous avons tous au contraire le devoir en même temps que le droit de connaître la vérité tout entière.

Pendant dix-huit ans le boisseau a été tenu sur l'histoire. Le jour commence à percer : il faut faire la lumière complète. Pour bien apprécier les événements de décembre 1851, il importe de ne pas les séparer des événements qui les ont précédés et préparés. Pour pouvoir y porter utilement remède, il faut connaître le mal dans toute son étendue et en pénétrer les véritables causes.

LES HOMMES DE 1851

PREMIÈRE PARTIE

LES HOMMES DE LA RUE DE POITIERS

CHAPITRE PREMIER.

L'EXPÉDITION DE ROME.

> « Comprimer la révolution romaine, c'est attenter dans son
> « principe à la nationalité italienne, et frapper du même coup
> « la révolution du 24 février. »
> E. QUINET, *Assemblée constituante, séance
> du 30 novembre* 1848.

C'est au général Cavaignac qu'appartient, — comme nous l'avons dit dans notre livre sur les *Hommes de* 1848, — l'initiative de l'expédition romaine, dont le véritable caractère était signalé, dès le 30 novembre 1848, par M. Edgar Quinet, qui disait à la tribune de l'Assemblée constituante :

« Comprimer la révolution romaine, c'est attenter dans « son principe à la nationalité italienne, et frapper du « même coup la révolution du 24 février. »

C'était en effet abjurer le principe de la souveraineté du

peuple pour reconnaître celui de la souveraineté du pape, qui a son origine dans le droit divin ; c'était renier la République ; c'était fouler aux pieds les déclarations solennelles faites par M. de Lamartine, au lendemain de la révolution de Février, sous la pression du sentiment populaire.

« Aujourd'hui, » disait M. de Lamartine, « les trônes et les
« peuples se sont habitués au mot, aux formes, aux agita-
« tions régulières de la liberté exercée dans des proportions
« diverses dans presque tous les États, même monarchiques.
« Ils s'habitueront à la République, qui est sa forme com-
« plète chez les nations plus mûres. Ils reconnaîtront qu'il
« peut y avoir dans la République, non-seulement un ordre
« meilleur, mais qu'il peut y avoir plus d'ordre véritable
« dans ce gouvernement de tous pour tous, que dans le
« gouvernement de quelques-uns pour quelques-uns.

« Nous le disons hautement, » ajoutait M. de Lamartine :
« Si l'heure de la reconstruction de quelques nationalités
« opprimées en Europe ou ailleurs paraissait avoir sonné
« dans les décrets de la Providence ; si les États indépen-
« dants de l'Italie étaient envahis ; si l'on imposait des
« limites ou des obstacles à leurs transformations inté-
« rieures, si on leur contestait à main armée le droit de
« s'allier entre eux pour consolider une patrie italienne,
« la République française se croirait en droit d'armer elle-
« même pour protéger ces mouvements légitimes de crois-
« sance et de nationalité des peuples (1). »

---

(1) M. de Lamartine, répondant au nom du gouvernement à Mazzini et à la députation italienne, prenait un engagement bien plus formel encore :
« Eh bien ! puisque la France et l'Italie ne font qu'une seule
« nation, dans nos sentiments communs pour sa régénération
« libérale, *allez dire à l'Italie* qu'elle a des enfants aussi de
« ce côté des Alpes ; allez lui dire que si elle était attaquée dans
« son sol ou dans son honneur, dans ses limites ou dans ses
« libertés, que si ses bras ne suffisaient pas à les défendre, ce

Ces principes avaient été solennellement consacrés par l'Assemblée constituante, qui, le 26 mai, avait adopté à l'unanimité la résolution suivante, destinée à servir de règle à sa politique extérieure : « L'Assemblée nationale invite
« la Commission exécutive à continuer de prendre pour
« règle de sa conduite les vœux unanimes de l'Assemblée,
« résumés par ces mots : Pacte fraternel avec l'Allemagne,
« Reconstitution de la Pologne indépendante et libre, *Af-*
« *franchissement de l'Italie.* »

Il devait en être de cet engagement comme de tous les autres; et les gouvernants de la République devaient être réactionnaires et félons dans leur politique extérieure aussi bien que dans leur politique intérieure.

Non-seulement le gouvernement de la République était resté sourd aux appels désespérés du Piémont écrasé par l'Autriche (1); non-seulement il avait sacrifié l'indépendance

---

« ne sont plus des vœux seulement, *c'est l'épée de la France*
« *que nous lui offririons* pour la préserver de tout envahisse-
« ment. »

(1) Le roi de Piémont Charles-Albert, qui avait déjà consenti des réformes politiques le 29 octobre 1847, se vit forcé par le mouvement qui suivit la proclamation de la République en France de promulguer une constitution libérale; c'est cette constitution, promulguée le 4 mars 1848, qui régit encore aujourd'hui l'Italie. Charles-Albert se mit à la tête du mouvement italien pour ne pas être dépassé et renversé par lui; il voyait d'ailleurs dans ce rôle une occasion de satisfaire cette ambition démesurée de la maison de Savoie qui fut et qui devait être encore dans l'avenir si funeste à l'Italie. C'est parce qu'il était effrayé des déclarations de M. de Lamartine, et parce qu'il redoutait le contact de son armée avec une armée républicaine, que Charles-Albert prit d'abord l'initiative de repousser tout concours de la part de la France et fit cette fameuse déclaration : *Italia fara da se.* Mais après sa défaite à Custozza, le 26 juillet, Charles-Albert s'empressa d'invoquer le secours de la France, dont le gouvernement à cette époque d'ailleurs n'inspirait plus d'inquiétude aux rois. Mais tout concours lui fut refusé, et Charles-Albert dut accepter un armistice qui devait se prolonger

de la patrie italienne en entamant des négociations avec le cabinet de Vienne (1); mais encore il allait intervenir pour s'opposer aux transformations intérieures du peuple romain, pour prendre le parti d'un prince contre le peuple soulevé

---

jusqu'au mois de mars 1849. Dans cet intervalle, il envoya plusieurs diplomates à Paris, MM. Gioberti, La Marmora, Brignoles-Sales, Ricci, pour obtenir qu'un général français vînt prendre le commandement de l'armée républicaine : le général Cavaignac, et son conseiller aux affaires étrangères, M. Jules Bastide, refusèrent obstinément tout concours. Charles-Albert, voyant l'Italie échapper à son ambition par les progrès de la propagande républicaine, dénonce l'armistice à Radetzki, le 12 mars 1849, décidé à jouer un va-tout. Il est battu à Novare le 23 mars et contraint d'abdiquer. Le dernier acte de la campagne piémontaise fut l'exploit du général La Marmora à Gênes, où le peuple s'était soulevé pour protester contre la monarchie, sous le coup de la honte de Novare : La Marmora étouffa l'insurrection dans le sang, et il fut secondé dans cette œuvre de réaction par le *Tonnerre*, bâtiment de guerre français qui était alors dans le port de Gênes. Ainsi l'intervention de la France ne faisait jamais défaut quand il s'agissait d'étouffer les aspirations populaires !

(1) Le gouvernement du général Cavaignac, au lieu d'intervenir directement en Italie pour soutenir la cause de l'indépendance, avait préféré entamer une négociation diplomatique avec le cabinet de Vienne, en faisant appel à la médiation de l'Angleterre, tout comme eût pu le faire M. Guizot. Le résultat de cette négociation fut de sacrifier l'indépendance italienne en rendant à l'Autriche ses anciennes limites, et en isolant Venise, ce qui équivalait à la livrer. Il est évident que toutes les sympathies de M. Bastide et de M. Cavaignac étaient pour l'Autriche. Dans une brochure publiée par M. Raumer, membre du parlement de Francfort, envoyé à Paris pour obtenir de la République française, la reconnaissance du pouvoir central germanique, ce diplomate allemand rapporte que M. Bastide lui dit : « L'Autriche ne doit pas s'affaiblir en Italie; la France, « loin de vouloir diminuer la puissance de l'Autriche, désire « l'augmenter, mais du côté de l'Orient. » C'est ainsi que sur toutes les questions les ministres de la République prenaient le contre-pied de la politique révolutionnaire. (Voir *Les Hommes de 1848*, ch. XIII.)

pour recouvrer le gouvernement de lui-même. — Et de quel prince? Du pape, c'est-à-dire de celui dont l'autorité est la plus contraire à tous les principes du droit politique moderne.

Non content d'avoir frappé au cœur la République en fusillant et en déportant en masse les républicains, en supprimant leurs journaux et en les bâillonnant par le rétablissement du cautionnement, M. Cavaignac l'avait livrée aux monarchistes en appelant au ministère MM. Dufaure et Vivien. Cela ne suffisait pas encore : pour achever la République, il fallait la livrer aux cléricaux, aux Montalembert et aux Falloux. Et c'est pour se faire pardonner, par une abjuration solennelle du principe républicain, l'origine révolutionnaire du pouvoir qu'il rêvait de consolider entre ses mains, que M. Cavaignac résolut d'intervenir à Rome pour rétablir l'autorité du pape.

On a tâché, depuis, d'atténuer le caractère de l'acte de M. Cavaignac. Mais il ressort nettement des documents officiels.

Par un procédé habituel aux gouvernements personnels, M. Cavaignac, au mépris de la Constitution, était intervenu à Rome, sans consulter l'Assemblée qui n'avait plus eu qu'à ratifier les faits accomplis. Ce n'était pas qu'il craignît son opposition, mais il voulait se réserver tout l'honneur et tout le bénéfice d'une initiative qui devait recommander sa candidature présidentielle aux cléricaux.

Puis, pour saisir le pays, on joua une petite comédie parlementaire dont M. Bixio (1) se fit le compère.

---

(1) M. Bixio, qui joua un si triste rôle dans les incidents relatifs à l'expédition romaine, avait fait les efforts les plus actifs, après le 24 février, pour empêcher la proclamation de la République. Il avait même obtenu de quelques membres du gouvernement provisoire un ordre signé pour retirer de l'Imprimerie *royale* la proclamation de la République. Cet ordre était signé de MM. de Lamartine, Garnier-Pagès, Crémieux et Dupont (de l'Eure). Mais ces messieurs n'étaient pas seuls membres du gou-

Le 28 novembre, M. Bixio monte à la tribune pour interpeller le gouvernement sur ce qu'il a fait et sur ce qu'il compte faire en présence de l'insurrection qui vient d'éclater à Rome. M. Bixio montre l'Italie *en proie à l'oppression et à l'anarchie*. Il dénonce les révolutionnaires romains dans un langage tout à fait digne d'un vainqueur de juin ; car, depuis cinq mois, on ne traitait pas autrement les révolutionnaires français : « Une faction, qui se dit libérale, mais
« qui semble prendre à tâche de faire haïr la liberté, une
« faction, qui, de l'esprit révolutionnaire, semble ne connai-
« tre que les excès, la faction démagogique, tandis que l'Au-
« triche opprime l'Italie du Nord, fait peser sur l'Italie du
« centre, fera bientôt peser sur l'Italie du midi, une servi-
« tude nouvelle, presque aussi effroyable que celle de l'é-
« tranger, la servitude du désordre. »

M. Bixio impute aux démagogues romains le *lâche assassinat de M. Rossi*, et il fait l'apologie de la papauté, « in-
« stitution de droit public et religieux en Europe, et dont
« le maintien se lie au maintien même de l'équilibre et des
« croyances de l'Occident, insultée par ceux-là mêmes dont
« elle est la dernière ancre de salut. »

« Il y va de l'honneur et de l'intérêt de la République, » s'écrie M. Bixio. « Il y va de son honneur, car elle ne peut
« fe mer l'oreille au cri de détresse que viennent de pousser

---

vernement provisoire. — M. Bixio fut blessé en juin en combattant l'insurrection. Il était le frère du général Nino Bixio, aujourd'hui naturalisé Italien et membre du parlement de Florence, qui déjà en 1848, ardent républicain, était à Rome avec Garibaldi. Nino fut un des *mille* de Marsala en 1860, et gagna son grade de général en faisant toutes les campagnes de Sicile et de Naples. Il y a un autre frère Bixio : François qui est jésuite. Il est recteur de l'église de Stanton dans la Virginie, et en même temps aumônier des prisons militaires de Richmond.

(1) La Lombardie n'intervient ici que pour l'effet ; en réalité, le gouvernement de 1848 ne fit pas un effort en faveur de la Lombardie ; il réserva pour le pape toutes ses sympathies actives.

« la Lombardie et la papauté (1). Il y va de son intérêt, car
« il y a péril pour elle à tolérer longtemps encore à ses portes
« l'oppression de l'anarchie. »

M. Cavaignac était prêt : le thème était fait de part et d'autre. Il apprit à l'Assemblée que M. de Corcelles, représentant du peuple, avait accepté la mission de se rendre à Rome en qualité d'envoyé extraordinaire, escorté par quatre frégates à vapeur, portant à leur bord trois mille cinq cents hommes dirigés sur Civita-Vecchia, avec la mission de faire rendre à *Sa Sainteté* sa liberté personnelle, si elle en était privée et de lui assurer une retraite en France. « Il « appartient à l'Assemblée, » ajoute M. Cavaignac, « de dé- « terminer la part qu'elle voudra faire prendre à la Répu- « blique dans les mesures qui devront concourir *au réta- « blissement d'une situation régulière dans les États de « l'Église.* »

La droite entière applaudit. M. Ledru-Rollin s'élance immédiatement à la tribune pour ouvrir le débat et répondre à la fois à M. Bixio et à M. Cavaignac : mais celui-ci et ses amis demandent la remise de la discussion au 30.

« Ce que voulait M. Cavaignac et sa petite cour, dit « M. Germain Sarrut dans son *Histoire de France de* 1792 « *à* 1849, c'était produire un effet moral dans le pays, « préoccuper l'esprit de l'aristocratie et du clergé de ses « tendances religieuses, en un mot acquérir les suffrages « des électeurs du grand monde et gagner du temps. »

Pour compléter l'effet du petit discours de M. Cavaignac, ses journaux publièrent la lettre qu'il avait écrite au Pape, dans laquelle se trouvait cette phrase remarquable :

« La République, dont l'existence est déjà consacrée par « la volonté réfléchie, persévérante et souveraine de la na- « tion française, verra avec orgueil *Votre Sainteté* donner « au monde le spectacle de *cette consécration toute reli- « gieuse* que votre présence au milieu d'elle lui annonce, « et qu'il accueillera avec la dignité et le respect religieux

« qui conviennent à cette grande et généreuse nation (1). »

Le 30 novembre, M. de Montalembert monta à la tribune pour remercier, au nom des catholiques, le gouvernement de son initiative. Il félicita le général Cavaignac d'avoir « étendu l'épée de Charlemagne pour sauver l'indépen-
« dance de l'Église menacée dans son chef. »

---

(1) M. Cavaignac croyait que le pape avait l'intention de se réfugier en France, et il avait même envoyé à Marseille, pour le recevoir, M. Freslon, ministre des cultes. Cette nouvelle lui était confirmée par une dépêche télégraphique transmise par notre consul à Civita-Vecchia, sur les instructions de M. d'Harcourt, notre ambassadeur à Rome, dans laquelle il était dit : « Le « pape est parti positivement de Rome le 24, à cinq heures du « soir... Le *pape se rend en France*... Le *Ténare* est allé le « prendre à Gaëte. » Mais M. d'Harcourt avait été dupe d'une mystification diplomatique ; c'est lui qui avait assuré, le 24 novembre, la sortie du pape du Quirinal, d'où, déguisé en simple prêtre, il s'était rendu à Gaëte dans la voiture de madame Spaur, femme du consul de Bavière. Mais, au lieu de s'embarquer pour la France, Pie IX établit sa cour à Gaëte. Voici comment madame Spaur elle-même raconte cette intrigue :
« Dans les diverses réunions diplomatiques qui eurent lieu
« pour faciliter ce départ, M. d'Harcourt insistait beaucoup
« pour que le pape se retirât en France ; nous fûmes obligés
« d'y donner notre consentement, mais nous ne le donnâmes qu'a-
« vec la ferme intention d'éluder l'exécution de toutes nos
« promesses. A cet effet nous fîmes d'abord comprendre que
« la route de Civita-Vecchia trop fréquentée était peu sûre pour Sa
« Sainteté, et nous obtînmes, non sans beaucoup parlementer,
« que Sa Sainteté se rendrait à Gaëte, accompagnée par moi et
« mon mari, et que le duc d'Harcourt conduirait monseigneur
« Stella et les effets du pape à Civita-Vecchia, d'où il vien-
« drait, à bord du *Ténare*, prendre Sa Sainteté à Gaëte. Ce fut
« le 24 novembre 1848, que, à six heures du soir, Pie IX sortit
« du Quirinal avec M. d'Harcourt et mon mari, et qu'il arriva
« à la voiture qui l'attendait, sans être remarqué. Qui en effet,
« aurait pu reconnaître Sa Sainteté, *sous un chapeau rond, une*
« *grosse redingote à longs poils, un pantalon noir et des bottes ?* »
— En présence de cette situation, le départ des troupes fut suspendu : mais toute cette affaire couvrit le général Cavaignac de confusion, et sa manœuvre électorale se retourna contre lui.

Il donna à la République la bénédiction qu'avait sollicitée pour elle le général Cavaignac dans sa lettre à Pie IX :

« En supposant que le gouvernement, dans la mesure
« qui lui sera possible, ira jusqu'au bout de son entreprise,
« *et qu'il défendra non-seulement la personne du pontife*
« *mais son autorité*, je déclare qu'il a bien fait, je lui en
« en sais gré, et je déclare que le gouvernement républi-
« cain ne pouvait rien entreprendre qui pût lui faire plus
« d'honneur aux yeux de la postérité et qui pût le conso-
« lider davantage dans le cœur du peuple français. »
Ainsi-soit-il.

En même temps, M. Fayet, évêque d'Orléans, écrivait à tous les évêques de France, au nom des évêques et des ecclésiastiques de l'Assemblée, pour leur dire que « le choix
« du général Cavaignac leur semblait offrir à la religion
« plus de garantie, et au pays plus de calme et de stabilité
« que toute autre candidature, » et les engager à faire usage pour soutenir sa candidature de toute leur légitime influence.

M. Bixio, dans un discours perfide, avait odieusement dénaturé le caractère de la révolution romaine. La vérité était que cette révolution avait été aussi unanime et spontanée que la révolution française du 24 février; que le peuple entier l'avait acclamée; que les Suisses seuls avaient essayé de prendre la défense du Pape; qu'aucun excès n'avait été commis par le peuple vainqueur; que la vie du Pape n'avait pas été plus menacée que ne l'avait été à Paris, après le 24 février, la vie du roi Louis-Philippe et celle de ses ministres. Quant au meurtre de Rossi, le parti révolutionnaire y était resté complétement étranger, et on avait même de bonnes raisons pour l'attribuer à une manœuvre provocatrice de la police papale (1).

---

(1) « Pendant le peu de temps que j'ai été dans la diplomatie,
« le rouge me montait au visage chaque fois que, parlant de
« l'indépendance et de la liberté de l'Italie, on me jetait à la
« face l'horrible souvenir de l'assassinat de Rossi. Dès lors, je

Le véritable caractère de l'acte du général Cavaignac, c'était la campagne de Juin à l'extérieur ; il retournait contre les révolutionnaires étrangers les mêmes armes employées contre les révolutionnaires français.

M. Ledru-Rollin, joignant ses protestations éloquentes, à celles de M. Quinet, fit valoir avec force tous ces arguments, et rétablit le caractère de la révolution romaine, en même temps qu'il dénonça la portée réelle de l'acte de M. Cavaignac :

« On nous dit : — Nous n'avons voulu défendre que
« l'homme, nous n'avons pas voulu toucher à la uestion
« politique; la ligne est parfaitement tracée.

« Est-ce sérieusement que vous dites cela? Comment
« distinguerez-vous dans Pie IX le pontife du prince tem-
« porel? Où commence le prêtre? Où commence l'homme?

« Et puis, n'est-ce pas la question politique en face de
« laquelle vous vous trouvez? Est-ce que le peuple n'a pas
« dit : Je veux mon indépendance? Est-ce que le peuple n'a
« pas dit : Je veux une Constitution? Où est donc la ques-
« tion religieuse? Quand vous allez portez secours au pape
« résistant, vous ne portez pas secours à l'homme cou-

« résolus de provoquer un acte public qui fît connaître à l'Eu-
« rope que les libéraux étaient du côté de la victime et non du
« côté des assassins. » (Lettre de M. Buoncompagni à M. de Mazade.) — L'opinion généralement répandue que la police papale n'avait pas été étrangère à l'assassinat de Rossi trouva, en 1859, une sorte de confirmation indirecte et lointaine, mais qui n'en est pas moins bien saisissante. Lorsque, après le traité de Villafranca, les assemblées de Toscane, de Modène et de la Romagne proclamèrent la déchéance de leurs souverains respectifs au bénéfice de la maison de Savoie, M. Farini, élu gouverneur de la Romagne, découvrit aux archives un document, en date du 25 février 1831, émané d'un haut fonctionnaire pontifical, contenant l'ordre d'assassiner quelques soldats autrichiens et de mettre le crime sur le compte des libéraux, afin de déterminer le cabinet de Vienne à une violation nouvelle du principe de non-intervention.

« ronné d'une tiare, vous portez secours purement et sim-
« plement à un prince temporel se débattant avec ses
« peuples qui réclament contre lui...

« Milan vous a appelé à son secours; y avez-vous
« couru? La Lombardie, aujourd'hui dépouillée par Ra-
« detzki, avez-vous une parole ou un geste pour elle?
« Avez-vous trouvé un mot pour cette Assemblée de Ber-
« lin qu'on traite aujourd'hui comme le dernier et le plus
« misérable des clubs? Avez-vous trouvé un mot pour l'as-
« sassinat de Robert Blum? Avez-vous trouvé un mot de
« protestation pour Messine saccagée et brûlée? Vous n'a-
« vez rien trouvé pour tout cela. Et quand il s'agit du
« pape, quand il s'agit non pas d'aller secourir la cause
« d'un peuple contre un prince, mais la cause d'un prince
« contre un peuple, oh! alors, vous avez de la hâte, de
« l'empressement... (1) »

---

(1) Le ministère romain, composé de MM. Mamiani, Galletti, Sterbini, Campello, sous la présidence de M. Muzzarelli, protesta solennellement, en face de l'Italie et de l'Europe, contre l'expédition française préparée et résolue par le général Cavaignac. —« Nous ne pouvons nous empêcher d'observer en pre-
« mier lieu, » disaient les auteurs de la protestation, « que donner
« l'ordre d'entrer à main armée sur un territoire étranger, sans
« l'assentiment de ses habitants et de ceux qui les gouvernent,
« est en soi un acte contraire aux maximes fondamentales du
« droit des gens, même alors qu'il s'agit d'assurer la vie et la
« liberté du prince qui y règne, attendu que tout peuple est
« chez soi l'unique arbitre de ses propres actions, et que, sui-
« vant les doctrines universellement acceptées aujourd'hui, il
« ne réside dans les princes aucune seigneurie absolue, aucun
« droit divin supérieur à tout autre droit social et politique...
« Les soussignés, passant sous silence d'autres raisons et de
« nombreuses règles du droit international sur la question, se
« bornent à rappeler au général Cavaignac la prescription de
« l'article de la nouvelle constitution républicaine de France,
« dans lequel il est dit que : *les armées françaises ne seront
« jamais employées au détriment de la liberté des peuples*. Or,
« la première des libertés, c'est l'indépendance nationale, le

M. Ledru-Rollin aborde en terminant la question constitutionnelle, qui achève de bien déterminer le caractère contre-révolutionnaire de l'acte de M. Cavaignac :

« Le chef du pouvoir exécutif a-t-il pu, sans consulter la
« Chambre, faire partir une expédition de façon à engager
« le pays malgré lui et à le jeter peut-être dans une guerre
« européenne? Le chef du pouvoir exécutif est purement
« et simplement l'instrument d'exécution des volontés de
« la Chambre. Il vous l'a dit lui-même assez souvent, que
« la Chambre ordonnait, qu'il était le bras et qu'il exécu-
« tait. Eh bien! voilà un bras qui agit, avant que la tête
« ait été consultée! Voilà un bras qui va compromettre la
« France précipitamment, avant que la France ait voulu
« s'engager! Voilà un bras qui va soutenir un prince tem-
« porel contre le peuple, quand l'article 7 du préambule de la
« Constitution, dit que nous devons respecter l'indépendance
« de tous les peuples! C'est là quelque chose de capital...
« Quand une Assemblée ne sait pas à un mois de distance
« faire respecter l'œuvre de sa Constitution, cette assem-
« blée et sa Constitution, n'en doutez pas, sont perdues. »

M. Jules Favre s'associa aux protestations de M. Ledru-Rollin, mais en se plaçant à un point de vue qui est curieux à signaler. Il se plaignit amèrement que le général Cavaignac n'eût pas associé l'Assemblée « à cette solennelle
« manifestation qui devait montrer quels sont les senti-
« ments d'estime et d'affection qui lient la République
« française au Saint-père. » — « On ne l'a pas fait, on n'a
« pas voulu entretenir l'Assemblée de ce fait, *parce qu'on
« voulait s'en réserver l'honneur et le mérite.* »

Quelle fut sur cette grave et délicate question l'attitude du prince Louis-Napoléon, qui ne négligeait lui non plus, aucun moyen pour pousser sa candidature rivale ?

« droit pour les peuples de rester arbitres et maîtres de leurs pro-
« pres destinées et de la gestion intérieure de la chose publique. »

Voici la lettre ambiguë qu'il écrivait au *Constitutionnel*, le 2 décembre :

« Sachant qu'on a remarqué mon absence au vote pour
« l'expédition de Civita-Vecchia, je crois devoir déclarer
« que, bien que résolu à appuyer toutes les dispositions
« propres à garantir la liberté et l'autorité du Souverain
« Pontife, je n'ai pu néanmoins approuver par mon vote,
« une démonstration militaire qui me semblait périlleuse,
« même pour les intérêts sacrés qu'on veut protéger, et
« faite pour compromettre la paix européenne.

« Louis-Napoléon Bonaparte. »

D'autre part, M. Louis-Napoléon Bonaparte faisait annoncer dans l'*Univers* qu'il envoyait M. Murat, son cousin, porter ses sentiments de condoléance au pape. Et le même journal publiait la lettre suivante adressée au nonce du pape :

« Monseigneur, je ne veux pas laisser accréditer auprès
« de vous les bruits qui tendraient à me rendre complice de
« la conduite que mène à Rome le prince de Canino. Depuis
« longtemps, je n'ai aucune espèce de relations avec le fils
« aîné de Lucien Bonaparte ; et je déplore de toute mon
« âme qu'il n'ait point senti que le maintien de la souve-
« raineté temporelle du chef vénérable de l'Église était inti-
« mement lié à l'éclat du catholicisme comme à la liberté et
« à l'indépendance de l'Italie. »

M. Louis-Napoléon Bonaparte, élu président de la République, à la réception du corps diplomatique, le 1ᵉʳ janvier 1849, déclarait au nonce du pape qu'il avait l'espérance que Pie IX serait bientôt rétabli dans ses États ; et il allait prendre tous les moyens utiles pour préparer cet événement.

Mais il est important de rappeler, que ce sont les hommes de 1848, que c'est le général Cavaignac et ses amis, qui déposèrent le germe de cette expédition si funeste pour la République et pour la France, dont nous traînons encore le boulet aux pieds.

Soixante-trois députés seulement votèrent contre l'acte de M. Cavaignac, et encore, dans ce nombre, plusieurs comme M. Jules Favre, voulaient-ils simplement exprimer par leur vote, le regret que l'Assemblé nationale n'ait point « été associée au bénéfice de l'impression que l'initiative de « ces mesures a dû produire sur tous les bons esprits. » (Lettres de MM. Grandin, de Champvans et Ferrouillat au *Moniteur.*)

Parmi les 480 membres qui appuyèrent l'initiative de M. Cavaignac, nous remarquons les noms de MM. Altaroche, Bastide, Beslay, Buchez, Crémieux, Corbon, Charras, Charton, Pascal Duprat, Glais-Bizoin, *Grévy*, Kestner, Marie, Armand Marrast, Sénard, Jules Simon. MM. Garnier-Pagès, Carnot, Barthélemy-Saint-Hilaire étaient absents au moment du vote.

Le 10 février 1849, la République romaine était proclamée au Capitole. Les représentants de la Montagne envoyèrent à la Constituante romaine une adresse pour lui exprimer les sympathies de la démocratie française ; mais le Gouvernement de la République française refusa de reconnaître la République romaine et d'admettre d'autre représentant de Rome à Paris que le nonce du pape.

Le 8 mars, M. Ledru-Rollin vint dénoncer à la tribune l'attitude du Gouvernement, fortement soupçonné de s'entendre avec l'Autriche pour intervenir en Italie afin de restaurer le pape. M. de Lamartine, après M. Ledru-Rollin, stigmatisa, avec une éloquence ardente, cette politique léguée au prince Louis-Napoléon par le général Cavaignac, qui eût été blâmable de la part d'un gouvernement monarchique, mais qui avait le caractère d'une véritable apostasie de la part d'un gouvernement républicain :

« Si en ce moment vous permettiez à la France d'inter-
« venir pour enchaîner à jamais la population centrale de
« l'Italie à un pouvoir quelconque, temporel ou spirituel,
« qu'elle réprouve ; ou si, n'osant pas, ou ne voulant pas le

« faire vous-mêmes vous permettiez qu'on le fît en votre
« nom, ce serait là, passez-moi l'expression, la grande si-
« monie du siècle, fatale à la fois à la religion et à la liberté ;
« ce serait là quelque chose qui me paraîtrait pire que ce
« que l'on a si longtemps flétri sous le nom de *Sainte-Al-*
« *liance* ; car la Sainte Alliance était une alliance défensive
« des trônes contre les entreprises de la démocratie et de la
« liberté, et cette alliance nouvelle, que l'on vous ferait si-
« gner avec le sang de la France, serait une alliance offen-
« sive, une alliance agressive dans laquelle la main de la
« France apparaîtrait pour contre-signer la mort éternelle,
« l'interdiction de renaître à l'indépendance, à la liberté,
« dans cette Italie dont elle s'est déclarée et dont elle se
« déclarera toujours la sœur, l'amie et l'appui.

« Oh ! alors, je dirai : Honte à une telle apostasie de nos
« principes, républicains à la face du monde !

« Et que gagnerait la République française à cette répu-
« diation de sa nature et du droit des nations ? Ce qu'elle
« y gagnerait, je dois vous le dire : elle n'y gagnerait pas
« la faveur des rois et des trônes ombrageux par leur na-
« ture même, pendant les premiers temps, contre le prin-
« cipe démocratique, même modéré, si fortement organisé
« dans trente six millions d'hommes ; et elle y perdrait à
« jamais, dès son premier acte, à son premier geste,
« l'estime, la confiance et la considération des peuples que
« nos premières parole lui avaient conquises et que vos ré-
« solutions sauront lui maintenir. »

Le chef du ministère était alors M. Odilon Barrot qui dans la discussion de l'Adresse de 1848, s'unissait à M. de Lamartine pour reprocher à la monarchie de juillet d'avoir sacrifié en Italie la cause de la liberté et la Révolution, et de qui faisait à ce propos cette déclaration solennelle : « Puisque
« chaque opinion a sa responsabilité, et je ne récuse pas
« la mienne, je ne crains pas de prendre sous ma respon-
« sabilité entière les deux propositions suivantes : Sur la re-

« constitution de l'indépendance italienne, de la patrie ita-
« lienne, liberté d'action pour mon pays, selon ses intérêts,
« selon ses sympathies. Sur la question d'intervention ar-
« mée de l'Autriche contre les institutions libres des autres
« États, *nécessité*, OBLIGATION, DEVOIR D'HONNEUR
« pour la France de s'y opposer, *au besoin même par les*
« *armes*. Ce sont là deux propositions que je tiendrais à
« maintenir, prenant la responsabilité de ces propositions,
« et je ne crains pas que mon pays me désavoue (1). »

M. Odilon Barrot avait fait quelque temps auparavant cette profession de foi sur le pouvoir temporel du pape :
« Non, non, je ne comprendrai jamais ce gouvernement
« bâtard, moitié spirituel et moitié temporel, qui réside
« dans la personne du pape. »

L'inspirateur, l'Égérie du ministère était M. Thiers qui, dans cette même discussion de l'Adresse de 1848, exprimait à l'Italie d'ardentes sympathies, et faisait une déclaration non moins nette en faveur de son indépendance : « Je vou-
« drais, disait M. Thiers, que ma voix ait une force qu'elle
« n'a pas, pour dire aux Italiens : La France vous aime, elle
« vous aime comme une contrée longtemps associée à ses
« destinées! Il faut que l'Italie sache que la France lui sou-
« haite d'être indépendante, libre et heureuse... Certaine-
« ment nous ne devons pas porter la liberté violemment ni

---

(1) M. Odilon Barrot avait été encore plus explicite au banquet de Saint-Quentin : « Si, poussée par un sentiment fatal de con-
« servation, l'Autriche se jetait de nouveau sur les États indé-
« pendants de l'Italie; *si le conflit s'engageait entre ce gouver-*
« *nement et les peuples d'Italie combattant pour les droits de*
« *leur nationalité*, l'Autriche attaquant pour ce qu'elle appelle
« la sécurité de sa domination, la France, je vous le demande
« à vous, quelque amis de la paix que vous puissiez être, la France
« pourrait-elle rester indifférente en présence de cette lutte? »
— « Non! non! » s'écriait-on de toutes parts. — « Vous avez
« répondu, » ajoutait l'orateur, « *les canons, comme on l'a dit,*
« *partiraient tout seuls.* »

« perfidement nulle part : *mais nous ne devons pas souffrir*
« *qu'on vienne l'étouffer avec des baïonnettes partout*
« *où elle se sera développée comme l'herbe pousse au prin-*
« *temps*. Là, je le répète, *elle est sacrée*, et la France ne
« doit point souffrir qu'on y touche. »

MM. Thiers et Odilon Barrot jouaient alors leur comédie d'opposition : mais arrivés au pouvoir, ils devaient se signaler par la même ardeur réactionnaire que leurs rivaux d'autrefois, et ils ne devaient pas avoir de trêve avant d'avoir étouffé la liberté et la Révolution, à l'intérieur et à l'extérieur. Non-seulement ils refusaient le concours des armes de la France aux populations italiennes défendant leur indépendance contre l'Autriche, quand ils avaient déclaré eux-mêmes qu'il y avait nécessité, obligation, devoir d'honneur pour la France, mais encore ils méditaient d'étouffer à Rome avec les baïonnettes de la France, la liberté qui s'y était développée comme l'herbe pousse au printemps, suivant la métaphore de M. Thiers, et qui était sacrée.

Dans cette œuvre de réaction, nous trouvons, comme toujours, les hommes de l'Élysée associés aux hommes de la rue de Poitiers ; indépendamment de l'appui que leur donnent MM. Baroche et Rouher, le ministre des affaires étrangères est M. Drouyn de Lhuys, scandaleusement apostat, lui aussi, car c'était lui-même qui, le 24 mai, avait apporté à la tribune de l'Assemblée constituante la résolution que nous avons citée, qui consacrait solennellement les principes exposés dans le Manifeste de M. de Lamartine, en spécifiant notamment *l'affranchissement de l'Italie* (1).

Enfin, les hommes de Juin devaient continuer à faire la main aux hommes de la rue de Poitiers, et M. Bixio allait devenir le compère de M. Odilon Barrot, comme il avait été le compère de M. Cavaignac.

---

(1) M. Carnot disait de M. Drouyn de Lhuys, à cette époque :
« Ce qu'il désire surtout, c'est un baptême républicain »

Le 30 mars, M. Bixio, au nom du comité des affaires étrangères, présenta une résolution déclarant : « Que si, « pour mieux sauvegarder les intérêts et l'honneur de « la France, le Pouvoir exécutif croyait devoir prêter à « ses négociations l'appui d'une occupation partielle et tem- « poraire en Italie, il trouverait dans l'Assemblée nationale « le plus sincère et le plus entier concours. »

La proposition est combattue par MM. Ledru-Rollin, Flocon et par M. Billault, qui accusent le gouvernement d'avoir compromis dans ses négociations avec l'Autriche, l'honneur de la France et peut-être le salut de la République (1). M. Jules Favre défend la proposition : « Oui,

---

(1) M. Billault lut à la tribune une dépêche de M. de Schwartzemberg à son représentant à Paris, sous la date du 17 janvier, de laquelle il résultait que l'idée d'une médiation de l'Angleterre et de la France vis-à-vis de l'Autriche pour assurer l'indépendance de l'Italie, dans des limites plus ou moins satisfaisantes, n'était acceptée à aucune condition. L'Autriche acceptait simplement la discussion sur la paix à conclure avec le Piémont, et la plus grande concession qu'elle faisait était de renouveler le congrès de Vienne en prenant pour bases les traités de 1815, que M. de Lamartine, dans son manifeste, avait solennellement déclarés abolis en droit comme en fait. Les négociations avaient continué sur cette base, qui eût dû paraître inacceptable au gouvernement républicain, issu de la Révolution du 24 février. Et dans une circulaire du 27 janvier adressée aux représentants de l'Autriche près les cours de Saint-Pétersbourg et de Berlin, M. de Schwartzemberg déclarait que le cabinet français s'était rallié à cette idée d'un congrès des puissances : « Nous avons déclaré péremptoire- « ment à Paris et à Londres, disait la circulaire autrichienne, « que nous ne consentirions en aucune façon à l'altération de « nos possessions territoriales en Italie, fixées par les « traités de 1814 et de 1815; que la réorganisation de nos pos- « sessions italiennes était exclusivement du ressort de notre « politique intérieure, et que, tout en voulant donner à ces pro- « vinces les institutions que la parole impériale avait garanties, « nous ne souffririons jamais de la part d'une puissance étran- « gère la plus légère intervention à ce sujet. — Nous avons

« dit-il, ce que nous demandons, c'est un vote de con-
« fiance, mais c'est aussi un vote d'énergie : c'est le désir

« ajouté que les conditions de la paix à conclure entre l'Au-
« triche et la Sardaigne étaient, à notre avis, l'unique objet
« de la médiation de la France et de l'Angleterre : dans le cas
« où les puissances médiatrices viendraient y mettre sur le ta-
« pis d'autres questions sur la situation de l'Italie, nous refu-
« serions de les discuter, à moins d'une convocation générale
« des autres cours signataires des traités qui ont décidé du
« sort de la Péninsule. »
La circulaire autrichienne dit que « ces explications répé-
« tées avec autant de franchise que de précision avaient pro-
« duit sur le cabinet de France, une légitime impression, » et
que les ouvertures faites actuellement par le représentant français, M. de Lacour, montraient que le cabinet de Paris paraissait disposé à laisser de côté l'affaire de la médiation et à y substituer un congrès des principales puissances signataires des traités de Vienne. La circulaire se terminait par l'encouragement suivant : « Si le gouvernement français en renonçant
« au stérile projet d'une médiation qui n'offre pas la moindre
« chance de succès, se ralliait à l'Autriche pour inviter les
« principales puissances de l'Europe à délibérer ensemble afin
« de rétablir l'ordre et la tranquillité ébranlés en Italie jusque
« dans leur fondement, nous devons dire de notre côté que nous
« nous réjouirions cordialement de voir la France engagée dans
« une politique tendant à une si bonne fin : car nous nous flattons
« que dans une telle réunion une bonne intelligence entre les
« cours alliées aurait assez de poids pour faire pencher la balance en faveur d'une nouvelle consécration des principes de justice et de saine politique que le congrès de Vienne avait eu
« la sagesse d'établir. » — Et c'était en face de ces documents que M. Jules Favre, conservant encore l'espérance que le ministère pourrait servir la cause de la révolution en Italie, demandait pour lui un vote de confiance ! Nous verrons d'ailleurs combien tenace était son illusion.
Après l'intervention à Civita-Vecchia, une dépêche de M. de Schwartzemberg à M. de Colloredo, en date du 29 avril, établissait la communauté d'instructions de la France et de l'Autriche :
« Les mesures des deux puissances, tout en paraissant dictées
« par des inspirations différentes, » disait M. de Schwartzemberg,
« n'amèneront entre elles aucun conflit, mais au contraire,
« des résultats aboutissant également au bien-être du peuple
« de l'Italie centrale, et à la cause de l'ordre général. »

« exprimé par l'Assemblée de voir le cabinet prendre en
« Italie une attitude telle, que non-seulement les droits et
« la sécurité de la France soient protégés, mais encore que
« toutes les questions qui sont posées dans le débat italien
« soient résolues conformément aux vœux de la France et
« aux sentiments intimes de l'Assemblée. »

320 membres contre 444 repoussèrent la proposition, ne pensant pas pouvoir accorder leur confiance à un ministère qui avait si souvent trahi toutes les espérances révolutionnaires. Parmi ceux qui, sur l'exhortation de M. Jules Favre, apportèrent au gouvernement l'hommage de leur confiance, nous remarquons les noms de MM. Altaroche, Barthélemy-Saint-Hilaire, Beslay, Garnier-Pagès, Hauréau, Leblond, Pagnerre.

M. Cavaignac avait pris la parole dans la discussion pour constater que le ministère était le véritable continuateur de sa politique. Mais sentant combien sa position était fausse, il avait tâché de se couvrir en disant que sa responsabilité personnelle n'était pas engagée, qu'il n'avait été que l'exécuteur des volontés de l'Assemblée. A quoi M. Ledru-Rollin répondit en rappelant comment les choses s'étaient passées ; comment M. Cavaignac avait engagé lui-même l'Assemblée en prenant l'initiative de l'intervention ; comment il avait constamment refusé les explications qu'on lui demandait, en disant que l'on pouvait compter sur lui, qu'il saurait sauvegarder les intérêts de la France : « Au fond des
« choses, la responsabilité est bien à vous, partagée, il est
« vrai, par l'Assemblée, mais par l'Assemblée devant la-
« quelle vous vous êtes toujours tenu bouche close, je
« pourrais presque dire, murée. Donc, cette politique est
« bien au fond la vôtre. Et si elle doit peser dans l'histoire
« vous aurez à supporter la plus lourde part du fardeau. »

Le 16 avril, M. Odilon Barrot, président du conseil, s'appuyant sur l'ordre du jour de M. Bixio, voté par l'Assemblée, le 31 mars, demande un crédit de 1,200,000 francs pour l'entretien sur le pied de guerre, pendant trois mois, d'un corps d'armée qui occuperait un point de l'Italie centrale où une crise est imminente, et il réclame l'urgence. L'Assemblée se retire dans ses bureaux et nomme une commission de quinze membres. A neuf heures vingt minutes du soir, la séance est reprise, et M. Jules Favre, rapporteur de la commission, appuie la demande du ministère, *persuadé* « que la pensée du gouvernement n'est « pas de faire concourir la France au renversement de la « République romaine. »

M. Emmanuel Arago, moins confiant, met en demeure le président du conseil de déclarer formellement quels sont les principes qui serviront de guide à cette intervention.

Les déclarations vagues et ambiguës de M. Odilon Barrot, rapprochées de tous les actes précédents du ministère, ne justifient que trop les inquiétudes de la démocratie.

M. Ledru-Rollin signale avec éloquence le piége tendu à la bonne foi de l'Assemblée : il montre que l'objet réel de l'expédition est la restauration du pape.

M. Schœlcher, au nom de la minorité de la commission, joint ses protestations à celles de M. Ledru-Rollin.

Mais M. Jules Favre persiste dans l'illusion qui a dicté ses conclusions; en voulant à toute force prêter aux engagements du gouvernement une précision qu'ils n'avaient pas en réalité, et en entraînant le vote des esprits indécis, il prend une part considérable dans la responsabilité de l'expédition.

Le commandement de l'expédition est confié au général Oudinot, dont les ordres sont formels. Il s'empare de Civita-Vecchia, et, sans hésiter marche sur Rome.

M. Jules Favre, monte à la tribune, le 7 mai, pour protester contre cette tournure donnée à l'intervention : « Que « la responsabilité, dit-il, retombe sur ceux qui nous ont « joués, car nous avons été joués. »

Nous avons vu combien le piége était grossier, et la *naï-*

veté de M. Jules Favre avait été par trop primitive. Il est certaines fautes qui ne sont pas permises aux hommes politiques.

Cependant l'Assemblée, émue de la gravité des événements, décide qu'une commission sera nommée immédiatement pour examiner les faits, et que cette commission, fera son rapport le soir même.

M. Sénard, rapporteur de la commission, dit qu'il est certain que les instructions données au général commandant l'expédition s'écartent des déclarations faites à la tribune. En effet, la République romaine, qui ne devait être ni défendue ni attaquée, a été attaquée directement. En conséquence, la commission provoque la résolution suivante : « L'Assemblée « invite le gouvernement à prendre sans délai les mesures « nécessaires pour que l'expédition ne soit pas plus long- « temps détournée du but qui lui était assigné. »

Cette résolution, combattue par le ministre des affaires étrangères, M. Drouyn de Lhuys, est adoptée par 328 voix contre 241.

M. Garnier-Pagès s'abstint de prendre part au vote, mais ses deux fidèles alliés MM. Pagnerre et Barthélemy-Saint-Hilaire votèrent contre la résolution et pour la direction contre-révolutionnaire donnée à l'expédition. M. Cavaignac s'abstint.

En revanche, parmi les défenseurs de la République romaine, nous remarquons le général de Lamoricière, qui devait mourir général du pape. M. de Lamoricière ne se contenta pas d'appuyer la République romaine de son vote, mais il prit deux fois la parole dans la discussion.

Le premier acte du gouvernement qui suivit cette décision de l'Assemblée fut la publication dans la *Patrie*, le lendemain 8 mai, d'une lettre du Président au général Oudinot, qui avait tous les caractères d'un véritable défi :

« Mon cher général, écrivait le Président, la nouvelle télé-
« graphique qui annonce la résistance imprévue que vous

« avez rencontrée sous les murs de Rome m'a vivement
« peiné. J'espérais, vous le savez, que les habitants de
« Rome, ouvrant les yeux à l'évidence, recevraient avec
« empressement une armée qui venait accomplir chez eux
« une mission bienveillante et désintéressée.

« Il en a été autrement : nos soldats ont été reçus en
« ennemis; *notre honneur militaire est engagé;* JE NE
« SOUFFRIRAI PAS QU'IL REÇOIVE AUCUNE ATTEINTE. Les
« renforts ne vous manqueront pas. Dites à vos soldats que
« j'apprécie leur bravoure, que je partage leurs peines, et
« qu'ils pourront toujours compter sur mon appui et sur
« ma reconnaissance. »

Est-ce assez d'effronterie? s'écrièrent les journaux républicains en reproduisant cette lettre.

M. Grévy la dénonça à l'Assemblée, et il fit observer que la dépêche annonçant la résistance opposée à nos troupes sous les murs de Rome était du 3 mai, et que c'était cinq jours après, le lendemain du vote de l'Assemblée et évidemment en réponse à ce vote, qu'avait été écrite la lettre.

— « Citoyens, s'écria M. Ledru-Rollin, agir ainsi, c'est
« déchirer votre décision, trahir la République. »

« Président et ministres, » poursuivait l'éloquent tribun, interprète élevé de la pensée révolutionnaire, « sachez-le
« bien, l'échec des armes françaises en cette circonstance
« n'est pas honteux pour elles... Ce qui est une honte dans
« l'histoire d'un peuple libre, c'est une bataille livrée pour
« étouffer la liberté et anéantir une République. Ce qui
« est une honte, c'est que, quand un peuple allié, frère,
« nous appelle à lui, on cherche à exciter des dissensions
« dans son sein, le patriotisme des honnêtes gens, comme
« on les appelle, pour extirper le principe du suffrage
« universel. Voilà ce qui est une honte ineffaçable ! »

M. Clément Thomas dit qu'il y a évidemment dans l'acte de M. Bonaparte une de ces usurpations d'autorité qui affichent les allures impériales, et qui ne peuvent pas être tolérées, et il demande qu'une adresse soit rédigée pour que l'Assemblée fasse connaître directement au Président de la République ce qu'elle en pense.

Le lendemain M. Ledru-Rollin apporte à l'Assemblée une proclamation du général Changarnier mettant à l'ordre du jour de l'armée de Paris la lettre du Président, avec ce commentaire, qui contient un outrage direct pour l'Assemblée : « Cette lettre doit fortifier l'attachement de l'armée au « chef de l'Etat; *et elle contraste heureusement avec le « langage de ces hommes* qui, à des soldats français placés « sous le feu de l'ennemi, voudraient envoyer pour tout « encouragement un désaveu. »

— « Citoyens, » s'écrie M. Ledru-Rollin, « d'autres pour-« raient faire ici des phrases oratoires, le texte serait beau. « Moi, je vous demanderai simplement ceci : Êtes-vous « des hommes ? La main sur le cœur, avez-vous le senti-« ment de votre dignité : si vous l'avez, répondez à cet « insolent défi par un acte d'accusation, ou, comme hommes « et comme représentants, disparaissez, car vous avez l'op-« probre au front !

« Quoi ! voilà l'Assemblée nationale à qui on reproche « dans sa majorité de jeter un désaveu à nos soldats « sous le feu de l'ennemi ! Comment ! on nous montre « comme les ennemis de l'armée ! on nous désigne à ses « baïonnettes ! au profit de qui ? au profit d'un prétendu « chef d'Etat, c'est-à-dire d'un simulacre impérial ou « royal ! »

Il est évident que la dignité de la représentation nationale était atteinte, et que la République était menacée dans ses bases.

Cent trente-huit voix seulement soutinrent la demande de mise en accusation contre le Président et ses ministres, qui trahissaient d'une façon si flagrante la République. Parmi les trois cent quatre-vingt-huit membres qui apportèrent au Président et à sa politique l'appui de leur vote, nous remarquons MM. Barthélemy-Saint-Hilaire, Bastide, Bixio, Cavaignac, Garnier-Pagès, V. Lefranc, Armand Marrast, Pagnerre, Senard.

C'est à l'occasion de ce vote que M. Léon Faucher, ministre de l'intérieur, envoya cette fameuse dépêche pour influer sur les élections à l'Assemblée législative qui avaient lieu dans le moment même : « *Les agitateurs n'attendaient* « *qu'un vote de l'Assemblée, hostile au ministère*, POUR « COURIR AUX BARRICADES ET POUR RENOUVELER LES JOUR-« NÉES DE JUIN. »

On sait que cette manœuvre électorale, désavouée par les collègues de M. Faucher eux-mêmes fut l'objet d'un blâme unanime de l'Assemblée. Cinq députés seulement se levèrent pour soutenir M. Faucher qui dut déposer son portefeuille à la suite de cet incident. Il fut remplacé par M. Dufaure.

L'Assemblée constituante, avait cessé ses fonctions, le 28 mai, sans que le gouvernement ait tenu aucun compte de son vote du 7 mai par lequel elle le mettait en demeure de prendre les mesures nécessaires pour que l'expédition ne soit pas plus longtemps détournée de son but.

Le 3 juin, les troupes françaises livraient un premier assaut contre Rome. M. Ledru-Rollin, le 11 juin, reprend devant l'Assemblée législative la question de la mise en accusation du Président et de ses ministres : « La consti-« tution est violée, dit » M. Ledru-Rollin, « nous la défen-« drons par tous les moyens possibles, même par les armes. »

La mise en accusation du ministère étant repoussée de nouveau par l'Assemblée, les représentants de la montagne, la presse républicaine et le comité démocratique socialiste provoquent pour le 13 juin une grande manifestation pacifique et légale qui doit exprimer à l'Assemblée le vœu du peuple. Mais le gouvernement, feignant d'y voir une insurrection, fait balayer la manifestation par les troupes, proclame l'état de siége, mutile la représentation nationale en lui faisant décréter d'accusation sucessivement M. Ledru-Rollin et quarante représentants, étend l'état de siége à seize départements, et, sous cette terreur, fait adopter des lois qui suppriment à peu près complétement ce qui restait encore debout, après la réaction de juin 1848, de la liberté de la presse et du droit de réunion. La préméditation était manifeste. « Il y avait un lien étroit, » comme l'avait dit M. Ledru-Rollin, « entre la conduite tenue à Rome et la « conduite tenue en France. C'était un plan arrêté, un système « tout entier de contre-révolution. C'était la République « qu'on méditait d'étouffer au dehors comme au dedans. » Nous verrons bientôt M. de Montalembert le déclarer luimême, et dire qu'il faut faire *l'expédition de Rome à l'intérieur*. Ç'avait été, dès les premiers jours la triste signification de cette politique, commencée par M. Cavaignac pour compléter la réaction de juin et soutenue par lui jusqu'à l'état de siége inclusivement. Non-seulement M. Cavaignac vota l'état de siége, mais il prit la parole pour le défendre contre MM. Pierre Leroux et Bancel. Et c'est grâce à son intervention que, par une dernière dérision, l'état de siége fut voté aux cris de *Vive la République !* M. Odilon Barrot n'en demandait pas tant (1).

Pendant ce temps, et la tribune française étant ainsi rendue silencieuse, car ceux qui restaient n'avaient plus le puissant tempérament révolutionnaire de M. Ledru-Rollin, — Rome succombait.

Cette expédition commencée par une perfidie vis-à-vis de l'Assemblée dont on avait surpris le vote, comme nous l'avons vu, par de fausses déclarations, devait se poursuivre par une série de procédés peu loyaux qui ne font pas honneur à son chef, le général Oudinot.

Le 24 avril, le général Oudinot, débarquait à Civita-

---

(1) Voir les *Hommes de* 1848, ch. x.

Vecchia en faisant la déclaration suivante : « Le gouver-
« nement de la République française, toujours animé d'un
« esprit très-libéral, déclare vouloir respecter le vœu de
« la majorité des populations romaines... Il est bien décidé
« à ne vouloir imposer à ces populations aucune forme de
« gouvernement qui ne serait pas choisie par elles. Pour
« ce qui concerne le gouvernement de Civita-Vecchia, il
« sera conservé dans toutes ses attributions, et le gouver-
« nement français pourvoira à toutes les dépenses occa-
« sionnées par le corps expéditionnaire. » — « Accueillez-
« nous en frères, nous justifierons ce titre, » ajoutait le
général Oudinot. Et parodiant les proclamations du premier
consul Bonaparte, il adressait aux Romains cette apos-
trophe : « Romains, mon dévouement personnel vous est
« acquis. Si vous écoutez ma voix, si vous avez con-
« fiance dans ma parole, je me consacrerai sans réserve
« aux intérêts de votre belle patrie. »

La municipalité de Civita-Vecchia répondit qu'elle se fiait
à la loyauté de la France, à son esprit protecteur de toutes
les libertés.

M. Oudinot, s'étant ainsi emparé de Civita-Vecchia par
cette ruse, met la ville en état de siége, fait occuper le
fort, désarme la garnison, met le séquestre sur 150 caisses
de fusils achetés en France qui allaient être dirigées sur
Rome, et interdit de se réunir à la municipalité.

Le gouverneur de Civita-Vecchia, M. Mannucci, proteste contre ces mesures hostiles « qui se concilient si peu
« avec les assurances solennelles d'amitié écrites et procla-
« mées par le commandant de l'expédition à la face de l'Eu-
« rope. » Il est arrêté et jeté au fort de Civita-Vecchia.

C'est par ce bel exploit que débute l'expédition.

Le général Oudinot marche aussitôt sur Rome, s'efforçant de tromper les soldats sur le véritable caractère de l'expédition par une proclamation dans laquelle il fait ces
affirmations audacieuses : « Nous ne trouverons pour enne-

« nis, ni les populations, ni les troupes romaines; les
« unes et les autres nous considèrent comme des libéra-
« teurs. Nous n'avons à combattre que des réfugiés de
« toutes les nations qui oppriment ce pays après avoir com-
« promis dans le leur la cause de la liberté. Sous le drapeau
« français, au contraire, les institutions libérales recevront
« tous les développements compatibles avec les intérêts et
« les mœurs de la nation romaine (1). »

La première attaque de Rome eut lieu le 30 avril.

Pendant que les Français assiégent Rome, les Autrichiens à la faveur de cette diversion, achèvent d'étouffer les dernières résistances de la révolution italienne; et pour bien attester la communauté de sentiment et d'action qui existe entre l'Autriche et la France, le général Wimpfen vient occuper les Romagnes et s'empare de Bologne.

Une négociation s'était engagée entre le gouvernement romain et le général Oudinot, par l'intermédiaire de M. de Lesseps, envoyé de Paris avec une mission de conciliation, sous la pression des votes de l'Assemblée constituante. Mais l'Assemblée législative ayant apporté au gouvernement une majorité plus compacte, les négociations sont interrompues brusquement. Malgré l'engagement pris par le général Oudinot de ne pas reprendre les hosti-

---

(1) M. le général Oudinot savait bien quels étaient les véritables sentiments des populations, et dans une dépêche adressée au gouvernement, au commencement de mai, il faisait cet aveu qui eût ouvert les yeux à ceux qui avaient engagé la France dans cette aventure, s'ils eussent été de bonne foi : « J'ai écrit
« à M. de Raymond, disait M. Oudinot, en l'engageant à faire
« tous ses efforts à Gaëte pour maintenir notre liberté d'action.
« Ceci est d'autant plus nécessaire *qu'on se fait à Gaëte la plus*
« *grande illusion sur les dispositions des populations*. Je ne
« prétends pas dire que ces dispositions soient favorables à
« l'ordre de choses actuel... Mais les sympathies pour l'ancien
« gouvernement sont loin d'être ardentes comme on le suppose.
« On aime Pie IX, *mais on redoute très-généralement le gou-*
« *vernement clérical.* »

lités avant le lundi, les troupes françaises commencent l'attaque dans la nuit du lundi au dimanche (3 juin) (1).

---

(1) Voici la proclamation du triumvirat qui appelle les Romains à la résistance : « Au nom de Dieu et du peuple. — Ro-
« mains, au crime d'attaquer avec des troupes républicaines une
« république amie, le général Oudinot ajoute l'infamie de la
« trahison. Il viole la promesse écrite, qui est dans nos mains,
« de ne pas attaquer avant lundi.

« Levez-vous, Romains ! aux murailles, aux portes, aux bar-
« ricades ! Prouvons à l'ennemi que, pas même avec la trahison,
« on ne peut vaincre Rome. Que la ville entière se lève dans
« l'énergie d'une pensée, que chaque homme combatte, que tout
« le monde ait foi dans la victoire, que tout le monde se sou-
« vienne de ses pères et soit grand.

« Que le droit triomphe, et qu'une honte éternelle pèse sur
« l'allié de l'Autriche. — Vive la République ! — *Les triumvirs*,
« ARMELLINI, MAZZINI, SAFFI. »

Mazzini, l'ardent patriote qui a voué sa vie à la fondation de l'unité nationale, et qui, dans cette année 1848, fut constamment partout sur la brèche, adressait, le 15 juin, une lettre à M. de Gérando, chancelier de la légation française à Rome, dans laquelle nous remarquons le passage suivant :

« Permettez-moi de vous le dire, Monsieur, avec la franchise
« qui sied à un homme de cœur : la conduite du gouvernement
« romain n'a jamais, pendant les négociations, dévié d'une seule
« ligne du chemin de l'honneur. Le gouvernement français ne
« peut pas en dire autant. La France, Dieu merci, n'est pas en
« question : brave et généreuse nation, elle est victime d'une
« basse intrigue, comme nous le sommes.

« Aujourd'hui vos canons tonnent contre nos murs, vos bom-
« bes pleuvent sur la ville sainte ; la France a eu la gloire, cette
« nuit, de tuer une pauvre jeune fille du Transtévère qui dor-
« mait à côté de sa sœur.

« Nos jeunes officiers, nos militaires improvisés, nos hommes
« du peuple tombent sous votre feu en criant : *Vive la Répu-
« blique !* — Les braves soldats de la France tombent sous le
« nôtre sans cri, sans murmures, comme des hommes déshono-
« rés. Je suis sûr qu'il n'y en a pas un seul qui ne dise en
« mourant ce qu'un de vos déserteurs nous disait aujourd'hui :
« Nous sentons en nous quelque chose comme si c'étaient des
« frères que nous combattions.

« Et cela pourquoi? Je n'en sais rien, vous n'en savez rien.

2.

La résistance de Rome fut héroïque. Il fallut bombarder la ville pour en obtenir raison. Le corps consulaire tout entier adressa au général Oudinot une protestation solennelle « contre ce mode d'attaque qui, non-seulement, mettait « en danger les vies et les propriétés des habitants neutres « et pacifiques, mais aussi la vie des femmes, des enfants « innocents, et qui portait la destruction à des chefs-d'œu- « vres d'art qui ne pourront jamais être remplacés. »

M. Oudinot répondit que les ordres de son gouvernement étaient absolus.

La défense, dirigée par Garibaldi, dut cesser le 30 juin.

« La France n'a pas ici de drapeau, elle combat des hommes « qui l'aiment et qui, hier encore, avaient foi en elle. Elle cher- « che à incendier une ville qui ne lui a rien fait, sans programme « politique, sans but avoué, sans droit à réclamer, sans mission « à remplir. Elle joue, par ses généraux, la partie de l'Autriche, « et elle n'a pas le triste courage de l'avouer. Elle traîne son « drapeau dans la fange des conciliabules de Gaëte, et elle recule « devant une déclaration franche et nette de restauration cléri- « cale. M. de Corcelles ne parle plus d'anarchie et de factions; il « n'ose pas. Mais il écrit comme un homme troublé cette phrase « inconcevable: La France a pour but la liberté du chef vénéré « de l'Église, la liberté des États-Romains et la paix du monde...

« C'est une bien triste page, Monsieur, qui s'écrit en ce moment, « par la main de votre gouvernement dans l'histoire de France; « c'est un coup mortel porté à la papauté que vous voulez soutenir « et que vous noyez dans le sang; c'est un abîme sans fond qui « se creuse entre deux nations appelées à marcher ensemble pour « le bien du monde, et qui depuis des siècles se tendaient la « main pour s'entendre. C'est une profonde atteinte à la moralité « des rapports entre peuples et peuples, à la croyance commune « qui doit les guider, à la cause sainte de la liberté qui vit de « cette croyance, à l'avenir, non de l'Italie, — la souffrance est « un baptême d'avancement pour elle, — mais de la France, « qui ne peut se maintenir au premier rang si elle abdique les « mâles vertus de la croyance et l'intelligence de la liberté. »

On consultera avec fruit sur ce chapitre historique un livre publié récemment dans lequel se trouvent réunis tous les documents : *la Question romaine devant l'histoire* : 1848 à 1867.

Les troupes françaises entrèrent à Rome le 2 juillet, et l'accueil qui leur fût fait prouva aux soldats qu'on ne les accueillait pas comme des libérateurs.

Le premier acte du général Oudinot fut de mettre la ville en état de siége et d'interdire toute publication par la voie de la presse non autorisée par l'autorité militaire.

Le général Rostolan, nommé gouverneur de la ville, publiait des dispositions qui menaçaient de mesures *exemplaires* tous rassemblements sur la voie publique, supprimaient tous les cercles, et interdisaient la circulation dans la ville à partir de neuf heures du soir : « Pourront seuls cir-
« culer pendant la nuit les médecins et les fonctionnaires
« publics ; toutefois, ils devront être porteurs d'un laissez-
« passer délivré par l'autorité militaire, et ils se feront ac-
« compagner de poste en poste, jusqu'au lieu de leur desti-
« nation. » La proclamation du général Rostolan se terminait par ces paroles mémorables : « Habitants de Rome,
« vous voulez l'ordre, je saurai vous le garantir. *Ceux
« qui persisteraient encore à vous opprimer trouveraient
« en moi une sévérité inflexible.* »

Le 14 juillet, le général Oudinot, sans consulter la population bien naturellement, rétablit, par édit, le gouvernement temporel du pape.

Le Président continuant la politique ambiguë que nous lui avons vu adopter dès le début, envoyait bien à Rome son aide de camp, M. Edgar Ney, porteur d'une lettre restée fameuse, dans laquelle il disait que le rétablissement du pouvoir temporel du pape devrait avoir pour conséquence des institutions libérales (1). Mais cette lettre était con-

---

(1) Voici la lettre à M. Edgar Ney. Cette lettre est un monument de la politique napoléonienne dans la question romaine ; elle atteste la persistance de Napoléon à soutenir le pape malgré le peu de cas qu'il fait de son allié et son ingratitude envers lui et envers la France :

« Mon cher Ney, la République n'a pas envoyé une armée à

sidérée comme une injure par les cléricaux, et le pape y répondait pour un arrêté *motu proprio* (pris de son propre mouvement), qui prenait quelques mesures tout à fait illu-

---

« Rome pour y étouffer la liberté italienne, mais au contraire
« pour la régler en la préservant contre ses propres excès, et
« pour lui donner une base solide en remettant sur le trône
« pontifical le prince qui, le premier, s'était placé hardiment à
« la tête de toutes les réformes utiles.

« J'apprends avec peine que les intentions bienveillantes du
« saint-père, comme notre propre action, restent stériles en
« présence de passions et d'influences hostiles. On voudrait donner
« comme base à la rentrée du pape, la proscription et la
« tyrannie. Dites, de ma part, au général Rostolan (qui avait remplacé Oudinot dans le commandement de l'armée d'occupation) « qu'il ne doit pas permettre qu'à l'ombre du
« drapeau tricolore on commette aucun acte qui puisse dénatu-
« rer le caractère de notre intervention.

« Je résume ainsi le rétablissement du pouvoir temporel du
« pape : amnistie générale, sécularisation de l'administration,
« Code Napoléon, et gouvernement libéral.

« J'ai été personnellement blessé, en lisant la proclamation des
« trois cardinaux (composant la commission gouvernementale
« nommée par le pape), de voir qu'il n'était pas même fait
« mention de la France, ni des souffrances de nos soldats.

« Toute insulte faite à notre drapeau ou à notre uniforme
« me va droit au cœur, et je vous prie de bien faire savoir que
« si la France ne vend pas ses services, elle exige au moins
« qu'on lui sache gré de ses sacrifices.

« Lorsque nos armées firent le tour de l'Europe, elles lais-
« sèrent partout, comme trace de leur passage, la destruction
« des abus de la féodalité et les germes de la liberté ; il ne
« sera pas dit qu'en 1849 une armée française ait pu agir dans
« un autre sens et amener d'autres résultats.

« Dites au général de remercier en mon nom l'armée de sa
« noble conduite. J'ai appris avec peine que physiquement même
« elle n'était pas traitée comme elle devait l'être : rien ne doit
« être négligé pour établir convenablement nos troupes. »

Cette lettre, s'il fallait prendre au sérieux l'intention qui l'a dictée, serait la critique la plus grave et la plus vive de l'expédition. Mais alors il eût fallu immédiatement y mettre un terme et rappeler nos troupes.

soires et opposait pour le surplus le *Non possumus* dans lequel les papes n'ont cessé et ne cesseront jamais de se renfermer, toutes les fois qu'on les pressera de mettre leur gouvernement en accord avec les principes du droit moderne.

La lettre du Président à M. Edgar Ney devenait donc par le fait aussi décevante, que toutes les déclarations faites si souvent à la tribune. Tout cela n'était qu'une comédie pour tromper les gens naïfs, qui, malheureusement, forment en France la grande masse. Le Président ne songea pas à se blesser le moins du monde du refus du pape : ils étaient chacun dans leur rôle ; et il ne lui en conserva pas moins toute sa protection. Nos armées restèrent à Rome pour soutenir le gouvernement restauré, et elle n'ont pas pu quitter depuis la capitale du pape, qui ne se maintient que par l'intervention étrangère. Cette occupation avait lieu de concert avec l'Autriche dont les armées occupaient pareillement pour le compte du pape, les Légations et les Romagnes.

La lettre suivante adressée par M. Farini à M. Gladstone en 1852 (1) nous apprend quels étaient les abus monstrueux que protégeait et couvrait l'intervention française :

« ... En remontant sur le trône de miséricorde, Pie IX
« n'y apporta point l'indulgence ; tout au contraire, son
« gouvernement redoubla de rigueurs dans les jours qui pré-
« cédèrent et suivirent son retour. Le jour anniversaire de
« la République ayant été fêté à Rome par des feux d'artifice,
« les prélats de la Sacrée-Consulte condamnèrent à vingt
« ans de galères quelques jeunes gens accusés de ce singu-
« lier crime, que l'imagination des juges créait et punis-
« sait avant qu'il ne fût inscrit dans les Codes. Comme la
« jeunesse s'abstenait de fumer pour atteindre le gouverne-
« ment dans ses revenus, le même tribunal inventa le délit

---

(1) M. Farini était l'auteur d'un livre écrit au point de vue modéré, mais qui fait autorité, intitulé *l'Etat romain*. C'est à ce titre que les hommes d'État d'Angleterre le consultèrent.

« *de coaction contre l'usage du tabac* et condamna aux
« galères quelques individus qui en étaient accusés. C'étaient,
« disait-on, des peines infligées pour l'exemple et la terreur :
« étrange système de justice chrétienne ! Les chefs autri-
« chiens donnèrent des exemples plus nombreux et plus
« singuliers encore de cette justice dans les provinces où
« ils dominèrent : l'abstention du tabac, les chants et les di-
« vertissements sur les sujets politiques, délits que les Au-
« trichiens appelaient *démonstrations anti-politiques* étaient
« punis par le jeûne dans les cachots et par la bastonnade
« sur les chairs nues, supplice employé non-seulement
« comme châtiment, mais comme torture en vue d'arracher
« aux lèvres des victimes la menteuse confession de la dou-
« leur. Je raconte des choses connues de tout le monde :
« les sentences sont publiques ; pour témoins, j'ai tout un
« peuple..... Celui qui consulterait un recueil de toutes les
« sentences que la Sacrée-Consulte et les conseils de guerre
« autrichiens ont prononcées dans les États de l'Église, celui
« qui dresserait une statistique de tous les sujets du pape,
« qui ont été privés de leur emploi, envoyés en rélégation,
« proscrits, bâtonnés, emprisonnés ; celui-là montrerait à
« l'Europe et à la chrétienté, bien mieux que ne peut le faire
« l'histoire raisonnée, quelle sorte de paix a apportée à
« Rome la croisade de 1849...

« J'abrége. Le gouvernement est comme par le passé,
« purement clérical, car le cardinal secrétaire d'État seul
« est vraiment ministre ; les cardinaux et les prélats l'em-
« portent, sinon par le nombre, du moins par l'autorité, dans
« le conseil d'État et dans la Consulte des finances ; des car-
« dinaux et des prélats gouvernent les provinces. Les ec-
« clésiastiques seuls sont admissibles aux hauts emplois dans
« l'administration, dans l'instruction publique, dans les in-
« stitutions de bienfaisance, dans la diplomatie, la justice,
« la police, la censure. La finance est ruinée, le commerce
« misérable ; la contrebande a reparu ; toutes les immunités,

« toutes les juridictions ecclésiastiques sont rétablies ; les
« taxes et les tailles abondent sans règle et sans mesure ;
« ni sécurité publique ou privée, ni autorité morale, ni
« armée indigène, ni chemins de fer, ni télégraphe ; les
« études négligées ; aucun souffle de liberté, aucune es-
« pérance de vie tranquille ; deux armées étrangères ; l'état
« de siége permanent ; des vengeances atroces, des sectes
« frémissantes, un mécontentement universel : tel est au-
« jourd'hui le gouvernement du pape...

« Vous savez, Monsieur, ajoutait M. Farini, que les
« Italiens se laissent aisément séduire par les opinions et
« les exemples français. Or, il est certain que, de même
« qu'il y a quatre ans, les sectes démocratiques fondaient
« leurs espérance sur la France, de même aujourd'hui c'est
« sur les exemples et l'influence de la France que s'appuient
« les sectes rétrogades. »

Nous nous sommes étendu longuement sur ce chapitre de l'histoire contemporaine : aucun épisode n'a eu plus d'influence funeste sur la liberté de l'Europe en général et sur la liberté de la France en particulier, et nous ne sommes pas encore au terme des réactions qu'il nous réserve. C'est par la voie de Rome et de Civita-Vecchia que nous est venu l'Empire, et ceux qui ont ouvert cette voie, MM. Cavaignac, Bastide, Jules Favre, sont les premiers auteurs responsables du régime de 1852, les premiers coupables de l'étouffement de la République. Mais quoi ! après cette expérience cruelle notre éducation ne serait pas encore faite ! Et nous ferions l'union libérale avec MM. Thiers, Dufaure, Odilon Barrot, de Montalembert, de Falloux et autres janissaires du pape ! Nous le demandons aux gens de bonne foi : où peut nous conduire une opposition qui met dans son programme le maintien de l'occupation française à Rome ? Et que faut-il penser de ceux qui acceptent une semblable alliance et qui regardent cette divergence, sur une question si essentielle, comme un détail accessoire ?

CHAPITRE II.

l'expédition de rome a l'intérieur.

> « Il faut recommencer l'expédition de Rome à l'intérieur ; il
> « faut entreprendre contre le socialisme qui nous menace et
> « nous dévore, une campagne comme l'expédition de Rome...
> « En faisant cela, nous ne ferons que continuer la bataille de
> « juin 1848, la campagne que le général Cavaignac a si noble-
> « ment et si heureusement conduite. »
> De Montalembert, *Assemblée législative, Séance
> du 22 mai 1850.*

Un lien étroit a toujours existé entre la politique extérieure et la politique intérieure de la France : cela tient à l'influence considérable que notre pays exerce en Europe depuis la Révolution. Suivant l'observation de M. Farini, dans sa lettre à M. Gladstone que nous avons citée, de même qu'en 1848 la démocratie européenne fondait toutes ses espérances sur la France, l'influence et l'exemple de la France justifièrent partout ensuite les attentats des partis rétrogrades.

L'initiative de l'expédition de Rome, prise par M. Cavaignac, fut, ainsi que nous l'avons dit, la conséquence de la réaction de juin ; elle devint, pour les hommes de la rue de Poitiers auxquels il transmit ce legs, le point de départ d'une campagne implacable contre les derniers vestiges de la liberté et des institutions républicaines qu'avait dû respecter M. Cavaignac. « Il faut recommencer l'expédition « de Rome à l'intérieur ! » s'écriait M. de Montalembert, le

22 mai 1850, soutenant la loi qui allait mutiler le suffrage universel; « il faut entreprendre contre le socialisme qui « nous menace et nous dévore, une campagne comme l'ex- « pédition de Rome... En faisant cela, nous ne ferons que « continuer la bataille de juin 1848, la campagne que le gé- « néral Cavaignac a si noblement et si heureusement con- « duite! » — La campagne contre qui? contre la liberté, contre la démocratie, contre le suffrage universel, contre la République. Pour quel but? pour le rétablissement de la monarchie, ainsi que n'allaient pas tarder à l'attester les débats sur la révision de la Constitution.

La réaction, comme nous l'avons montré dans notre précédent volume, avait commencé du jour où M. Cavaignac était monté au pouvoir. La République, glorieusement inaugurée le 24 février, était morte le 24 juin, égorgée et violée par M. Cavaignac. Elle était morte noyée dans le sang du peuple. La dictature de M. Cavaignac avait été la négation de tous les principes proclamés en février. Le premier acte de la révolution de Février avait été de protester contre l'application de l'armée à la compression des troubles civils : la répression de juin avait été toute militaire, et elle avait abouti à la dictature militaire, avec son sinistre cortége, l'état de siége et les conseils de guerre. La révolution de Juin avait proclamé le droit au travail : le signal de la compression de juin avait été l'abolition des concessions apparentes faites aux travailleurs et la radiation définitive du droit au travail dans la Constitution. La révolution de Février avait proclamé la liberté de la presse et le droit de réunion ; elle avait aboli les lois de septembre, supprimé le cautionnement, proclamé que les clubs étaient pour la République un besoin, pour les citoyens un droit : l'œuvre des hommes de juin avait été de supprimer arbitrairement les journaux démocratiques nés au souffle de la Révolution, de faire revivre et de fortifier les anciennes lois de la monarchie contre la **presse**, de rétablir le cautionnement, de réglementer et de supprimer les clubs (1).

M. Cavaignac avait inauguré la contre-révolution, non plus clandestinement, mais avec les hommes et le drapeau de la monarchie, en appelant au ministère MM. Dufaure et Vivien (2).

La *Gazette de France* rendait aux complices de cette politique un hommage dont l'ironie était sanglante : « Que « l'ancien parti s'en rapporte à ses chefs, dont l'attitude est « si digne, si intelligente, si influente dans l'Assemblée !... « Il faut laisser la République tuer le socialisme : *après* « *cela on verra si la République a bien gagné ses chevrons* « *et si elle mérite d'être maintenue en grade.* Jusque-là « le devoir de tous les gens *sages et honnêtes* envers le « gouvernement actuel est une entière et une complète « loyauté. »

Après l'élection du 10 décembre, le pouvoir changea de main, mais l'esprit était le même.

A tout prendre, M. Odilon Barrot, qui représentait la gauche constitutionnelle sous la monarchie, qui était l'homme du 23 février, et qui avait provoqué la révolution en faisant appel à la résistance légale et en mettant le ministère en accusation, était encore préférable à M. Dufaure, le ministre du 13 mai 1839, le représentant du tiers-parti monarchique. M. Dufaure n'avait pris aucune part à la campagne des banquets; non-seulement il n'avait pas signé la mise en accusation du ministère, mais encore on lui prêtait ce mot : lorsque M. Guizot disait que toutes

---

(1) Voir *les Hommes de* 1848, chap. x.
(2) La Montagne publia, à l'occasion de cet avénement de MM. Dufaure et Vivien au ministère, un manifeste dans lequel elle disait : « C'est là maintenant où nous en sommes : c'est « aux hommes de la monarchie que viennent d'être confiées les « destinées de la République. »

les mesures étaient prises pour la résistance : — « C'est si « vous ne les aviez pas prises que nous vous mettrions en « accusation, » aurait dit M. Dufaure (1).

---

(1) Dans notre livre sur les *Hommes de* 1848, nous disions que M. Dufaure, en se faisant le ministre de la réaction, restait fidèle aux antécédents de son passé. « Mais, ajoutions-nous, son « passage au pouvoir pour diriger la campagne électorale de « M. Cavaignac est une triste page dans sa biographie. Rien ne « l'obligeait à ce rôle, et le travestissement républicain qu'il « n'hésita pas à prendre à cette occasion ne peut que donner une « triste idée de son caractère. » Ce jugement a paru sévère et injuste. — Voici comment les hommes de son propre parti jugeaient M. Dufaure. Le portrait suivant est emprunté à une brochure de M. Victor de Nouvion, publiée en 1850 sous ce titre : *La situation*. M. de Nouvion, rédacteur en chef du *Courrier de la Somme*, était sous la République un des principaux journalistes du parti orléaniste; et il a écrit, depuis, une *Histoire de Louis-Philippe* qui est très-estimée. — « Nous croyons, » disait M. de Nouvion, « qu'il y a eu, dans la réputation de probité « politique que M. Dufaure s'était acquise sous la monarchie, « plus d'habileté de conduite que de vertu réelle... D'un carac- « tère sec et cassant, M. Dufaure s'est trouvé tout à coup doué « d'une merveilleuse malléabilité quand la faveur dont jouissait « le général Cavaignac lui a fait croire que, en associant sa for- « tune à celle du dictateur de juin, il se préparait un long ave- « nir au pouvoir. Avec des dehors d'une probité rigide, il n'en « a pas moins mis en œuvre pour le succès du général Cavai- « gnac tous les moyens les plus réprouvés par la loyauté et « l'honnêteté; il a compromis sa dignité dans des manœuvres « condamnables; il a retardé de plusieurs heures le départ des « malles-poste; il a, en un mot, mis le pouvoir dont il était « investi pour le service du pays à la discrétion d'une coterie « effrontée, qui prétendait s'imposer à la France par l'exaltation « du général Cavaignac, et dont M. Dufaure espérait partager « le triomphe. — Écrasé le 10 décembre par le vote de la na- « tion, M. Dufaure a subi le contre-coup de la chute de son « nouvel ami. Mais avec une dextérité qui prouve plus en fa- « veur des ressources de son esprit et des complaisances de sa « conscience qu'en l'honneur de son caractère, il est parvenu à « se faire croire nécessaire, comme ministre de M. Louis-Napo-

D'ailleurs, la même influence qui avait poussé M. Dufaure au ministère y poussa M. Odilon Barrot : l'influence de la réunion de la rue de Poitiers, coalition des partis orléanistes, légitimistes et cléricaux, réconciliés dans leur haine commune contre la République, qui avait pour chef M. Thiers, lequel avait pour acolytes dévoués MM. Berryer, de Montalembert, de Falloux et de Persigny (1). C'était la

---

« léon Bonaparte, contre lequel il avait inondé la France de
« pamphlets et de caricatures. — Pour résumer en un mot
« notre opinion sur M. Dufaure, nous ne saurions mieux faire
« que de lui appliquer en le modifiant, un mot devenu célèbre
« malgré son injustice originaire : Un intrigant sous des de-
« hors d'austérité. »

(1) Au moment des élections le comité de la rue de Poitiers inonda la France de petits livres à bon marché, destinés à combattre les doctrines perverses qu'ils prêtaient aux républicains et aux socialistes, et à défendre la famille, la propriété et la religion. Non-seulement ces livres étaient pleins des plus odieuses calomnies contre les démocrates, mais encore ils étaient écrits avec une ineptie incroyable et un style ignoble et bas, et faisaient appel aux plus mauvaises passions du cœur humain, à la peur et à la haine. Il faut en extraire quelques citations pour que le public soit juge. Un des principaux livres de cette collection : *le petit Manuel du paysan électeur*, forme un recueil de dialogues dans le goût suivant :

« M. HARDY. Les montagnards sont des républicains farouches,
« ou plutôt des espèces de tyrans, ils sont pires que les sauvages
« d'Amérique. Les socialistes et les communistes sont des mon-
« tagnards renforcés : c'est un ramassis d'aventuriers, d'hommes
« ruinés, criblés de dettes, échappés des prisons et des galères.

« JEAN. Mais où veulent-ils donc en venir ?

« AUGUSTIN. Parbleu ! c'est tout clair, à mettre la main dans
« nos poches.

« M. HARDY. Rien de plus vrai.

« AUGUSTIN. Ils prendront encore ta femme à ton nez, et tu n'au-
« ras rien à dire. »

Ouvrons maintenant la *Lettre d'un maire de village à ses administrés* :

« Les républicains sont d'un rouge tendre ou d'un rouge sang;

coalition de la rue de Poitiers qui avait imposé M. Dufaure au général Cavaignac, et lui avait suggéré l'expédition de

---

« mais le meilleur des rouges ne vaut pas grand'chose. Vous sa-
« vez, on dit : Tout bon ou tout mauvais ; les républicains, c'est
« tout mauvais. Et puis un rouge n'est pas un homme, c'est un
« rouge : il ne raisonne pas, il ne pense plus, il n'a, ni le sens
« du vrai, ni le sens du juste, ni celui du beau et du bien. Sans
« dignité, sans moralité, sans intelligence, il fait le sacrifice de
« sa liberté, de ses instincts, de ses idées, au triomphe des pas-
« sions les plus brutales et les plus grossières : c'est un être dé-
« chu et dégradé. Il porte bien, du reste, sur la figure les signes
« de cette déchéance : une physionomie abattue, abrutie, sans
« expression, les yeux ternes, mobiles, n'osant jamais regarder
« en face, fuyant comme ceux du cochon. »

Les conservateurs, après s'être ainsi montrés à l'œuvre, ne peuvent plus déclamer contre la grossièreté du langage démagogique, d'autant plus qu'ils n'ont pas l'excuse de l'ignorance et
de la mauvaise éducation. Les hommes de la rue de Poitiers
s'aperçurent qu'ils n'avaient rien à gagner à essayer des luttes
sur le terrain de la discussion : ils préférèrent supprimer la
contradiction en étouffant, par des lois répressives contre la
presse et le droit de réunion, la voix de leurs adversaires :
c'était plus sûr.

Nous trouvons la moralité de la rue de Poitiers et de sa propagande appréciée d'une façon remarquable dans une brochure
d'un ecclésiastique, M. l'abbé Bernard d'Avignon : « Quand
« des hommes unis par la peur seulement et divisés profon-
« dément dans leur foi religieuse et politique, s'associent pour
« une propagande basée sur de mutuelles concessions, où le
« croyant cache son symbole devant l'incrédule, où le monar-
« chiste dissimule sa cocarde en présence de son voisin effrayé
« à l'endroit de sa caisse, mais démocrate intraitable sur tout le
« reste, en fait comme en principe il ne peut résulter de cet
« amalgame que des négations. J'ai été autorisé à écrire que la
« croisade de la rue de Poitiers devait être battue, que le flot
« continua à marcher et que les idées socialistes ne rebroussè-
« rent pas de l'épaisseur d'un cheveu, nonobstant les traités de
« l'Institut et les brochurettes prêchant le respect de la propriét
« et de la famille, au nom de l'intérêt humain, au nom de dé-
« ductions philosophiques très-controversables. » — Les traités

Rome, en lui faisant espérer son appui ; mais, après quelques hésitations, elle l'avait abandonné brusquement et s'était ralliée à la candidature du prince Louis-Napoléon (1).

---

de l'Institut, auxquels fait allusion M. l'abbé Bernard, composaient une autre série plus sérieuse de brochures sur les questions économiques entreprise par MM. Thiers, Charles Dupin, Passy, Troplong, Wolowski, etc., mais qui ne produisirent pas davantage de résultats que les pamphlets populaires, parce qu'elles reposaient sur la même confusion de principe et sur des affirmations dogmatiques ne tenant aucun compte de la contradiction, selon l'usage des doctrinaires. Le Comité de la rue de Poitiers se composait de cinquante-deux membres dont voici les noms :

Aylies, Baraguey d'Hilliers, F. Barrot, Bauchart, Baze, Beaumont (de la Somme), Béchard, de Belleyme, Bérard, Berryer, Bineau, Blin de Bourdon, Bonjean, de Broglie, maréchal Bugeaud, de Cambacérès, de Chalais-Périgord, Chambolle, Clary, Conti, Cousin, Dahirel, Dariste, Daru, Benjamin Delessert, Denjoy, Desèze, Durand (de Romorantin), Duvergier de Hauranne, Achille Fould, Garnon, Grangier de la Marinière, d'Haussonville, de Heckereen, V. Hugo, de Kerdrel, Lacaze, de la Ferronays, de Laferté-Meung, de Larcy, J. de Lateyrie, de Laussat, de Lépinay, Levavasseur, Léon de Malleville, Molé, de Montalembert, de Morny, Lucien Murat, de Noailles, général d'Ornano, de Padoue, Casimir Périer, de Persigny, général Piat, Piscatory, Porion, de la Redorte, Regnaud de Saint-Jean-d'Angély, de Rémusat, de Renneville, de Ladoucette, Roger (du Nord), Sauvaire-Barthélemy, Struch, Taschereau, Amédée Thayer, Thiers, Vieillard, de Vogüé, de Wagram.

(1) *Séance du 18 octobre.* « — M. Mathieu (de la Drôme) : Ce
« n'est pas nous qui avons dit que l'élection de M. Louis Bona-
« parte serait une honte pour la France. — Plusieurs voix : C'est
« M. Thiers ! — M. Thiers : Je nie ces paroles. — M. Bixio : Je
« les ai entendues. » — M. Thiers envoya ses témoins à M. Bixio. Une rencontre eut lieu au bois de Boulogne. Les deux adversaires échangèrent chacun un coup de pistolet sans qu'aucun fût atteint. Les témoins de M. Thiers, MM. de Heeckeren et Piscatory, déclarèrent son honneur satisfait. Mais l'affirmation de M. Bixio n'en subsiste pas moins, et elle fut confirmée le lendemain par une lettre signée de MM. de Graville et d'Ingouville, qui affirmèrent avoir entendu, eux aussi, de la bouche même de M. Thiers, les paroles que M. Thiers niait avoir prononcées.

Après l'élection du 10 décembre, le Prince s'en était remis complétement aux conseils de M. Thiers (1), qui avait lui-même composé son ministère, ainsi qu'il le raconta, le 17 janvier 1851, à l'Assemblée législative : « M. le Prési-
« dent de la République a fait l'honneur, à moi et à quel-
« ques autres membres de cette Assemblée, de les appeler pour
« les consulter, disait M. Thiers. — Ne prenez pas, lui
« avons-nous dit, des hommes qui aient été longtemps au
« pouvoir et qui, pour y avoir été, sont restés en butte à
« toutes les colères des partis. Prenez des hommes nou-
« veaux, nouveaux au moins au pouvoir, non pas nouveaux
« dans le parlement. Vous en trouverez qui à de véritables
« talents joignent une juste considération ; choisissez-les
« plutôt que nous. Et ce n'est pas la responsabilité que nous
« repoussons ; car nous serons à côté d'eux pour en prendre
« tout ce qu'on peut en assumer, quand on ne veut pas
« effacer ceux qui sont au pouvoir. Tous les dangers seront
« communs entre eux et nous ; les luttes seront communes ;
« laissez-leur le titre, les avantages du pouvoir, s'il peut
« y en avoir aujourd'hui ; ne faites peser sur nous que le
« fardeau. »

Nous avons retracé dans notre volume sur les *Hommes de 1848* les principales phases de cette réaction, dans laquelle M. Odilon Barrot abjura successivement tous les principes de son passé libéral.

Le premier acte du nouveau ministère fut de réunir le commandement des troupes de ligne et de la garde natio-

---

(1) On a souvent désigné le prince Louis-Napoléon comme le candidat de M. de Girardin, à cause de l'appui bruyant que lui prêta celui-ci par rancune contre le général Cavaignac. Mais en réalité il était le candidat de la rue de Poitiers. Quand, après l'élection, M. de Girardin porta son programme au Président, celui-ci l'écarta dédaigneusement, et il offrit dérisoirement à M. de Girardin la préfecture de police. C'est M. Thiers qu'il chargea de composer son cabinet et de diriger sa politique.

nale dans les mains du général Changarnier, malgré la disposition formelle de la loi sur la garde nationale, ce qui lui valut d'être ainsi stigmatisé par M. Ledru-Rollin : « De « quelque façon qu'on le prenne, vous n'en êtes pas moins, « dès aujourd'hui, le ministère de l'arbitraire. »

En même temps M. de Falloux, le nouveau ministre de l'instruction publique, retirait le projet de loi sur l'enseignement primaire qui était à l'étude, et, par un procédé extraparlementaire, nommait deux commissions administratives chargées de préparer des lois sur l'enseignement primaire et secondaire, annulant ainsi une des prérogatives les plus précieuses de l'Assemblée nationale.

L'âme de la réaction était le ministre de l'intérieur, M. Léon Faucher, « un de ces types qui ne se rencontrent « qu'une fois en quarante siècles, » disait Proudhon. Journaliste libéral et économiste distingué, avant 1848, M. Léon Faucher avait été envoyé à l'Assemblée constituante, à la faveur d'une profession de foi socialiste (1). Une fois arrivé au pouvoir, il déploya une haine acharnée et une rigueur sauvage contre le socialisme et contre la liberté ; et il passa, avec MM. de Falloux et de Montalembert, du camp de la rue de Poitiers dans celui de l'Élysée.

Le ministère avait besoin d'une journée qui lui fournît l'occasion d'appliquer ses projets de réaction : il crut la trouver le 29 janvier. On s'efforça de transformer en insurrection une révolte insignifiante de la garde mobile, pour une question de solde. M. Léon Faucher adressa aux habitants de Paris un appel véhément à la guerre civile, dans lequel il disait : « C'est la république, c'est la société « elle-même, ce sont les bases éternelles du pouvoir que « les perturbateurs mettent en question. La victoire de « l'ordre doit être décisive et irrévocable. Que chacun fasse

---

(1) Voir *les Hommes de* 1848, chap. I, p. 68.

« son devoir, le gouvernement ne manquera pas au sien. »

Le lundi 29, Paris se réveilla au bruit du rappel. Toutes les rues étaient gardées. Cavalerie, artillerie, infanterie étaient massées sur les points stratégiques de la capitale. Le palais de l'Assemblée était investi par une masse considérable de troupes. On eût dit le matin d'une grande bataille, comme pendant les sinistres journées de juin.

Le seul résultat de tout ce grand déploiement, fut un outrage fait à l'Assemblée, compromise par la faiblesse indigne de son président, M. Marrast. M. Marrast ignorait tout, lorsque deux représentants, MM. Hamard et Degousée, vinrent le réveiller. Le bureau fut réuni d'urgence, et M. Marrast écrivit au général Changarnier, pour l'inviter à venir immédiatement fournir des explications. M. Changarnier envoie, deux heures après, un aide de camp pour dire que, retenu auprès du président de la République, il lui est impossible de se rendre à l'appel du président de l'Assemblée. L'aide de camp ajoute que les troupes ont été réunies dans la prévision d'une insurrection et que, d'ailleurs, le ministre de l'intérieur avait été prévenu.

Ce sans-gêne irrita vivement le bureau. M. Péan, secrétaire, proposait d'investir le général Lamoricière du commandement d'une armée de cinquante mille hommes, chargée de défendre l'Assemblée. On s'arrêta à une proposition moins radicale. Le général Lebreton fut chargé de la défense du Palais législatif, et il fut convenu que les faits seraient déférés à l'Assemblée par le président. Dans ce moment M. Marrast était indigné et disposé aux mesures les plus énergiques. Mais toute cette irritation tomba dans une entrevue qu'il eut avec le vice-président, M. Boulay de la Meurthe, et M. Odilon Barrot. Il apaisa lui-même l'incident et l'Assemblée se contenta de quelques mots de M. Odilon Barrot, qui vint déclarer solennellement qu'une conspiration formidable avait dû éclater dans la nuit, et que c'était par un simple malentendu que le président n'avait pas été prévenu du rassemblement de troupes formé pour réprimer l'émeute (1). Si l'Assemblée eût été à la hauteur de sa mission, si la proposition de M. Péan eût été adoptée, si M. Marrat n'eût pas faibli, le ministère était renversé, le commandement exceptionnel et illégal du général Changarnier lui était retiré, et on épargnait ainsi à la République bien des tiraillements intérieurs et bien des orages (2).

Le véritable caractère de la journée du 29 janvier n'était pas douteux, et la gauche le dénonça au pays dans une note qu'elle adressa aux journaux : « Pour tous ceux qui veu-
« lent ouvrir les yeux, disait cette note, pour tous ceux
« qui ne sont pas complices de la conspiration royaliste
« permanente, il est évident que le ministère, déconsidéré
« dans le pays comme dans l'Assemblée, a cherché, par
« une série de provocations dans la population parisienne,
« à exciter une démonstration hostile dont la répression eût
« été pour lui un moyen de consolidation. La tragi-comédie
« qu'il a jouée n'a pas abouti, malgré l'aide des calomnies
« de toute espèce, toutes plus absurdes les unes que les
« autres, de la presse royaliste sa complice. Le ministère,
« atteint aux yeux de tous et convaincu d'incapacité et de
« mauvais vouloir, doit tomber avant peu sous le mépris
« et le ridicule. Les hommes qui le composent ne s'aveu-
« glent pas au point de méconnaître cette vérité : aussi

---

(1) La révélation suivante, faite par M. A. Barbier, dans son *Histoire de L.-N. Bonaparte*, apprend ce qu'il faut penser de cette explication : « Le 29 janvier 1849, M. Changarnier écrivait
« au général Forey cette lettre qui existe sur le registre d'ordre
« de la brigade : *Si cet affreux drôle vous renouvelle sa
« proposition, pirouettez sur vos talons et tournez-lui le dos.*
« M. Changarnier parlait ainsi de M. Marrast, président de la
« Constituante, qui avait demandé d'augmenter de deux batail-
« lons la garde chargée de la défense de l'Assemblée. »

(2) Babaud-Laribière, *Histoire de l'Assemblée nationale constituante*.

« chercheront-ils par tous les moyens à ressaisir le pouvoir
« qui leur échappe. Leur dernière tentative doit faire com-
« prendre qu'ils ne reculeront devant aucune mesure si mi-
« sérable, si odieuse qu'elle soit, pour sauvegarder leur
« ambition dans l'intérêt de la faction qu'ils protégent. »

Quelques jours après, le *Moniteur* annonça officiellement que la conspiration occulte de Paris étendait ses ré-
seaux sur tous les départements. Des troubles avaient
éclaté à Dijon, à Strasbourg, dans plusieurs villes du
Midi. Il était difficile de bien saisir l'affiliation de tant de
complots. Certaines défiances crurent y voir des menaces de
coup d'État. Il y avait certainement de la part du pouvoir
un parti arrêté de réaction, qui ne reculait, pour trouver sa
justification, devant aucune provocation ; un parti arrêté
aussi d'habituer les esprits à la dictature militaire et à l'intervention sur la place publique de la force armée, providence des amis de l'ordre.

Le 19 février, le Président passait, au champ de Mars,
une revue des troupes, après laquelle il adressait la lettre
suivante au général Changarnier :

« Mon cher général, je vous prie de témoigner aux di-
« vers corps, dont j'ai passé le revue aujourd'hui, ma vive
« satisfaction pour leur tenue, et toute ma reconnaissance
« pour leur accueil sympathique.

« Avec de semblables soldats notre jeune République
« ressemblerait bientôt à son aînée, celle de Marengo et de
« Hohenlinden, si les étrangers nous y forçaient ; *et, à l'in-*
« *térieur, si les anarchistes relevaient leur drapeau, ils*
« *seraient bientôt réduits à l'impuissance par cette armée*
« *toujours fidèle à l'honneur et au devoir...* »

En même temps que le nouveau gouvernement avait
donné au général Changarnier le commandement de toutes
les forces militaires de la capitale, il avait appelé le maréchal Bugeaud au commandement de l'armée des Alpes. En
se rendant à Lyon, son quartier général, le maréchal s'était

arrêté à Bourges, où il avait prononcé un discours dans lequel il disait : « J'aurai toujours les yeux fixés sur Paris,
« et s'il était nécessaire que j'y retourne à la tête de l'ar-
« mée des Alpes, à la tête des gardes nationales de la pro-
« vince, espérons que cette fois, Dieu aidant, l'ordre y se-
« rait rétabli, non pour quelques moments, comme il est
« arrivé, mais pour toujours. »

A son arrivée à Lyon, le général avait prononcé un nouveau discours plus explicite encore. Il avait parlé à l'armée de la perspective de gloire qu'elle aurait, si on faisait la guerre à l'étranger : — « Mais, avait-il ajouté, cette pers-
« pective n'est pas la seule que doive envisager l'armée des
« Alpes ; la situation du pays lui impose à l'intérieur des
« devoirs impérieux, sacrés, qu'elle a déjà su et qu'elle
« saura remplir encore. *Cette tâche n'est pas moins glo-*
« *rieuse que l'autre. Les grandes armées semblent avoir*
« *aujourd'hui cette mission en Europe* (1). »

M. Odilon Barrot, interpellé sur ces discours par MM. Coralli et Emmanuel Arago, déclara qu'il ne voyait *rien de blâmable*, *rien à reprendre*, dans les sentiments qui avaient inspiré les paroles du maréchal Bugeaud, et l'Assemblée passa à l'ordre du jour pur et simple. MM. Cavaignac, Bastide, Corbon, Garnier-Pagès, Marie, Marrast, Sénard s'abstinrent de prendre part au vote. Mais parmi ceux qui votè-

---

(1) Le maréchal s'adressant plus particulièrement aux officiers d'infanterie, leur avait tracé d'une manière précise les principes les plus essentiels de la guerre des rues. Dans un autre discours adressé aux magistrats, il leur avait fait cette exhortation singulièrement déplacée : — « Et vous, messieurs les magistrats,
« vous aurez à combattre, à déployer de la fermeté dans l'exer-
« cice de vos fonctions. C'est à vous de prémunir MM. les jurés,
« de vous prémunir vous-mêmes contre l'abus des circonstances
« atténuantes, abus qui énerve l'action de la justice, et n'épar-
« gne les infractions de la loi qu'au détriment des bons ci-
« toyens et de la société tout entière. »

rent avec la majorité pour l'ordre du jour, nous trouvons MM. Barthélemy-Saint-Hilaire, Bixio, Pagnerre, Jules Simon.

Il est évident que le Président préparait un coup d'État militaire, favorisé par les hommes de la rue de Poitiers, qui étaient couverts eux-mêmes par les hommes de juin.

M. Changarnier excitait l'antagonisme entre la force armée et la représentation nationale. Il mettait à l'ordre du jour de la garnison de Paris la lettre du Président au général Oudinot, en la faisant accompagner de ce commentaire : « Elle doit fortifier l'attachement de l'armée au chef de l'É-« tat, et elle contraste heureusement avec le langage de ces « hommes, qui à des soldats français placés sous le feu de « l'ennemi, voudraient envoyer, pour tout encouragement « un désaveu. »

Un décret donnait au président de l'Assemblée le droit de requérir les troupes qu'il jugeait nécessaires à la sûreté de ses délibérations. En vertu de cette loi, M. Marrast demande deux bataillons au général Forey. Le général n'en envoie qu'un, et mandé au Palais pour expliquer sa conduite, il déclare qu'il a reçu l'injonction de n'obéir qu'aux ordres du général Changarnier. Or, nous venons de citer la lettre adressée par M. Changarnier à M. Forey, le 29 janvier, précisément sur les rapports avec le président de l'Assemblée. Il fallut, pour terminer ce conflit, une décision de l'Assemblée ordonnant que le décret, qui investissait son président du droit de requérir la force armée, serait affiché dans toutes les casernes.

Le gouvernement préparait des lois contre la presse, et contre le droit de réunion, mais l'Assemblée le gênait; non pas qu'il eût quelque crainte de la trouver résistante à aucun des projets de réaction qu'il méditait, mais parce qu'il y avait rivalité entre le nouveau pouvoir et le pouvoir de la veille, et que la majorité était trop indépendante du Président, tandis que de nouvelles élections lui permettraient d'établir son influence.

Il fallait amener l'Assemblée à se dissoudre elle-même. M. Rateau, représentant de la Charente, cédant, dit-on, aux suggestions de M. Dufaure qui songeait à recouvrer son portefeuille qu'il avait dû déposer après l'échec de sa campagne pour l'élection de M. Cavaignac à la présidence (1), déposa une proposition en ce sens. Cette proposition fut prise en considération, quoique les comités de législation et de justice se fussent prononcés contre, et malgré un discours de M. Billault, qui était alors un fervent républicain : « Un ancien royaliste converti sincèrement à la République », dit M. Léonard Gallois, dans son *Histoire* publiée en 1850. M. Billault adjurait l'Assemblée, au nom de sa dignité et du salut de la République, de ne point abandonner son poste devant les intrigues des partis monarchiques. M. Jules Favre fit aussi contre la proposition un discours qui produisit une vive sensation.

Mais ce fut M. Félix Pyat qui posa la question sur son vrai terrain. En un style incisif et bref, avec une argumentation serrée et sans détours, il souleva les masques et mit à nu les hypocrisies, en même temps qu'il flagella sans ménagement la politique réactionnaire : « Nous nous éton-
« nons de voir l'Assemblée nationale si maltraitée par ceux
« qu'elle a si bien servis... Oui, cette Assemblée qui a si
« bien mérité du pays, qui lui a donné tant de gages de
« son esprit de sagesse et de conciliation, qui a tant fait,

---

(1) « Avocat au barreau de Bordeaux, M. Rateau avait été
« lancé, comme tant d'autres, dans la carrière politique, sans
« y avoir été préparé par ses études. De mœurs douces, d'un
« caractère honnête, il devint cependant le promoteur de la
« mesure la plus funeste à la République. Il fut dupe de son
« cœur. Dans l'Assemblée on pensait généralement que son ami-
« tié pour M. Dufaure avait seule pu l'engager à se faire l'édi-
« teur responsable de cette fatale idée. » (Babaud-Laribière, *Histoire de l'Assemblée constituante.*)

« comme dit M. Barrot, pour l'ordre et pour la société, qui
« a fait, depuis huit mois en effet, les lois de l'état de siége,
« de la transportation, du cautionnement, des attrouppe-
« ments, la loi des clubs, des octrois, des onze heures, des
« 45 centimes, de la contrainte par corps... que sais-je ? en
« un mot toutes les lois de conservation et de compres-
« sion nécessaires au maintien de la confiance et de la paix ;
« cette Assemblée qui a fourni, vous le savez, amplement au
« pouvoir toutes les lois dont il a besoin pour vaincre l'a-
« narchie; cette Assemblée qui a livré au principe d'auto-
« rité la liberté de la presse, la liberté individuelle, bref,
« toutes les libertés qui pouvaient troubler le calme et la
« stabilité; cette Assemblée, citoyens, qui toujours, par
« amour de l'ordre et de la société, a trouvé avec tant de
« constance et d'agilité, pour me servir de l'expression heu-
« reuse de M. Drouin de Lhuys, la même majorité pour
« les gouvernements les plus variés; cette Assemblée qui a
« poussé le dévouement jusqu'à exclure de la République
« tous les républicains, l'abnégation jusqu'à leur préférer
« les satisfaits de la veille, devenus les affamés du lendemain,
« la complaisance jusqu'à recevoir les ministres posthumes
« de Louis-Philippe pêle-mêle avec les revenants du Sun-
« derbund et de la légitimité... Eh bien! cette Assemblée,
« citoyens, n'a pas encore satisfait la contre-révolution. »

La proposition Rateau fut appuyée par M. Barthélemy-Saint-Hilaire et par M. Pagnerre, qui était décidément passé au parti de la réaction, et qui ne craignait pas de se compromettre, tandis que M. Garnier-Pagès, son vieux complice (1), avait, lui, la prudence de s'abstenir dans toutes

---

(1) M. Garnier-Pagès allait être un des candidats de la rue de Poitiers aux élections pour l'Assemblée législative, ce qui démontre suffisamment qu'il avait fait le même chemin que M. Pagnerre. Il nous paraît intéressant de rapporter quelques-unes des circonstances relatives à cet appui donné à la can-

les questions délicates. — « C'est une désertion, nous de-
« vions nous y attendre, » s'écria une voix après le discours
de M. Pagnerre.

M. de Lamartine crut aussi devoir soutenir la proposition Rateau. Elle fut adoptée, déguisée sous un amendement de M. Lanjuinais, — « un Rateau modéré, » disait M. Félix Pyat. L'Assemblée décida qu'elle voterait, avant de se séparer, les lois électorales, du conseil d'État, de la responsabilité, et le budget.

Le ministère précipita coup sur coup et accumula en quelques jours toutes les mesures de répression. Il demanda le renvoi des accusés du 15 mai devant la Haute cour nationale, ce qui était une violation du principe éternel de justice qui veut que l'accusé ne soit puni qu'en vertu de lois existantes au moment de la perpétration de son crime. Il demanda des poursuites contre le représentant Prou-

---

didature de M. Garnier-Pagès par le comité de la rue de Poitiers. M. Garnier-Pagès fut d'abord désigné sur la liste des candidats proposées par l'*Assemblée nationale*, qui était alors le principal organe de la réaction. Au scrutin préparatoire qui eut lieu, il ne fut pas choisi. Mais MM. Cavaignac, Marie F. de Lasteyrie, Dufaure et de Lamoricière ayant refusé les explications et les engagements demandés par le comité de la presse modérée, on les remplaça par M. Garnier-Pagès, et par quatre candidats bonapartistes : MM. Lucien Bonaparte, le général Piat, le général Gourgaud et le général de Bar, qui offraient les garanties réclamées. Le comité électoral de la république modérée, représenté par MM. Larabit, Barthélemy-Saint-Hilaire, Altaroche, Duclerc et Pagnerre s'abstint de publier une liste, se contentant, dit-il, dans une lettre publiée par les journaux, de voir M. Garnier-Pagès accepté par l'Union électorale. Au scrutin, deux listes se trouvèrent en présence, celle de l'Union électorale de la rue de Poitiers et celle du *National*, formée par les dissidents, MM. Cavaignac, Marie, etc. Les voix conservatrices se partagèrent entre les deux listes, et M. Garnier-Pagès ne fut pas élu, pas plus d'ailleurs que M. Marie.

dhon, pour un article du *Peuple* (1). L'Assemblée ne lui refusa aucune de ses demandes. Enhardi par cet appui, le ministère fit rouvrir le cours de M. Lerminier sous la protection des baïonnettes, jetant ainsi au sentiment public un défi, devant lequel la monarchie de Juillet avait reculé (2).

Ce n'était que le commencement ; le ministère présenta à l'Assemblée un projet de loi supprimant le droit de réu-

---

(1) L'article du *Peuple*, poursuivi pour attaques contre le président, était une réponse à la proposition Rateau ; en voici les principaux passages : «..... Louis Bonaparte, élu sans titres « à la présidence de la République, conspire avec toutes les « coteries monarchiques... Traître revêtu de la plus haute di- « gnité de l'État..., il organise la banqueroute sociale et la mi- « sère du peuple, par l'obstination calculée de son gouverne- « ment à résister à toute réforme financière et économique... « Il a osé défier l'Assemblée en signifiant aux représentants de « se dissoudre. Eh bien ! la Révolution a relevé le gant. Le « cartel est accepté ; à lundi le combat ! Que l'Assemblée ose « compter sur elle-même ; qu'elle compte sur le peuple de Pa- « ris, et la victoire ne sera pas un instant douteuse. Louis Bo- « naparte a posé la question de dissolution de l'Assemblée. « A la bonne heure ! Lundi prochain l'Assemblée posera à son « tour la question de la démission du président. » C'était une allusion à l'acte d'accusation déposé contre le président et ses ministres, pour la présentation de la loi sur les clubs. Cet article valut à Proudhon une condamnation à trois ans de prison.

(2) M. Lerminier, qui était, en 1830, un révolutionnaire ardent, avait d'abord été très-populaire parmi la jeunesse. Mais il s'était laissé séduire par le gouvernement de Louis-Philippe qui l'avait doté d'un cumul de places lucratives, et sa défection avait excité un tel dégoût, qu'il avait dû interrompre son cours au collège de France, troublé par les manifestations les plus persistantes. La réouverture du cours, au mois de janvier 1849, parut un défi à la conscience publique ; les manifestations d'autrefois se renouvelèrent, et, malgré l'intervention de M. Barthélemy-Saint-Hilaire, directeur du collège de France, M. Lerminier dut renoncer encore une fois à se maintenir dans sa chaire.

nion et ordonnant la fermeture des clubs. La gauche demanda la mise en accusation du gouvernement qui violait ainsi audacieusement le droit de réunion reconnu par la Constitution, et dépouillait le peuple souverain de sa plus importante prérogative politique. La protestation fut renouvelée dans la séance du 21 mars, où M. Crémieux, rapporteur de la commission chargée d'examiner le projet de loi, vint déclarer que la commission se retirait, ne voulant pas s'associer à cette violation de la Constitution. Mais tout fut inutile : la majorité flanquée de MM. Barthélemy-Saint-Hilaire et Pagnerre, vota la loi.

En même temps l'Assemblée accordait au Président une allocation supplémentaire de six cent mille francs pour frais de représentation, doublant d'un seul coup le traitement qui lui avait été alloué par la Constitution ; — et elle repoussait une demande d'amnistie, acceptant ainsi jusqu'au bout la responsabilité de la transportation sans jugement. « Injuste, « mais couverte sous le prétexte du salut public, lorsqu'elle « fut décrétée, ce n'était plus, au 4 mai, qu'une mesure « barbare, indigne du gouvernement de la République et « de la civilisation (1). »

Cependant l'Assemblée constituante prit honte à la fin de son avilissement, et elle signala ses derniers jours par deux actes qui prouvèrent que le ministère avait été bien inspiré en provoquant à tout prix sa dissolution : l'invitation au gouvernement de ne pas détourner plus longtemps l'expédition d'Italie du but qui lui avait été assigné, et le blâme infligé à M. Léon Faucher.

« Il s'était trouvé un homme, M. Léon Faucher, minis-
« tre de l'intérieur, autrefois député et journaliste libéral,
« aujourd'hui instrument fanatique de la politique de com-
« pression, pour donner à la France le honteux spectacle
« de manœuvres électorales jusqu'alors sans exemple. Il fal-

---

(1) Babaud-Laribière, *Histoire de l'Assemblée constituante.*

« lait opposer à tant de cynisme une éclatante réproba-
« tion ; l'Assemblée le comprit, et, cette fois, elle ne re-
« cula pas devant un vote d'honnêteté (1). »

C'est dans ces circonstances troublées qu'eurent lieu les élections à l'Assemblée législative. Elles attestèrent l'impression sous laquelle se trouvait le pays. Les votes se partagèrent entre les partis extrêmes. Dans les départements du Midi et de l'Ouest, le Morbihan, le Finistère, la Vendée, la Loire-Inférieure, les Bouches-du-Rhône, l'ancien parti légitimiste envoya seul des représentants à l'Assemblée. Dans les départements du Centre et de l'Est, la Nièvre, le Cher, le Rhône, la Saône-et-Loire, le Haut et le Bas-Rhin, le parti socialiste emporta toutes les élections. Le parti républicain intermédiaire, qui avait tenu si longtemps le gouvernement de la République et qui l'avait si tristement compromis par sa faiblesse et son incapacité, fut repoussé presque tout entier. Ni M. Garnier-Pagès, ni M. Marie, ni M. Marrast, ni M. Sénard, ni M. Bastide, ni M. Goudchaux, ni M. Buchez, ni M. Dupont (de l'Eure) lui-même ne furent réélus. MM. de Lamartine et Jules Favre n'arrivèrent à l'Assemblée législative que par la porte des élections supplémentaires. Quelques élections étaient significatives, notamment celles de trois sous-officiers de l'armée : MM. Boichot (2), Rattier et Commissaire. L'inauguration du bureau établit mathématiquement la force des partis : M. Dupin eut 336 voix et M. Ledru-Rollin, 183. Le *National* compta 76 voix données à M. de Lamoricière.

---

(1) Babaud-Laribière, *Histoire de l'Assemblée constituante.*
(2) M. Boichot était sergent au 7me léger : un incident grave avait signalé son élection. Lorsqu'il avait été porté comme candidat sur la liste socialiste de Paris, on l'avait fait arrêter. Le régiment alors s'était insurgé pour le délivrer. L'autorité des officiers avait été méconnue. A la suite de cette révolte le sergent Boichot avait été conduit à Vincennes, et le régiment avait reçu immédiatement l'ordre de partir pour l'Algérie.

Dans la séance d'ouverture, qui eut lieu le 28 mai, les royalistes parvinrent à étouffer sous les formalités réglementaires l'enthousiasme d'une première réunion. Le lendemain, un nouveau député, M. Landolfe, vint se plaindre que l'Assemblée ne se soit pas unie pour crier : *Vive la République !* La gauche seulement répondit à l'appel de M. Landolfe ; la droite resta silencieuse. Il fallut pour lui arracher enfin cette adhésion un discours de M. Ségur d'Aguesseau, qui établit, pour qu'il n'y eût aucune équivoque, la distinction entre la république honnête et modérée, acceptée par la droite, et la république démocratique et sociale, acclamée par la gauche (1) ! Le président d'âge, M. de Kératry, rappela à l'ordre un représentant qui avait crié : *Vive la République sociale* (2) !

---

(1) M. de Ségur d'Aguesseau, aujourd'hui sénateur de l'Empire, un des plus fougueux réactionnaires de 1849, saluait en 1848 avec un enthousiasme délirant la proclamation de la République. — « Ce n'est pas un roi, ce n'est pas une dynastie
« seulement qui ont été emportés par la *prodigieuse* révolution
« de Février, » disait-il en mars, dans sa profession de foi ;
« *c'est la royauté même qui a péri !* La forme monarchique a
« fini son temps ; elle est désormais convaincue d'impuissance
« pour satisfaire *aux nécessités sociales de la démocratie*
« *triomphante...* PLUS DE BONAPARTISME, plus de légitimisme,
« plus de régence ! Vive la République !... Comptez sur ma fidé-
« lité aux intérêts de la nation et *sur mon inaltérable dévoue-*
« *ment à la République*. Mon passé vous répond de mon ave-
« nir. »
(2) M. de Kératry, qui avait été un des membres éminents du parti libéral sous la Restauration, était un des magistrats qui avaient protesté le plus vivement contre les fameuses circulaires de M. Ledru-Rolin (V. *les Hommes de* 1848, chap. IV.) Le 19 juin 1849, M. de Kératry interrompait M. La Claudure qui demandait la levée de l'état de siége, en criant :
« L'état de siége empêche l'arrivée des blouses. » M. La Claudure répondant que c'était là un malheureux argument : « Vous
« avez mal entendu, dit une voix de droite c'est l'arrivée des

Un incident orageux signala la séance suivante. M. de Kératry avait remplacé le général Lebreton, chargé du commandement des troupes qui défendaient le palais de l'Assemblée, par le général Forcy, celui-là même qui, au mépris de la loi, avait déclaré à M. Marrast qu'il n'avait à recevoir d'ordres que du général Changarnier. Ce choix parut, à bon droit, suspect à M. Ledru-Rollin. Il déclara qu'il trouvait dans cette nomination une menace de coup d'État, qu'il qu'il craignait de voir le seuil des délibérations envahi. — « Ce n'est pas nous qui violons l'Assemblée, ce sont vos « amis! » interrompit le président. M. Ledru-Rollin proteste contre cette sortie inconvenante, il dit que le président a manqué à l'impartialité, qui doit être le premier de tous ses devoirs. » — « Oui, vous et vos commissai- « res! » réitère M. de Kératry. M. Ledru-Rollin déclara alors qu'il ne reprendrait pas la parole tant que M. de Kératry occuperait la présidence, parce que la tribune n'était pas libre. La gauche entière s'associa à cette protestation. L'inconvenance parlementaire était telle, que la droite dut intervenir auprès du président, qui consentit enfin à retirer ses paroles. C'est en cette occasion que M. le maréchal Bugeaud prononça ce mot remarquable qu'on n'eût pas attendu de lui : « Les majorités sont tenues à plus de « modération que les minorités. »

« rouges. » — « J'ai dit, maintient M. de Kératry, l'arrivée « des blouses. »

M. de Kératry était le plus âgé des membres de la Chambre : Son mot peut être placé à côté de celui de M. Estancelin, qui était au contraire un des plus jeunes membres, disant qu'il préférait l'entrée des étrangers à Paris à celle des réfugiés révolutionnaires. M. de Kératry est mort; son fils, qui a commencé par être un des chefs de la contre-guérilla au Mexique, est entré depuis dans la presse libérale et se dispose à recueillir la succession parlementaire de son père. M. Estancelin posera aussi sa candidature *libérale* aux élections prochaines.

Le 7 juin, le Président annonçait à l'Assemblée le remplacement de M. Léon Faucher par M. Dufaure, et il lui transmettait un message qui faisait écho aux dispositions les plus réactionnaires de la majorité. Le Président déclarait qu'il était fermement décidé : « A défendre la société au-
« dacieusement attaquée ; à protéger la famille, la religion,
« la propriété. » Il faisait le pompeux dénombrement des
« 1,200,000 fusils de la garde nationale et de ses 500 canons ;
« l'armée, ajoutait-il, toujours fidèle à l'honneur et à ses
« devoirs, a continué par son attitude ferme et inébranlable
« *à contenir les mauvaises passions à l'intérieur...* » Ce message, qui, dans sa partie la plus essentielle, annonçait la nécessité de créer de nouveaux impôts, se terminait « comme toutes les publications destinées aux *honnêtes*
« *gens*, » disait un journal du temps, par une longue tirade contre le socialisme.

L'événement du 13 juin n'allait pas tarder à fournir au gouvernement une occasion éclatante de prouver sa vigueur et son énergie. Nous avons dit comment une manifestation solennelle avait été organisée ce jour-là pour protester contre l'attaque de Rome. La manifestation devait être et fut toute pacifique. Trente mille hommes, gardes nationaux et bourgeois pour la plupart, partirent du Château-d'Eau et défilèrent sur les boulevards aux cris de : *Vive la Constitution !*

Ce n'était pas moins une grande imprudence. Le ministère trouvait enfin la journée qu'il attendait depuis si longtemps ; il saisit avec empressement ce prétexte d'une réaction par laquelle il allait étouffer les derniers vestiges de le République.

En même temps on exerça les soldats à faire la guerre des rues et à se ruer sur les curieux inoffensifs pour imprimer aux esprits une salutaire terreur. Lorsque la colonne, partie du Château-d'Eau, arriva à la hauteur de la rue de Paix, le général Changarnier, qui occupait la place

Vendôme, lança sur elle, sans lui donner le temps de se reconnaître, quatre bataillons de chasseurs de Vincennes et huit escadrons de dragons. Il avait auparavant harangué les soldats réunis au jardin des Tuileries, pour les exciter à agir vigoureusement, et il les avait engagés à ne *pas faire de quartier* (1).

Le colonel des dragons, M. de Goyon, qui avait été déjà un des principaux héros de la journée du 15 mai (2), raconta lui-même devant la Haute cour de Versailles comment il avait opéré. Laissons-lui la parole. — « Le général en
« chef m'ayant dit alors (après un roulement de tambour
« par lequel on avait pensé pouvoir remplacer les somma-
« tions légales) : Colonel, c'est maintenant votre affaire. —
« Je me mis en mouvement au petit trot; la retraite com-
« mença. A peu près à cent pas une détonation de sept à
« huit coups de pistolet se fit entendre (3). Au bruit j'ai
« naturellement allongé l'allure, de manière à rendre la
« retraite plus précipitée. L'infanterie n'a pas pu me suivre,

---

(1) Déposition de M. Trouille, officier au 2ᵉ bataillon de la 2ᵉ légion, à la Haute cour de Versailles. Un autre témoin, M. Farina, l'un des capitaines de l'artillerie parisienne, déposa que M. Changarnier lui avait dit : « Je me moque de la Con-
« stitution. Vous êtes tous des brigands de Parisiens. Il n'y
« avait que l'Empereur qui savait vous mâter. Eh bien ! moi
« je f... le feu dans votre ville. » M. Changarnier fit démentir ces paroles. Mais M. Farina maintint énergiquement les avoir entendues. On peut les rapprocher de celles de M. le général Cavaignac, le 24 juin : « Est-ce que je suis ici pour défen-
« dre les Parisiens, la garde nationale ? Qu'elle défende sa ville
« et *ses boutiques !* » Tous les généraux sont et seront toujours les mêmes : soldats avant d'être citoyens.

(2) Voir *les Hommes de* 1848, chap. VIII.

(3) Les défenseurs présents au procès de Versailles firent remarquer que M. de Goyon était le seul qui eût parlé de coups de feu, et qu'il s'était évidemment trompé, puisque les hommes qui faisaient partie de la manifestation n'avaient pas d'armes

« on n'avait pas l'ordre de me suivre. Le fait est que je
« me suis trouvé seul sur le boulevard allant du côté de la
« Madeleine. Je vis que le trottoir servait de retraite aux
« *émeutiers*. Je me suis retourné vers mes *bons dragons;*
« je leur dis, avec la confiance que j'avais en eux, que les
« trottoirs n'étaient pas un obstacle et qu'il fallait y monter.
« Nous y montâmes, moi le premier ; alors j'allongeai l'al-
« lure sur le trottoir, la fuite devint excessivement rapide :
« on sautait par-dessus les balustrades de la rue Basse-du-
« Rempart afin de se sauver. Nous poursuivîmes ainsi jus-
« qu'à la Madeleine. Je fis ensuite balayer les alentours de
« la Madeleine et de la rue Basse-du-Rempart où les émeu-
« tiers s'étaient retirés... »

« On ne peut guère se faire une idée, dit M. Léonard Gallois dans son *Histoire*, de la scène de désolation qui se passa alors de ce côté des boulevards. Les dragons, lancés au grand trot, renversaient tout ce qui se trouvait devant eux, foulant aux pieds ceux qui ne se pressaient pas assez vite de sauter par-dessus la balustrade, au risque de se tuer, ne s'inquiétant ni des cris, ni des supplications de cette foule inoffensive qui pensait exercer un droit reconnu par la Constitution. Plusieurs citoyens courageux, pour arrêter la troupe, se jetaient à genoux, découvrant leur poitrine et criant : Nous sommes vos frères, vos concitoyens! ne nous tuez pas ainsi. Mais les soldats n'entendaient rien. Stimulés par leurs chefs, ils écartaient à coups de sabre ceux qui leur faisaient ainsi obstacle et leur passaient sur le corps. »

Pendant que le colonel de Goyon exécutait sa charge plus ou moins accélérée du côté de la Madeleine, la gendarmerie mobile, aidée d'un autre bataillon de chasseurs, tournait à droite et remontait au pas gymnastique le boulevard des Italiens, se dirigeant vers la porte Saint-Denis. Cette colonne, comme celle de M. Goyon, repoussait *vigoureusement*, suivant l'expression du commandant des gendarmes, c'est-à-dire à coups de crosse et de sabre, les nombreux citoyens qui se trouvaient devant elle. — « Plu« sieurs individus, » déposa le chef d'escadron Tisserand, « vinrent se jeter à genoux au-devant de la colonne en « nous disant : Ne tirez pas sur vos frères! Au même in« stant nous reçûmes l'ordre de charger. On exécuta une « charge vigoureuse, et, en un clin d'œil, la manifestation « fut culbutée et se dispersa dans toutes les directions. Au « moment où je passai à la tête de mon bataillon, un indi« vidu, entouré de quelques autres, me cria : Vive la Mon« tagne! Vivent les Romains! Comme dans ce moment ce « cri me paraissait provocateur, je répondis par deux vi« goureux coups du plat de mon épée; il fut arrêté par « les gendarmes et conduit au poste. »

Un des défenseurs prouva que ce jeune homme criait : Vive la Constitution! Vive la République! et qu'il avait reçu du commandant Tisserand non pas un coup de plat, mais un coup de pointe qui l'avait blessé grièvement.

Le lieutenant Petit dépose :

« Je fis croiser la baïonnette; les individus qui étaient « en tête de la colonne appelaient nos soldats pour qu'ils « allassent avec eux. Ils leur disaient : Nous sommes vos « frères, vous ne voudrez pas vous souiller de notre sang, « du sang français. Pendant toutes *ces simagrées*, la co« lonne avançait. Ne voulant pas avoir le désavantage de « recevoir en place cette charge, je fis les commandements « nécessaires pour porter mes hommes contre la colonne « au pas de course. Nous avons passé littéralement sur le « ventre de quarante ou cinquante individus qui étaient à « genoux en avant. Nous avons abordé le gros de la cohue à « coups de canons de fusil; ils se sont jetés à droite et à « gauche, en poussant les cris : Aux armes, aux barricades! « on assassine nos frères! On ne les assassinait pas, car s'ils « ont reçu des blessures, c'est par derrière et à coup de « bottes. » (Mouvement d'indignation dans l'auditoire.)

M. Guinard, colonel de la garde nationale, l'un des accusés, relève ces violences contre des citoyens inoffensifs :
« Il est sorti de la bouche du témoin, ajoute-t-il, des mots
« qui ne devraient pas se trouver dans la bouche d'un of-
« ficier français. Cette violence n'est pas la seule qui ait
« été exercée ce jour-là ; un jeune homme digne de la con-
« sidération de tous, à genoux, offrait sa poitrine aux
« baïonnettes des soldats : il a été frappé d'un coup de
« pointe à travers la figure. »

Le témoin s'écrie avec une sorte d'orgueil : « C'est moi
« qui l'ai frappé (1) ! »

M. Guinard : « Nous avons fait la révolution de Février,
« nous avons proclamé la République quand nous n'avions
« pas une force armée à notre disposition, nous avons
« assisté à la manifestation dite *des bonnets à poil*. Je dé-
« fie qu'on cite un seul trait de violence contre des citoyens
« opposés à nos opinions. »

Parmi les officiers qui se distinguèrent dans cette journée, il faut encore signaler le général Sauboul, mis à l'or-

---

(1) Un défenseur, M. Thourel, s'écria s'adressant au témoin : « Vous êtes indigne de porter l'uniforme français. » L'officier se retournant alors vers les avocats leur lance cette injure de bivouac : « Vous êtes des j... f... » Une explosion de murmures éclate dans la salle, les accusés interpellent le témoin et le menacent du geste. Le procureur général requiert l'expulsion des débats de tous les accusés. Ils se lèvent en masse pour quitter l'audience, leurs défenseurs les suivent en demandant à la Haute cour une répression exemplaire de l'insulte faite aux avocats.

Le lendemain, M. Crémieux donna lecture à la cour d'une protestation signée de tous les défenseurs. La cour rendit un arrêt qui, compensant les torts respectifs, ordonnait qu'il fût passé outre aux débats. Une rencontre à l'épée où heureusement le sang ne coula pas, eut lieu entre M. Thourel et le lieutenant Petit. — Ils étaient bien dressés les soldats de M. Changarnier, qui allaient devenir les soldats de M. Saint-Arnaud !

dre du jour par M. Changarnier pour avoir fait arrêter par la ligne, place Saint-Sulpice, un chef de bataillon de la garde nationale qui avait refusé de lui obéir (1).

Nous retrouverons tous ces hommes au 2 décembre, avec

---

(1) Le passage du rapport du général Changarnier relatif à la *belle conduite* du général Sauboul mérite d'être rapporté. On verra que les généraux de la guerre civile gagnaient à bon marché leurs chevrons. Laissons la parole à M. Changarnier : « Je « vous ai dit qu'aucun symptôme d'insurrection ne s'était ma-
« nifesté dans les quartiers de la rive gauche. Je dois, cepen-
« dant, appeler votre attention sur un événement dont la
« place Saint-Sulpice a été le théâtre et qui a donné à M. le
« général Sauboul l'occasion de montrer une fermeté et un sang-
« froid qui lui font infiniment d'honneur. Trois compagnies d'in-
« fanterie étaient en position sur cette place où se trouvait éga-
« lement un détachement de la 11e légion, aux ordres du lieu-
« tenant-colonel Pascal. Informé que les plus mauvais conseils
« n'étaient point épargnés à ses soldats, le général Sauboul se
« rend à la place Saint-Sulpice ; il y est aussitôt entouré par
« les gardes nationaux qui le somment avec menaces de crier :
« Vive la Constitution ! mot d'ordre convenu pour la journée.
« Le général Sauboul, qui ne sait pas céder à l'intimidation,
« refuse, et somme à son tour le colonel Pascal de mettre sa
« troupe en ordre; ce qu'il ne fait pas. Décidé de couper court
« à tout prix à de semblables manifestations qui pourraient
« susciter des troubles dans un quartier demeuré jusque-là pai-
« sible, le général court au Panthéon, y prend un bataillon et
« trois pièces de canon, et revient vers la place Saint-Sulpice,
« où il fait arrêter le colonel Pascal au milieu de sa troupe.
« Je dois ajouter que l'accueil provocateur fait à M. le gé-
« néral Sauboul ne doit être imputé qu'à un nombre très-res-
« treint de gardes nationaux de la 11e légion, et que cet officier
« général a reçu depuis, d'un grand nombre d'honorables ci-
« toyens appartenant à cette légion, les protestations les moins
« équivoques contre la conduite de leurs camarades. »

Ainsi, indépendamment de trois compagnies d'infanterie, il avait fallu à M. le général Sauboul un bataillon et trois pièces de canon pour arrêter un officier de la garde nationale, qui n'était même pas soutenu par sa légion ! Ne voilà-t-il pas un bel exploit !

le général Magnan qui était alors à Lyon où il remplaçait provisoirement dans le commandement en chef M. le maréchal Bugeaud, emporté par le choléra le 10 juin, et qui se distingua pareillement en réprimant avec vigueur l'insurrection.

Il est aussi un autre exploit qu'il ne faut pas oublier : c'est le sac des imprimeries Proux et Boulé, dirigé par M. Vieyra, que nous retrouverons aussi au 2 décembre, et par M. de Korsy, [Carcy] aide de camp du général Changarnier. M. Proux, officier de la 2ᵉ compagnie du 1ᵉʳ bataillon de la 2ᵉ légion, était un homme d'ordre, blessé en juin 1848 dans les rangs de la garde nationale, et il se trouvait encore à son poste, dans ces mêmes rangs, le 13 juin 1849, au moment où des gardes nationaux dévastaient son établissement : « Ma propriété, mon imprimerie est détruite, » écrivait-il au *Siècle*; « on est venu me chercher pour la pro« téger avec quelques amis ; mais en quelques instants des « gardes nationaux de la 1ʳᵉ légion avaient tout bouleversé, « tout détruit, excités qu'ils étaient par un magistrat qui « leur disait : Faites votre devoir. »

« Le 13 juin à neuf heures et demie du soir, » écrivait d'autre part l'administrateur du *Peuple*, « des gardes na« tionaux et des chasseurs de Vincennes, conduits par un « commissaire de police, ont envahi nos bureaux. En un « instant nos cartons, nos papiers, nos registres ont été « lacérés, hachés à coup de sabre, les meubles brisés, « les cloisons enfoncées, tout a été dévasté...

« L'imprimerie Boulé, qui, outre notre journal, imprime « la *République*, l'*Estafette*, la *Liberté*, le *Temps*, a été sac« cagée d'une manière épouvantable. »

Une lettre des compositeurs de l'imprimerie Boulé fait le récit suivant :

« L'un de nous était dans la cour lorsque parut un officier d'état-major suivi d'une compagnie de la 1ʳᵉ légion et d'un bataillon de tirailleurs de Vincennes. Aussitôt la maison fut envahie. Arrivé au premier étage, l'officier donna cet ordre : Il n'y a ici que des gueux, des scélérats ! Montez, répandez-vous dans les chambres et, à la moindre résistance, chargez à la baïonnette et faites feu. Au deuxième étage, toutes les portes étaient fermées, il n'y avait aucun ouvrier. On enfonça les portes à coups de hache et de crosses de fusil ; on brisa, dans une demi-obscurité, les presses, les tréteaux, les casses ; on saccagea les caractères, les bureaux du chef d'atelier ; on prit environ 45 francs en sous dans un bureau cadenassé. Puis on monta au troisième étage, où étaient les compositeurs du *Temps*, de *l'Estafette* et de la *République*. On les fit descendre et la dévastation commença.

« L'officier d'état-major était descendu au premier étage ; il y entra suivi de tirailleurs qu'il plaça le long de l'atelier occupé par environ trente-six compositeurs qui travaillaient tranquillement. S'adressant aux soldats, il leur dit : Au moindre mouvement, à la moindre protestation ou réclamation, faites feu sans hésiter. »

Non seulement on dévasta l'imprimerie, mais on coupa les tuyaux de gaz et même les poteaux qui soutenaient la maison.

La manifestation, chassée des boulevards, avait été chercher un asile au Conservatoire des arts et métiers où s'étaient rendus Ledru-Rollin et quelques représentants. Bien loin de songer à se constituer en Convention et de se préparer à la résistance, comme on l'a prétendu, les représentants péchèrent bien plutôt par absence d'énergie et de décision, et ils n'opposèrent aucune résistance aux troupes qui ne tardèrent pas à venir les cerner.

Napoléon Lebon s'écriait devant la Haute cour de Versailles : « Oui, je suis allé au Conservatoire ; mais j'y suis
« allé sans m'être mêlé de rien ; j'y suis allé lorsque, par-
« tageant l'inquiétude générale, je dus sortir le matin
« pour voir ce qui se passait ; lorsque les charges furent

« faites sur la manifestation, lorsque la population refluait
« dans le cœur de Paris en criant : Aux armes ! on mas-
« sacre le peuple ! lorsqu'enfin on disait : Les représen-
« tants sont trahis, leur refuge est au Conservatoire, c'est
« là qu'il faut aller.

« Moi, qui croyais à des complots, à des attentats, —
« mais pas venant de notre côté, vous le savez bien, —
« moi qui croyais que la République était en danger, qu'elle
« allait être attaquée, moi, infirme, je me suis traîné au
« Conservatoire, pour tomber avec la République, si elle
« devait tomber, mais en frappant un dernier coup pour la
« cause que j'ai servie toute ma vie.

« Oui, je suis allé au Conservatoire. Mais non pas pour
« jouer une partie comme celle qui pouvait s'engager ce
« jour-là à propos d'une violation de texte, violation qui,
« du reste, se reproduisait tous les jours. De manifestation
« pacifique, est-ce que je m'en serais jamais mêlé ?

« Oui, je suis allé au Conservatoire. Mais je tombai d'é-
« tonnement à voir ce qui s'y passait. Je vis du monde, une
« foule, des artilleurs faisant de l'ordre, des artilleurs
« pacificateurs, qui disaient : Mais surtout qu'on ne fasse
« pas de barricades ! Mais, pour Dieu, qu'on ne fasse au-
« cune chose qui ait un air d'hostilité ! — Qu'est-ce que cela ?
« me disais-je. Je m'informe en passant. On me dit : Les
« représentants sont ici. Je vais droit vers M. Guinard ;
« quelques paroles s'échangent entre nous. — On me dit
« que vous voulez attendre qu'on vienne vous fusiller ici,
« lui dis-je. — Oui, me répondit-il. — J'avoue que je ne
« comprenais par cette espèce de dévouement passif. Je ne
« voyais pas ce qu'on voulait faire. Je voyais qu'on ne fai-
« sait rien de ce que je pensais qui aurait dû être fait, et
« je me retirai. »

Une demi-heure après, la garde nationale et la troupe
de ligne venaient attaquer le Conservatoire, qui fut occupé
après quelques coups de feu. Quarante personnes furent

arrêtées, parmi lesquelles se trouvaient sept représentants. Les autres, notamment Ledru-Rollin, purent s'échapper à la faveur du désordre (1).

Le gouvernement transforma en insurrection formidable

---

(1) On accusa M. Ledru-Rollin d'avoir fui lâchement en abandonnant ses amis. Il s'est justifié lui-même dans une brochure sur *le 13 juin* : — « Dans la journée du 13 juin, nous avons
« vu la mort d'assez près, quelques-uns de mes amis et moi,
« le long du mur alignés, sans armes et sans défense, sous le
« feu d'un peloton qui nous tenait ajustés et qui n'attendait
« plus que le dernier commandement. L'officier, ivre de fu-
« reur et de vin (disent plusieurs témoins), levait son épée
« pour donner cet ordre de mort quand un chef supérieur, ac-
« courant à toute bride, n'eut que le temps de relever les fusils.
« — Ils sont prisonniers, dit-il; s'ils bougent on les fusillera
« tout à l'heure. — Oui, un instant de plus, et nous tombions
« assassinés, sans provocation, sans combat, sans explication,
« sans jugement, comme un troupeau qu'on mène à l'abattoir!
« Eh bien, à ce moment suprême, un seul des hommes rangés
« le long de ce mur a-t-il baissé la tête, a-t-il en suppliant
« marchandé sa vie et fait prix pour son corps aux dépens de
« son honneur? Quels sont les lâches, de ceux qui se tiennent
« ainsi sous la mort sans pâlir, ou de ceux qui insultent le
« lendemain, prudemment abrités derrière les canons de l'état
« de siège? Non, non, pendant cette journée de sacrifices je
« n'ai point oublié un instant que, de tous ses représentants,
« j'étais celui que la France venait d'honorer du plus grand
« nombre de suffrages!

« Et plus tard, en effet, lorsque j'ai quitté le Conservatoire,
« y avait-il lutte? avais-je des amis engagés dans un combat?
« Il n'y avait ni combat ni lutte. Sans avoir rendu ni le droit
« ni les armes, car je n'avais pas d'armes, et mon droit restait
« entier sous la force, j'étais prisonnier de guerre dans une
« place mal gardée. Je me suis retiré librement, sans laisser
« derrière moi, ni une parole que je n'avais pas donnée, ni mes
« amis; car depuis plus d'un quart d'heure il ne restait aux
« Arts-et-Métiers que Martin Bernard, Considérant, Guinard et
« moi, ni, par conséquent, mon honneur. Depuis quand le pri-
« sonnier de guerre est-il lui-même justiciable de ses fers
« tombés?... »

cette manifestation inoffensive. M. Odilon Barrot vint proposer de mettre en état de siége Paris, alors que pas un seul coup de fusil n'avait été tiré. « Il est des moments, » disait M. Gustave de Beaumont, rapporteur du projet de loi relatif à l'état de siége, « où toutes les nuances de parti « et où toute dissidence d'opinion s'effacent. Nous sommes « arrivés à ce moment suprême où la société menacée par « les partis anarchiques ne peut être sauvée que par « l'union intime de tous les amis de l'ordre ralliés étroite- « ment sous le drapeau de la République et de la Consti- « tution. »

L'état de siége fut voté, malgré les protestations énergiques de MM. Pierre Leroux et Bancel (1). M. Cavaignac prit la parole pour l'appuyer.

Le ministère accompagna la proclamation de l'état de siége du commentaire suivant : « Citoyens de Paris, une

---

(1) M. Pierre Leroux dit que toujours la répression, loin de ramener l'ordre, irrite les esprits ; il dit que la source de tous les malheurs qui avaient affligé la République était dans l'état de siége de juin 48 : « De là tant de griefs fournis à l'esprit hu- « main de se récrier, et de se raidir contre la violence ; de là « ces combats acharnés que vous appelez aujourd'hui les com- « bats de la démagogie, et que moi, dans ma conscience, j'ap- « pelle le combat du droit; car il n'y a pas de justice sans clé- « mence, il n'y a pas de justice sans miséricorde, et les victorieux « qui sont violents, qui ne sont pas justes, amènent sûre- « ment des représailles, et des représailles qui se prolongent et « qui peuvent un jour ou l'autre éclater. » — « Si j'avais con- « fiance dans le républicanisme du ministère, » s'écriait M. Bancel, « ah ! peut-être pourrais-je accorder cette mesure fatale « de l'état de siége, si je croyais qu'à l'abri des lois supprimées, « des droits violés, de la Constitution éteinte, on n'essayerait « pas je ne sais quelles machinations perfides que je redoute ; « peut-être me consulterais-je. Mais je le dis à regret, non, je « ne crois pas en vous. » Sur l'incident entre M. Cavaignac et M. Pierre Leroux et sur l'attitude de M. Cavaignac, voir *les Hommes de* 1848, chap. x.

« minorité factieuse voulait supprimer la majorité du
« suffrage universel. Au nom de la Constitution qu'on
« disait violée, on se jouait de toutes les lois et de
« la Constitution elle-même. La République allait périr
« dans l'anarchie ; l'Assemblée nationale et le gouverne-
« nement ne l'ont pas voulu : Paris est en état de siége.
« Nous avons réclamé la loi qui déclare l'état de siége, au
« nom de la Constitution : *nous n'en ferons usage que*
« *pour affermir la République.* »

En même temps le Président adressait une proclamation
Au peuple français, dans laquelle se trouvait cette fameuse phrase : « Il est temps que les bons se rassurent et
« que les méchants tremblent. »

L'état de siége fut appliqué avec une rigueur inouïe. Un
des traits les plus glorieux de la vie politique de M. Odilon Barrot, c'était sa protestation énergique en 1832 contre l'état de siége et en général contre les tribunaux d'exception. Il avait fait annuler par la cour de cassation, pour
excès de pouvoir, un jugement du conseil de guerre condamnant un insurgé non militaire. En juin 1848, par un
scrupule honorable, il s'était abstenu de prendre part au
vote de la loi sur l'état de siége. Certes, la manifestation
du 13 juin 1849, était loin d'avoir même la gravité et de contenir les mêmes menaces que l'insurrection de juin 1848 ou
que les émeutes de 1832. Cependant, non-seulement M. Barrot
n'hésita pas à provoquer l'état de siége, mais encore il lui
donna l'extension la plus extrême. Il prit le soin de faire effacer par le conseil d'État l'arrêt de la cour de cassation du
29 juin 1832, obtenu par son éloquence. Cet avis du conseil
d'État, délivré quinze ans après, presque jour pour jour, le
25 juin 1849, ne fait pas honneur aux membres de ce corps,
parmi lesquels siégeaient MM. Jules Simon, Bethmont,
Havin, Ed. Charton, Jean Reynaud, Edmond Adam
Carteret, Landrin, Vivien, etc. La cour de cassation de 1832
avait décidé que les conseils de guerre n'avaient pas le

droit, même en vertu de l'état de siége, d'étendre leur compétence à des crimes ou délits commis par des individus non militaires; elle avait déclaré le décret du 25 décembre 1811, qui réglementait l'état de siége, inconciliable avec le texte et l'esprit de la Charte, portant que nul ne pourrait être distrait de ses juges naturels et qu'il ne pourrait être créé de tribunal extraordinaire sous quelque forme que ce soit.

Le conseil d'État de 1849 accepte complétement le décret du 25 décembre 1811; il déclare, en vertu de ce décret, que la dévolution des pouvoirs administratifs à l'autorité militaire est *absolue* et *illimitée*, et que les tribunaux militaires *peuvent toujours, quand ils le veulent,* dessaisir les tribunaux ordinaires.

Ainsi M. Odilon Barrot réhabilitait et restaurait ce décret de 1811 qu'il avait si énergiquement autrefois combattu et flétri (1) ; et à MM. Grévy et Crémieux, qui venaient soutenir contre lui la même thèse soutenue par eux en 1832 sur la limitation légale de l'état de siége, il répondait :

« L'état de siége est une suspension des garanties ordi-
« naires, *c'est l'état de guerre;* c'est la loi de conservation,
« c'est la loi du salut public. »

« L'état de siége, c'est l'état de guerre, » avait dit M. Odilon Barrot. Et en conséquence, il fit ce que n'avait

---

(1) « Ce décret, disait M. Odilon Barrot en 1832, a péri avec
« le gouvernement duquel il était né ; il a péri comme toutes
« les mesures d'exception par lesquelles le chef du gouvernement
« s'était arrogé le pouvoir de modifier la Constitution. La dé-
« chéance de l'Empereur a été motivée notamment sur sa pré-
« tention à confondre tous les pouvoirs. C'est là quelque chose
« qui atteste que ni la Restauration, ni le gouvernement in-
« stitué en 1830 n'ont hérité de cette aptitude usurpatrice à con-
« fondre toutes les attributions, tous les droits... » Sur les palinodies de M. Odilon Barrot, voir *les Hommes de* 1848, chap. I.

pas osé faire le gouvernement de Juillet en 1832, l'avis du conseil d'État constatant que la constitution de 1848 accordait moins de garanties que la charte de 1830.

Six journaux : *Le Peuple, la Réforme, la Vraie République, la Révolution démocratique et sociale, la Démocratie pacifique, la Tribune du peuple*, sont suspendus et leurs bureaux occupés militairement. *La Presse, le Siècle, le National, la Liberté*, sont directement menacés du même sort. Aux interpellations qui lui sont adressées à ce sujet et au sujet de la dévastation des imprimeries Proux et Boulé, M. Odilon Barrot répond avec sa théorie barbare :
« Il est vrai que ceux qui ont donné le signal de la guerre,
« subissent les conséquences de la guerre. Ils devaient s'y
« attendre. (1). »

Quarante représentants du peuple sont successivement

---

(1) M. Proux et M. Boulé déposèrent une plainte en justice contre les auteurs de ces attentats ; la chambre des mises en accusation déclara qu'il n'y avait pas lieu à suive. M. le général Gourgaud avait dit à la tribune, le 18 juin : « C'est une « affaire d'argent qui peut se réparer facilement. » Les victimes du pillage ne purent pas même, malgré leurs réclamations, obtenir cette réparation. M. Proux en mourut de chagrin. Dans son discours sur la liberté de la presse, prononcé le 9 juillet 1850, M. Victor Hugo disait à ce propos :

« Il a un an le 13 juin une imprimerie est saccagée, ravagée
« de fond en comble. Une commission nommée par le gouver-
« nement, commission dont l'homme qui vous parle était mem-
« bre, vérifie les faits, entend les rapports d'experts, déclare
« qu'il y a lieu à indemnité, et propose, si je ne me trompe,
« pour cette imprimerie spécialement, un chiffre de 75,000 fr.
« La décision réparatrice se fait attendre. Au bout d'un an,
« l'imprimeur victime du désastre reçoit enfin une lettre du mi-
« nistre. Que lui apporta cette lettre? L'allocation de son in-
« demnité? Non, le retrait de son brevet. Admirez ceci, Mes-
« sieurs ! Des furieux dévastent une imprimerie; compensation :
« le gouvernement ruine l'imprimeur. »

décrétés d'accusation, et la représentation nationale est ainsi complétement décimée. Les poursuites sont demandées et accordées sans qu'aucune explication soit fournie à l'Assemblée (1) ; et la majorité prétend ériger ces procédés sommaires en principe de jurisprudence parlementaire, malgré les vives protestations de MM. Grévy et Michel (de Bourges). C'était la théorie inventée par M. Jules Favre contre Louis Blanc pour obtenir que l'Assemblée constituante livrât l'ancien membre du gouvernement provisoire. M. Jules Favre disait aussi que l'autorisation de poursuites était simplement un hommage rendu à la justice du pays, et que l'Assemblée n'avait pas à examiner les faits, ni même à les connaître (2).

L'état de siége est étendu à seize départements. La terreur règne partout. A Lyon, 3,000 ouvriers sont jetés dans les cachots. Un écrivain, M. Furet, est conduit à pied, les fers aux mains, entre deux gendarmes, de Paris à Rouen, et ainsi les rigueurs arbitraires de la Restauration elle-même sont dépassées. Le gendre de M. Pierre Leroux, M. Luc Desages, avocat et publiciste à Boussac (Creuse), est arrêté en même temps que M. Auguste Desmoulins, chargé de la correspondance commerciale de l'imprimerie P. Leroux. Ils sont inculpés pour une lettre *saisie à la poste et décachetée,* par conséquent non parvenue à sa destination. La lettre était adressée à une personne de Lyon. MM. Desages et Desmoulins sont liés et garrottés avec des chaînes de fer et conduits à Lyon, de brigade en brigade, comme les derniers des criminels.

---

(1) M. Gambon repoussant, le 30 juin, une demande de poursuites dirigée contre lui, disait : « Je ne viens pas à cette tribune pour me défendre. Je n'ai absolument rien à dire. J'attendrai qu'on formule contre moi des faits, et alors je verrai ce que j'aurai à répondre. Jusque-là, je déclare que je n'ai rien à dire. »

(2) Voir *les Hommes de* 1848, chap. VIII.

Cette transportation dure *vingt jours*. En outre de la violation du secret des lettres et des indignes procédés, il y a, dans ce cas, cette circonstance grave que des citoyens sont enlevés à leur ressort judiciaire, transportés dans le ressort de Lyon qui est en état de siége, et livrés ainsi, par l'abus le plus odieux, à la juridiction des conseils de guerre. Vainement on interpelle le ministère sur ces faits; toutes les protestations viennent échouer devant le mauvais vouloir de la majorité de l'Assemblée, pour ne pas qualifier plus sévèrement son attitude.

M. Bac, dans la discussion, racontait que la femme de M. Desages, qui était enceinte, avait failli mourir de saisissement et de douleur, et que son enfant était mort dans son sein. — « On demande l'âge de l'enfant. Est-il mort de chagrin? » s'écriait très-plaisamment un membre de la majorité. Et les honnêtes gens de rire (1) !

— « Il vaut mieux la terreur blanche que la terreur rouge, » s'écriait M. Baraguey d'Hilliers. Et M. Estancelin déclarait à propos de l'anniversaire de Waterloo, qu'il craignait moins l'invasion étrangère que l'entrée des réfugiés révolutionnaires.

La majorité votait des remercîments au général Changarnier, à l'armée de Paris et aussi à l'armée de Lyon. Le rapport de M. Changarnier contenait cette phrase injurieuse et blessante pour la minorité :

« Depuis le jour de sa réunion, l'Assemblée législative
« voyait s'agiter dans son sein un parti violent qui, déniant
« à la majorité le droit, qu'elle tient de la Constitution, de
« faire la loi, en appelait sans cesse de ses décisions à la
« force brutale recrutée dans les rues. » C'était le pendant

---

(1) L'inanité des charges contre MM. Desages et Desmoulins était telle, qu'ils furent acquittés par le conseil de guerre de Lyon, mais après avoir subi plus de deux mois de détention préventive.

de son ordre du jour du 9 mai, et ce droit que s'arrogeait un chef militaire de censurer l'Assemblée nationale était le renversement de tous les principes constitutionnels. Interpellé à ce sujet par M. Persigny, M. Dufaure répond sans plus se gêner, qu'en règle générale et dans les temps ordinaires, *il valait mieux* que le rapport d'un commandant militaire ne contînt rien qui eût trait à la politique, mais qu'après l'appel aux armes fait à la tribune, il ne comprenait pas qu'on soit si sévère pour le général qui l'avait rappelé dans son rapport.

Plusieurs compagnies de gardes nationales sont dissoutes : le droit de réunion et d'association, garanti par l'article 8 de la Constitution, est suspendu pour un an. Une nouvelle loi sur la presse est votée, qui dépasse en rigueur les lois de septembre, M. Odilon Barrot, ministre de la justice en même temps que président du conseil, adresse une circulaire aux procureurs généraux pour les engager à poursuivre le cri désormais séditieux de : Vive la République sociale ! et à abréger les lenteurs de la procédure pour les affaires politiques. La liberté de la tribune elle-même se trouve atteinte par un nouvel article introduit dans le règlement de l'Assemblée, qui soumettait désormais les représentants à la censure, à l'amende pécuniaire, à la privation de l'indemnité, à l'exclusion temporaire de l'Assemblée.

Sur la proposition de M. de Montalembert, l'article 67 de la loi du 22 mars 1831 sur la garde nationale, qui excluait tout officier général en activité de service du commandement général de la garde nationale dans le département de la Seine, fut abrogé. Cet article avait été violé dès le 20 décembre 1848, comme nous l'avons dit, par la réunion des troupes de ligne et de la garde nationale entre les mains du général Changarnier. Mais l'article amendé par M. de Montalembert donne en outre au gouvernement la faculté de concentrer dans les mains du chef d'une division militaire le commandement des gardes nationales de tous les départements compris dans la même circonscription (1).

Toutes ces mesures furent soutenues par MM. Cavaignac, Bixio, V. Lefranc, et Barthélemy-Saint-Hilaire. Parmi leurs apologistes dans la presse, il faut signaler M. Eugène Pelletan, que nous avons déjà vu au premier rang des courtisans de l'état de siége de 1848 ; et qui avait alors pour le prince Louis-Napoléon les mêmes adulations qu'il avait eues pour le général Cavaignac (2). M. Pelletan faisait l'*His-*

---

(1) M. Dufaure lui-même qualifiait cette mesure d'*excessive*; et cet excès était tellement choquant qu'il provoqua une protestation très-vive et très-inattendue de M. Baraguey d'Hilliers, habitué cependant à soutenir aveuglément toutes les mesures qui fortifiaient l'autorité : « Si vous n'aimez pas l'anarchie, s'é- « cria-t-il, je ne l'aime pas plus que vous ; mais je déteste le « despotisme. Représentant du peuple, nommé pour défendre « la liberté en même temps que l'ordre, je voterai contre la « proposition. » M. Baraguay d'Hilliers plus libéral que M. de Montalembert !

(2) Voir *les Hommes de* 1848, chapitre xi. — M. Pelletan appréciait en ces termes le message présidentiel du 6 juin : « Ce message, que le Président a, dit-on, écrit et rédigé lui- « même, est empreint de cette sagesse simple, calme, ferme et « patriotique qui caractérise les messages de la présidence amé- « ricaine. Il est la promulgation officielle des sentiments d'or- « dre, de courage, de confiance, de sollicitude pour les souf- « frances et les intérêts populaires qui animent la volonté et le « cœur de la France. Il ne cherche pas à éblouir l'imagination « du peuple, etc. » C'est encore dans *le Conseiller du peuple*, mais cette fois sous la signature de M. de Lamartine, que nous trouvions cette appréciation du message présidentiel du 12 novembre 1850 : « Voilà un langage que Washington n'aurait pas « désavoué. » On se fait une singulière idée de Washington dans le monde romantique où vit M. Pelletan. En juin 1848, s'adressant au général Cavaignac, en l'engageant à prendre les mesures répressives que nécessitait la situation et à *refouler devant le poitrail de son cheval les derniers débris de l'anarchie*, M. Pelletan lui disait : « Écartez du bout de votre épée

toire du mois à la revue de M. de Lamartine, *le Consciller du peuple*. Voici comment il appréciait les résultats de la journée du 13 juin :

« Ce mois ouvre une ère de salut et de délivrance. Il a
« dénoué en un jour une crise redoutable ; il a sauvé le
« présent et peut-être l'avenir du pays. La confiance n'est
« plus une chimère, l'avenir n'est plus un problème. La so-
« ciété s'est éprouvée elle-même ; elle connaît maintenant
« sa force et son inviolabilité ; elle sait qu'elle n'a qu'à se
« lever et qu'à apparaître pour vaincre sans combattre. »

Et dans la livraison suivante, il s'applaudit de l'effet produit par les mesures répressives que nous venons d'énumérer : « Ce dernier mois a été marqué par un retour signalé

« les derniers obstacles, ouvrez à travers ce pêle-mêle, ce tu-
« multe armé de partis, de regrets et de passions, le grand
« chemin de la République et vous aurez fait la moitié de l'œu-
« vre de Washington. »

La haine de la démocratie était un sentiment invétéré chez M. Pelletan : il s'est converti à la Révolution seulement dans ces derniers temps, sur le chemin du Corps législatif, et encore il lui arrive fréquemment, par vieille habitude, d'attaquer les démocrates, comme il l'a fait encore récemment dans son article sur Proudhon, à la *Revue des Deux-Mondes*. Dans la *Presse* du 9 février 1841, M. Eugène Pelletan faisait cette déclaration politique, à propos des *Mémoires* du préfet de police Gisquet :

« Si quelque chose est fait pour dégoûter les âmes sincères,
« mais trompées, et des idées et des hommes de la démagogie,
« c'est assurément la lecture de ces *Mémoires*. Je ne sais si
« c'est l'horreur ou la pitié qu'ils inspirent, mais à coup
« sûr *c'est une reconnaissance profonde* pour les hommes
« quels qu'ils soient qui ont combattu cette poignée d'énergu-
« mènes, sans foi, ni loi, ni Dieu, ni sou, ni maille, ni cœur
« ni intelligence, toujours prêts à sacrifier une vie dont ils
« ignorent le prix devant Dieu, pour faire des ruines et s'y cou-
« cher ensuite au soleil. »

Que pensent de ce petit passage les électeurs démocrates de M. Pelletan ?

« de confiance. » C'était un homme de juin, M. Barthélemy-Saint-Hilaire qui avait rédigé et proposé la proclamation de l'Assemblé législative après le 13 juin, digne pendant de de celle faite par M. Sénard en juin 1848 (1).

Le 9 avril, l'Assemblée vote la loi organique sur l'état de siége, qui consacre constitutionnellement dans le droit public de la République, la jurisprudence du conseil d'État dans son avis du 25 juin. Vainement MM. Charamaule et Grévy combattent la disposition qui enlève tous les citoyens, militaires ou non, à leurs juges naturels pour les renvoyer devant les tribunaux militaires. M. Dufaure répond que ce règne provisoire de la loi militaire est précisément la sévérité et l'exception caractéristique de cet interrègne de la loi civile qui s'appelle l'état de siége. La

---

(1) Quelques autres traits nous consolent de cette complicité de MM. Eugène Pelletan et Barthélemy-Saint-Hilaire. Parmi les quelques républicains honnêtes et sincères qui avaient donné leur adhésion à M. Louis Bonaparte, s'en trouvait un, honorable entre tous, M. Peauger, qui avait eu pour collaborateur le prince Louis-Napoléon, quand il rédigeait sous la monarchie le *Journal de Maine-et-Loire*. L'affaire de Rome et ses conséquences à l'intérieur ouvrit les yeux à M. Peauger que le Prince avait nommé directeur de l'Imprimerie nationale. Il lui envoya sa démission en y joignant ces mots : « Ceux qui vous ont aimé et qui « feraient encore des vœux pour vous si les vœux pouvaient « quelque chose, n'ont plus qu'un genre de service à vous « rendre, c'est de s'éloigner, et de vous rappeler par leur re- « traite, s'il y a moyen, au vrai sentiment de votre situation « et de votre origine. » — « Les bonapartistes républicains se « faisaient illusion sur la situation et sur l'origine de M. Louis « Bonaparte, » fait observer M. Taxile Delord dans l'*Introduction* de son *Histoire du second empire*. « Le Président de la « République devait le pouvoir non pas aux républicains, mais « aux ennemis de la République ; quant à son origine, il était « le fils adoptif de l'empereur Napoléon Ier et comme tel il « avait deux fois revendiqué à main armée le trône de France « comme sa propriété. »

suppression de cette disposition serait le désarmement de cette loi de guerre et de défense sociale (1). Un amendement demandant une exception en faveur la presse et qu'on maintînt le privilége du jury pour les journalistes fut repoussé. MM. Barthélemy-Saint-Hilaire, Bixio, Victor Lefranc, prêtèrent tout leur concours à cette loi sur l'état de siége. M. Cavaignac s'abstint.

Après avoir voté la loi sur l'état de siége, l'Assemblée législative il avait déclaré levé cet état de siége pour Paris et les départements compris dans la première division militaire. Mais l'état de siége était maintenu à Lyon et dans les départements de l'Ain, de l'Isère, de la Drôme et de la Loire formant la sixième division militaire (2). Le 29 oc-

---

(1) Il faut lire attentivement ce discours de M. Dufaure prononcé dans la séance du 9 août 1849, si l'on veut avoir une idée juste de son libéralisme.

(2) L'état de siége fut maintenu dans le département de l'Ain jusqu'au coup d'État. En 1850, M. Quinet publia une éloquente brochure, sous ce titre : *L'état de Siége*, dans laquelle il retrace la situation du département de l'Ain sous ce régime abominable. Il faut recueillir ce document pour l'histoire.

« Le régime de l'état de siége est devenu pour nous une excep-
« tion dans l'exception ; nos paisibles campagnes envahies, nos
« villages envahis pendant la nuit, les gens de bien traqués, en-
« traînés, souvent les mains liées derrière le dos ; et après tant
« de violence, pas une trace de culpabilité chez ces grands cri-
« minels d'État arrachés à la charrue. Partout la justice a ré-
« pondu : Je ne vois aucune faute dans ces hommes...

« Il est certain que les droits que l'on s'attribue sur les pays
« conquis après une bataille rangée, on les exerce contre l'Ain...

« Je connais des hommes qui, depuis quelques mois, ont été
« tour à tour emprisonnés, puis relâchés, puis réemprisonnés et
« mis au secret, puis de nouveau relâchés, et qui n'ont jamais
« vu le juge. Amusement barbare! Ils sentent tour à tour la li-
« berté et la geôle, sans savoir par où finira ce jeu. Le pis dans
« la tyrannie, c'est la dérision. Jusqu'ici le droit de l'opprimé
« était du moins le sérieux de l'oppresseur.

« Se figure qui le pourra le spectacle de corps expéditionnai-

tobre, M. Bancel interpellant le ministère pour obtenir la délivrance de ces départements, s'écriait :

« Non, non, ce qui est impossible, ce n'est pas de gou-
« verner la France : ce qui est impossible, c'est de la gou-
« verner par des baïonnettes et des procès ; ce qui est
« impossible c'est de faire reculer un pays qui, marche. Il
« vous sera impossible d'empêcher le fleuve de la démo-
« cratie d'arriver à son embouchure ; son flot monte tou-
« jours, il brisera tous vos obstacles et il se changera en
« torrent pour vous entraîner. »

M. Dufaure répondit avec non moins de fermeté :

« En repoussant tout ce que vous demandez, en attaquant
« tout ce que vous défendez, en flétrissant tout ce que vous

« res qui, le mousquet au poing, poursuivent et cherchent sur
« la margelle des étangs un rassemblement fantastique ! Ce que
« l'on se représentera plus difficilement, c'est l'impression mo-
« rale de ces enlèvements d'hommes, la surprise, la stupeur,
« puis le dédain, l'ironie, l'indignation dans une population
« ravagée. J'ai vu la Morée après Ibrahim ; j'atteste que la ma-
« lédiction n'était guère plus grande.

« Malheur à qui, du fond de cette détresse, lève les yeux vers
« l'Assemblée nationale. Le gendarme menace de prison le
« paysan qui pétitionne ; en sorte que, parmi nous, le vœu
« même est un délit. La police, s'interposant entre la bouche du
« peuple et l'oreille de l'Assemblée, confisque la prière au pas-
« sage.

« L'état de siége, c'est-à-dire la suppression du droit com-
« mun, violent de sa nature, ne peut être qu'une mesure tran-
« sitoire, dans un moment de péril flagrant ; rendez-le perma-
« nent, vous sortez des conditions de la civilisation. Contrairement
« à tous les systèmes de gouvernement, plus celui-ci se pro-
« longe, plus il devient impossible ; il se dégrade par sa durée
« même. La magistrature civile dégénère en servitude militaire,
« l'esprit militaire en esprit de police, l'oppression en abjection,
« tout se mêle, se brouille, et cette suprématie absolue de la
« crosse de fusil en toute matière, politique, religieuse, judi-
« ciaire, morale, contraire au sens commun, funeste à tous, est
« véritablement mortelle à l'armée. »

« paraissez vouloir honorer, j'ai la conviction et le sentiment
« profond que je défends mieux la liberté et la République
« que vous. »

Le 31 octobre, MM. Odilon Barrot et Dufaure étaient remplacés par un ministère représentant plus exactement la politique personnelle du Président, à la tête duquel était placé M. Rouher (1). Mais l'esprit du gouvernement ne chan-

---

(1) Ce changement de ministère surprit comme un coup de foudre MM. Odilon Barrot et Dufaure. Le Président fit connaître ses intentions par un message adressé à l'Assemblée, le 31 octobre.

« Pour raffermir la République menacée de tant de côtés par
« l'anarchie, » disait-il dans ce message, « pour assurer l'ordre
« plus efficacement qu'il ne l'a été jusqu'à ce jour ; pour main-
« tenir à l'extérieur le nom de la France à la hauteur de sa re-
« nommée, il faut des hommes qui animés d'un dévouement pa-
« triotique, comprennent la nécessité d'une direction unique
« et ferme, et d'une politique nettement formulée ; qui ne com-
« promettent le Pouvoir par aucune irrésolution ; qui soient
« aussi préoccupés de ma propre responsabilité que de la leur,
« et de l'action que de la parole... J'ai laissé arriver aux affaires
« les hommes des opinions les plus diverses, mais sans obtenir
« les heureux résultats que j'attendais de ce rapprochement. Au
« lieu d'obtenir une fusion de nuances, je n'ai obtenu qu'une
« neutralisation de forces... Au milieu de cette confusion, la
« France inquiète, parce qu'elle ne voit pas de direction, cher-
« che la main, la volonté de l'élu du 10 décembre. Or, cette
« volonté ne peut être réelle que s'il y a communauté entière
« d'idées, de convictions entre le Président et ses ministres, et
« si l'Assemblée s'associe elle-même à la pensée nationale dont
« l'élection du pouvoir exécutif a été l'expression. Tout un
« système a triomphé au 10 décembre ; car le nom de Napo-
« léon est à lui seul un programme. Il veut dire, à l'intérieur,
« ordre, autorité, religion, bien-être du peuple ; à l'extérieur,
« dignité nationale. C'est cette politique, inaugurée par mon
« élection, que je veux faire triompher, avec l'appui de l'Assem-
« semblée et du peuple. *Je veux être digne de la nation en
« maintenant la constitution que j'ai jurée.* »

Les membres du ministère personnel avaient un caractère fort

geait pas, l'expédition de Rome à l'intérieur se continuait, et les hommes de la rue de Poitiers conservèrent tout leur concours à la politique réactionnaire.

C'est M. Carlier, ancien agent de M. Gisquet, appelé à la préfecture de police, qui traça le programme du nouveau cabinet dans une proclamation aux habitants de Paris, contre-signée par le ministre de l'intérieur, M. Ferdinand Barrot :

« Je viens demander à mes concitoyens leur concours et
« leur appui, en leur promettant mon zèle et mon énergie,
« disait M. Carlier. — Protection à la religion, au travail,
« à la famille, à la propriété, aux bonnes intentions, au
« repentir même. Vigilance et rigueur contre le socia-
« lisme, le désordre, les mauvaises publications, l'endur-
« cissement des factieux...

« Gardes nationaux, chefs d'industrie, pères de famille,
« commerçants, travailleurs, aidez vous-mêmes à l'accom-
« plissement de ma mission... *Il s'agit aujourd'hui d'une
« ligue sociale contre le socialisme :* c'est la cause de tou-
« tes les familles, de tous les intérêts.. C'est entre nous
« tous une assurance mutuelle ; nous avons donc le droit
« de compter les uns sur les autres ; comptez sur moi. »

C'est vers cette même époque que M. Granier de Cassa-

---

effacé ; c'étaient, avec M. Rouher, MM. Ferdinand Barrot, Fould, de Rayneval, d'Hautpoul, de Parieu, Dumas, et Bineau En réalité, une politique nouvelle ne fut pas inaugurée ; mais la direction du gouvernement resta exclusivement entre les mains du Président. Les ministres n'avaient pas de volonté personnelle, et ils suivirent aveuglément M. Louis-Napoléon Bonaparte, à travers les méandres de contradictions par lesquelles la Présidence de la République allait aboutir à l'Empire. Rien que dans cette précaution de rappeler qu'il veut maintenir la Constitution qu'il a jurée, on sent percer la préoccupation qui ne cesse plus de dominer le prince ; à savoir comment il concilierait, si tant est que les deux choses fussent conciliables, le respect de la Constitution et de ses serments, avec son ambition ardente de se maintenir au pouvoir.

5.

gnac, l'un des anciens journalistes stipendiés de M. Guizot, rentra dans la vie politique et vint mettre au service de l'Élysée sa plume prête à toutes les besognes, en prenant la rédaction en chef du *Constitutionnel* (1). M. Granier de Cassagnac, dans une lettre adressée au *Mémorial bordelais*, avait fait cette déclaration sauvage contre le socialisme :

« Il faut non pas réfuter le socialisme, mais le *supprimer*.
« La société est en présence d'un ennemi capital et impla-
« cable ; il faut que la société l'anéantisse ou qu'elle soit
« anéantie ; dans ces termes, toute discussion se réduit à
« une *lutte* et toute raison à une *arme*. Que fait-on vis-à-
« vis d'un ennemi irréconciliable qui se dresse devant vous
« et qui vous apporte la ruine et la mort? Fait-on de la
« controverse? non ; on fait de la guerre. Ainsi la société
« doit se défendre contre le socialisme, non par des raison-
« nements, mais par la *force* ; elle doit non pas discuter ou
« réfuter ses doctrines, mais les *supprimer*. Cela me paraît
« plus clair que le jour (1). »

Ce programme de l'Élysée, au fond, était le même que celui de la rue de Poitiers ; c'était le même que nous venons de voir exprimer par M. Dufaure, le même que M. de Montalembert affirmait en toute occasion, le même que M. Molé, un des principaux chefs de la rue de Poitiers, exprimait le 25 septembre 1848 aux électeurs de la Gironde, en s'ap-

---

(1) Sur l'attitude de M. Granier de Cassagnac en 1848, voir les *Hommes de 1848*, chap. I

(2) M. Baroche, ministre de l'intérieur, disait à la tribune le 7 avril 1850, justifiant la circulaire de M Carlier :
« Je ne reconnais pas qu'il y ait un parti qui ait le droit de
« se dire socialiste... Non, ceux qui se disent socialistes ne
« forment pas un parti que nous devions respecter ; ils forment
« le plus souvent des adversaires politiques, contre lesquels,
« dans l'intérêt du pays, par tous les moyens que la loi met à
« notre disposition, nous devons lutter avec énergie. »

puyant sur les hommes de juin (1) : « Oublions nos dissen-
« sions passées, unissons-nous pour sauver le pays des
« dangers qui le menacent et dont il ne faut pas se dissi-
« muler l'étendue. C'est la société elle-même qui est en pé-
« ril ; la lutte est engagée entre la civilisation et la barba-
« rie... »

Est-ce que ce n'était pas le même sentiment qui avait inspiré la proclamation de M. Marrast aux maires de Paris le 23 juin 1848 ? dans laquelle il disait, parlant des insurgés : « Ce n'est pas seulement la guerre civile qu'ils vou-
« draient allumer parmi nous, c'est le *pillage*, la *désorga-*
« *nisation sociale*, c'est la ruine de la France qu'ils prépa-
« rent... » Est-ce que ce n'était pas le même sentiment qui dictait la proclamation de M. Sénard, président de l'Assemblée, le 24 juin ? « Ils ne demandent pas la République ;
« elle est proclamée. Le suffrage universel ? il est pleine-
« ment admis et pratiqué. Que veulent-ils donc ? On le sait
« maintenant ; ils veulent l'anarchie, l'incendie, le pillage... »

Est-ce que le 14 septembre 1848, M. Goudchaux, repoussant le droit au travail, n'adressait pas à la gauche une déclaration analogue à celle que nous venons de citer de M. Dufaure à M. Bancel ?

« — L'humanité, Montagnards, disait M. Goudchaux, n'a
« pas besoin de vous ; elle ne reculera pas devant vos cris ;
« elle marchera sans vous, malgré vous, parce que vos
« doctrines tendraient à l'amoindrir, à la perdre. »

Est-ce que le 25 novembre M. Cavaignac ne disait pas, s'adressant à la gauche en la personne de M. Ledru-Rollin ?

« — Assurément oui, une séparation existe entre nous, et
« je déclare que, quant à moi, je ne prévois guère qu'elle
« puisse jamais cesser. Je laisse au temps le soin de déci-

---

(1) Voir *les Hommes de* 1848, chap. XII.

« der qui de vous ou de nous sert le mieux la République. »
Et ne venait-il pas, le 13 juin, dans la discussion sur l'état
de siége, de réitérer à M. Pierre Leroux la notification de
cet antagonisme irréconciliable?

Ces hommes pouvaient être de bonne foi ; mais avaient-
ils le droit, ont-ils le droit encore aujourd'hui de se dire
républicains et libéraux ?

Nous venons de les voir à l'œuvre (1). Maintenant les

---

(1) M. de Girardin dressait dans le n° de *la Presse* du 20 décembre, sous ce titre : *Un an de pouvoir*, le bilan de cette
première année de la campagne présidentielle :

« 28 décembre 1848. — Le gouvernement combat la réduction
« de l'impôt sur le sel, laquelle est votée, contrairement à l'o-
« pinion soutenue par M. Passy, ministre des finances.

« 17 janvier 1849. — Le gouvernement propose de faire
« juger les accusés du 15 mai par la Haute cour de Bourges.

« 26 janvier. — Le gouvernement présente un projet de loi
« contre les clubs.

« 28 janvier. — Le gouvernement appuie la proposition Ra-
« teau, qui a pour objet la dissolution de l'Assemblée consti-
« tuante.

« 12 avril. — Expédition de la République française contre
« la République romaine.

« 19 mai. — Suppression de l'impôt des boissons, combattue
« par le gouvernement.

« 29 mai. — Rappel de M. de Lesseps et ordre de bombar-
« der Rome.

» 13 juin. — Mise en état de siége de Paris et des onze dé-
« partements voisins.

« 15 juin. — Mise en état de siége de Lyon et des cinq dé-
« partements voisins.

« 18 juin. — Suspension de plusieurs journaux.

« 19 juin. — Suspension pendant un an du droit de réunion
« inscrit dans la Constitution.

« 11 juillet. — Dissolution de plusieurs légions de la garde
« nationale de Paris.

« 27 juillet. — Nouvelle loi contre la liberté de la presse.

« 9 août. — Loi sur l'état de siége armant le pouvoir exécutif
du droit de suspendre les journaux, et rétablissant les tribunaux

voilà renforcés des hommes de l'Élysée, entrés en ligne sous leur protection. Nous allons étudier dans les chapitres suivants les diverses phases de leur campagne de Rome à l'intérieur : la loi sur l'enseignement, la loi sur la déportation, les lois contre la presse, les lois contre le droit de réunion, la loi du 31 mai, la discussion sur la révision de la Constitution.

« exceptionnels, au mépris des termes les plus formels de la
« Constitution.

« 29 août. — Maintien de l'état de siége à Lyon et dans les
« cinq départements voisins.

« 12 novembre. — Projet de loi rétablissant *indirectement*
« la peine de mort en matière politique, sous la forme de la
« déportation et de la réclusion dans la citadelle de Zaoudzi.

« 12 novembre. — Circulaire du ministre de la guerre (géné-
« ral d'Hautpoul) qui érige les gendarmes en censeurs et place
« sous leur surveillance les magistrats de qui ils dépendent.

« 27 novembre. — Loi contre les coalitions pour l'augmen-
« tation ou l'abaissement des salaires.

« 13 décembre. — Projet de loi qui confère aux préfets le
« droit de révoquer les instituteurs communaux.

« 20 décembre. — Rétablissement de l'impôt sur les bois-
« sons.

« Des rigueurs et pas une réforme !

« Des fautes et pas une amélioration !

« Des paroles et pas un acte !

« Ainsi se résume l'année qui vient de s'écouler entre ces
« deux dates : — 20 décembre 1848, 20 décembre 1849.

« Année qui se solde par 1,675 millions de crédits déjà votés,
« et par un découvert de 290 millions. »

CHAPITRE III.

LA LOI SUR L'ENSEIGNEMENT.

> Vous avez fait la révolution de 1789 sans nous et contre nous, mais *pour nous*, Dieu le voulant ainsi malgré vous.
> DUPANLOUP.

Appelé au ministère de l'instruction publique, le lendemain du 24 février, M. Carnot n'avait pas eu l'intelligence révolutionnaire de son rôle. Il fallait prendre, sans hésiter, une de ces mesures radicales qui peuvent, aux époques de révolution, décider de l'avenir d'un peuple, et qui restent, dans tous les cas, l'éternel honneur du gouvernement qui a su en assurer la grande initiative. Il fallait décréter l'instruction gratuite à tous les degrés et organiser l'éducation nationale, selon les principes de l'égalité démocratique. M. Carnot se contenta de *mettre à l'étude* un projet de loi sur l'enseignement primaire, comme eût pu le faire un ministre de la monarchie.

Mais, d'ailleurs, il faut rendre pleinement justice aux bonnes intentions de M. Carnot. Son exposé des motifs du projet de décret relatif à l'enseignement primaire, présenté tardivement, le 30 juin 1848 (1), à l'Assemblée constituante,

---

(1) M. Babaud-Laribière, dans son *Histoire de l'Assemblée constituante*, recherchant les causes de l'insurrection de juin, présente ces observations fort justes : « La cause première de la

exprime, bien qu'avec quelque indécision et quelque mollesse, les véritables idées révolutionnaires :

« La différence entre la République et la Monarchie, » disait M. Carnot, « ne doit se témoigner nulle part plus
« profondément, dans le domaine de l'instruction publique,
« qu'en ce qui touche les écoles primaires. Puisque le vote
« des citoyens doit désormais imprimer au pays sa direc-
« tion, c'est de la bonne préparation de cette volonté que
« dépendront, à l'avenir le salut et le bonheur de la
« France.

« Le but de l'instruction primaire est ainsi nettement
« déterminé. Il ne s'agit plus seulement de mettre les en-
« fants en mesure de recevoir les notions de la lecture, de
« l'écriture et de la grammaire. Le devoir de l'État est

« guerre civile était dans la misère du peuple, exalté par des
« enseignements funestes et par des promesses irréalisables.
« Aussi se place naturellement ici un reproche grave, qui pè-
« sera toujours sur le Gouvernement provisoire et sur l'Assem-
« blée constituante. Comment en présence de l'ignorance po-
« pulaire et de tant de prédications insensées leur premier
« soin ne fut-il pas d'organiser l'éducation publique ? Chaque
« jour perdu nous réserve peut-être de nouveaux malheurs;
« et peut-on comprendre une société où l'exercice de la souve-
« raineté est remis à des masses qui n'ont pas reçu les bien-
« faits d'une éducation commune, et qui ignorent peut-être
« l'étendue de leurs droits ? La souveraineté du peuple est im-
« prescriptible; le Gouvernement provisoire ne pouvait pas
« méconnaître ce principe; il eut raison de le proclamer et d'en
« faire la base de sa politique; mais son commentaire indis-
« pensable, sa conséquence nécessaire était une loi d'éducation
« publique gratuite, obligatoire et commune pour tous les ci-
« toyens. Comment n'eut-il pas la force ou la volonté de la
« donner à la France, au moment même où il appelait le
« peuple à l'exercice du suffrage universel ? Cette institution
« serait maintenant en vigueur, et qui sait si, dans quelques
« années, ses bienfaits ne préviendraient pas bien des mal-
« heurs ? »

« de veilles à ce que tous soient élevés de manière à
« devenir véritablement dignes de ce grand nom de ci-
« toyens qui les attend. L'enseignement primaire doit
« par conséquent renfermer tout ce qui est nécessaire au
« développement de l'homme et du citoyen tel que les
« conditions actuelles de la civilisation française permet-
« tent de le concevoir...

« L'établissement de la République, en donnant à l'en-
« seignement primaire cette tendance nouvelle, comman-
« dait aussi, comme conséquence naturelle, deux mesures
« importantes, qui sont de rendre cet enseignement gra-
« tuit et obligatoire. Nous le voulons obligatoire, parce
« qu'aucun citoyen ne saurait être dispensé, sans dommage
« pour l'intérêt public, d'une culture intellectuelle recon-
« nue nécessaire au bon exercice de sa participation per-
« sonnelle à la souveraineté. Nous le voulons gratuit, par là
« même que nous le rendons obligatoire, et parce que sur
« les bans des écoles de la République, il ne doit pas exis-
« ter de distinction entre les enfants des riches et ceux
« des pauvres.

« Nous vous demandons de proclamer la liberté d'en-
« seignement, c'est-à-dire le droit de tout citoyen de com-
« muniquer aux autres ce qu'il sait et le droit du père de
« famille, de faire élever ses enfants par l'instituteur qui lui
« plaît. »

M. Carnot bornait le rôle de l'autorité à exiger de l'instituteur un certificat d'aptitude ; il laissait un plein essor aux écoles privées, et il considérait même cette liberté comme un moyen de stimuler les écoles publiques. Et pour qu'il ne manquât à ces dernières, aucune chance favorable, il était d'avis de donner aux instituteurs une rétribution plus large, un juste accroissement de dignité et d'indépendance.

Si le parti clérical eût voulu sincèrement la liberté d'enseignement pour laquelle il avait provoqué tant d'agitation sous le gouvernement de Louis-Philippe, il eût accueilli favorablement ce projet ; mais sa sincérité libérale était précisément, avec ses tendances démocratiques, ce qui indisposait le plus les cléricaux. Ils se coalisèrent avec les monarchistes pour déterminer la retraite de Carnot. Nous avons raconté dans notre volume sur les *Hommes de* 1848 (1), l'histoire de cette coalition dans laquelle entra M. Jules Favre.

Mais le projet de loi resta à l'étude, et la commission nommée pour son examen tint de nombreuses séances. Elle touchait au terme de ses travaux et avait déjà nommé son rapporteur, M. Barthélemy-Saint-Hilaire, lorsque survint l'élection du prince Louis-Napoléon à la présidence de la République.

Le Président confia le portefeuille de l'instruction publique à M. de Falloux. Ce choix était tristement significatif. M. de Falloux était connu avant 1848 par une *Vie du pape saint Pie V*, dans laquelle il faisait l'apologie de l'inquisition et réhabilitait la Saint-Barthélemy, et par une *Histoire de Louis XVI*, dans laquelle il anathématisait la Révolution et les libertés proclamées par elle, présentant même comme une dangereuse innovation la publicité donnée par Necker, lors de son premier ministère, à son compte rendu des finances. Il est vrai qu'il s'était rallié à la République, avec de grandes protestations de dévouement. Il avait fait répandre à profusion une lettre adressée à l'*Union de l'Ouest*, le 25 février, et un discours prononcé dans une réunion électorales à Angers, où il donnait l'adhésion la plus complète aux doctrines politiques et sociales de la République : « Il ne s'agit pas, disait-il, d'une
« ambition à badigeonner de la couleur du jour ; désor-
« mais c'est le *gouvernement de tous par tous* qu'il im-

---

(1) Voir chap. vi.

« porte de régulariser, c'est la société dans sa plus large,
« dans sa plus haute acception, qu'il importe de défendre...
« J'ignore quel est le destin futur de la République en Eu-
« rope ; mais ce que je connais avec certitude, c'est le pré-
« sent. Eh bien ! le présent est plein de magnifiques pro-
« messes... Il y a une chose que je crois savoir, et celle-là,
« je tiens à la dire parce que je la tiens pour définitive,
« pour irrévocablement acquise : *C'est l'avénement de la
« démocratie.* Cet avénement est d'autant plus irrévoca-
« ble que la Providence et l'histoire nous l'ont préparé de
« bien haut et de bien loin... Le citoyen, le travailleur,
« voilà les deux termes extrêmes où Dieu a voulu amener
« l'ancien monde; *le citoyen, le travailleur, voilà les
« deux bases nouvelles qu'il a préparées pour le monde
« futur.* »

M. de Falloux se déclarait même prêt à faire à la Révolution le sacrifice du pouvoir temporel du pape. Il disait :
« Pie IX dit depuis le commencement de son règne, *qu'il
« est prêt à sacrifier son état temporel*, plutôt que la moin-
« dre de ses obligations comme pape. *Prions Dieu qu'il
« ne soit pas mis à cette épreuve ;* mais appliquons-nous
« plus que jamais à méditer les enseignements prodigieux
« qui ressortent du langage et des enseignements de
« Pie IX (1). »

---

(1) M. de Falloux fut un des principaux auteurs de l'expédition de Rome. Mais dans toutes les discussions qui eurent lieu à la tribune à ce sujet pendant les six premiers mois de 1849, dans lesquelles le ministère s'efforçait de tromper l'Assemblée et le pays sur le but véritable de l'expédition, M. de Falloux se garda bien de paraître à la tribune. Le 6 août, quand tout fut consommé, ce fut lui qui se chargea de répondre aux interpellations de M. Arnaud (de l'Ariége). Il avoua hautement que notre expédition était une croisade, et que nous étions allés à Rome pour délivrer le Vatican et rétablir le pape « Nous n'avons « eu qu'un tort, » dit-il, « c'est de n'avoir pas, dès le 20 dé-

Au mois d'août 1848, M. de Falloux protestait encore à l'Assemblée constituante de ses sentiments républicains. « La République a été fondée ici le 4 mai, » disait-il, « le jour où en présence de la population de Paris tout en-« tière, à la face d'un soleil radieux, comme les cœurs et « comme les visages, nous sommes venus tous ensemble, sans « exception, proclamer la République... Pour mon compte, « croyez-le bien, je crois qu'il n'y a de politique, qu'il n'y « a d'action politique possible dans le pays de France, qu'au « prix d'une entière sincérité; que la sincérité et la droi-« ture des caractères sont supérieures au talent et supé-« rieures à l'habileté, et *qu'il n'y a pas de position possible* « *dans l'estime publique, sans la sincérité et la loyauté.* »

Mais en dépit de ces protestations, on avait déjà pu pressentir son rôle funeste; c'est lui qui avait été un des principaux provocateurs de l'insurrection de juin, en poursuivant avec ténacité la mesure inhumaine de la dissolution immédiate des ateliers nationaux qui poussait au désespoir les travailleurs. Le fond réel de ses sentiments n'était douteux pour personne; il n'allait pas tarder, d'ailleurs, à les manifester lui-même, et à jeter le masque.

Dès le 4 janvier, M. de Falloux retirait le projet de loi sur l'instruction primaire, et, faisant une sorte de coup d'État parlementaire, il annulait la commission nommée par l'Assemblée, et désignait une commission administrative, chargée d'étudier un nouveau projet de loi. A part MM. Saint-Marc-Girardin, Cousin et Dubois, cette commission était à peu près exclusivement composée de cléricaux : MM. de Montalembert, Dupanloup, de Riancey, Laurentie,

---

« cembre, poursuivi le plan de M. Cavaignac, en doublant « le corps d'intervention armé par lui. Nous aurions ainsi évité « bien des malheurs, » — c'est-à-dire, prévenu la proclamation de la République. Ce regret était flatteur pour M. Cavaignac.

de Melun, Cochin, Roux-Lavergne, l'abbé Sibour. On y remarquait aussi M. Thiers récemment rallié au parti clérical (1) par la communauté des sentiments réactionnaires et qui a persévéré depuis dans sa dévotion aux intérêts du pape et de la catholicité, et M. Peupin, l'ouvrier horloger élu à l'Assemblée constituante, qui s'était habilement rattaché au parti conservateur et que l'on trouvait toujours à la tête de toutes les démonstrations réactionnaires, mais qui, malin et avisé, savait parfaitement faire escompter son concours en avantages bien positifs (2).

Dans le rapport inséré au *Moniteur*, qui précédait le décret nommant la commission, M. de Falloux disait : « Le « projet de M. Carnot a soulevé les plus graves objec- « tions. Il est à la fois trop vaste et trop restreint : au point « de vue financier, il dépasse de beaucoup les ressources « actuelles du Trésor ; au point de vue des principes sociaux, « il substitue arbitrairement l'État au père de famille..... »

On voit par la citation que nous avons faite, combien était peu fondée cette dernière critique. Quant à la dépense, M. Carnot avait fourni des états qui l'élevaient à 47,360,950 francs. Est-ce que la France, si prodigue quand il s'agit de payer son armée, ne pouvait pas consacrer cette somme à l'organisation de son instruction publique? et y avait-il quelque pudeur pour le ministère, après une semblable économie, à venir, quelques jours après, proposer d'élever le traitement du Président de six cent mille francs à un million deux cent mille francs ?

---

(1) M. Fayet, évêque d'Orléans, collègue de M. Thiers à l'Assemblée constituante et à l'Assemblée législative, disait : « Je « ne suis pas obligé de me mettre à la place de Dieu et de « sonder les consciences, mais apparemment, visiblement, « M. Thiers est tout à fait revenu à nous. »

(2) M. Peupin devait aussi se rallier à l'Élysée et à l'Empire. Il a aujourd'hui une perception importante à Paris.

Le procédé de M. de Falloux constituait une inconvenance parlementaire des plus choquantes, mais il était strictement légal. Tout ce que put l'Assemblée, après la dépossession de son ancienne commission, fut d'en nommer une nouvelle chargée d'étudier la loi organique sur l'enseignement.

Le rapporteur de cette nouvelle commission, qui activa ses travaux avec beaucoup de zèle, fut M. Jules Simon. M. Jules Simon, dans son rapport, était beaucoup moins radical que M. Carnot; il maintenait le principe de l'obligation mais il supprimait la gratuité. Pour ce qui est de la liberté, M. Jules Simon avait fait sa profession de foi lors de la discussion de la Constitution. En combattant vivement le principe de la liberté de l'enseignement, il s'était écrié : « Prenons pour devise : Pas de libertés illimitées ! » C'était aussi la devise qu'allait prendre M. de Falloux ; seulement l'un voulait établir le privilége au profit de l'université, tandis que l'autre le voulait au profit du clergé.

La loi préparée par M. Jules Simon ne fut pas discutée; elle fut écartée de l'ordre du jour de l'Assemblée constituante par un vote spécial dans la discussion de la proposition Rateau.

C'est le 18 juin que M. de Falloux apporta son projet supprimant les deux principes de l'obligation et de la gratuité : il était inspiré tout entier par la défiance contre l'enseignement laïque considéré comme un foyer d'anarchie et d'immoralité; les instituteurs étaient signalés aux suspicions des amis de l'ordre; les écoles normales, « où les « instituteurs puisent un sentiment exagéré de leur situa- « tion, une trompeuse idée de leurs devoirs, » étaient menacées. L'école primaire était placée sous la surveillance directe du curé ou du pasteur. Cette dernière disposition résumait toute l'économie de la loi, et on voit ce que devenait dès lors la liberté d'enseignement dont les catholiques et M. Falloux lui-même avaient fait tant de bruit : au lieu d'être placée sous la surveillance de l'État l'école était placée sous la surveillance de l'Église. Etait-ce un progrès ?

« La présentation du projet de loi sur l'instruction pu-
« blique faite par M. de Falloux, le 18 juin, est l'un des
« événements les plus considérables des temps modernes,
« disait la revue démocratique, la *Liberté de penser*. L'au-
« dace que révèle un pareil projet ne peut s'expliquer que
« par la victoire du 13 juin sur les Montagnards socialistes
« et par le siége de Rome. Qui aurait pu croire, après les
« trois grandes victoires de l'esprit laïque sur l'esprit clé-
« rical en 1789, 1830, 1848, qu'il se rencontrerait un ministre
« assez hardi pour présenter à l'Assemblée un projet de loi
« ayant pour objet d'escamoter ces trois grandes victoires
« au profit de l'esprit clérical contre lequel elles ont été
« remportées ? C'est cependant ce qui se passe sous nos
« yeux, et ce que n'a pas craint de proclamer l'auteur du
« projet : *Soyez sincères*, dit-il, SOYEZ HARDIS *dans cette
« voie, et vous assurerez à l'ordre social la plus féconde en
« même temps que la plus pacifique de ses victoires.* »

M. de Falloux voulait profiter de la stupeur qui suivit le 13 juin pour enlever par surprise le vote de l'Assemblée, et il présenta son projet de loi sans l'avoir soumis préalablement au conseil d'État suivant les formalités constitutionnelles. Cette objection fut soulevée par M. Lherbette et elle était d'autant plus grave que la loi était plus importante, et qu'elle était faite, disait M. Lherbette caractérisant justement la situation, « dans un moment où pour se sauver du
« socialisme, on pourrait peut-être se jeter dans le jésui-
« tisme. »

M. de Falloux dut se plier aux exigences constitutionnelles et renvoyer son projet de loi au conseil d'État, ce qui en ajourna la discussion.

Cette discussion n'était pas encore venue quand le ministère de la rue de Poitiers fut emporté le 31 octobre pour être remplacé par un ministère de l'Élysée.

M. de Falloux fut remplacé au ministère de l'instruction publique par M. de Parieu. M. de Parieu, légitimiste rallié à l'orléanisme avant 1848, était un de ceux qui s'étaient ralliés avec le plus d'ardeur à la République. Il s'était fait remarquer par ses motions extrêmes dans les clubs d'Aurillac (1); il avait abdiqué son titre nobiliaire, et signait *Parieu* tout court; ce fut sous ces auspices qu'il fut envoyé à l'Assemblée constituante, où il prononça un discours fort remarquable en faveur de la proposition Grévy. Mais l'élection du prince Louis-Napoléon à la présidence lui dessilla les yeux, et, digne successeur de M. de Falloux, nous allons le retrouver, ce qu'il est resté depuis, clérical et réactionnaire acharné.

Impatient des lenteurs que subissait la loi-Falloux, e désirant, lui aussi, illustrer son nom par quelqu grande mesure, il vint apporter à l'Assemblée, le 13 dé cembre, un projet de loi transitoire qui équivalait à l mise en état de siége de l'enseignement primaire. D'aprè M. de Parieu la société était menacée par les instituteur qui se faisaient les propagateurs des doctrines subversive et anarchiques, et il fallait les placer sous la surveillanc des préfets qui auraient le droit de les réprimander, d les suspendre, de les déplacer et de les révoquer. L germe de cette loi, connue sous le nom de loi-Parieu, pou la plus grande satisfaction de son auteur, avait été dépos par M. de Falloux dans l'exposé des motifs de sa loi à lui « Combien d'instituteurs, disait-il, ont semblé se ligue « pour former au sein de la société même un ordre de mé « contents et d'adversaires! Je pourrais, m'autorisant d « faits trop nombreux, répéter le cri d'alarme; je m

---

(1) M. de Parieu dirigeait à Aurillac un club dont le nor était caractéristique : le club *Copa-courniore*, c'est-à-dire *coup cou*, littéralement *coupe-sifflet*.

« borne à constater le mal ; j'ajoute que le mal n'aura été
« que passager si une loi juste et ferme porte le remède là
« où le mal est signalé et reconnu. »

M. de Parieu, moins réservé que M. de Falloux, venait jeter le cri d'alarme : l'Assemblée avait d'abord repoussé l'urgence réclamée, à une très-faible minorité ; mais ce vote fut annulé et au nouveau tour de scrutin la proposition ministérielle fut adoptée.

La loi-Parieu était une véritable loi de terreur, qui détruisait complétement l'indépendance des instituteurs soigneusement sauvegardée par la loi de 1833, et qui en les menaçant dans leur position déjà si précaire et en les mettant à la merci des préfets, allait en faire partout des agents dociles de l'administration. C'était le digne pendant de la circulaire du ministre de la guerre, M. d'Hautpoul, appelant la gendarmerie à la surveillance du socialisme et invitant les gendarmes *à observer surtout les actes et les tendances des agents du gouvernement.* Il est évident qu'on voulait organiser sur une grande échelle la corruption de l'esprit public.

Non-seulement la loi donnait aux préfets le droit de révoquer l'instituteur de ses fonctions, mais l'instituteur révoqué ne pouvait ouvrir une école privée dans la commune où il exerçait les fonctions qui lui avaient été retirées. Cette disposition avait été fortifiée par la commission, qui pour la rendre plus efficace avait étendu l'interdiction aux communes limitrophes. Ainsi la carrière de l'instituteur frappé par l'administration était irrévocablement brisée, et c'était en même temps une odieuse atteinte portée à la liberté du père de famille de faire élever ses enfants par l'instituteur qui lui convient. — « Vous avez le vertige ! » s'était écrié M. Noël Parfait (1).

---

(1) M. Baudin fit très-bien ressortir le caractère odieux de l'article et des applications auxquelles il pouvait donner lieu :

Tous les arguments invoqués en faveur du projet de loi étaient réfutés par cette observation décisive de M. Crémieux : Si les instituteurs violaient tout à la fois la morale et la loi, comme le prétendait le ministre de l'instruction publique, il n'était pas besoin pour les atteindre d'une loi exceptionnelle. Le cas était formellement prévu par la loi de 1833 qui prononçait la révocation et la destitution, mais avec l'accompagnement des formalités légales ; cela ne faisait pas l'affaire du gouvernement : ce qu'il lui fallait, c'était l'arbitraire, et ce n'étaient pas les doctrines pernicieuses ou coupables qu'il voulait atteindre, mais, sous prétexte de socialisme, la république elle-même. C'était la campagne de Rome à l'intérieur qui se poursuivait.

M. Lavergne dénonça avec énergie ce caractère de la

« L'instituteur communal a une double qualité. Comme
« instituteur communal, il reçoit une subvention du budget
« de la commune, du département, et, en cas d'insuffisance, de
« l'État. A ce titre, je conçois qu'on puisse avoir la prétention
« de le soumettre à une surveillance particulière. Mais comme
« instituteur privé, en lui interdisant de s'établir dans la com-
« mune où il avait exercé antérieurement à sa révocation, vous
« portez atteinte à sa propriété. Si, lorsque l'instituteur primaire
« à force de soins, de talents, de vertus, se sera constitué une
« clientèle dans sa commune, *uniquement parce qu'il se sera*
« *opposé à l'élection de vos candidats*, uniquement parce qu'il
« ne pensera pas comme vous en politique, vous le révoquez et
« que vous lui ôtez le droit de profiter de cette propriété mo-
« rale longuement acquise, je dis que vous portez une atteinte
« à sa propriété. Vous faites de même que si vous envoyiez un
« médecin après vingt ou trente années d'exercice, parce qu'il
« n'aurait pas votre opinion, se faire ailleurs une autre clientèle,
« au risque de mourir de faim en attendant qu'il ait pu faire
« ses preuves auprès de nouveaux clients. — Je n'ai pas be-
« soin de caractériser plus longuement votre loi. Des choses pa-
« reilles ne se discutent pas, elles restent dans l'histoire comme
« un opprobre pour ceux qui les ont proposées. »

loi : — « Pour tromper l'opinion, vous cachez toujours le
« véritable objet de vos poursuites sous un nom contre
« lequel vous savez que la conscience publique protestera.
« Vous mettez sous le nom du socialisme, l'athéisme, la
« spoliation, l'immoralité, toutes choses contre lesquelles
« a toujours protesté et protestera toujours l'éternelle mo-
« rale des siècles. Mais ce que vous poursuivez au fond, ce
« n'est pas ce fantôme, c'est l'esprit de liberté, d'égalité,
« de fraternité, qui souffle aujourd'hui sur le monde. Ce que
« vous proscrivez, c'est le génie de la France elle-même,
« sur lequel vous voulez jeter un manteau d'opprobre
« pour empêcher les cœurs généreux de le reconnaître, et
« pour l'égorger au milieu de nous sans que nous nous
« en apercevions. »

M. Baudin fit, à cette occasion, une remarquable profession de foi socialiste : « La propagande socialiste n'est
« autre chose que la propagande vraiment républicaine...
« Nous voulons la propagande socialiste, pour amener con-
« stitutionnellement, pacifiquement, par la voie du suffrage
« universel, la réalisation de nos idées, tant calomniées à
« cette tribune et au dehors ; et c'est notre droit ! Nous
« voulons que la révolution soit féconde en améliorations
« pour le bien-être du peuple ; et, suivant le mot d'un très-
« grand révolutionnaire, nous proclamons qu'une révolu-
« tion, quand elle n'est qu'un changement d'hommes, quand
« elle ne produit pas dans le sort des masses une amélio-
« ration profonde, n'est qu'un crime remplaçant un autre
« crime. »

Parmi ceux qui votèrent la loi, avec le clan *libéral* de la rue de Poitiers, nous remarquons et nous signalons M. Barthélemy-Saint-Hilaire.

La discussion de la loi-Parieu fut une digne introduction à la discussion de la loi-Falloux, qui commença le 14 janvier 1850. L'état de sa santé ne permit pas à son auteur de la soutenir. Mais il fut remplacé dans cette tâche par son digne coreligionnaire : M. de Montalembert fit de longues diatribes contre le socialisme, il ne se dissimula pas le caractère de la loi qui était *une arme*, une arme morale qui devait venir en aide à la force matérielle. M. de Montalembert rendait hommage, à cette occasion, *à la force militaire :*

— « Je l'estime profondément, disait-il, je lui rends
« hommage ; j'ai toujours rendu hommage à cette épée de
« la France, *qui était naguère entre les mains du général*
« *Cavaignac*, qui est aujourd'hui entre les mains du géné-
« ral Changarnier. Elle est bien placée dans leurs mains
« contre les ennemis de la société. »

L'épée allait passer entre les mains du général Saint-Arnaud, qui allait succéder au général Changarnier comme celui-ci avait succédé au général Cavaignac. La filiation entre les hommes de juin, les hommes de la rue de Poitiers et les hommes de décembre est-elle assez clairement établie ?

M. Thiers, devenu l'allié de M. de Montalembert et du parti clérical contre lequel il avait autrefois soutenu tant de luttes si vives (1), acheva de bien préciser la pensée des

---

(1) La revue démocratique, *la Liberté de penser*, publia, et un orateur républicain, M. Soubies, apporta à la tribune une opinion exprimée par M. Thiers, en 1844, dans la discussion de la loi sur l'instruction secondaire, qui s'appliquait directement à la loi qu'il soutenait aujourd'hui :

« Je vais droit au but, et je nomme les choses par leur nom.
« Tous vos efforts tendent à un but : *à détruire l'éducation*
« *laïque et à donner l'enseignement de la jeunesse au clergé.*
« Pour ma part je m'y oppose, *et je m'y opposerai toujours*
« *de toutes mes forces*. Le mot *liberté d'enseignement* est un
« mot imaginé pour la circonstance et qui cache le véritable
« but. *Ce but, c'est de faire passer la jeunesse des mains laï-*
« *ques dans les mains cléricales*, et c'est tout simplement revenir à cinquante ans en arrière, et faire, en une des choses
« les plus importantes, une véritable contre-révolution. La ré-

auteurs de la loi, en qualifiant de *funestes* les journées de Février, le jour même de l'anniversaire du 24 (1). Un peu plus tard, M. Rouher allait qualifier de *catastrophe* l'événement du 24 Février. Tous ces gens s'entendaient parfaitement.

Voilà pour le caractère politique de la loi; quant à son caractère social et moral, M. Arnaud (de l'Ariége), un catholique sincèrement libéral, *rara avis*, le détermina nettement : une transaction qui n'est que le traité de deux usurpations d'accord sur un empiétement réciproque. L'Église et l'Université se partageaient le monopole de l'enseignement. M. Thiers célébrait cette alliance, et il montrait, dans la péroraison de son discours, la religion et la philosophie désormais confondues, grâce à la nouvelle loi, dans un perpétuel embrassement.

« volution française a tout sécularisé : la société, le gouverne-
« ment, l'éducation ; elle a sécularisé la France et l'Europe. Car,
« c'est revenir étrangement, audacieusement en arrière que de
« vouloir tenter de refaire ce qu'elle a défait... Maintenant que
« dirai-je du projet de loi? Je n'ai pas vu, pour ma part, quel-
« que chose, depuis quinze ans, de plus incroyablement, de
« plus hardiment contre-révolutionnaire. Le gouvernement a
« eu la faiblesse de livrer l'Université dans son projet. Comment
« n'a-t-il pas vu qu'en livrant l'Université il se livrait lui-même,
« il livrait la révolution de laquelle il est sorti, et se trahissait
« lui-même en trahissant son principe ?... » Les orateurs qui combattirent le projet de loi que soutenait maintenant M. Thiers, ne dirent rien de plus énergique ni de plus juste.

(1) M. de Lamartine protesta avec éloquence contre le mot de M. Thiers et proclama que les journées de Février étaient glorieuses pour le peuple français. — « Ce sont les plus honteuses de notre histoire, » interrompit M. Ségur d'Aguesseau renchérissant sur M. Thiers. Or, nous avons cité plus haut la profession de foi de M. Ségur, en 1848, dans laquelle il acclamait la *prodigieuse* révolution de Février. Ce sont toutes ces palinodies qui resteront parmi les pages les plus honteuses de notre histoire.

La vérité est que la philosophie, représentée par l'Université, était livrée à la religion, représentée par l'Église. L'intolérance catholique repoussait, comme un accouplement adultère, l'alliance vantée par M. Thiers (1) ; mais le parti clérical allait s'en faire un instrument de domination et un moyen de combattre à outrance l'esprit moderne, l'esprit de la révolution et de la libre pensée.

Le discours le plus remarquable prononcé dans cette discussion, celui qui faisait le mieux justice de cette loi hypocrite et oppressive, fut le discours de M. Victor Hugo (2).

---

(1) L'*Univers*, véritable organe du parti catholique, nia formellement la théorie de M. Thiers :

« Cela est faux : il est faux que la religion et la philoso-
« phie soient deux sœurs immortelles ; l'origine et le partage
« qu'on leur assigne sont faux. Non, il n'est pas vrai que Dieu
« ait placé la religion dans le cœur de l'homme et la philoso-
« phie dans sa tête ; il n'est pas vrai que la religion et la
« philosophie aient jamais contracté des alliances ; il faut que
« cette philosophie se révolte contre la religion, ou qu'elle con-
« sente à être la servante, l'humble servante, *ancilla*, de cette
« reine. »

Ce langage a toujours été celui de l'Église, et le pape l'a toujours confirmé dans ses encycliques.

(2) M. Victor Hugo, tout le monde le sait, entra dans la vie royaliste, légitimiste, catholique, aristocrate : il a lui-même (Préface des *Odes et Ballades*, en 1853), expliqué l'échelle progressive qu'il avait parcourue pour arriver à la République et à la Démocratie ; lorsque la révolution de 1848 le surprit comme tant d'autres, il était encore tout rempli de ses anciens préjugés ; sa profession de foi électorale de cette époque (V. *les Hommes de 1848*, p. 287) donne une juste idée du désarroi de ses idées, en même temps que des aspirations généreuses de son cœur. Il eut du moins la franchise de ne pas flatter bassement la République et le peuple et de se présenter ce qu'il était. Il fit partie dès le premier jour du comité de la rue de Poitiers ; mais il faut lui rendre cette justice qu'il ne trahit jamais un seul instant la cause des libertés générales : il prit souvent la parole à l'Assemblée constituante pour les défendre,

Jamais la parole de l'illustre écrivain n'avait plus fortement vibré que dans cette séance, où il proclama, au milieu des murmures, les droits imprescriptibles de la raison.

« Je veux, disait M. Hugo, la liberté de l'enseignement,

---

notamment la liberté de la presse, et tout en approuvant en principe l'état de siége de 1848, il protesta vivement contre la suspension des journaux et les abus de l'arbitraire. Les dispositions aveuglément réactionnaires de la majorité et son odieux acharnement contre les vaincus dégoûtèrent progressivement l'esprit droit et juste de M. Victor Hugo, qui se rapprocha peu à peu de la gauche.

Cette nouvelle attitude avait commencé à se dégager dans un discours très-remarquable qu'il prononça le 9 juillet 1849 pour recommander à l'Assemblée l'étude des questions sociales :
« Messieurs, s'écrait-il, disons-le, et disons-le précisément pour
« trouver le remède, il y a au fond du socialisme une partie
« des réalités douloureuses de notre temps; il y a le malaise
« éternel propre à l'infirmité humaine; il y a l'aspiration à un
« sort meilleur, qui n'est pas moins naturelle à l'homme.
« Il y a des détresses très-vives, très-vraies, très-poignantes,
« très-guérissables. Il y a enfin, et ceci est tout à fait pro-
« pre à notre temps, il y a cette attitude nouvelle donnée à
« l'homme par nos révolutions, qui ont constaté si hautement
« et placé si haut la dignité humaine et la souveraineté popu-
« laire, de sorte que l'homme du peuple aujourd'hui souffre
« avec le sentiment double et contradictoire de sa misère résul-
« tant du fait et de sa grandeur résultant du droit... »

Puis exposant éloquemment les plaies de la misère dans la grande capitale, il poursuivait :

« Je dis, Messieurs, ce que sont-là des choses qui ne doivent
« pas être; je dis que la société doit dépenser toute sa force,
« toute sa sollicitude, toute son intelligence, toute sa volonté,
« pour que de telles choses ne soient pas ! Je dis que de tels
« faits, dans un pays civilisé, engagent la conscience de la so-
« ciété tout entière, que je m'en sens, moi qui vous parle, complé-
« tement solidaire, et que de tels faits ne sont pas seulement
« des torts envers l'homme, mais sont des crimes envers Dieu. »

M. Victor Hugo terminait ainsi son discours :

« Vous avez affermi l'État ébranlé encore une fois, vous avez

« sous la surveillance de l'État, mais de l'État laïque. Je
« n'admets pour personnifier l'État, dans cette surveillance
« si délicate, que des hommes n'ayant aucun intérêt, soit
« de conscience, soit de politique, distinct de l'unité natio-

---

« sauvé la société régulière, le gouvernement légal, les institu-
« tions, la paix publique, la civilisation à venir. Vous avez
« fait une chose immense... Eh bien, vous n'avez rien fait!
« vous n'avez rien fait! j'insiste sur ce point, tant que l'ordre
« matériel raffermi n'a point pour base l'ordre moral conso-
« lidé. Vous n'avez rien fait! tant que le peuple souffre. Vous
« n'avez rien fait! tant qu'il y a au-dessous de vous une par-
« tie du peuple qui désespère. Vous n'avez rien fait! tant que
« ceux qui sont dans la force de l'âge et qui travaillent peu-
« vent être sans pain! tant que ceux qui sont vieux et qui ont
« travaillé peuvent être sans asile! tant que l'usure dévore nos
« campagnes et qu'on meurt de faim dans nos villes! tant
« qu'il n'y a pas des lois fraternelles qui viennent de toutes
« parts en aide aux pauvres familles honnêtes, aux bons paysans,
« aux bons ouvriers, aux gens de cœur! Vous n'avez rien fait!
« tant que l'esprit de révolution a pour auxiliaire la souffrance
« publique! Vous n'avez rien fait! tant que, dans cette œuvre
« de destruction et de ténèbres, qui se continue souterrainement
« l'homme méchant a pour collaborateur fatal l'homme mal-
« heureux... Messieurs, songez-y, c'est l'anarchie qui ouvre les
« abîmes, mais c'est la misère qui les creuse! Vous avez fait des
« lois contre l'anarchie, faites maintenant des lois contre la
« misère. »

Ce discours provoqua les applaudissements de la gauche et
l'étonnement de la droite. M. Victor Hugo ne cessa de marcher
progressivement dans cette voie. Le 19 octobre il prononça un
discours sur la question romaine qui consomma sa rupture avec
la droite. La majorité, par l'organe de M. de Montalembert,
reprocha amèrement à M. Victor Hugo son apostasie. M. Victor
Hugo fit, avec beaucoup de dignité, une réplique victorieuse :

« Il fut un temps, que M. de Montalembert me permette de
« le lui dire avec un profond regret pour lui-même, il fut un
« temps où il employait mieux son talent. Il défendait la Polo-
« gne comme je défends l'Italie. J'étais avec lui alors. Il est
« contre moi aujourd'hui. Cela tient à une raison bien simple :

« nale. C'est assez dire que je n'admets dans le conseil de
« surveillance ni évêques, ni délégués d'évêques. J'entends
« maintenir cette antique et salutaire séparation de l'Église
« et de l'État, qui était la sagesse de nos pères...

« Je ne veux pas de la loi qu'on nous apporte, cette loi
« est une arme. Et quelle est la main qui s'en servira? le
« parti clérical.

« Si je proscris l'enseignement clérical, je ne veux pas
« proscrire l'enseignement religieux. Mais je veux l'ensei-
« gnement religieux de l'Église, et non l'enseignement reli-
« gieux d'un parti. Je le veux sincère et non hypocrite. Je
« le veux ayant le ciel pour but et non la terre. Je ne veux
« pas mêler le prêtre aux professeurs; ou, si je tolère ce

« c'est qu'il a passé du côté de ceux qui oppriment, et que moi
« je reste du côté de ceux qui sont opprimés. Je vous livre
« depuis 1827, époque où j'ai eu l'âge d'homme, tout ce que
« j'ai écrit, tout ce que j'ai dit..... Et je vous jette à vous, du
« haut de cette tribune, le défi de trouver une page, une li-
« gne, un mot, qui, sur quelque question de principe que ce
« soit, me mette en contradiction avec ce que je dis et avec ce
« que je suis aujourd'hui. Dites donc quelles sont les causes
« que j'ai reniées; et, quant à vous, je ne dirai pas quelles
« sont les causes que vous avez flattées et que vous avez re-
« niées, parce que je ne me sers pas légèrement de ces mots-là.
« Mais je vous dirai quels sont les drapeaux que vous avez,
« tristement pour vous, abandonnés.

« Il y en a deux : le drapeau de la Pologne, et le drapeau de
« la liberté. »

Une autre fois M. Baroche opposa à M. Victor Hugo sa profession de foi pour les élections à l'Assemblée constituante, dans laquelle il exprimait ses réserves sur la République. Qui oserait dire que la noble franchise de M. Victor Hugo, couronnée par sa conversion lente, réfléchie et désintéressée aux idées démocratiques et révolutionnaires, n'était pas autrement digne que les protestations sans mesure d'attachement faites par M. Baroche à la République triomphante, qu'il devait abandonner quelques mois plus tard pour des profits et des honneurs recueillis auprès de ses ennemis ?

« mélange, si j'y concours, moi législateur, je le surveille...
« Je veux l'enseignement de l'Église en dedans de l'église
« et non au dehors. Surtout je considère comme une déri-
« sion de faire surveiller, au nom de l'État, par le clergé,
« l'enseignement du clergé...

« Le projet de loi qui vous est soumis est quelque chose
« de pire qu'une loi politique, c'est une loi stratégique.

« Je m'adresse au parti clérical et je lui dis : Cette loi
« est votre loi. Je me défie de vous ; je ne veux pas vous
« confier l'enseignement de la jeunesse, le développement
« des intelligences neuves qui s'ouvrent à la vie, l'esprit
« des générations nouvelles, c'est-à-dire l'avenir de la France,
« parce que vous le confier, ce serait vous le livrer ; je ne
« veux pas que ce qui a été fait par nos pères soit détruit
« par vous. Après cette gloire, je ne veux pas de cette
« honte !

« Votre loi est une loi qui a un masque. Elle dit une chose
« et elle en fait une autre. C'est une pensée d'asservisse-
« ment qui prend les allures de la liberté ; c'est une confis-
« cation intitulée donation. Du reste, c'est votre habitude.
« Toutes les fois que vous forgez une chaîne, vous dites :
« Voici une liberté. Toutes les fois que vous faites une
« proscription, vous dites : Voilà une amnistie...

« Ah ! nous vous connaissons. Nous connaissons le parti
« clérical ; c'est un parti ancien et qui a des états de ser-
« vice... Tous les pas qu'a faits l'intelligence de l'Europe,
« elle les a faits sans lui et malgré lui. Son histoire est écrite
« dans l'histoire du progrès humain, mais au verso. Il s'est
« opposé à tous. C'est lui, c'est le parti clérical qui a fait
« battre de verges Prinelli pour avoir dit que les étoiles ne
« tomberaient pas. C'est lui qui a fait appliquer Campa-
« nella sept fois à la question pour avoir entrevu le secret
« de la création et affirmé que le nombre des mondes est
« infini. C'est lui qui a persécuté Hervey pour avoir prouvé
« que le sang circulait. De par Josué, il a enfermé Galilée;

« de par saint Paul, il a emprisonné Cristophe Colomb. Dé-
« couvrir la loi du ciel, c'était une impiété; trouver un
« monde, c'était une hérésie. C'est lui, c'est le parti cléri-
« cal, qui anathématise Pascal au nom de la religion, Mon-
« taigne au nom de la morale, Molière au nom de la reli-
« gion et de la morale... Et vous voulez être les maîtres
« de l'enseignement! Et il n'y a pas un écrivain, pas un
« poëte, pas un philosophe, pas un penseur que vous ac-
« ceptiez! Et tout ce qui a été écrit, trouvé, déduit, ima-
« giné, illuminé, inventé par les génies, le trésor de la
« civilisation, l'héritage séculaire des générations, le patri-
« moine commun de l'intelligence, vous le rejetez!...

« Tenez, le parti clérical vient de Rome. Il a eu là un
« succès, il vient de bâillonner le peuple romain. Mainte-
« nant, hommes du parti clérical, vous voulez bâillonner le
« peuple français. Cela est tentant, j'en conviens; mais pre-
« nez-y garde, cela est malaisé!...

« Je repousse votre loi. Je la repousse parce qu'elle con-
« fisque l'enseignement primaire, parce qu'elle dégrade
« l'enseignement secondaire, parce qu'elle abaisse le niveau
« de la science, parce qu'elle diminue mon pays. Je repousse
« votre loi parce que je suis de ceux qui ont un serrement
« de cœur et la rougeur au front toutes les fois que par une
« cause quelconque la France subit une diminution, que ce
« soit une diminution de territoire, comme après les trai-
« tés de 1815, ou une diminution de grandeur intellec-
« tuelle, comme par votre loi... »

Il est évident que par la loi-Falloux la France reculait plus
loin que ne l'avait fait reculer la monarchie (1). Les effets

---

(1) L'Assemblée législative voulut effacer jusqu'au dernier
vestige des réformes introduites dans l'enseignement par l'Assemblée constituante. Cette Assemblée, commençant l'œuvre par
le faîte, avait établi, par un décret du 19 juillet 1848, la gratuité
de l'admission dans les Écoles polytechnique et militaire.

ne tardèrent pas à se faire sentir. Le premier exécuteur de la loi fut M. Barthélemy-Saint-Hilaire, directeur du collège de France, qui l'avait combattue parce qu'elle portait atteinte aux prérogatives de l'Université, mais qui était tout disposé à profiter de ses dispositions pour combattre la révolution. C'est M. Barthélemy-Saint-Hilaire qui avait voulu réintroniser par la force dans sa chaire M. Lerminier, d'où l'indignation publique l'avait chassé déjà sous la monarchie. Ce fut lui qui suspendit le cours de M. Michelet, comme le ministère Guizot l'avait suspendu dans les premiers jours de l'année 1848, « parce que, disait M. Barthé-
« lemy-Saint-Hilaire, au lieu de faire un cours d'histoire et
« de morale, titre de sa chaire, M. Michelet ne fait que de
« la politique. »

M. Deschanel, professeur de rhétorique au collège Louis-le-Grand, fut cassé pour avoir publié dans la *Liberté de penser* un article intitulé : « *le Catholicisme et le Socia-*
« *lisme*, renfermant diverses attaques contre la religion et
« le clergé catholique et faisant profession de foi de socia-
« lisme. » En même temps M. Amédée Jacques, directeur de

M. Baraguey-d'Hilliers demanda la suppression de ce décret, premier jalon de la route qui ne pouvait manquer d'arriver à la gratuité de l'enseignement à tous les degrés. Le rapporteur de la commission chargée d'examiner cette proposition fut M. Leverrier. M. Leverrier, ancien élève de l'École polytechnique, arrivé par la protection de M. Arago, était devenu célèbre par la découverte d'une planète. Sous la monarchie de Juillet, il avait passé scandaleusement de l'opposition au gouvernement. Redevenu républicain après la révolution de Février, il se transforma en bonapartiste après l'élection du 10 décembre, et il est aujourd'hui sénateur. M. Leverrier, non-seulement appuya la suppression de la gratuité de l'École polytechnique, mais encore proposa sa translation à Meudon, pour en fermer l'accès aux passions politiques. La majorité n'osa pas suivre son rapporteur si loin ; elle se contenta de supprimer la gratuité.

cette Revue, était pareillement exclu de l'Université (1).

M. Vacherot était destitué de ses fonctions de directeur des études à l'École normale pour les doctrines émises dans son 3e volume de l'*Histoire de l'École d'Alexandrie*. C'était M. l'abbé Gratry, alors aumônier de l'École normale, aujourd'hui le père Gratry, de l'Académie française, qui s'était fait le dénonciateur de M. Vacherot, prenant ainsi à la lettre la disposition de la loi-Falloux *que l'enseignement moral des écoles devait être placé sous la surveillance directe des curés.*

Voilà donc où devait aboutir la révolution de Février! Et M. Dupanloup pouvait répéter d'elle ce qu'il avait dit autrefois de la révolution de 1789, « qu'elle avait été faite « sans le parti clérical et contre lui, mais *pour lui*, Dieu le « voulant ainsi. »

---

(1) M. Jules Simon était un des principaux rédacteurs de la *Liberté de penser*. Mais au moment des persécutions de MM. Deschanel et Jacques, il se retira de la *Revue*, pour cause de dissentiment politique, ne voulant pas accepter la solidarité des opinions socialistes de ses collaborateurs. M. Simon, universitaire avant tout, naviguait tout à fait dans les eaux de M. Barthélemy-Saint-Hilaire. *La Liberté de penser* qui s'appelait *Revue philosophique et littéraire*, prit la désignation de *Revue démocratique*, après la retraite de M. Jules Simon.

CHAPITRE IV.

LA LOI DE DÉPORTATION.

> *Væ victis !*
> Malheur au criminel qui a encouru la loi !
> ROUHER.

Un des legs les plus odieux transmis par les hommes de juin à leurs successeurs était la transportation en masse sans jugement. Les hommes de la rue de Poitiers pas plus que ceux de l'Élysée n'eurent garde de répulier cet héritage. Ce fut pour eux l'instrument le plus précieux des complots réactionnaires qu'ils méditaient et des vengeances implacables qu'ils allaient poursuivre sans relâche contre les partisans de la révolution.

La transportation votée par l'Assemblée constituante, dans l'affolement de terreur et de haine qui suivit l'insurrection de juin (1), ne s'appliquait qu'aux insurgés *pris les armes à la main* et arrêtés avant le 27 juin ; mais par un singulier abus de l'arbitraire, M. le général Cavaignac et ses dignes ministres, MM. Sénard et Marie, l'avaient appliquée indistinctement à tous ceux qui avaient été arrêtés de-

---

(1) Voir sur les séances de l'Assemblée constituante dans ces tristes jours et sur le vote du décret de transportation, *les Hommes de* 1848, chap. X et XI.

puis cette époque sur des dénonciations plus ou moins justifiées, ou sur des soupçons plus ou moins fondés.

Nous avons indiqué dans notre livre sur les *Hommes de 1848* le traitement inhumain qu'avaient dû subir ces hommes, à l'égard desquels avaient été violés les principes les plus élémentaires de la justice : placés à bord des pontons en rade de Brest, ils avaient été soumis au régime, justement flétri par l'histoire, que l'Angleterre et l'Espagne firent subir à nos prisonniers de guerre pendant les guerres de la République et de l'Empire.

Nous avons dit avec quelle persistance inflexible l'amnistie avait été refusée par l'Assemblée constituante à ces malheureuses victimes de la guerre civile.

M. Cavaignac, tout dévoué à la réaction et s'appuyant exclusivement sur elle, avait placé sa candidature sous la protection d'une loi présentée le 25 octobre par le général Lamoricière, qui avait pour objet de régler la transportation des insurgés en Algérie (1).

---

(1) D'après l'exposé des motifs de M. de Lamoricière, 11,057 personnes avaient été arrêtées après les journées de juin. Une partie avait été relâchée, une autre renvoyée devant les conseils de guerre; 4,348 avaient été déportés sans jugement; 991 avaient été mis en liberté postérieurement; il en restait 3,356. M. Pierre Leroux demanda l'urgence pour la loi présentée par M. de Lamoricière, « au nom de tant de familles malheureuses, de « tant d'enfants, de femmes et de mères, » qui attendaient avec anxiété d'être fixés sur le sort des leurs. L'Assemblée n'osa pas refuser l'urgence; mais son vote fut éludé et la discussion de la loi ajournée après l'élection du président. — En attendant, le gouvernement transportait indirectement en Algérie, sous couleur de colonisation, le trop-plein de la population parisienne.

C'est dans le courant de septembre 1848 que fut votée, sur la présentation de M. de Lamoricière, la loi ayant pour objet la fondation de colonies agricoles en Algérie. La question avait été mise à l'étude, avant l'insurrection de juin, par les socialistes,

Le prince Louis-Napoléon, mieux inspiré, disait dans sa profession de foi :

« La République doit être généreuse et avoir foi dans son
« avenir : aussi, moi qui ai connu l'exil et la captivité,
« j'appelle de tous mes vœux le jour où la patrie pourra
« sans danger faire cesser toutes les proscriptions et effacer
« les dernières traces de nos discordes civiles. »

Que devait valoir cette promesse?

Le 14 décembre MM. Lagrange et Schœlcher convaincus

---

par MM. Pierre Leroux et Considérant. Aussi la mesure ne fut-elle point accueillie trop défavorablement par ceux en vue desquels elle était prise. Mais ce n'était qu'un piége, et M. Émile Barrault dénonça à la tribune, le 4 juillet 1850, les abus intolérables qui avaient eu lieu dans l'exécution de la mesure : — « Il y eut dans les données primitives un vice originel :
« défaut de sincérité. L'Assemblée constituante songeait-elle à
« coloniser l'Algérie ? Elle n'y songeait pas ; elle ne songeait
« qu'à purger Paris de la portion la plus remuante de la popu-
« lation ; suivant l'expression usitée alors, il s'agissait de
« donner un coup de balai dans les rues de Paris, mais non
« de coloniser l'Algérie... Les colons de leur côté n'avaient pas
« l'enthousiasme de la colonisation. Ils étaient chassés de
« leurs foyers par la misère. Mais, grâce à l'élasticité de notre
« caractère national, ils avaient fini par accepter bravement et
« gaiement les risques d'une aventure qu'ils n'avaient pas
« cherchée. Mais, considérés comme le rebut des classes ou-
« vrières de nos grandes villes, comme une sorte de corps de
« réserve de l'armée insurrectionnelle de juin, qui n'avaient
« pas été pris les armes à la main, mais qui d'ailleurs ne va-
« laient pas mieux que les transportés de Belle-Isle ; placés
« comme tels sous la surveillance rigoureuse des chefs mili-
« taires, ils se trouvèrent soumis à un régime dont le carac-
« tère dominant était la compression. » Ils furent soumis à des mesures disciplinaires odieuses, appliquées avec un arbitraire qui n'avait pas de tempérament : l'éviction, la déportation, l'incarcération dans les *silos*, la suppression des vivres, etc. Ils furent traités en un mot comme de véritables condamnés.

que le premier acte du président serait de proposer une amnistie, insistaient pour que l'Assemblée prît l'initiative de cette mesure de paix et de conciliation, pendant qu'elle était encore en dehors de toute influence présidentielle.

Cette motion fut repoussée par la question préalable sur les observations de M. Guigues de Champvans, représentant de Saône-et-Loire, qui exprimait bien les sentiments de la majorité. « Il faut prendre garde que les « partis anarchiques ne s'attribuent une force qu'ils n'ont « pas, et qu'ils pensent que c'est par l'intimidation qu'ils « imposent l'amnistie au gouvernement. La clémence en « masse peut ressembler en de certaines occasions à de « l'impunité. Je crois qu'il vaut mieux s'adresser à l'indi-« vidu et chercher à exciter sa reconnaissance par une « grâce personnelle et qu'il peut devoir à sa bonne con-« duite. N'est-il pas à craindre qu'une amnistie générale et « sans choix n'amène des hommes de désordre et le trouble « dans nos grandes villes ? »

Le 30 décembre, M. Odilon Barrot, le chef du cabinet formé par le président, répondait aux interpellations de M. Bac, en se renfermant derrière des considérations analogues à celles de M. Guigues de Champvans, que le moment n'était pas encore venu où l'on pourrait sans danger écouter la voix de la générosité.

M. Léon Faucher, ministre de l'intérieur, se chargea de donner un commentaire significatif aux promesses du Président et aux objections dilatoires de M. Odilon Barrot. Bravant l'opinion publique qui s'était si vivement émue, sous la Restauration, du traitement infligé à MM. Fontan et Magallon, M. Faucher ne se contenta pas seulement de recommander qu'aucune différence n'eût lieu entre les condamnés politiques et ceux qui étaient condamnés pour des délits ou des crimes ordinaires, mais encore, dans une lettre adressée à son collègue le ministre de la marine relativement au régime que devaient subir au bagne les insurgés de juin, il poussa le raffinement de la cruauté jusqu'à prescrire de river chaque insurgé à un assassin ou à un voleur. Heureusement l'intérim du ministère de l'intérieur ayant été confié à M. Lacrosse, d'autres ordres furent donnés.

En même temps, le *Courrier de la Gironde* publiait une correspondance de Paris écrite sous l'inspiration directe de M. Léon Faucher, dont le passage suivant mérite d'être conservé pour l'histoire ; il jette une sinistre lueur sur le gouvernement de cette époque, et révèle un degré d'infamie que l'on n'oserait pas soupçonner. — Le correspondant du *Courrier de la Gironde* dénonçait de prétendus préparatifs d'insurrection, et il ajoutait désignant M. Lagrange : « Le pourvoyeur de cadavres, cette face de « galérien que toute la France connaît, prépare ses tombe-« reaux et ses torches pour une nouvelle mise en scène (1).
« En attendant la moisson qu'il espère, *ce misérable* « *demande l'amnistie avec acharnement*, afin de complé-« ter le personnel de l'insurrection. » Comment trouver des expressions assez énergiques pour flétrir le gouvernement qui a recours à des manœuvres aussi basses et à un langage aussi ignoble pour étouffer dans le pays les sentiments d'humanité et de générosité ?

Le 1er février, l'Assemblée constituante repoussait en-

---

(1) Allusion à la scène du 23 février, après la fusillade du boulevard des Capucines. Un tombereau chargé de cadavres, avait parcouru la ville et les faubourgs ; cette mise en scène lugubre avait fanatisé la colère du peuple et provoqué la révolution. Il n'était pas vrai d'ailleurs que M. Lagrange y eût été pour rien. Malgré ces insultes grossières, il ne cessa pas tout le temps que siégea la Constituante, et encore sous la Législative, de réclamer en toute circonstance l'amnistie et d'intercéder pour les victimes, sans se laisser décourager par le mauvais vouloir systématique dont les manifestations couvraient le plus souvent sa voix.

core par 531 voix contre 109 une proposition d'amnistie, soutenue avec éloquence par MM. Lagrange et Schœlcher, infatigables dans leurs revendications.

Cependant cette proposition fut reprise quelques semaines plus tard par la commission chargée d'élaborer le projet de loi relatif à la célébration de l'anniversaire du 4 mai 1848, date de la réunion de l'Assemblée constituante. Elle fut reprise dans des conditions qui semblaient devoir assurer son succès. Elle était appuyée par M. Sénard, un des principaux auteurs de la transportation. M. Sénard, qui encore quelques jours auparavant, le 1er février, repoussait l'amnistie par son vote, faisait cet aveu précieux à recueillir : « Quand j'ai vu que les hommes réservés comme « les plus coupables n'avaient été condamnés par les con- « seils de guerre, au moins beaucoup d'entre eux, qu'à « des peines de trois mois ou de six mois d'emprisonne- « ment, et d'autres acquittés, il m'a paru impossible que « l'Assemblée laissât peser sur ceux que nous avions re- « gardés comme les moins coupables une durée de déten- « tion illimitée. »

Cette proposition fut très-vivement combattue au nom du gouvernement par MM. Léon Faucher et Odilon Barrot. Il s'en fallut de quelques voix seulement qu'elle fût adoptée. Parmi ces partisans d'une rigueur implacable il faut citer, avec ceux de MM. Odilon Barrot et Léon Faucher, les noms de MM. Bastiat, Gustave de Beaumont, Béchard, Berryer, Buffet, Degousée, Dufaure, Duvergier de Hauranne, de Falloux, Ferrouillat, Guigues de Champvans, de Lamoricière, Lanjuinais, Ferdinand et Jules de Lasteyrie, Victor Lefranc, de Malleville, Molé, Raudot, Thiers, de Tillancourt, de Tocqueville. MM. Cavaignac, Bastide, Barthélemy-Saint-Hilaire, Garnier-Pagès, Marie, Marrast s'abstinrent. MM. Buchez, Charras, Corbon, Goudchaux, Larabit, de Prébois, de Rancé, Sénard, votèrent avec la gauche pour l'amnistie.

Dans son message du 7 juin à l'Assemblée législative, le Président faisait la déclaration suivante :

« C'est afin de ne pas inquiéter les esprits que le gouvernement a dû ajourner le projet de rendre la liberté aux victimes de nos discordes civiles. Au seul mot d'amnistie, l'opinion publique s'est émue en sens divers ; on a craint le retour de nouveaux troubles... »

Le 2 octobre, M. Dufaure présentait à l'Assemblée législative un projet de loi, reprenant celui du général de Lamoricière, relatif à la transportation des insurgés de juin en Algérie, ce qui enlevait ainsi la dernière espérance à ceux qui attendaient encore l'amnistie ; M. de Lamoricière avait fixé la durée de la transportation à cinq ans seulement ; M. Dufaure élevait cette durée à dix ans.

Un des premiers actes du ministère personnel fut de présenter une loi, qui, corroborant toutes les rigueurs antérieures, demandait que la déportation avec emprisonnement dans une enceinte fortifiée fût prononcée pour les condamnations politiques dans les cas où la peine de mort avait été abolie.

Il est vrai que la présentation de cette loi était précédée de l'annonce d'une amnistie accordée par le Président à un certain nombre d'insurgés de juin ; mais cette mise en scène ne pouvait pas dissimuler le caractère véritable des tendances du gouvernement qui se rejetait de plus en plus dans les voies d'une réaction aveugle. Ceux que l'on mettait ainsi en liberté étaient non pas les innocents, mais les domptés, les hommes vaincus par un an de misère. Quant à ceux dont l'âme inflexible avait bravé toutes les épreuves, ceux-là on les réservait pour la transportation définitive.

La discussion de la loi-Dufaure sur la transportation des insurgés de juin précéda celle de la loi-Rouher sur la déportation. Cette discussion commença le 21 janvier 1850. La majorité déploya un acharnement scandaleux, et, on peut dire, sauvage. A dix-huit mois de distance, les passions et la haine étaient aussi violemment surexcitées qu'au lendemain de l'insurrection de juin. Il n'est pas de page dans notre histoire qui soit plus pénible, et rien ne saurait mieux prouver à quel point la fureur réactionnaire est plus odieuse que la fureur révolutionnaire (1).

M. Dufaure disait dans son exposé des motifs en parlant de la transportation qui avait été ordonnée sans entendre les accusés, sans qu'aucune justification fût possible : — « Vous reconnaîtrez, Messieurs, que si les garanties ont « manqué dans la forme, elles ont été complètes dans le « fond, et qu'à défaut de preuves juridiques, l'esprit ne « peut concevoir aucun doute sur la participation au fait « qui a motivé la transportation des individus auxquels « nous vous proposons de l'appliquer après quatre instruc- « tions successives. »

Le rapporteur, M. Poujoulat, complétait ainsi la théorie extra-juridique de M. Dufaure : — « Si au milieu de ce « trouble immense et des nécessités d'une prompte « répression, il y avait eu des méprises, nous en ferions « remonter le malheur aux instigateurs de ces combats « fratricides, aux coupables propagateurs de doctrines « fécondes en désastres. »

---

(1) Un discours élevé et modéré de M. de Lamartine lui-même fut interrompu de la façon la plus scandaleuse. Bientôt sa parole tomba dans un tumulte d'interruptions et d'apostrophes qui lui renvoyaient sa pensée à peine énoncée en falsifications et en ironies. — « Je m'étonne, Messieurs, s'écria l'ora- « teur, que les juges aient si peu de patience, en pensant à la « patience que devront avoir les suppliciés. » Les applaudissements éclatent et couvrent les murmures ; mais bientôt l'orage recommence, et M. de Lamartine dut rendre la parole à ceux qui la lui arrachaient : — « Je voulais discuter, dit-il, vous « voulez combattre ; je m'y refuse pour ne pas nuire à une « cause d'humanité. »

Voilà comment, en plein dix-neuvième siècle, les ministres et les législateurs de la République foulaient aux pieds les notions plus élémentaires de la justice, et justifiaient pour l'avenir tous les attentats de la force, toutes les entreprises de l'arbitraire !

M. Jules Favre combattit très-vivement et avec une très-grande éloquence ces théories odieuses. Mais le malheur c'est que sa protestation était beaucoup trop tardive. Les hommes de juin avaient pris l'initiative de cette violation du droit et ils y avaient persévéré tant qu'ils avaient eu le pouvoir. M. Jules Favre lui-même avait préparé le décret du 27 juin. Il avait contribué par son attitude et par sa déposition dans l'enquête Quentin-Bauchart (1), à surexciter les fureurs réactionnaires, et pendant toute la durée de l'Assemblée constituante, il s'était abstenu d'élever la voix en faveur des victimes de l'arbitraire.

M. Jules Favre avoua généreusement son erreur à la tribune ; il avoua qu'il avait cru que la ruine de la société avait été jurée ; il reconnut que l'on avait calomnié l'insurrection de juin ; il fit le procès plus vivement que personne au gouvernement du général Cavaignac, qui, en comprenant arbitrairement dans la mesure de déportation les individus arrêtés après le 27 juin « avait violé toutes les « garanties, même celles du pouvoir exorbitant qui avait « été confié au chef de l'État (2). »

---

(1) Voir *Les Hommes de 1848*, chap. VIII.
(2) Le discours de M. Jules Favre, qui est un tableau très-vif de la réaction de M. Cavaignac, est un document intéressant à consulter. M. Jules Favre fait allusion aux horreurs du souterrain des Tuileries : « Je ne veux pas vous les raconter « ici, dit-il, je ne veux pas faire d'émouvantes peintures. Mais « tout ceci, *l'histoire le dira.* » — Le *National*, qui avait été autrefois l'apologiste officieux de tous les actes du gouvernement de M. Cavaignac, fit cette déclaration : « L'Assemblée

Mais tous ces aveux étaient bien tardifs. Trop tardifs pour racheter complétement la part de responsabilité qui revient à M. Jules Favre dans ces tristes actes. Sa protestation n'en subsiste pas moins avec toute sa force. Et l'histoire doit garder toutes ses rigueurs pour ceux qui, dans cette circonstance, firent appel aux plus mauvais sentiments de l'humanité afin d'étouffer dans les consciences la voix de la justice et de l'humanité.

M. Jules Favre terminait son discours par cette adjuration : « Vous dites que la société est menacée. Eh bien ! re-
« connaissez avec moi qu'elle est menacée surtout par des
« haines. De grâce, je vous en conjure, mes collègues, dés-
« armez ces haines. Faites disparaître la souffrance, afin
« de ne pas laisser dans les pontons de Brest, dans les
« ateliers de Paris, dans ces pauvres demeures où pleurent
« des veuves et des orphelins, des cœurs qui vous maudi-
« raient. »

M. Rouher, ministre de la justice : « — Nous ne vou-
« lons pas que l'on fasse de nouveaux orphelins, de nou-
« velles veuves, avec l'insurrection. »

M. de Coislin : — « Vous vous faites l'avocat de l'assas-
« sinat ! »

— « Les sauvages ! » s'écrie avec indignation un membre à gauche.

Le mot était mérité. M. Testelin dénonçait à la tribune le propos suivant adressé pendant le scrutin au ministre de

---

« constituante viola toutes les règles du droit, tous les prin-
« cipes qui protégent la vie et la liberté des citoyens, et par
« un décret dont l'histoire des plus violentes révolutions offre
« peu d'exemples, elle disposa du sort de quinze mille Fran-
« çais contre lesquels il n'existait que des probabilités, des
« présomptions, et pas une preuve. Ce fut une erreur, ce fut
« la plus fatale erreur où cette assemblée se soit laissé en-
« traîner. » — Quant à M. Cavaignac, il persévéra jusqu'au bout dans son implacable attitude.

l'intérieur par M. de Kerdrel : « Nous venons de condamner
« ces hommes une seconde fois à la déportation ; dites bien
« au président que s'il s'avise d'en gracier encore un seul,
« il verra ce que nous ferons. »

M. de Lamoricière intervint pour lever les derniers scrupules de la majorité, si elle eût pu en avoir. Il raconta que le général Regnault, pendant les journées de juin, avait sauvé la vie à un homme que les grenadiers du 48ᵉ de ligne allaient passer par les armes ; et que cet homme profita du premier moment de liberté qui lui fut laissé pour saisir une arme et tuer à bout portant le général Regnault. Si cet homme eût passé devant le conseil de guerre, il eût été condamné à mort : il en est quitte pour dix ans de déportation.

Et c'est de ce fait isolé que le général de Lamoricière s'autorisait pour condamner à la déportation 2 ou 3,000 malheureux, victimes peut-être d'une erreur, et qui demandaient vainement des juges !

La justice n'était pas moins outrageusement violée par l'indulgence que dénonçait M. de Lamoricière que par la rigueur arbitraire appliquée à d'autres moins coupables. Cet argument ne faisait que prouver avec plus de force la nécessité de revenir aux garanties légales et juridiques.

Vainement la gauche demandait-elle que du moins on accordât des juges à ces malheureux, victimes d'une si arbitraire, si longue, si cruelle détention préventive. — « Il « serait impossible de mettre en jugement les transportés « de Belle-Isle, » vient dire M. Baroche ; « *contre beau-« coup d'entre eux il n'existe pas de preuves matérielles.* »

L'argument était décisif : il ne restait plus qu'à voter, pour ceux qui ne voulaient à aucun prix laisser échapper leur vengeance.

M. le général Cavaignac s'unit à M. de Lamoricière pour voter cette odieuse loi qui décida que les proscrits des pontons seraient transportés en Algérie pour dix ans.

La discussion de la loi de déportation fournit aux *sauva-*

ges de l'Assemblée une nouvelle occasion de manifester leurs sentiments. Ils trouvèrent en M. Rouher un digne interprète.

M. Rouher indiquait bien l'esprit de la loi dans son exposé des motifs : « Nous vous proposons de substituer à
« la peine de mort, dans les cas où elle est appliquée par la
« loi à des crimes politiques, la peine de la déportation,
« mais ajoutant à cette peine une aggravation que justifie
« la gravité de ces crimes. Cette aggravation consiste dans
« la détention du condamné dans l'enceinte d'une citadelle
« située au lieu de la déportation. »

C'est-à-dire que l'on revenait sur la résolution magnanime du peuple en Février qui avait aboli la peine de mort en matière politique. On rétablissait la peine de mort avec un raffinement de torture plus cruel que l'échafaud.

M. Victor Hugo fit ressortir avec force ce caractère de la loi : — « La peine de mort est rétablie, moins horrible en
« apparence, plus terrible en réalité... Quoi! voilà un
« homme que le tribunal spécial a condamné, un homme
« frappé, il faut bien que je le dise, pour le plus incertain
« de tous les délits, un délit politique, par la plus incer-
« taine de tous les justices, la justice politique! Voilà un
« homme qu'un arrêt de déportation vous a livré! Vous le
« tenez là-bas, incapable de nuire, sans échos au-
« tour de lui, rongé par l'isolement, par l'impuissance,
« par l'oubli, désarmé, brisé, anéanti, et cela ne vous
« suffirait pas! Ce vaincu, ce proscrit, cet homme politi-
« que détruit, cet homme populaire terrassé, vous
« voulez l'enfermer! Vous voulez faire cette chose sans
« nom qu'aucune législation n'a encore faite : joindre aux
« tortures de l'exil les tortures de la captivité! multiplier
« une rigueur par une cruauté!... Cet homme, ce malheu-
« reux homme, vous voulez le murer vivant dans une for-
« teresse qui, à cette distance, nous apparaît avec un as-
« pect si funeste que, vous qui la construisez, vous n'êtes

« pas sûrs de ce que vous bâtissez là, et que vous ne savez
« pas vous-mêmes si c'est un cachot ou si c'est un tom-
« beau ! »

M. Victor Hugo terminait son éloquent discours en rappelant qu'il y avait autre chose à faire que ces lois de haine, stériles et funestes : « Au lieu d'échafauder péniblement
« des lois d'irritation et d'animosité, des lois qui calom-
« nient ceux qui les font, réunissons tous nos efforts dans
« un but commun, le bien du pays ; cherchons ensemble et
« cordialement la solution pacifique du redoutable pro-
« blème de civilisation qui nous est posé, et qui contient
« selon ce que nous en saurons faire, ou les catastrophes
« les plus fatales ou le plus magnifique avenir. Nous sommes
« une génération prédestinée. Nous touchons à une crise
« décisive, et nous avons de bien plus grands, de bien
« plus effrayants devoirs que nos pères. Nos pères n'avaient
« que la France à servir ; nous, nous avons la France à sau-
« ver. Non, nous n'avons pas le temps de nous haïr ! »

M. Rouher réplique à M. Victor Hugo : « Je ne sais pas
« si nous sommes une génération prédestinée, mais, ce
« que je sais, c'est que sur notre génération pèse une im-
« mense responsabilité, celle de la civilisation à préserver,
« celle de la sécurité sociale à protéger. C'est ce sentiment
« qui a dicté la loi qui vous est soumise, c'est ce sentiment
« qui protégera la discussion à laquelle je vais me livrer. »

M. Rouher reconnaît que tout ce que l'on a dit sur la rigueur excessive de la loi est vrai : mais c'est là justement ce que se sont proposé ses auteurs ; ils ont voulu une peine sérieuse, *une peine intimidatrice.*

— « La loi qui vous est proposée, dit M. Jules Favre,
« est une loi faite contre les crimes politiques ; ces crimes
« politiques qui, aux yeux de la Constitution et aux yeux
« de la conscience publique, sont considérés comme devant
« être frappés d'une législation plus douce, on vous propose
« d'être contre eux implacables et sans merci. On vous pro-

« pose de faire une législation exceptionnelle et dont la
« dureté va jusqu'au meurtre, non pas celui de l'échafaud
« qui a au moins en compensation l'héroïsme du sacrifice,
« mais le meurtre lent, obscur, minute par minute, seconde
« par seconde, de l'agonie à quatre mille lieues de son
« pays. Pourquoi voulez-vous ce supplice nouveau inventé
« par vous contre ceux que la conscience publique et la
« Constitution ont particulièrement protégés ? »

« — Oui, sans doute, répond M. Rouher, la déportation,
« telle qu'elle est proposée par le gouvernement et la com-
« mission, est une peine sévère ; et comment ne le serait-elle
« pas pour de si grands crimes ! Malheur au criminel qui
« l'a encourue ! — Ah ! je le sais, les condamnés s'enve-
« loppent toujours d'un manteau d'amour de la patrie ; ils
« ont pour le peuple des entrailles que vous, réactionnaires,
« vous n'avez point ; ils désirent le bien de tous, c'est une
« panacée universelle. Mais en réalité ce qui anime ces hom-
« mes, ce sont des ambitions ardentes qui ne connaissent
« ni foi, ni loi, et qui entraînent à l'émeute de malheureux
« citoyens qui ne comprennent pas la gravité de ce qu'on
« leur fait faire. Eh bien ! pour ces chefs de barricades,
« pour ces artisans de complots, est-ce une peine trop sé-
« vère, je le demande, que l'exil de Noukahiva ? (*A droite :*
« C'est vrai. Très-bien ! très-bien !) Voilà tout ce que je
« veux dire sur cette énervante distinction entre les crimes
« politiques et les crimes de droit commun. Cette doctrine
« n'est pas étrangère aux malheurs qu'a subis ce pays. »

M. Pierre Leroux demande que les femmes et les enfants
des transportés soient admis à partager le sort de leur mari
ou de leur père. M. Rouher repousse l'amendement en tant
qu'il consacrerait un droit : ce doit être une faculté laissée
au gouvernement. Il ne craint pas d'invoquer des arguments
tels que ceux-ci : « Il peut y avoir *d'imprudents dévoue-*
« *ments,* il peut y avoir des mouvements irréfléchis. *Une*
« *jeune femme* dont le mari est détenu, est coupable, peut

« avoir d'autres devoirs à remplir sur le continent, elle peut
« avoir une mère à soigner, et qui, elle, n'a pas de culpa-
« bilité à se reprocher. Elle peut avoir des enfants en bas
« âge de l'avenir desquels elle ne doit pas disposer... Toutes
« ces situations comportent l'influence, l'intervention pater-
« nelle, bienveillante du gouvernement... »

« — Vous ne prétendez pas, je l'imagine, » s'écrie M. de
Lamartine, « mettre un *maximum* sur les meilleurs senti-
« ments du cœur humain? Vous ne prétendez pas établir
« des interdictions pour les plus nobles et les plus admirables
« dévouements qui ont fait l'admiration de la France à tou-
« tes les époques de son histoire et de ses proscriptions?...
« Toute législation qui se prétend, dans des matières pa-
« reilles, aussi délicates sous le rapport du cœur humain,
« sous le rapport des liens sacrés entre les membres de la
« famille, toute législation qui se prétend plus sage que la
« nature court le risque de devenir une législation contre
« nature... »

M. de Lamartine poursuit en rappelant que le plus cruel
supplice que la Sainte Alliance eût infligé à Napoléon, il
l'a écrit lui-même, dans sa captivité, c'étaient la séparation
des siens et l'isolement de son exil. — M. *Rouher* : —
« Vous assimilez l'exil de la gloire de la France à la situa-
« tion d'un homme qui a commis un attentat contre son
« pays. C'est honteux! » — M. *le général Regnault de
Saint-Jean d'Angely* : — « C'est un blasphème! »

Il est évident que ces sauvages réactionnaires mettaient
hors la loi, hors la justice, hors l'humanité, leurs adversaires politiques. — M. de Kerdrel avait interrompu M.
Victor Hugo, en s'écriant : — « De l'humanité pour des
« tigres! »

De quel côté étaient donc les tigres? Quel sang avait
coulé, quelles mesures de proscription avaient été édictées,
le jour où, après avoir renversé un trône, le peuple s'é-
tait trouvé maître absolu de la capitale?

Les hommes de la rue de Poitiers s'allièrent aux hommes de l'Élysée pour appuyer cette loi atroce.

M. Odilon Barrot la soutint, lui qui, en d'autres temps, avait flétri par ces paroles éloquentes une loi semblable :

« Messieurs, c'est une triste gloire que d'inventer un
« *nouveau supplice*, et d'enrichir le Code pénal d'une
« peine que n'avaient pas même imaginée nos devan-
« ciers...

« Lorsque vous dénaturez la transportation au point de
« la combiner avec la détention, de mentir au sens gram-
« matical des mots, à la nature des choses, de faire une
« déportation dans une prison, dans les fers, ce n'est plus
« la déportation. Inventez un autre mot, puisque vous in-
« ventez un autre supplice...

« Mais la déportation avec détention, sous un climat
« mortel, c'est plus que la mort instantanée, *c'est la mort
« par supplice*. Voulez-vous que l'on dise de votre législa-
« tion ce que l'on disait des évêques du moyen âge :
« qu'ils avaient inventé un singulier moyen de se mettre
« d'accord avec leurs scrupules religieux, de ne pas tuer,
« mais d'assommer? Vous ne tuerez pas, vous ferez len-
« tement périr. »

M. Odilon Barrot, avec ses amis les libéraux, M. Dufaure, M. de Tocqueville, M. Duvergier de Hauranne, M. de Rémusat, M. de Malleville, M. de Beaumont, etc., votèrent la loi de déportation. Cependant il faut leur rendre cette justice qu'ils combattirent et rejetèrent la rétroactivité que M. Baroche prétendait introduire dans la loi.

M. Baroche disait, avec cette arrogance des hommes habitués à fouler aux pieds les principes élémentaires de la légalité : « Quand même la loi serait muette, comme on
« demande qu'elle le soit, sur la question de savoir quel
« doit être le sort de ceux qui ont été condamnés à la dé-
« portation antérieurement à la loi, la loi devrait leur être

« appliquée, et je déclare que, chargé de cette application,
« je la provoquerais immédiatement. »

— « Nous savions bien, répliqua M. Odilon Barrot,
« que le législateur a le droit de faire tout ce qui peut
« bénéficier à des accusés, mais nous n'avions jamais ima-
« giné que le législateur pût aggraver par une disposition
« nouvelle le sort de ceux qui gémissent dans les prisons. »

L'Assemblée, pour paralyser les mauvaises intentions de M. Baroche, décida formellement par 365 voix contre 301 que la loi ne serait applicable qu'aux crimes commis postérieurement à sa promulgation (1).

Un des membres les plus frénétiques de la réunion de la rue de Poitiers, vint préciser à la face du pays la signification de cette loi, seconde étape de l'expédition de Rome à l'intérieur, dont la loi sur l'enseignement avait été la première étape.

« Je vous en conjure, Messieurs, » s'écriait M. Thuriot de la Rosière, « votez la loi dans toute son énergie, ne
« l'énervez pas. De résistance en résistance, de loi en loi,
« il faut regagner le terrain perdu, il faut déloger nos
« adversaires des positions qu'ils occupent ; c'est l'épée de
« la loi à la main que nous voulons, que nous devons faire
« cette *guerre de Rome à l'intérieur* que l'on a calomniée
« comme une provocation à la violence. »

M. *Bourzat* : — « Le ministère approuve, Dieu me par-
« donne ! »

M. *Baroche*, ministre de l'intérieur : — « Eh ! vraiment
« oui, le ministère approuve, beaucoup, très-fort. »

---

(1) La loi fut néanmoins appliquée rétroactivement aux condamnés du complot de Lyon, MM. Gent, ancien représentant, Ode et Longomazino, qui furent les premiers transportés à Noukahiva. Des interpellations furent adressées à ce sujet au ministère, par MM. Crémieux et Bancel, dans la séance du 26 novembre 1851, mais elles furent repoussées par l'ordre du jour, comme on devait s'y attendre.

CHAPITRE V.

LES LOIS CONTRE LE DROIT DE RÉUNION.

> Les clubs sont interdits.
> Sera considérée comme club toute réunion publique pour la discussion des matières politiques.

La liberté de réunion est la véritable liberté du peuple; elle lui permet d'échanger ses idées, de se grouper, de mesurer et d'affirmer sa force. C'est la première des libertés républicaines. Le gouvernement provisoire l'avait solennellement reconnue dans une proclamation du 20 avril : « La « République vit de liberté et de discussion. Les clubs sont « pour la République un besoin, pour les citoyens un « droit. »

Mais aussi c'était la première liberté sur laquelle la réaction devait songer à porter la main.

Déjà, les hommes du gouvernement provisoire, malgré leurs déclarations, supportaient avec impatience les développements de cette liberté populaire.

Voici comment s'exprimait à cet égard M. François Arago devant la Commission d'enquête sur les événements de juin : « *J'aimerais mieux les plus mauvais théâtres que les* « *clubs*. Nous les avons chassés des édifices appartenant à « l'État, *mais nous étions forcés de respecter le droit de* « *réunion*. Sous le gouvernement provisoire la position « était difficile. On nous dit : Pourquoi ne mordiez-vous « pas? Nous pourrions répondre : Parce que nous n'avions « pas de dents. »

Le 15 mai, M. Garnier-Pagès était déjà venu apporter à

la tribune de l'Assemblée constituante l'explosion de cette fureur contenue contre les clubs : — « Les clubs qui ont
« conspiré seront fermés, s'était-il écrié. Nous respecterons
« le droit de réunion, car c'est au droit de réunion qu'est
« due la glorieuse révolution du 24 février ; mais les
« clubs qui se réunissent en armes, qui se réunissent me-
« naçants, qui menacent sans cesse d'envahir l'Assemblée
« nationale, ceux-là nous les dissiperons, nous les pour-
« suivrons. »

Cependant on n'osait pas encore ouvertement porter la main sur le droit lui-même. Le 17 mai, M. Isambert ayant apporté une proposition demandant que les clubs ou réunions permanentes soient interdites, pas un seul membre de l'Assemblée ne s'était associé à sa proposition.

Mais un des premiers actes de la réaction de juin fut une loi contre les clubs, votée le 28 juillet, qui les soumettait à une réglementation sévère, et les livrait en quelque sorte à la discrétion complète du gouvernement.

M. Bac dénonçait à la tribune le 25 octobre les effets de cette loi : — « Grâce au règlement provisoire qu'a fait
« l'Assemblée, presque tous les clubs de Paris se trouvent
« actuellement fermés. L'un, parce qu'on trouve, et c'est
« ici les bâtiments civils qui interviennent, que le local dans
« lequel il se réunit n'est pas assez solide ; l'autre, parce
« que pour couvrir les frais de location, il est obligé de
« faire payer 5 centimes d'entrée, et qu'on ne considère
« pas comme public un club où une rétribution est exigée ;
« un autre parce que son président est poursuivi à l'occa-
« sion d'un délit, et qu'on use immédiatement du droit que
« votre loi a donné de suspendre le club en attendant le
« jugement ; un autre parce qu'il se trouve dans un quartier
« où l'on pense qu'il pourrait être une occasion de tu-
« multe ; un autre parce qu'on effraye les propriétaires
« qui n'osent plus louer leur local. Sous un prétexte ou
« sous un autre, par un moyen ou par un autre, on a si

« bien fait qu'en attendant son règlement, la liberté de
« réunion ne trouve plus occasion de s'exercer. »

La circulaire suivante adressée par le procureur de la République aux commissaires de police de Paris peut donner une idée de la surveillance à laquelle étaient soumis les rares clubs qui avaient pu échapper au mauvais vouloir du gouvernement :

« Votre procès-verbal ne répondrait que d'une manière
« insuffisante au vœu de la loi s'il se bornait à constater les
« délits ou contraventions caractérisés. Il doit me signaler
« tous les discours que vous hésitez à incriminer et résu-
« mer toutes les séances sans exception, même celles qui
« n'offrent aucune prise à l'incrimination. Car c'est à moi
« qu'appartient l'appréciation des convenances de la pour-
« suite, comme la responsabilité, et je tiens à suivre d'un
« œil attentif les tendances des divers clubs. La paix pu-
« blique peut être si soudainement troublée par les exci-
« tations des clubs, que la justice doit agir avec autant de
« promptitude que les ennemis de l'ordre. »

Il ne suffisait pas à la réaction d'avoir réduit à des limites aussi étroites la liberté de réunion ; elle voulait l'étouffer absolument.

Le 26 janvier 1849, M. Léon Faucher apporte à l'Assemblée un projet de loi dont il caractérise lui-même nettement les tendances : « Toute la portée du projet de loi est dans
« ces mots : *Les clubs sont interdits;* c'est l'institution elle-
« même, si l'anarchie peut jamais mériter ce nom, que nous
« avons voulu abattre. On ferait de vains efforts pour ré-
« gulariser ce désordre ; nous allons à la racine du mal, et
« nous vous invitons à l'extirper. »

Les clubs sont interdits ! et le projet de loi ajoutait : « Sera
« considérée comme club toute réunion publique qui se tien-
« drait périodiquement ou à des intervalles irréguliers, pour
« la discussion de matières politiques. » C'était donc bien réellement le droit de réunion lui-même qui était sup-

primé ; et toutes les protestations de M. Léon Faucher qu'il ne voulait atteindre que l'abus, non le droit, étaient dérisoires.

— « Il y a longtemps que nous connaissons l'intention « qu'on avait de venir essayer de détruire devant vous la « première des libertés reconnues par la Constitution, » s'écria M. Gent à la lecture de l'exposé des motifs de M. Faucher, « mais nous ne croyions pas que l'audace « pût aller jusqu'à présenter un projet dans les termes où « celui-ci l'a été. »

En même temps M. Ledru-Rollin déposait une proposition de mise en accusation du ministère pour violation de la constitution.

M. Crémieux, rapporteur de la commission chargée d'examiner ce projet, conclut à son rejet absolu. Et l'Assemblée ayant voté l'article 1er qui interdisait les clubs, M. Crémieux déclara au nom de la commission qu'elle cessait de prendre part à la discussion du projet de loi, ne voulant pas servir d'instrument à la violation du droit et de la Constitution. Toute la gauche se retira à la suite de cette déclaration. Ce fut une véritable révolution parlementaire. L'Assemblée n'était plus en nombre pour continuer la discussion.

MM. Senard et Goudchaux s'interposèrent pour apaiser le conflit :

« Citoyens, » disait M. Goudchaux à ses collègues, « est-ce une guerre civile que vous voulez ? Y êtes-vous « prêts ? Avez-vous une armée ? Avez-vous un but ? »

Les montagnards cédèrent à ces invitations pressantes, et le ministère n'en agit qu'avec plus d'arrogance vis-à-vis d'eux. Le principe de la loi fut adopté par 404 voix contre 303.

Parmi les adversaires de la liberté de réunion il convient de signaler avec la coalition libérale et cléricale, avec MM. Odilon Barrot, Thiers, Berryer, de Tocqueville, de Falloux, de Montalembert et *tutti quanti*, — MM. Altaroche,

Barthélemy-St-Hilaire, de Lamoricière, Pagnerre. MM. Cavaignac, Corbon, Marie, Goudchaux, Sénard, votèrent contre la loi.

M. Jules Favre prononça contre la loi un long discours. Mais ce discours, tout en défendant les clubs pour le principe, se faisait l'écho de toutes les calomnies et de toutes les malveillances par lesquelles on s'efforçait de déconsidérer dans le pays les manifestations populaires. « La « cause des clubs est peu populaire en France, » disait M. Jules Favre dès le début de son discours ; « et, je me « hâte de le dire, les clubs ont mérité la défaveur dont ils « sont l'objet ; très-souvent, par leurs violences, par leurs « exagérations, ils ont alarmé des intérêts sacrés et jeté dans « quelques esprits sérieux un doute sur la possibilité d'é- « tablir en France une liberté paisible et régulière. » Le développement de cette thèse, et le récit des violences populaires auxquelles avait été exposé le gouvernement provisoire sous la surexcitation des clubs, tiennent autant de place pour le moins dans le discours de M. Jules Favre que la défense de la liberté. Enfin M. Jules Favre, trouva, en passant, l'occasion de stigmatiser le *Peuple*, « journal « déplorable par son exagération et ses violences. »

M. Pierre Leroux, qui avait relevé par quelques interruptions les exagérations et les violences du discours de M. Jules Favre, vint protester contre ces calomnies déversées sur les clubs. Parlant avec l'autorité d'un homme qui avait assisté aux séances de ces assemblées populaires, dans lesquelles M. Jules Favre n'avait jamais mis les pieds sans doute pas plus que M. Léon Faucher, — M. Pierre Leroux dit qu'il avait vu les hommes du peuple au nombre de deux ou trois mille, attentifs pendant des heures entières à des questions de science profonde et montrant l'intelligence la plus complète de ces questions que souvent les grandes assemblées n'ont pas voulu laisser discuter devant elles. Il rendit hommage aux sentiments de fraternité et de moralité qui dominaient dans ces assemblées populaires. Mais son discours, commencé au milieu des murmures de l'Assemblée, interrompu par un double rappel à l'ordre, se termina par l'interdiction de la parole qui lui fut faite, à la suite de quoi la discussion fut close.

Cependant la loi avait besoin, pour devenir définitive, d'être soumise à trois délibérations, et l'Assemblée constituante se sépara sans lui avoir donné sa dernière sanction.

M. Dufaure profita de l'état de siége pour soumettre à l'Assemblée législative un projet de loi présenté d'urgence, qui autorisât le gouvernement à interdire pendant une année les clubs et autres réunions publiques. Sur le rapport conforme de M. Jules de Lasteyrie, l'Assemblée vota la loi sans discussion. Votèrent pour : MM. Barthélemy-Saint-Hilaire, Bixio, Victor Lefranc, Lamoricière. M. Cavaignac s'abstint.

La loi présentée par M. Dufaure avait laissé subsister la liberté des réunions électorales. A la suite de l'élection du 10 mars 1850, qui envoya à l'Assemblée MM. Vidal, de Flotte et Carnot, M. Baroche vint présenter un projet prorogeant d'une année la loi du 19 juin 1849, et, c'était là le point capital, l'étendant « aux réunions électorales « qui seraient de nature à compromettre la sécurité pu- « blique. »

C'était la préface de la loi du 31 mai. Pas n'est besoin de dire que la loi fut votée, malgré un discours éloquent de M. Bancel (1) et malgré les réclamations de M. de Larochejacquelein en faveur de la liberté électorale.

« (1) Vous entreprenez une tâche impossible, disait M. Bancel; « vos prédécesseurs, qui sont aussi vos maîtres en matière de « gouvernement compressif, y ont échoué ; vous ne réussirez pas « mieux dans l'avenir. Je vous le dis : le dix-neuvième siècle, « qui n'a pas reculé devant un despotisme intelligent et habile, « ne reculera pas devant les prétentions de M. Baroche. »

« Nous devons être animés de cette pensée, « disait M. de Larochejacquelein : « Il ne faut pas faire aux autres ce
« que nous ne voudrions pas qui nous fût fait à nous-
« mêmes. Rappelez-vous que vous n'aurez jamais dans ce
« pays une liberté vraie et respectée ; que la loi ne sera
« pas non plus respectée, si la loi n'est pas ce qu'elle doit
« être pour tout le monde, c'est-à-dire à l'abri de tout
« soupçon de partialité de la part de l'autorité dans les
« élections. »

Mais en vérité, parler de droit, d'équité, de justice à cette assemblée, c'était parler dans le désert. MM. Cavaignac, Bixio et Victor Lefranc (1) votèrent la loi de M. Baroche, qui portait le dernier coup au droit de réunion, en l'atteignant dans celle de ses manifestations qui avait toujours paru jusqu'ici la plus légitime et la plus inviolable.

---

(1) M. Victor Lefranc, lors du vote de la loi du 19 juin 1849, avait interpellé M. Dufaure pour lui demander comment il entendait l'application de la loi aux réunions électorales. A quoi M. Dufaure avait répondu qu'aucune gêne, aucune entrave de quelque nature que ce soit, ne serait apportée au droit des électeurs, et que le gouvernement était pénétré de ses devoirs en face de l'exercice du droit électoral. Il semble que l'on eût pu en conclure que M. Victor Lefranc, sinon M. Dufaure, était sincèrement dévoué à la cause de la liberté des réunions électorales. Il paraît qu'il n'avait fait que jouer un rôle dans une comédie parlementaire. Tout cela n'empêche pas que nous verrons reparaître aux prochaines élections M. Victor Lefranc, se présentant le front haut et comme un des vaincus de la République.

CHAPITRE VI.

LES LOIS CONTRE LA PRESSE.

> « Il faut en finir avec le journalisme. Il faut ren-
> « verser le journalisme, comme nous avons renversé les
> barricades. »
>
> DE LABOULIE, *Assemblée législative*,
> séance du 11 juillet 1850.

Si la véritable liberté du peuple est la liberté de réunion, la liberté favorite des parlementaires et des *libéraux* est assurément la liberté de la presse ; c'est celle qu'ils revendiquent avec le plus de persistance dans leurs discours et dans leur articles, et ils la placent au premier rang de ces *libertés nécessaires* réclamées avec tant d'autorité par M. Thiers, maintenant qu'il est dans l'opposition, mais dont il a toujours fait bon marché lorsqu'il était au pouvoir.

Nous avons dit ce qu'avaient fait de la liberté de la presse les hommes de juin ; nous les avons montrés restaurant les lois de la monarchie, rétablissant le cautionnement, faisant revivre les pénalités exorbitantes, l'amende et la prison, inventant de nouveaux délits : le délit vague et arbitraire d'excitation à la haine et au mépris du gouvernement, et, sur l'initiative de M. Jules Favre, le délit non moins vague et non moins arbitraire, d'attaque aux droits de la propriété, de la religion et de la famille, dirigé spécialement contre les socialistes.

La loi du 11 août 1848 avait été présentée, comme une mesure transitoire, et en attendant la loi organique de la presse. Nous avons dit comment la conséquence de l'adoption de la proposition Rateau fut de déterminer la dissolution de l'Assemblée avant qu'elle eût pu rédiger les lois organiques. Le cautionnement avait été rétabli par une loi spéciale, du 9 août 1848, qui en avait réduit en même temps le taux à 24,000 francs pour Paris ; mais l'effet utile de ces dispositions légales était limité au 1ᵉʳ mai 1849. Cette date se trouvait coïncider avec le moment où devait se séparer l'Assemblée constituante. En conséquence, le gouvernement vint lui demander, par l'organe de M. Léon Faucher, de proroger ce décret jusqu'au 1ᵉʳ août, délai qui lui paraissait nécessaire « pour réserver à l'Assemblée législative le droit d'examiner, « en toute liberté d'esprit, une des difficultés les plus graves « qui puissent occuper le législateur. »

La commission chargée de l'examen de ce projet ne crut point devoir se renfermer dans ces limites. Elle choisit pour rapporteur M. Dupont (de Bussac), un des plus fermes défenseurs de la liberté aux époques les plus difficiles, et vint soumettre à la Chambre tout un projet de loi sur la question du cautionnement. Ce projet réduisait de moitié le taux des cautionnements, et dispensait de verser un cautionnement tout nouveau journal publié pendant les quarante-cinq jours précédant les élections générales. En outre, pendant cette même période, tout citoyen pouvait, sans avoir besoin d'aucune autorisation municipale, afficher, crier, distribuer et vendre tous journaux et tous écrits ou imprimés relatifs aux élections, à la condition que ces journaux, écrits, ou imprimés seraient signés de leurs auteurs et déposés. L'Assemblée adopta seulement cette mesure destinée à assurer la sincérité des élections (1) ; elle repoussa le reste du

---

(1) Cette disposition, destinée à assurer la sincérité des élections, fut restreinte, par la loi de juillet 1850, aux circulaires et professions de foi des candidats, pendant les vingt jours seulement précédant les élections, et sous la double condition de la signature de leurs auteurs et du dépôt au parquet. C'est encore cette dernière loi qui nous régit.

projet de la commission, ainsi qu'un amendement de MM. Ledru-Rollin et Félix Pyat demandant l'abolition pure et simple du cautionnement, et elle accorda au gouvernement la prorogation du décret du 9 août dans les termes où il l'avait demandée.

Nous avons dit comment, en vertu de l'état de siége de MM. Odilon Barrot et Dufaure, six journaux, le *Peuple*, la *Réforme*, la *Vraie République*, la *Révolution démocratique et sociale*, la *Démocratie pacifique*, la *Tribune des peuples* avaient été suspendus. La *Presse*, le *Siècle*, le *National* et la *Liberté* furent directement menacés du même sort s'ils ne gardaient le silence sur certains sujets. En donnant à l'état de siége l'interprétation la plus large, sa conséquence était de transférer à l'autorité militaire les pouvoirs judiciaires et administratifs ; mais aucune loi n'autorisant en aucun cas la suspension des journaux, le pouvoir militaire ne pouvait pas davantage avoir cette faculté exorbitante. M. Grévy dénonçant cet attentat à l'Assemblée le 18 juin, disait : « Je ne comprends pas que les journaux suspendus, « je ne comprends pas que les journaux placés sous cette « intimidation qui rappelle la censure, se soumettent à de « pareils actes ; les journaux suspendus peuvent paraître ; « il n'y a pas un tribunal en France qui puisse les condam- « ner, parce qu'il n'y a pas une loi qui permette de les sus- « pendre. »

Les gérants des journaux suspendus voulurent suivant l'invitation de M. Grévy, saisir les tribunaux de la question relative à la légalité de la suspension. A cet effet, ils présentèrent une requête au président du tribunal civil de la Seine pour être autorisés à citer à bref délai le ministre de l'intérieur. Cette autorisation leur fut accordée, et la citation fut donnée ; mais le tribunal se déclara incompétent par le motif que, s'agissant d'un acte du ministre de l'intérieur dans l'exercice de ses fonctions, l'article 19 de la Constitution qui établit la séparation des pouvoirs législatif et judi-

ciaire, lui interdisait de connaître la légalité d'un pareil acte.
— « Le tribunal de commerce de Paris, » dit à ce sujet un savant jurisconsulte (CHASSAN, *Lois sur la presse depuis le 24 février* 1848), « dans son jugement du 28 juillet
« 1830, rendu sous le feu du canon, n'avait pas hésité à
« proclamer l'illégalité aussi bien de l'ordonnance du 25 juil-
« let sur la presse, que des ordres du préfet de police don-
« nés en vertu de cette ordonnace (1). » On peut rappeler aussi l'arrêt de la cour de cassation du 29 juin 1832, qui enlevait à la juridiction exceptionnelle de l'état de siége les insurgés non militaires, obtenu par ce même M. Odilon Barrot, qui, arrivé au pouvoir, violait odieusement toutes les garanties à la revendication desquelles il avait mis autrefois l'honneur de sa vie.

Le 25 juin M. Odilon Barrot, mettant à profit l'état de siége, vint présenter d'urgence à l'Assemblée, un projet de loi qui complétait les mesures répressives contre la presse contenues dans le décret du 11 août 1848 :

« Le péril de la société frappe aujourd'hui tous les re-
« gards, » disait M. Barrot, en présentant ce projet; « ce péril
« naît principalement de la déplorable impulsion que la
« presse a suivie depuis quelque temps. Les appels aux
« armes, les provocations à la violence ont remplacé la dis-
« cussion... Le projet que nous vous présentons pourvoit
« d'abord à quelques lacunes qui existent dans la partie
« pénale de la législation de la presse. Il reprend quelques
« dispositions, *trop légèrement effacées de notre législa-*
« *tion.* Enfin, il s'occupe de la procédure pour en abréger
« les délais et lui imprimer une rapidité plus prompte. »

---

(1) La question avait alors été soumise au tribunal de commerce par suite du refus d'imprimer fait par M. Gautier-Laguionie, imprimeur du *Courrier français*. Le gérant du journal avait fait citer l'imprimeur pour être condamné à exécuter leurs conventions nonobstant les ordres du préfet de police.

C'est à dire que les hommes qui avaient tant attaqué les lois de septembre, subitement convertis par leur passage au pouvoir, venaient adorer aujourd'hui tout ce qu'ils avaient autrefois brûlé, et brûler la liberté qu'ils avaient adorée. M. de Montalembert, qui parla l'un des premiers pour soutenir la loi, ne s'en défendit pas. Il avoua « qu'il « avait commencé sa carrière politique en venant voter et « parler contre les lois de septembre. Et cependant aujour- « d'hui il venait défendre cette nouvelle loi de septembre. » Il ne repoussait pas l'assimilation, il l'acceptait et ne demandait qu'à la rendre plus complète : « Je n'hésite pas à « dire que si la loi que nous allons voter donne à la Répu- « blique douze années de prospérité, de sécurité et de *li-* « *berté* (la liberté est de trop), comme celles qui ont suivi « les lois de septembre, je me regarderai pour mon compte « comme très-justifié et très-satisfait de l'avoir votée. » (1).

M. de Montalembert termina son discours, par une attaque en règle contre la liberté de la presse, en développant son *meâ culpâ* et en jetant un anathème à l'opposition qui depuis le commencement du siècle a ruiné tous les gouvernements : « Moi aussi j'ai fait de l'opposition toute ma vie, « non pas systématique, mais trop souvent vive et exagé- « rée! ma voix, je dois le dire, a été trop souvent grossir « cette clameur téméraire et insensée qui s'élevait de tous « les points de l'Europe à la fois, etc. (2) »

---

(1) C'est le même sentiment qui dans le cours de cette discussion faisait répondre par M. Odilon Barrot à un interrupteur qui disait : « Les lois sur la presse n'ont jamais sauvé les gou- « vernements. » — « Cela peut être, mais au moins les font- « elles vivre quelque temps. » — Voilà donc le dernier mot de votre politique : vous maintenir au pouvoir le plus longtemps possible!

(2) Sur cet incident de la discussion, voir *les Hommes de 1848*, chap. I. p. 39. et suiv. : le discours de M. de Montalembert, l'embarras de M. Odilon Barrot, et une sortie très-piquante de M. Pierre Leroux.

8.

M. Grévy fit justice de la-loi et de ceux qui la présentaient dans un très-remarquable discours, véritable chef-d'œuvre de vigueur oratoire :

« Les dispositions du projet de loi se divisent en trois
« catégories :

« Premièrement, les articles qui sont empruntés à la lé-
« gislation actuellement en vigueur ;

« Deuxièmement, les articles qui sont tirés de la législa-
« tion de septembre ;

« Troisièmement, les dispositions nouvelles.

« Le cautionnement est incontestablement ce qu'il y a de
« plus vicieux dans la législation en vigueur. Ce projet a
« pour objet de le maintenir.

« La fameuse loi de septembre a fourni toutes ses dispo-
« sitions au projet actuel. Il n'est pas une seule disposition
« de quelque importance que ce projet ne reproduise, à
« part celles qui érigeaient en attentats les attaques contre
« la royauté, et qui donnaient attribution de juridiction à
« la Cour des pairs, lesquelles ont péri avec la royauté et
« la pairie......

« Ce n'était pas assez d'emprunter à la législation de
« septembre toutes ses dispositions, le projet de loi les a
« aggravées.

« Autrefois, d'après la loi de 1828, à laquelle le projet se
« réfère, il fallait, pour que la suspension des journaux pût
« être prononcée, que le même journal fût en état de réci-
« dive. On va beaucoup plus loin aujourd'hui, il suffit que
« ce soit le même gérant ou le même journal qui ait été
« condamné deux fois.

« Voilà une première aggravation. En voici une seconde :
« Dans la législation de septembre, il fallait que la récidive
« eût lieu dans l'année pour que la suspension pût être
« prononcée. Dans le projet cette condition disparaît.

« Troisième aggravation. Le projet de loi crée des cas
« de suspension qui n'existaient ni dans la loi de 1828, ni

« dans la législation de septembre. De plus, il y a des cas
« où la suspension peut être prononcée sans qu'il y ait réci-
« dive.

« Enfin, une quatrième aggravation, c'est que, ce que
« n'avaient osé faire, ni la législation de septembre, ni celle
« de la Restauration, la loi enlève aux écrivains le droit
« d'obtenir la liberté provisoire sous caution. »

M. Odilon Barrot, président du conseil : « — La déten-
« tion préventive n'est pas obligatoire. »

M. *Grévy* : — « Je dis que, dans la législation de 1819,
« l'écrivain pouvait obtenir sa liberté provisoire sous cau-
« tion, et que c'est de cette faculté que votre projet le dé-
« pouille. »

M. *Odilon Barrot* : — « Il *pouvait* l'obtenir ! »

M. *Grévy* : — « Maintenant, il ne le pourra plus. Vous le
« voyez, Messieurs, ce n'était pas assez d'exhumer des pavés
« de février la législation de septembre ; il appartenait aux
« auteurs du projet de renchérir sur ses rigueurs.

« Ce n'est pas tout. A côté des dispositions empruntées à
« ce qu'il y a de plus mauvais dans la législation en vi-
« gueur ; à côté des dispositions exhumées des lois de sep-
« tembre et aggravées par le projet, se trouvent des articles
« nouveaux destinés, soit à créer des délits et des peines qui
« n'existaient pas, soit à susciter à la liberté, à la publicité
« et à la défense, de nouvelles entraves.

« Voilà le projet.

« C'est une loi digne de toutes celles qu'on nous apporte
« depuis le commencement de cette législature ; c'est une
« des pièces principales de ce système de compression
« sous lequel on a entrepris d'étouffer les unes après les
« autres toutes les libertés publiques.....

« J'ai démontré que le projet est pire que les lois de
« septembre. Quelle censure plus cruelle pouvais-je en
« faire ? Que puis-je ajouter ? Tout n'a-t-il pas été dit
« contre ces lois funestes ? N'ont-elles pas défrayé pendant

« douze ans l'éloquence des hommes qui sont aujourd'hui
« assis sur le banc ministériel ? Ils ne nous ont rien laissé
« à dire ! Et cependant ils ont aujourd'hui le courage de
« nous apporter un projet qui les laisse bien loin derrière
« lui !

« Ils croient qu'en apportant de pareils projets, il suffit
« de dire que la nécessité des circonstances les réclame.

« S'il était vrai qu'il fallût, pour gouverner aujourd'hui
« la France, faire tout ce que vous avez tant reproché au
« gouvernement que vous avez combattu, démentir tous
« vos discours, fouler aux pieds toutes vos doctrines,
« vous devriez laisser à d'autres cette triste tâche et ne
« pas donner une fois de plus à la France le spectacle affli-
« geant d'hommes politiques désertant au pouvoir les prin-
« cipes qu'ils ont arborés dans l'opposition. Mais c'est là
« une banale excuse.

« La nécessité des circonstances, les périls de la société,
« ce sont là des lieux communs à l'usage de tous ceux qui
« à toutes les époques ont porté la main sur les libertés
« de leur pays. Relisez donc pour votre édification et pour
« votre condamnation, le fameux rapport de M. de Chan-
« telauze en tête des ordonnances de Charles X ; relisez
« l'exposé des motifs de M. de Broglie apportant à la
« Chambre des députés les lois de septembre, vous y trou-
« verez votre propre langage. ...

« Il est un point sur lequel tous les orateurs que vous
« avez entendus dans cette discussion sont tombés d'accord.
« Tous vous ont dit : La société est dévorée d'un mal
« profond ; et chacun d'eux, à son point de vue, s'est
« efforcé d'en rechercher les causes et d'en signaler le
« remède.

« Je vous demande la permission, avant de descendre
« de la tribune, d'exprimer à mon tour mon sentiment sur
« ce sujet.

« Ce mal se révèle à mes yeux sous ces deux symptômes :

« 1° désir impatient, exigence impérieuse de réformes,
« d'améliorations, de bien-être ; 2° scepticisme politique,
« anarchie intellectuelle qui livre le peuple souffrant et
« désespérant aux doctrines les plus extravagantes et les
« plus dangereuses.

« Voilà le mal. Quelles en sont les causes ? Pendant les
« dix-huit ans qu'a duré la dernière monarchie, qu'avons-
« nous vu ? Un gouvernement consumant, dans sa lutte
« incessante contre les tendances populaires, les forces
« qu'il aurait dû consacrer, comme le disait M. de Broglie,
« à la grandeur et à la prospérité du pays ; des hommes
« politiques, divisés par de mesquines rivalités, tournant
« toutes les questions intérieures et extérieures en ques-
« tions de cabinet et rapetissant la politique de la France
« à des intrigues de portefeuille ; au milieu de ces intri-
« gues, le peuple oublié, excepté dans les programmes,
« où on lui faisait toujours de pompeuses promesses,
« auxquelles il croyait et qu'il ne voyait jamais s'accomplir.

« Et l'on s'étonne qu'après dix-huit ans, après trente
« ans, devrais-je dire, car ce que je dis de la monarchie
« de Juillet s'applique également à la Restauration ; on
« s'étonne, dis-je, qu'après trente ans d'attente et de
« déceptions, les esprits se soient aigris, les souffrances se
« soient accrues, les exigences soient devenues impérieuses
« et menaçantes ! Vous cherchez la cause de cette soif
« d'amélioration qui dévore le peuple ! la voilà : c'est qu'il
« en a été sevré pendant trente ans et qu'il était à bout de
« patience lorsque la monarchie l'a légué à la République.

« Ne cherchez pas non plus ailleurs la cause de cette
« démoralisation politique qui est le second caractère du
« mal dont la société est atteinte.

« Depuis trente ans, toujours le même spectacle : les
« hommes politiques changeant de langage et de conduite,
« en changeant de position ; répudiant en entrant au pou-
« voir leurs doctrines, leurs principes, leurs promesses ;

« se faisant jeter chaque jour à la face leurs discours d'au-
« trefois. Et vous demandez pourquoi l'esprit public s'éteint?
« pourquoi le peuple n'a foi, ni dans les hommes, ni dans
« les principes? pourquoi le pessimisme et le découragement
« le gagnent? Quelle vertu civique résisterait à ce spectacle
« démoralisant?

« Oui, dans ma conviction, c'est au gouvernement mo-
« narchique, c'est à ce gouvernement égoïste, sans entrail-
« les pour le peuple; c'est à ce gouvernement d'intri-
« gues parlementaires, à ce gouvernement sans principes,
« que remontent l'origine et la cause du mal qui travaille
« la société.

« Et vous, ministres de la République, qui vous êtes char-
« gés de la guérir, quel remède apportez-vous? Au besoin
« d'améliorations sociales quelle satisfaction avez-vous
« donnée depuis sept mois? Aucune. Quelle satisfaction
« donnerez-vous à l'avenir? Aucune. Aux progrès effrayants
« de la décomposition qui ravage le corps social, qu'oppo-
« sez-vous? La continuation du spectacle et des causes où
« elle a pris sa source. Toujours le même mépris de la loi,
« du droit, des principes, toujours l'exemple des mêmes
« palinodies. C'est le gouvernement déchu qui a amené gra-
« duellement la France à l'état où nous la voyons, et c'est
« à ces errements que vous vous attachez.

« Vous ne comprenez pas qu'au point où en est arrivée
« aujourd'hui la France, il est impossible de la gouverner
« autrement que par la liberté. Vous avez entrepris la tâ-
« che criminelle et insensée de la ramener à trente ans en
« arrière, comme si elle pouvait reculer pour longtemps!
« Vous profitez, pour la charger de liens, d'un de ces mo-
« ments où, épuisée par une convulsion douloureuse, elle
« semble avoir perdu l'intelligence et le besoin de la li-
« berté! Vous lui appliquez encore une fois ce système de
« compression qu'elle a brisé si souvent; vous recommen-
« cez la tâche de vos devanciers; vous vous mettez à vo-

« tre tour à rouler le rocher jusqu'à ce qu'il tombe et vous
« écrase.

« Un dernier mot.

« Jusqu'ici le gouvernement républicain a toujours paru
« comporter au dedans une somme de liberté plus grande
« que le gouvernement monarchique, au dehors une atti-
« tude plus en harmonie avec les intérêts des peuples.

« Voilà par quels côtés le gouvernement républicain s'est
« annoncé et s'est fait accepter à la France. Cependant,
« qu'avez-vous fait de la République française?

« Au dedans vous la mettez à un régime plus anti-libéral
« que le régime monarchique, que vous semblez prendre
« à tâche de faire regretter. Au dehors, la première fois
« que vous lui faites tirer l'épée, c'est pour égorger la li-
« berté d'un peuple ami.

« Dites-moi, si vous aviez entrepris de décrier le gou-
« vernement républicain aux yeux du monde et de le faire
« prendre en dégoût par la France, que feriez-vous de
« plus? M. le ministre de l'intérieur (M. Dufaure) se tournant
« l'autre jour de ce côté (la gauche) de l'Assemblée disait :
« Les amis intelligents de la République, ce n'est pas
« vous, c'est nous. Vous êtes les amis intelligents de la
« République! Que feriez-vous donc si vous étiez ses plus
« implacables ennemis? »

M. Odilon Barrot, pour répondre à M. Grévy, se contenta de répéter quelques lieux communs sur la distinction banale entre la *liberté* et la *licence* (1) et il termina par

---

(1) M. Émile de Girardin écrivait à ce propos dans la *Presse :*
« Pendant combien de temps encore la fausse distinction établie
« entre ces deux mots : *licence et liberté,* condamnera-t-elle la
« France aux révolutions et à la décadence ? Ce qu'il y a un
« an, M. Guizot appelait licence, M. Barrot l'appelait liberté ;
« ce que M. Ledru-Rollin appelait hier liberté, M. Barrot l'ap-
« pelait licence. » Voir *les Hommes de* 1848, chap. I, page 35
et suiv.

cette déclaration : « Si vous permettez que, non par la
« libre discussion, — elle est sauvegardée par la loi, —
« mais par l'attaque permanente contre le principe de vo-
« tre gouvernement, contre la Constitution, contre tous les
« pouvoirs établis; si vous permettez que l'on mette cha-
« que jour en question la société elle-même, je vous porte
« hautement le défi, en présence de mon pays, de réaliser
« aucune amélioration. »

M. Grévy avait dit : « Oh! que vos adversaires de 1835
« doivent être bien vengés des attaques dont vous les avez
« poursuivis si longtemps, eux qui assistent aujourd'hui
« à ce spectacle, et qui vous voient condamnés à leur em-
« prunter, non-seulement leurs lois, mais jusqu'à leurs
« exposés de motifs! »

Parmi ces adversaires de 1835 se trouvait M. Thiers, un
des principaux auteurs des lois de septembre, devenu l'inspirateur et le soutien du ministère composé de ses adversaires d'autrefois. M. Thiers ne manqua pas de prendre
la parole pour soutenir la loi, ou plutôt pour faire ressortir son triomphe, et la justification de l'attitude qui lui avait
valu tant d'attaques dans le cours de sa carrière politique (1).

---

(1) M. Guizot, qui triomphait comme M. Thiers, disait dans
une profession de foi adressée aux électeurs du Calvados, le
6 avril 1849 : « Les événements qui, se succèdent si grands et
« si rapides, en France et en Europe, prouvent tous les jours
« qu'il n'y a qu'une politique sensée, honorable, praticable.
« Sans s'occuper des noms propres et des dates, ils donnent
« tous les jours raison aux défenseurs de cette politique, et
« abattent tous les jours ses adversaires. A coup sûr, elle peut
« marcher la tête haute au milieu des expériences qui s'accom-
« plissent sous nos yeux ; de leur côté, les hommes engagés
« aujourd'hui dans les affaires publiques, ne se montrent point
« sourds à cette grande voix des événements. Quelque diver-
« ses que soient leurs dispositions, la même lumière frappe

« Si j'atteins mon but, dit M. Thiers, je vous prouverai
« qu'il y a indépendamment des formes du gouvernement,
« des principes de conservation nécessaires aux républiques
« comme aux monarchies, auxquels il faut revenir sans cesse
« quand on veut exister, quand on veut vivre. Ainsi, tandis
« que vous êtes si irrités contre ce que vous appelez les nou-
« velles lois de septembre, l'année dernière, en pleine As-
« semblée constituante, vous avez laissé passer des lois de
« septembre, de la main de qui ? De M. Marie, votre ami.
« Avec l'approbation de qui ? De M. Jules Favre. Couvertes
« par qui ? Par M. le général Cavaignac... Que nous dit-
« on ? Que c'est pour détruire la République que nous
« faisons cela. Eh bien ! je demande si M. Marie, si M. gé-
« néral Cavaignac voulaient détruire la République ? si
« M. Jules Favre, qui vous est si cher aujourd'hui, et qui
« le mérite par son talent, voulait détruire la République ?
« Il a cependant soutenu cette loi. »

M. Louis Blanc adressa, dans son journal mensuel, le *Nouveau Monde*, une éloquente réplique à M. Thiers :

« Oui, les lois de septembre ont été dépassées par cette
« loi du 11 août 1848 qui, pour délits de presse, prononce
« des peines à deux ans, trois ans, quatre ans, cinq ans
« de prison et des amendes de 1,000, de 2,000, de 3,000, de
« 4,000, de 6,000 francs. Oui, en représentant et en soute-
« nant la loi du 11 août 1848, le général Cavaignac et
« M. Marie se sont traînés servilement dans les voies de la
« monarchie.

« Et que prouve cela ? M. Thiers ne manque pas d'en
« conclure que, sous tous les régimes, monarchie ou répu-
« blique, les nécessités de compression sont les mêmes,

« leurs yeux. Quelque lointain que soit leur point de départ,
« ils sont tous amenés sur le même terrain. La *seule politique
« praticable devient ainsi la seule politique pratiquée.* » Voir
les *Hommes de 1848*, chap. I, p. 62 et suiv.

« que de quelque nom qu'on le nomme, un gouvernement
« doit se défendre, et se défendre par les moyens à l'usage
« de la monarchie......

« Un instant, Monsieur ! Depuis quand la République en
« est-elle à se personnifier dans le général Cavaignac et
« dans M. Marie ? Ignorez-vous donc que ces deux hommes
« sont dans votre camp et non dans le nôtre ? Ignorez-
« vous que vos opinions et les leurs n'ont jamais différé
« ni sur l'ensemble, ni sur le *fond* des choses ? Ignorez-
« vous que le MOT *républicain* était la seule barrière qui
« vous séparait d'eux, et que cette barrière est tombée le
« jour où vous avez crié : *Vive la République* ! sachant bien
« ce que vaut un cri lorsqu'il n'a pas son écho dans le cœur ?
« Avez-vous oublié que c'est leur alliance avec vous qui a
« constitué ce faux parti républicain qui n'est que l'ancien
« parti monarchique avec un nom nouveau ?

« M. Marie, grand Dieu ! Mais c'est le même qui, dès
« le lendemain des barricades de Février, s'est mis à jouer
« contre nous à l'Hôtel de Ville, la partie de la contre-ré-
« volution ! C'est le même qui, en haine du socialisme,
« c'est-à-dire de la république vraie, a créé et organisé
« ces trop fameux ateliers nationaux dont il a souffert qu'on
« m'attribuât la responsabilité pleine de sang ! C'est le
« même qui, dans une nuit célèbre, a demandé aux roya-
« listes de décréter d'accusation deux hommes dont tout le
« crime était d'être républicains.

« Le général Cavaignac ! Mais, n'est-ce pas vous qui, au
« mois de juin, avez mis le plus d'ardeur à lui confier la
« dictature de l'épée ? N'est-ce pas au bruit de vos applau-
« dissements, qu'un jour, du haut de la tribune, il s'est
« retourné vers la Montagne indignée, lui déclarant une
« guerre à outrance ? N'est-ce pas enfin pour vous plaire,
« pour vous servir, pour acheter votre appui, pour vous
« donner un gage, que, le 25 août, il est venu écrire dans
« l'Assemblée à la lueur des flambeaux, les premiers noms

« de cette liste funèbre, sur laquelle figurent aujourd'hui
« tant de noms républicains ?

« Il faut que vous le sachiez : ce nous est une mortelle of-
« fense que vous enveloppiez la République dans les éloges
« que vous adressez à de tels hommes, avec une si froide
« ironie, car nous n'avons rien à accepter d'eux, rien, à
« moins que ce ne soit leur haine et leurs défis ?

« Qu'il vous en souvienne ; ils se sont faits hautement
« vos complices, ils se sont hautement déclarés nos ennemis.
« Cette loi du 11 août, dont vous parlez, ils l'ont présentée
« sous votre inspiration, à votre profit, et les socialistes,
« sur qui elle devait peser, l'ont combattue en vain. Il est
« étrange que vous nous rendiez responsables, nous répu-
« blicains, de ce qui s'est fait pour vous, par vous, malgré
« nous et contre nous.

« Veut-on juger la République à l'œuvre ? qu'on l'examine
« pendant les deux mois où les républicains ont exercé
« sur les affaires publiques une influence réelle. Les actes
« du gouvernement provisoire sont là ; qu'on les consulte.
« Quelles vengeances avons-nous exercées ? Quelles pros-
« criptions avons-nous ordonnées ? Quel journal avons-nous
« supprimé ? Quel domicile avons-nous violé ? Quelle prison
« avons-nous ouverte ? Sur quelle liberté avons-nous porté
« la main ? Et cependant, l'ordre a été maintenu ; on n'a
« pas une seule fois entendu gronder l'émeute ; les barri-
« cades ont comme disparu d'elles-mêmes ; pas une goutte
« de sang n'a été répandue ; pas un pavé n'a frémi sous les
« roues d'un canon ; le Paris de la révolution n'a eu que son
« calme d'égal à sa puissance. Le 16 avril, devant la garde
« nationale bruyamment rassemblée pour défendre ce que
« le peuple ne songeait pas à attaquer, le peuple, que ces
« précautions calomniaient, n'a témoigné ni impatience,
« ni colère. Ce souvenir, et celui des cent cinquante mille
« ouvriers qui, le 17 mars, traversèrent la capitale sans
« causer le moindre désordre, sans pousser le moindre cri

« de haine, et en donnant à tous le majestueux spectacle de la
« modération dans la force, voilà ce que le génie de la li-
« berté oppose au génie de la contre-révolution provoquant
« ce qui devait être prévenu, et condamné à répondre de-
« vant l'histoire des sanglantes journées de juin. »

M. Louis Blanc, dans cette véhémente sortie, se taisait généreusement sur le compte de M. Jules Favre qui, comme le rappelait M. Thiers, s'était associé activement à toutes les mesures provoquées par MM. Marie et Cavaignac, et dont la fureur réactionnaire n'avait d'égale alors que la fureur révolutionnaire de M. Baroche. M. Jules Favre fit tous ses efforts depuis, par son attitude pour réparer cet égarement, mais il ne faut pas chercher ailleurs que dans ce souvenir la cause du peu d'influence qu'il exerça toujours sur l'Assemblée. — MM. Bixio et Victor Lefranc votèrent la loi de M. Odilon Barrot ; M. Cavaignac s'abstint de prendre part au vote. M. Thiers n'avait donc pas à se plaindre que les *republicains*, puisqu'il se plaisait à les appeler ainsi, refusassent leur concours à la réaction *honnête et moderée*.

Parmi les armes nouvelles ajoutées à l'arsenal de la répression par la loi du 27 juillet 1849, se trouve celle qui livre à l'arbitraire administratif l'autorisation de vendre les journaux sur la voie publique. Cette disposition fut introduite clandestinement dans la loi, sans que l'on pût tout d'abord se rendre compte de sa portée. L'article 6 soumettait à l'autorisation préfectorale toute distribution et tout colportage de livres, écrits, gravures, etc. Une circulaire de M. Dufaure, ministre de l'intérieur, sur la nouvelle loi, rendit cette disposition applicable à la distribution et au colportage des journaux, et par extension à la vente des journaux sur la voie publique assimilée au colportage, quoiqu'il paraisse exister une distinction importante entre les colporteurs et les vendeurs à domicile fixe, tels que ceux établis dans les kiosques des boulevards ou au coin des rues. Cet arbitraire remis entre les mains du ministère équivaut à une véritable censure, et lui permet d'arrêter et d'entraver dans un de ses débouchés le plus importants la publication des journaux indépendants. MM. Bancel et Pascal Duprat prononcèrent à cette occasion d'éloquents discours (séances du 28 novembre 1850, des 12 et 24 avril 1851) mais qui restèrent sans écho auprès de la majorité, et nous sommes encore sous l'empire du même régime avec ses mêmes inconvénients arbitraires. Sachons du moins que c'est à M. Dufaure que nous le devons.

Dans la seconde phase de la réaction qui se rattache à la loi du 31 mai 1850, comme la première phase se rattache à l'état de siége du 13 juin 1849, le ministère Rouher-Baroche éprouva le besoin de renforcer encore les dispositions de la loi Barrot-Dufaure, et il présenta une nouvelle loi contre la presse. Cette loi était dirigée surtout contre la propagande socialiste; elle avait pour objet de mettre la presse hors de la portée des prolétaires auxquels la loi du 31 mai enlevait le droit de suffrage : par le cautionnement on avait imposé silence aux pauvres ; il fallait maintenant, après les avoir empêchés d'élever la voix, empêcher encore qu'ils pussent entendre celle des autres ; il fallait les empêcher de lire. Pour cela, le projet présenté par M. Rouher élevait le cautionnement des journaux de 24 à 50,000 francs et rétablissait le timbre sur les journaux et les brochures, ce qui tuait complétement la presse à bon marché en lui faisant des conditions impossibles d'existence.

Le caractère de cette loi fiscale est formellement constaté dans l'exposé des motifs de M. Rouher :

« Le gouvernement ne saurait se dissimuler qu'une partie
« de la presse a subi depuis la révolution de Février une
« transformation grave. Elle s'est occupée un peu moins de
« politique, beaucoup plus d'organisation sociale. A partir

« de ce moment, elle est devenue plus violente dans ses atta-
« ques, plus audacieuse dans ses diffamations, plus prompte à
« mettre en mouvement les plus dangereuses passions. Il n'y
« a pas eu de principe qui n'ait été contesté, pas de vérité
« sainte qui n'ait été méconnue, pas d'acte vicieux ou cri-
« minel qui n'ait trouvé des justifications ou des panégyri-
« ques, et ces coupables erreurs ont été adressées de pré-
« férence aux parties les moins éclairées de la population.
« C'est un devoir pour nous de combattre ce mal, de pro-
« téger la République et nos institutions contre ce dan-
« ger... »

Après avoir exposé les mesures qu'il propose, M. Rouher ajoute :

« Ces mesures atteignent un double résultat : d'abord
« elles ajoutent à notre budget des recettes un revenu
« qu'on ne peut évaluer à moins de six millions ; ensuite
« elles sauvegardent la société contre de détestables doc-
« trines, en pesant surtout sur ces mauvais imprimés que
« l'on répand à bas prix dans les villes et dans les campa-
« gnes, où ils propagent les préjugés, entretiennent les
« erreurs, excitent les passions et corrompent la conscience
« publique. »

Dès le commencement de la discussion, M. Rouher acheva de bien préciser les tendances dont était issu le projet de loi, en se livrant à une attaque en règle contre le jury auquel était soumis le jugement des affaires de presse, « juridiction défectueuse, faible, impuissante » ; et il souleva un véritable orage en qualifiant la révolution du 24 février de *catastrophe*.

« Qu'étiez vous avant le 24 février, et que seriez-vous
« sans la République ? » répliqua vivement M. Bancel.

Vainement la gauche demanda le rappel à l'ordre du ministre qui outrageait ainsi la révolution origine du gouvernement de la République. Ils durent se borner à une vaine et stérile protestation (1); mais il n'était que trop évident que c'était au principe même de la République que l'on en voulait et que sa destruction était l'objectif de toute cette campagne réactionnaire.

M. Victor Hugo éleva le débat à sa véritable hauteur.

« Le projet, c'est là son caractère, cherche à faire ob-
« stacle de toutes parts à la pensée... En dehors de la po-
« litique, il fait tout ce qu'il peut pour diminuer la gloire
« et la lumière de la France. Il ajoute des impossibilités
« matérielles, des impossibilités d'argent aux difficultés
« innombrables déjà qui gênent en France la production et
« l'avènement des talents. Si Pascal, si Lafontaine, si Vol-
« taire, si Montesquieu, si Diderot, si Jean-Jacques sont
« vivants, il les assujettit au timbre. Il n'est pas une page
« illustre qu'il ne fasse salir par le timbre.

---

(1) M. Émile de Girardin, avait proposé « une déclaration
« collective adressée au président de l'Assemblée, M. Dupin,
« *lié par un précédent;* déclaration par laquelle tous les mem-
« bres de l'opposition eussent fait connaître leur ferme déter-
« mination de s'abstenir de prendre part aux travaux de l'As-
« semblée, jusqu'à ce que M. le ministre de la justice eût
« retiré l'expression dont il s'était servi pour qualifier la Révo-
« lution du 24 février, cette Révolution à laquelle M. Louis Bona-
« parte doit son retour de l'exil et le titre de Président de la
« République, cette Révolution à laquelle lui, M. Rouher, que
« M. Hébert avait refusé de nommer avocat général, doit d'être
« garde des sceaux et ministre de la justice. » — Voici quel
était le précédent auquel faisait allusion M. de Girardin : Le
24 mars 1838, M. de la Bourdonnaye avait, lui aussi, parlé de
la *catastrophe de* 1830. M. Dupin, qui présidait alors la Chambre des députés, l'avait rappelé à l'ordre. — « Le mot de
« *catastrophe*, » avait dit M. Dupin « ne peut caractériser la Ré-
« volution de Juillet, qui, dans cette enceinte, ne peut être ca-
« ractérisée convenablement que par les mots de *glorieuse ré-*
« *volution*... Respect à la révolution de Juillet et au pouvoir
« royal ! »

« Messieurs, ce projet, quelle honte! pose le stigmate
« du fisc sur la littérature, sur les chefs-d'œuvre, sur les
« beaux livres. Ah! ces beaux livres au siècle dernier, le
« bourreau les brûlait, mais il ne les tachait pas. Ce n'était
« plus que de la cendre; mais cette cendre immortelle, le
« vent l'emportait et jetait dans toutes les âmes comme
« une semence de vie et de liberté. »

M. Baroche prétendait que toutes les publications, sans
exception même des livraisons d'anciens ouvrages, devaient
être soumises à l'impôt du timbre : c'était tuer la librairie.
L'Assemblée n'osa voter ce que M. Coquerel appelait justement
« la confiscation générale de la littérature française. »
Elle repoussa l'article; mais le lendemain elle revint sur
son vote, et adoptant un amendement de M. Dabeaux, elle
décida qu'au delà de trois feuilles toutes les publications
nouvelles de moins de trois livraisons seraient soumises à
un droit de timbre de 5 centimes, en exceptant seulement
les écrits tombés dans le domaine public, antérieurement
à la loi (1).

Une des dispositions les plus mémorables de la loi du
10 juillet 1850 est celle qui impose aux rédacteurs des
journaux l'obligation de signer leurs articles. L'auteur de
cette disposition fut M. de Tinguy. L'Assemblée prit en
considération son amendement qui avait été rejeté par la
commission. Les discours prononcés à cette occasion par
M. de Tinguy et surtout par un de ses principaux auxiliaires,
M. de Laboulie, ne peuvent laisser aucun doute
sur les sentiments qui inspirèrent cette innovation.

« Vous vous êtes plaints des barricades souvent, » disait
M. de Laboulie, « et vous avez eu raison; vous avez bien

---

(1) Une autre disposition de la loi, votée sur la proposition
de MM. Nettement et de Riancy, portait que tout roman-feuilleton
publié dans un journal ou dans son supplément, serait
soumis à un timbre de un centime par numéro.

« souvent parlé avec indignation de ces hommes qui se
« cachent derrière des barricades pour envoyer la mort à
« de braves soldats qui se présentent la poitrine décou-
« verte. Eh bien! les soldats, c'est nous; les barricades,
« c'est le journalisme.....

« Le journalisme, tel qu'il est constitué en France, vous
« tue; c'est une puissance devant laquelle vous reculez
« tous; c'est une puissance dont vous avez peur; vous n'o-
« sez pas l'attaquer en face... Si vous voulez attaquer le
« journalisme, attaquez-le dans sa constitution; retirez-lui
« ce qu'il appelle sa puissance morale par un détestable abus
« des mots, ce que j'appelle moi sa puissance anonyme et
« immorale... »

« Quelle est la puissance véritable de la mauvaise presse, »
avait dit M. de Tinguy, « quel est son danger? C'est le
« prestige de l'anonyme pour la majeure partie des lecteurs.
« Un journal n'est pas l'œuvre de tel ou tel individu; c'est
« une œuvre collective, c'est une puissance mystérieuse,
« c'est le prestige de l'inconnu. Voilà la puissance de la
« presse, elle n'est que cela. »

La grande préoccupation des auteurs de la loi, c'était d'avoir raison des attaques violentes du journalisme contre les personnes, et ils ne ménagèrent pas les expressions injurieuses à l'adresse des journalistes : juges du poignard, gens d'embuscade, prenant à leur solde un homme de paille, un gérant, pour insulter leurs ennemis. Ils supposaient volontiers que les écrivains de la presse se recrutaient dans les bas-fonds de la société, et qu'ils allaient disparaître honteusement à la lumière du jour. Tout cela était plus puéril encore qu'injuste. Mais si les auteurs de la loi n'atteignirent pas le but spécial qu'ils poursuivaient, ils purent néanmoins s'applaudir de leur œuvre, car ils contribuèrent à détruire l'importance, la force et l'influence réelle de la presse. La loi sur la signature n'est pas un obstacle aux attaques méchantes ou basses, et ceux qui n'ont pas le courage d'attaquer à visage découvert ne sont pas embarrassés pour trouver des hommes de paille qui endossent la responsabilité de leurs articles. Mais en développant outre mesure la personnalité des écrivains, elle a enlevé à la presse le caractère collectif qui faisait sa véritable dignité et sa véritable grandeur; les journaux sont devenus des organes personnels au lieu d'être les organes des partis. Les écrivains, stimulés par la vanité de la réputation, ont sacrifié les études sérieuses au désir de se produire promptement et avec éclat, et sous cette tentation, ils ont souvent recherché le scandale, auquel la loi-Tinguy avait précisément la prétention de mettre un terme. La dignité de l'écrivain, invoquée par M. Tinguy, a beaucoup plus perdu que gagné en France depuis vingt ans, et la personnalité excessive qui règne dans la presse n'est pas une des moindres causes de l'affaissement de l'esprit public en France (1).

---

(1) MM. Ledru-Rollin et Pascal Duprat, lors de la discussion du décret du 9 août 1848 à l'Assemblée constituante, avaient fait une proposition qui n'était pas sans analogie avec celle de M. de Tinguy. Mais leur pensée était de substituer la responsabilité individuelle à la responsabilité collective en supprimant le cautionnement; tandis que la nouvelle disposition, en laissant subsister le cautionnement et le timbre, ne faisait qu'établir une entrave de plus.

CHAPITRE VII.

LA LOI DU 31 MAI.

> *La vile multitude!*
> Thiers, *Assemblée législative*,
> Séance du 24 mai 1850.

Le ministère personnel, inauguré le 31 octobre, avait continué fidèlement la politique de provocation et de répression inaugurée par le ministère parlementaire auquel il succédait : s'il avait pu y avoir des dissentiments entre le président et MM. Dufaure et Odilon Barrot, ce n'était pas sur ce point qu'ils portaient. Composé de personnalités médiocres, ce ministère accentuait nettement, par ses procédés habituels, la tendance caractéristique du régime nouveau qui devait avoir son éclosion suprême au 2 décembre 1851 : l'armée, la police, voilà quels étaient ses moyens de domination. Les deux hommes importants du cabinet étaient M. Carlier et M. d'Hautpoul. Nous allons les voir à l'œuvre.

Par un décret du 12 février, le Président, sans prévenir l'Assemblée, avait établi trois gouvernements militaires. Interpellé par M. Pascal Duprat, dans la séance du 16 février, M. d'Hautpoul ne nie pas que cette mesure ait pour objet de mettre plus d'unité et plus de rapidité dans le mouvement des troupes, dans le cas où les circonstances l'exigeraient : « De toutes parts la démocratie s'agite, dit-
« il. De toutes parts les sociétés secrètes conspirent dans
« l'ombre. » Et il termine par cette provocation directe :

« Nous serons prêts à toute heure; vous pouvez commencer,
« si cela vous convient. »

Le nouveau ministère avait besoin de sa petite émeute pour motiver les restrictions nouvelles qu'il avait élaborées. M. Carlier imagina la destruction des arbres de la liberté. Pour le peuple, ces arbres étaient le vivant souvenir de la révolution de Février, le dernier symbole d'une liberté qui n'était plus. Un culte pieux les entourait, une sorte de superstition s'attachait à leur destinée. M. Carlier décida que ces arbres gênaient la circulation et ordonna de les abattre. On mit dans l'exécution de cette mesure une ostentation et une lenteur calculées; il était bien évident que ce que l'on voulait atteindre, c'était le symbole politique plutôt que l'obstacle de la voirie.

Quelques attroupements eurent lieu à cette occasion, autour de l'arbre du carré Saint-Martin.

On espérait une émeute, il n'y eut qu'une agitation froide et contenue. Un citoyen fut tué par un sergent de ville. Mais en somme le peuple resta calme.

Le général de Lamoricière, engagé par hasard dans ces attroupements, fut reconnu et n'échappa que par la fuite aux derniers outrages. Le gouvernement espérait tirer un utile parti de cet incident; il compléta sa confusion. Car on apprit que les agents de police avaient forcé la voiture du général à s'engager dans la foule, et qu'ils avaient suscité le conflit par leurs provocations.

Interpellé à la chambre sur cette provocation, M. Rouher voulut répondre avec son dédain habituel et en évoquant le spectre du socialisme hostile et menaçant; mais il dut baisser la tête devant l'observation d'un membre de la majorité, M. de Lasteyrie, qui répliqua qu'il y avait au moins une grande imprudence à choquer un sentiment très-répandu dans la population de Paris, par la mutilation d'un emblème qui ne pouvait blesser aucun sentiment ni offenser aucun parti.

Les organes de la police ne manquèrent pas néanmoins d'annoncer que la société n'avait échappé que par miracle à une nouvelle insurrection socialiste, dont la destruction des arbres de la liberté devait fournir le prétexte.

Mais le peuple déjoua toutes ces provocations : ayant la conscience de sa force, il se préparait pour une grande manifestation légale.

Il y avait trois élections à faire à Paris en remplacement de MM. Considérant, Boichot et Rattier, condamnés par contumace à la déportation pour leur participation aux événements du 13 juin.

Le parti démocratique et républicain résolut de donner une portée significative à ces élections. Il choisit pour candidats MM. Carnot, Vidal et de Flotte.

M. Carnot était l'ancien ministre de l'instruction publique sous le gouvernement provisoire, qui avait préparé la loi sur l'instruction gratuite et obligatoire, et qui pour cela avait été exclu par une des premières manifestations de la réaction, en attendant que son projet fût retiré par M. de Falloux. Sa candidature était une protestation contre la nouvelle loi d'enseignement.

M. Vidal était un socialiste estimé, ancien secrétaire général de la commission du Luxembourg. Sa candidature était une protestation contre la circulaire Carlier et une revendication de la libre discussion des idées.

M. de Flotte, ancien lieutenant de vaisseau, avait été transporté après les journées de juin, parce qu'on le considérait comme ayant pris part à l'insurruction, et sur cette appréciation il avait été retenu 18 mois captif à Belle-Isle. Sa candidature était une protestation contre les transportations sans jugement et contre l'odieuse loi de déportation.

Les candidats du parti conservateur étaient MM Bonjean, Lahitte et Fernand Foy. M. Bonjean, ancien membre de l'Assemblée constituante, était l'auteur des interpellations à la suite desquelles M. Carnot avait dû se retirer du ministère de l'instruction publique, M. Lahitte était le ministre actuel des affaires étrangères, M. Ferdinand Foy, fils dégénéré du fameux orateur libéral de la Restauration, était un ancien pair de France.

L'élection eut lieu le 10 mars : les trois noms de MM. Carnot, Vidal et de Flotte sortirent victorieux du scrutin (1).

Ce résultat frappa de stupeur la coalition réactionnaire (2). Cette insurrection légitime du suffrage universel parut à ces hommes aveuglés un attentat aussi odieux que les insurrections violentes du 24 juin 1848 et du 13 juin 1849. Ils n'eurent même pas la pudeur de dissimuler leurs ressentiments ; peu s'en fallut qu'ils ne vinssent réclamer une

---

(1) Quelques départements procédaient en même temps que Paris à la réélection de leurs représentants révoqués par l'arrêt de Versailles. Plusieurs départements, notamment le Bas-Rhin et Saône-et-Loire, renvoyèrent des représentants démocratiques : MM. Dupont de Bussac, Maigne, d'Etchegoyen, Gérard, Vidal, Valentin, Laboulaye, Hochstuhl, Madier de Montjau, Collavru, Esquiros, Charles Dain, Hennequin, Dolfus. Le département de la Nièvre élut M. Charles Gambon pour remplacer son frère, M. Ferdinand Gambon, condamné par la Haute-cour.

(2) Proudhon, dans la *Voix du peuple* du 14 mars 1850, faisait ressortir la signification de cette élection :

« Le scrutin du 10 mars a été la profession de foi du peu-
« ple. Le peuple a perdu pour jamais la superstition du pou-
« voir et du capital. Expédition de Rome, état de siége, disso-
« lution des gardes nationales ; lois contre la presse, les
« réunions, les associations ; loi contre les instituteurs ; lois
« contre les libertés communales, — tout est flétri du même
« coup par le vote du 10 mars. Ce qui s'est fait pendant
« quinze mois contre la République, contre la Révolution, est
« déclaré par ce vote nul et non avenu. Il faut donc aujourd'hui
« que le pouvoir, à peine de rébellion envers le peuple et de
« tyrannie, non-seulement change de système, mais annule
« toutes ces lois, et se mette, toute affaire cessante, à réparer
« le mal fait à la France et à l'Europe par sa politique détes-
« table. »

troisième fois la proclamation de l'état de siége. Ils se préparaient à faire pire. Ce furent d'abord les deux lois contre le droit de réunion et contre la presse, qui frappaient les réunions électorales de la même interdiction que les clubs et rétablissaient le timbre en doublant le cautionnement. Le ministère tenta une nouvelle mutilation de la représentation nationale en demandant l'autorisation de poursuivre MM. Bancel et Michel (de Bourges), accusés d'avoir prononcé des paroles factieuses dans une réunion électorale. Mais l'Assemblée refusa l'autorisation sur la déclaration de ces deux honorables représentants que leurs discours avaient été dénaturés par le commissaire de police.

En même temps qu'à Paris, M. Vidal avait été élu dans le département du Haut-Rhin, et il avait opté pour ce dernier département. Une nouvelle élection eut lieu à Paris le 28 avril. Après avoir hésité à s'arrêter à M. Dupont (de l'Eure), le parti démocratique républicain avait adopté pour candidat M. Eugène Sue, dont le nom était significatif, à cause de la popularité de ses romans socialistes. Les conservateurs, après avoir hésité entre M. Marie et M. Ferdinand Foy, avaient désigné pour candidat M. Leclerc, combattant de juin, lequel avait eu le malheur de voir tuer son fils à côté de lui sur les barricades. La mise en scène de l'élection se fit avec un luxe inouï d'affiches et de réclames ; les murs étaient couverts des faits et gestes de M. Leclerc, reproduits sous mille formes dramatiques. On célébrait partout *l'héroïque garde national qui en juin armait son second fils du fusil tombé des mains de son fils aîné frappé de 17 balles.*

On comptait sur un succès d'enthousiasme, et l'élection du 28 avril devait être une revanche de celle du 10 mars : — « Par un bonheur inespéré, » disait le *Journal des Débats* le matin même du vote, « la question qui avait été décidée
« contre nous le 10 mars est de nouveau posée devant les
« électeurs, et cette fois elle sera décidée sans appel et en
« dernier ressort. Le scrutin du 28 avril va décider si

« l'échec du parti modéré n'a été qu'une surprise, un acci-
« dent, un malentendu fâcheux, mais réparable, ou si le
« parti de l'ordre a définitivement perdu la majorité dans
« la capitale. »

M. Eugène Sue obtint 128,007 suffrages ; M. Leclerc 119,426. « La popularité du nom de M. Leclerc semblait
« d'avance victorieuse par sa soudaineté, son élan même, »
écrivait dans le *Conseiller du peuple*, M. Eugène Pelletan,
toujours le premier sur la brèche de la réaction. « Le
« scrutin a trompé ces espérances. M. Eugène Sue sera
« proclamé le 2 mai représentant du peuple. *C'est une vic-*
« *toire pour la République de subversion et de menaces.* »
La fureur réactionnaire qui suivit cette confirmation de l'élection du 10 mars ne connut plus de bornes. M. de la Rochejaquelein demande que le peuple soit invité à se prononcer entre la République et la monarchie. M. le général
de Grammont propose la translation hors de Paris du siége
du gouvernement. Le principal organe de la rue de Poitiers,
l'*Assemblée nationale*, publie la liste d'un certain nombre
de marchands soupçonnés d'avoir voté pour l'opposition, en
la faisant précéder des lignes suivantes : « On sait à quelle
« brillante clientèle s'adressent les magasins que nous ve-
« nons de citer. Il y a dans le vote de ces négociants sages
« d'autant plus de patriotisme qu'en donnant une leçon au
« pouvoir et au parti modéré, ils savaient bien qu'ils per-
« draient leurs riches clientèles et qu'il y aurait peu d'électeurs
« du parti modéré assez faibles pour mettre désormais leurs
« pieds dans ces magasins peuplés de révolutionnaires. Nous
« poursuivrons notre revue socialiste sur les boulevards,
« dans la rue des Bourdonnais, dans la rue de Richelieu,
« au Palais-Royal et jusque dans le faubourg Saint-Germain. »
L'*Union bretonne* conjure les départements de se liguer pour
affamer Paris. Rien n'est plus simple ; il suffit de s'entendre
pour ne plus aller à Paris et pour ne plus acheter aucun
produit de l'industrie parisienne. L'*Hermine*, de Nantes, et

l'*Étoile du peuple* font chorus contre *cette prostituée qui n'a plus le droit d'élever son regard plus haut que la fange où elle s'est vautrée.*

Le gouvernement pensa que le moment était venu de tenter le coup d'État qu'il méditait depuis quelque temps. Le 3 mai le *Moniteur* enregistrait cette réponse officielle au scrutin du 28 avril :

« Le ministre de l'intérieur vient de nommer une commis-
« sion chargée de préparer un projet de loi sur les réfor-
« mes qu'il serait nécessaire d'apporter à la loi électorale.

« Cette commission est composée de MM. Benoist d'Azy,
« Berryer, Beugnot, de Broglie, Buffet, de Chasseloup-
« Laubat, Daru, Léon Faucher, Jules de Lasteyrie, Molé,
« de Montalembert, de Montebello, Piscatory, de Sèze, le
« général de Saint-Priest, Thiers, de Vatimesnil, représen-
« tants du peuple.

« La commission doit se réunir demain au ministère de
« l'intérieur pour commencer immédiatement ses travaux. »

Le ministre de l'intérieur était M. Baroche, le procureur général de la Haute-cour de Bourges et de la Haute-cour de Versailles, appelé au lendemain de l'élection du 10 mars pour remplacer M. Ferdinand Barrot. Pour seconder le gouvernement dans la voie nouvelle où il allait entrer, il fallait un homme énergique à la répression et prêt à tout.

Ce fut M. Baroche qui présida à l'éboration de la loi du 31 mai (1), mais l'initiative de cette mutilation du suffrage

---

(1) La loi du 31 mai faisait dépendre le droit d'élection de la constatation du domicile, et cette constatation de l'inscription des citoyens sur le rôle de la taxe personnelle ou de la prestation en nature, et elle exigeait un domicile de deux ans. Cette loi chassait du scrutin la classe ouvrière qui, dans l'état actuel de l'industrie, ne peut avoir d'autre domicile que le chantier du travail, domicile variable comme la commande. Elle frappait encore une foule de gens laborieux et peu riches, qui, dans les grandes villes et les communes où l'octroi remplace la taxe per-

universel ne partit pas du gouvernement. MM. Molé, Thiers, de Montalembert, de Broglie, Berryer et le général de Saint-Priest vinrent trouver le Président, au nom de la rue de Poitiers, et lui soumirent ce plan de campagne. Des écrivains bonapartistes ont prétendu que le Président avait manifesté une très-vive répugnance contre toute mutilation du suffrage universel ; mais l'histoire, comme le fait observer avec raison M. Taxile Delord, ne trouve aucune trace de cette prétendue répugnance de M. Louis Bonaparte, ni dans ses discours, ni dans ses conversations (1).

---

sonnelle, ne sont inscrits ni sur le rôle des contributions, ni sur celui de la prestation en nature. Près de trois millions de citoyens se trouvèrent ainsi rayés des listes électorales.

(1) M. Thiers reconnaît lui-même cette initiative dans son discours du 17 janvier 1851 : « *Nous avons soumis* nos idées au « gouvernement. La loi électorale qui a été apportée ici, il la « trouvait excellente. Sauf quelques détails de rédaction, *il* « *n'y faisait pas d'objection ;* mais ce que le gouvernement « voulait, c'est que nous l'apportassions, nous, nous seuls. » Ici M. Baroche interrompt M. Thiers, et dit que ses souvenirs ne sont pas exacts : qu'on n'a jamais voulu que la loi électorale fût apportée autrement que par le pouvoir. Ce qui prouve bien qu'il n'y eut pas d'objection sérieuse de la part du Président. D'autre part, M. de Montalembert rendait ce témoignage au Président, le 10 février 1851 :

« Depuis le message du 31 octobre, n'avons-nous pas fait « l'acte le plus solennel et le plus mémorable de cette œuvre de « restauration sociale que je vous signalais tout à l'heure, la loi « du 31 mai? Sur ce point, que l'honorable M. Thiers me per-« mette de rectifier un souvenir, ou du moins d'opposer un de « mes propres souvenirs au souvenir qu'il a lui-même porté l'au-« tre jour à la tribune. J'ai pris part comme lui, et je compte « m'en enorgueillir toute ma vie, j'ai pris part à la prépara-« tion de cette loi, à toutes les conférences, petites et grandes, « qui ont précédé et amené cette préparation. C'est donc avec « surprise que je l'ai entendu nous dire, l'autre jour, que le « pouvoir exécutif avait hésité. *Je n'ai pas le souvenir, quant* « *à moi, de ces hésitations. C'est tout au plus s'il a pris le* « *temps de la réflexion....* »

M. Léon Faucher, nommé rapporteur de la commission de l'Assemblée, partagea avec M. Baroche la défense de la loi. Ce choix était significatif. M. Léon Faucher était le ministre que l'Assemblée avait fait tomber du pouvoir pour avoir fraudé le suffrage universel. « Voilà le stigmate de la loi », disait M. Jules Favre ; et il faisait observer en même temps que dans la commission chargée de son élaboration, composée exclusivement d'hommes hostiles à la République, M. Baroche avait appelé un des anciens ministres (M. de Montebello) mis autrefois en accusation par lui, dans le temps où il se vantait de devancer la justice du peuple. — « Sans doute, disait M. Jules Favre, M. Baroche qui se
« préparait à son tour à fausser les principes de la Consti-
« tution, voulait avoir un expert et un conseil habile qui le
« pût diriger. »

M. Michel (de Bourges) dans un discours très-éloquent et très-ferme, fit bien ressortir l'iniquité profonde qui avait inspiré cette loi :

« Autrefois, lorsque le peuple cherchait un remède à ses
« misères dans l'émeute, dans l'agitation, on le châtiait, on
« le punissait avec sévérité, je désire que l'histoire ne
« dise pas, *avec cruauté* ; mais enfin la punition et le châ-
« timent étaient accompagnés de ces avertissements paternels :
« Pourquoi vous insurgez-vous contre la loi ? pourquoi ne
« respectez-vous pas les lois ? Si elles sont mauvaises, nom-
« mez des représentants qui en fassent de meilleures ; vous
« avez dans vos mains le suffrage universel, merveilleux
« instrument à l'aide duquel vous pouvez arriver à vos glo-
« rieuses destinées.

« Voilà ce que l'on disait au peuple. Le peuple a pris ces
« paroles au sérieux : il est rentré dans la légalité ; il a
« jeté bien loin et le fusil et la cartouche, et il est resté
« armé seulement du bulletin électoral.

« Qu'a fait alors le gouvernement ? S'est-il félicité ? A-t-
« il félicité le peuple de ce qu'un esprit nouveau soufflait

« désormais sur ses délibérations, de ce qu'il était resté
« dans la paix, dans la modération, dans la légalité ? Non ;
« on l'a puni de son amour pour la légalité, comme on le pu-
« nissait autrefois de son amour pour la guerre... Or, dire
« à un peuple : Je vous retire votre droit au moment où
« vous l'exercez suivant la règle; je dis que c'est violer plus
« que sa personne, c'est violer sa conscience. »

— « Quoi! s'écrie d'autre part M. Victor Hugo, après
« deux années d'épreuve et d'agitations inévitables, insépa-
« rables de toutes les grandes commotions politiques, le but
« était atteint. Quoi ! ce mode de création pacifique du
« progrès était substitué au mode violent. Quoi ! les impa-
« tiences et les colères avaient désarmé, l'échange du droit
« d'insurrection contre le droit de suffrage était consommé.
« L'homme des classes souffrantes avait accepté ; il s'était
« senti rehaussé par la confiance sociale ; ce nouveau ci-
« toyen, que j'appelle sans hésiter un souverain restauré,
« était entré dans la société avec une dignité sereine. Les
« jours d'élection étaient devenus pour le pays mieux que
« des jours de fête, c'étaient des jours de calme...

« Et c'est là le moment que vous choisissez, vous minis-
« tres, pour tout remettre en question ! Et ce traité signé
« vous le déchirez ! Et c'est précisément cet homme, le der-
« nier sur l'échelle de la vie, qui maintenant espérait re-
« monter tranquillement et peu à peu, c'est ce pauvre, c'est
« ce malheureux autrefois redoutable, maintenant réconcilié,
« apaisé, confiant, fraternel, c'est lui que votre loi va cher-
« cher ! Et pourquoi? Pour faire une chose indigne, in-
« sensée, inouïe, abominable, anarchique ! Pour lui repren-
« dre son bulletin d'électeur, pour l'arracher aux idées de
« concorde et de paix, et pour le rendre aux idées de vio-
« lence ! Quoi ! le port était trouvé, et c'est vous qui re-
« commencez les aventures! Quoi! le pacte était conclu, et
« c'est vous qui le violez !

« Et pourquoi cette violation? Pourquoi cette aggres-

« sion en pleine paix ? Pourquoi cet attentat ? Pour-
« quoi ? je vais vous le dire ! C'est qu'il a plu au peu-
« ple, après avoir nommé qui vous vouliez, ce que vous
« avez trouvé fort bon, de nommer qui vous ne vou-
« liez pas, ce que vous trouvez mauvais ; c'est parce
« qu'il est présumable qu'il a la hardiesse de changer
« d'avis sur votre compte, depuis que vous êtes le pouvoir
« et qu'il peut comparer les actes aux programmes, et ce
« qu'on a tenu avec ce qu'on avait promis ; c'est parce
« qu'il paraît avoir cette audace inouïe de s'imaginer qu'il
« est libre, et que selon toute apparence il lui passe par la
« tête cette autre idée étrange qu'il est souverain ; c'est
« enfin parce qu'il a cette insolence de vous donner un avis
« sous cette forme pacifique du scrutin, et de ne pas se
« prosterner purement et simplement à vos pieds. Là-des-
« sus vous vous indignez, vous vous emportez, vous dé-
« clarez la société en danger, vous vous écriez : Nous al-
« lons te punir, peuple ! nous allons te châtier, suffrage
« universel ! et, comme ce monarque de l'histoire, vous
« battez de verges l'Océan ! »

C'était bien là ce qui faisait le caractère odieux de la loi. On attentait au suffrage universel parce qu'on craignait qu'il ne fût plus un instrument docile. On voulait à toute force refouler les aspirations populaires ; on ne voulait leur laisser aucun moyen de se manifester ; on les mettait hors la loi (1).

M. de Montalembert vint réitérer ses déclamations fré-

---

(1) M. Lagrange caractérisait ainsi énergiquement la loi du 31 mai :

« Elle contient l'escroquerie ; oui, l'escroquerie, car elle vole
« comme un filou qui travaille dans les poches. »

Et s'adressant à la majorité :

« C'est dans le sang du peuple que vous avez ramassé le
« pouvoir dont vous vous servez pour assassiner la République. »

nétiques contre la démocratie et le socialisme, pour justifier l'urgence et la nécessité de la loi, dont il achevait ainsi de bien préciser la signification :

« Je vous demande, Messieurs, si en présence de ce
« progrès flagrant du socialisme, vous voulez rester im-
« puissants et silencieux, si vous ne voulez apporter aucun
« remède aux progrès du mal... Eh bien, non ! Quant à moi
« je soutiens que vous ne le devez pas et je suis sûr que vous
« ne le voudrez pas. Il faut donc faire à ce mal qui croît
« tous les jours la guerre la plus énergique. Pour résumer
« ma pensée dans un seul mot, je dis qu'il faut recom-
« mencer l'expédition de Rome à l'intérieur, qu'il faut en-
« treprendre contre le socialisme qui nous menace et qui
« nous dévore, une campagne comme l'expédition de
« Rome...

« Il ne faut plus rester sur la défensive, il faut prendre
« énergiquement l'offensive. Il faut enlever à l'ennemi les
« positions qu'il a conquises, il ne faut pas souffrir que les
« lois du pays servent d'arsenal et de repaire au monstre
« du socialisme, afin qu'il puisse en sortir à son heure,
« tantôt à pas comptés, tantôt avec un formidable et irré-
« sistible élan pour fondre sur la société et la dévorer.

« Nous avons pour nous le droit et le fait, la loi et la
« force. Je crois que nous avons pour nous le nombre, et
« je ne veux pas douter un instant que nous n'ayons pour
« nous le courage...

« Voici ce que je lis dans un journal, l'organe le plus
« accrédité du parti socialiste : « — De la réforme électo-
« rale est sortie la République; de même du suffrage uni-
« versel, doit, tôt ou tard, naître la réforme sociale. »
« (*Voix du peuple*, du 9 mai 1850.) Vous le voyez, voilà
« l'affirmation de nos adversaires, le suffrage universel doit
« aboutir au socialisme! Eh bien! s'il en est ainsi, je
« n'hésite pas à dire que le suffrage universel doit être
« modifié...

« ... C'est précisément tout ce tapage qu'on fait contre
« la loi qui prouve son efficacité, qui prouve sa valeur ; et
« quand son résultat devrait être nul en pratique, il don-
« nera toujours au parti de l'ordre une grande victoire mo-
« rale, une des ces victoires morales qui en valent bien
« d'autres et qui contribueront à amener cet état de choses
« que définissait si bien le Président de la République dans
« une de ses proclamations, quand il disait : *Il faut que
« les méchants tremblent et que les bons se rassurent.* »

A M. de Montalembert succéda M. Thiers, qui fit sa fameuse sortie contre la *vile multitude :*

« Maintenant, ces hommes que nous avons exclus,
« sont-ce les pauvres ? Non, ce n'est pas le pauvre, c'est le
« vagabond, qui souvent par des moyens licites ou illici-
« tes gagne des salaires considérables, mais qui ne vit pas
« dans un domicile à lui appartenant, qui se hâte quand il
« est sorti de l'atelier d'aller au cabaret, qui ne met au-
« cun intérêt à son domicile, aucun...

« Ce sont ces hommes qui forment, non pas le fond,
« mais la partie dangereuse des populations agglomérées ;
« ce sont ces hommes qui méritent le titre, l'un des plus
« flétris de l'histoire, entendez-vous ? le titre de multitude.
« Oui, je comprends que certains hommes y regardent beau-
« coup avant de se priver de cet instrument, mais les amis
« de la vraie liberté, je dirai les vrais républicains, redou-
« tent la multitude, la vile multitude qui a perdu toutes
« les républiques. Je comprends que des tyrans s'en ac-
« commodent, parce qu'ils la nourrissent, la châtient et la
« méprisent ; mais des républicains, chérir la multitude et la
« défendre ! ce sont de faux républicains, ce sont de mau-
« vais républicains.

« Ce sont des républicains qui peuvent connaître toutes
« les profondeurs du socialisme, mais qui ne connaissent
« pas l'histoire. Voyez-la à ses premières pages, elle vous
« dira que cette misérable multitude a livré à tous les ty-

« rans la liberté de toutes les républiques. C'est cette mul-
« titude qui a livré à César la liberté de Rome pour du
« pain et des cirques.

« C'est cette multitude qui, après avoir accepté en échange
« de la liberté romaine du pain et des cirques, égorgeait
« les empereurs, qui tantôt voulait du misérable Néron et
« l'égorgeait quelque temps après, par ces caprices aussi
« changeants sous le despotisme qu'ils l'avaient été sous
« la République; qui prenait Gallus et l'égorgeait quelques
« jours après parce qu'elle le trouvait trop sévère; qui pre-
« nait l'ignoble Vitellius, et qui, n'ayant plus le courage
« même des combats, livra Rome aux barbares.

« C'est cette vile multitude qui a livré aux Médicis la
« liberté de Florence; qui a, en Hollande, dans la sage
« Hollande, égorgé les Witt, qui étaient, comme vous le
« savez, les vrais amis de la liberté; c'est cette vile mul-
« titude qui a égorgé Bailly; qui, après avoir égorgé Bailly,
« a applaudi au supplice, qui n'était qu'un abominable
« assassinat, des Girondins; qui a applaudi ensuite au sup-
« plice mérité de Robespierre, qui applaudirait au vôtre,
« au nôtre; qui a accepté le despotisme du grand homme,
« qui la connaissait et savait la soumettre; qui a ensuite ap-
« plaudi à sa chute, et qui en 1815, a mis une corde à sa
« statue pour la faire tomber dans la boue... »

Ici M. Napoléon Bonaparte interrompit M. Thiers pour
lui faire observer, ce qu'il ne devait pas ignorer, que ce
n'était pas *la multitude* qui, en 1815, avait attaché
une corde au cou de la statue de Napoléon pour la traîner
dans la boue, mais que c'étaient les royalistes, les gens qui
étaient venus dans les fourgons des cosaques et qui étaient
leurs amis.

On eût pu ajouter que le jour où la *vile multitude*, au
lendemain du 24 février, avait tenu Paris et la France
dans ses mains, elle avait usé de sa victoire avec une générosité, une magnanimité et une modération qui faisaient

un singulier contraste avec les fureurs des gouvernements antérieurs et postérieurs. Et d'ailleurs l'objet du socialisme était précisément d'élever et de régénérer cette *vile multitude* qui est recrutée par l'ignorance et la misère.

Mais M. Thiers se souciait peu de la vérité historique ou philosophique. Le seul but qu'il se proposât était de produire son effet.

S'il avait été plus soucieux de l'efficacité réelle de la loi, il eût pris en sérieuse considération cette observation d'un des précédents orateurs, M. Béchard, qui d'ailleurs avait parlé en faveur du projet :

« Il y a dans la société une classe pire que celle des
« mendiants : *c'est celle des hommes perdus de dettes* ; et
« si je puis dire toute ma pensée, je crois que ces hommes
« qui exercent malheureusement dans les révolutions une
« influence prépondérante, ont été beaucoup trop ménagés
« par le projet de loi. Je dis, Messieurs, qu'en temps de
« révolution, les hommes obérés se précipitent sur la so-
« ciété comme sur une proie. Ils ne sont pas fâchés que leur
« ruine particulière se fasse oublier en quelque sorte dans
« la ruine générale ; et aussi ils comptent sur les chances
« des révolutions pour refaire leur fortune personnelle. »

La révolution du 2 décembre ne devait pas tarder à fournir à certains égards une frappante justification à ces paroles de M. Béchard.

Il s'agissait de livrer une bataille décisive : toutes les forces de l'armée expéditionnaire à l'intérieur donnèrent (1) ; M. Berryer succéda à la tribune à MM. Thiers et de Montalembert.

---

(1) M. de Falloux absent pour maladie, avait fait connaître au président de l'assemblée que l'état de sa santé s'opposait à son retour immédiat ; mais il déclarait qu'adoptant les principes développés dans l'exposé des motifs de M. le ministre de l'intérieur, son vote serait invariablement acquis au projet de loi présenté par la commission.

M. Berryer, avant 1848, jouissait d'une grande popularité, même dans le monde démocratique ; un jour, à la Chambre des députés, il avait fait en termes magnifiques l'éloge de la Convention qui avait sauvé la France de l'invasion étrangère ; et pour faire opposition au gouvernement de Juillet, il avait souvent professé des sentiments démocratiques, alors que ses protestations n'engageaient à rien. Le gouvernement provisoire avait favorisé l'élection de M. Berryer à l'Assemblée constituante. M. Jules Favre, secrétaire général du ministre de l'intérieur, écrivait le 18 mars à M. Émile Ollivier, commissaire de la République à Marseille : « Je partage votre opinion que vous ne devez « apporter aucun obstacle à la réélection du citoyen Ber- « ryer, qui, légitimiste seulement dans la forme, est au « fond un patriote sincère, et dont l'éloquence, comme « vous le dites avec raison, est une des gloires du pays. »

Le passage suivant d'une *Biographie des représentants du peuple à l'Assemblée constituante*, indique les espérances que l'on fondait sur lui : « L'alliance de la légiti- « mité avec la liberté a toujours été le rêve de M. Berryer, « mais par ses aspirations les plus naturelles, par les « élans invincibles de son patriotisme, il est encore plus « un tribun du peuple qu'un défenseur de la monarchie. Dès « 1815 M. Berryer a lutté de toute l'énergie de son admi- « rable talent pour arracher à l'échafaud les proscrits de la « Restauration... Maintenant donc que toute restauration de « la légitimité est devenue impossible, la haute raison de « M. Berryer doit faire de lui un des meilleurs et des « plus grands citoyens de la République. »

Mais M. Berryer eut un rôle peu brillant sous la République ; artiste plutôt que citoyen, il était antipathique au fond aux idées démocratiques, et son éloquence se sentait mal à l'aise sur ce théâtre où tous ses mouvements couraient le risque d'être pris au sérieux. Il ne prit aucune part aux discussions de l'Assemblée constituante ; mais il vota religieusement pour toutes les lois de répression et de proscription, et devint l'âme de la conspiration réactionnaire de la rue de Poitiers.

Il se sentait plus à l'aise dans l'Assemblée législative, et quand cela était utile il montait à la tribune pour stimuler le zèle des siens.

M. Berryer commença son discours du 28 mai 1850 par une de ces apologies oratoires qui ont contribué plus que tout le reste à sa réputation, car c'est avec de semblables moyens qu'on en impose dans tous les temps aux contemporains et même à la postérité :

« Hé! messieurs, nous avons traversé beaucoup de révo-
« lution depuis que j'ai vieilli dans ce pays, nous en avons
« traversé beaucoup, et sous des gouvernements divers, ou
« trompés ou trompeurs; je vous le demande à vous,
« quelle est l'injustice, à quelque époque et sous quelque
« régime qu'elle ait été commise, qui n'ait pas trouvé en
« moi un adversaire ? Quelle est la victime qui n'ait pas
« trouvé en moi un défenseur! (*Très-bien! très-bien!* —
« *Bravos à droite.*) — Messieurs, quand on a mis l'hon-
« neur, la fortune, l'unique fortune de sa vie à tenir cette
« conduite pendant quarante années, en face de son pays ;
« quand on n'a plus qu'à descendre, quand on n'a plus
« qu'à finir et à recevoir la dernière parole de ses conci-
« toyens, on ne veut pas un seul jour s'exposer à perdre
« leur estime. »

Ce langage convenait bien vraiment à l'homme qui avait voté la transportation sans jugement des insurgés de juin, et qui avait repoussé toutes les demandes d'amnistie d'un vote implacable !

Sans doute M. Berryer avait volontiers plaidé pour les accusés de tous les partis, quand il y avait pour lui de la gloire et de la popularité à recueillir, et quand d'ailleurs sa parole ne tirait pas à conséquence et ne pouvait pas à servir à détourner d'eux le supplice que leur réservait la justice politique, habituée à laisser s'écouler à ses pieds sans s'émouvoir ces torrents d'éloquence.

Mais, devenu juge à son tour, il s'était associé sans réserves à toutes ces iniquités qu'il avait si souvent flétries autrefois pour le plus grand retentissement de ses effets oratoires : non-seulement il n'avait pas élevé la voix pour les malheureuses victimes des passions politiques ; non-seulement il ne s'était pas interposé entre elles et le supplice, mais encore il leur avait froidement porté le dernier coup par son vote.

Du reste, dans cette discussion même, M. Berryer allait jeter le masque et trahir la haine impitoyable et furieuse, contre la République et contre le peuple, qui le dévorait :

« Certes, s'écriait-il en terminant son discours, il n'y a
« personne qui soit plus disposé que moi, non pas seule-
« ment disposé, mais plus fortement décidé à respecter les
« convictions qui sont dans les cœurs ; et pour les répu-
« blicains de la veille, honorables, respectables, qui avaient
« des convictions qu'ils gardaient en obéissant à la loi, pour
« ces hommes-là j'ai du respect comme je demande qu'on en
« ait pour moi-même ; mais quant à ceux qui se sont pro-
« duits au dehors, rappelez-vous que ces républicains de
« la veille nous ne les avons connus que par Louvel et
« Alibaud. »

M. Baune, un ancien condamné d'avril, releva avec une noble et ferme indignation l'odieuse insinuation de M. Berryer :

« Je suis monté à la tribune pour relever une phrase de
« M. Berryer que, si elle n'était pas retirée, je déclarerais
« infâme. M. Berryer a dit que les républicains de la veille,
« il ne les avait connus que par les attentats de Louvel et
« d'Alibaud.

« Eh bien ! je vous déclare, monsieur Berryer, que vous
« avez fait imprudemment le procès à vos amis et aux
« hommes de tous les partis. Quand M. de Polignac, votre

« protecteur, avait conspiré contre l'empereur, contre le pre-
« mier consul, est-ce que c'est par lui que j'ai jugé le parti
« royaliste? Est-ce que je l'ai jugé par les conspirations et
« les sociétés secrètes? Je l'ai jugé noble et beau dans la
« Vendée défendant ce qu'il croyait être le droit ; je l'ai
« jugé noble et beau partout où il s'est présenté la poitrine
« en avant, croyant qu'on avait usurpé le trône, faisant va-
« loir des droits et des intérêts qu'il croyait justes ; — mais
« jamais je n'ai confondu le parti royaliste avec les infâmes
« assassins de la machine infernale, avec ceux qui pendant
« quinze ans ont organisé sur nos côtes le pillage et l'in-
« cendie : jamais je ne l'ai confondu avec les chauffeurs !

« Eh bien ! nous républicains de la veille, nous nous
« sommes armés contre vous en 1815 et en 1830, parce
« que vous n'étiez pas le vœu de la nation, et parce que
« vous lui imposiez avec l'appui des cosaques une volonté
« qu'elle repoussait. Nous avons éternellement combattu
« contre vos doctrines, comme nous le faisons aujourd'hui,
« mais nous nous sommes présentés la poitrine en avant...

« Si vous ne retirez pas ce mot, je déclare que, fussé-je
« seul, je le poursuivrai partout, parce que c'est une of-
« fense à la République qui vous a pardonné et qui vous a
« fait peur. »

Voilà l'homme, M. Berryer, que l'on a voulu dans ces
derniers temps proposer à l'estime des démocrates et
des républicains, et sur la tombe duquel on vient de déposer des éloges unanimes, sans qu'une seule voix se
soit élevée pour rappeler que ce n'est pas à la démocratie
à faire cortége à ses plus implacables ennemis, à ceux qui
par haine de la République ont violé tous les principes de
la justice et de la liberté.

Comme le disait très-justement M. de Lamartine, ce n'é-
tait pas contre le socialisme, ainsi qu'on le prétendait, qu'é-
tait dirigée la loi du 31 mai ; c'était contre l'opposition,
c'était contre la République.

En réalité le résultat des scrutins des 10 mars et 28 avril n'était pas aussi effrayant qu'on voulait bien le dire. Le nom seul de M. de Flotte pouvait inspirer quelques inquiétudes aux conservateurs (1) : M. Vidal était un penseur de cabinet, M. Eugène Sue un homme du monde, un écrivain sorti des rangs de la bourgeoisie, et M. Carnot, un partisan avoué de la République honnête et modérée qui dans le gouvernement provisoire s'était tenu soigneusement à l'écart aussi bien de M. Ledru-Rollin que de M. Louis Blanc.

---

(1) M. de Flotte avait pris soin lui-même d'enlever à sa candidature tout caractère irritant et de lui donner au contraire un caractère de conciliation et de paix : « Mon nom, disait-il « dans sa profession de foi, signifie justice, force invincible du « droit. Je le retirerais à l'instant s'il pouvait signifier colère ou « souvenir du passé. Ma candidature n'est pas un défi ; elle « veut dire : pour des citoyens non jugés, la liberté ou un dé- « bat public et des juges ; protester contre des lois exception- « nelles, c'est repousser la rétroactivité de la loi, c'est jurer « de ne consentir jamais une loi rétroactive ; protester au nom « des garanties de la liberté individuelle, c'est s'engager à ne « jamais violer ces garanties. » — Dans la discution même de la loi du 31 mai, M. de Flotte, provoqué par M. Thiers, était monté à la tribune. Un membre de la majorité, M. Honnecart, lui coupe la parole et lui demande : « De quel côté « des barricades étiez-vous ? » — « Messieurs, s'écria alors « M. de Flotte, j'accepte la question telle qu'elle m'est posée, « je la prends pour un aveu. De quel droit me demandez-vous « dequel côté je me trouvais ? Si vous ne le savez pas pour « moi, vous ne le savez pas davantage pour ceux qui sont en- « core détenus ! Contre cette ignorance, contre cette obscurité, « je suis ici, je proteste. Je suis ici, non pas le représentant des « insurgés de juin, le peuple ne l'aurait pas voulu ; je suis ici « le représentant de ceux que vous considérez comme coupables, « de ceux que vous considérez comme innocents, de ceux que « vous ne connaissez pas. Je suis ici au nom du droit, au nom « de la justice, protestant. Et quand dans cette enceinte, il « vous a été dit : Des juges ! le peuple me renvoie et il vous « dit : Des juges ! »

Mais en réalité c'était un prétexte qu'on cherchait, et les meneurs des partis monarchiques pensaient que le moment était venu de frapper un grand coup en s'attaquant à l'institution républicaine elle-même.

M. Cavaignac et ses amis le comprirent, mais un peu tard. Vainement voulurent-ils protester contre cet attentat de leurs amis de la veille. M. Cavaignac dut courber la tête sous les éloges accablants de M. de Montalembert, qui après les déclarations frénétiques de guerre au socialisme que nous avons rapportées, s'empressait d'ajouter : « En faisant
« cela, nous ne ferons que continuer la bataille des jour-
« nées de juin 1848 dans les rues de Paris, la bataille que
« l'honorable général Cavaignac, qui nous combattait hier,
« a si noblement et si heureusement conduite; ce sont les
« mêmes ennemis, Messieurs, ne le méconnaissons pas,
« c'est le même drapeau.....

« Eh bien ! je le regrette, je ne veux rien dire ici qui
« puisse blesser l'honorable général Cavaignac, surtout après
« le langage si digne, si modéré, si convenable qu'il a
« tenu hier ; mais je suis bien obligé de lui demander,
« comme l'histoire le lui demandera, où sont aujourd'hui
« ceux qu'il a combattus alors, où sont aujourd'hui ceux
« qu'il a vaincus, ceux qu'il a châtiés, ceux qu'il a trans-
« portés ; où sont-ils ? à ses côtés. Il a voté hier avec
« eux contre nous ; il va voter demain avec eux contre
« nous. »

M. de Montalembert avait raison. La loi du 31 mai était la continuation logique de la campagne entreprise par le général Cavaignac et pour laquelle il avait lui-même invoqué l'auxiliaire de MM. de Montalembert, de Falloux, Thiers, Dufaure et Barrot. C'était lui qui était inconséquent en abandonnant ses alliés de la veille; il n'avait aucun reproche à leur faire. Il avait cru que la République pourrait s'accommoder des errements monarchiques, et il s'étonnait que la monarchie restaurée par lui vint déclarer qu'elle ne pouvait pas s'accommoder des formes républicaines.

La scission entre les hommes de juin et les hommes de la rue de Poitiers s'opéra sur le terrain de la loi du 31 mai. Mais il était trop tard. Ils avaient livré la liberté, ils avaient livré la république, ils avaient livré le suffrage universel, et leur tardive opposition était impuissante pour empêcher la consommation de ce dernier attentat.

CHAPITRE VIII.

LA RÉVISION DE LA CONSTITUTION.

> Le remède, je le demande à une révision aussi complète et aussi radicale que possible, je le demande à une substitution du principe de la monarchie au principe de la République.
>
> De Falloux, *Assemblée législative*,
> *Séance du 14 juillet 1851.*

La haine de la République était l'unique lien qui groupait autour du Président les royalistes de toute nuance. La loi du 31 mai qui atteignait l'institution républicaine dans son essence leur parut une victoire décisive. On s'attendait à une prise d'armes de la démocratie ainsi exclue (1); par le fait, comme l'avait très-bien fait ressortir M. Michel (de Bourges), la loi du 31 mai rétablissait le droit à l'insurrection que le suffrage universel avait fait disparaître. Cela résultait de la jurisprudence même de la Haute cour de Versailles condamnant les accusés du 13 juin 1849 (2). On

---

(1) M. Thiers le dit lui-même dans son discours du 17 janvier 1851 : « Une opinion, fausse sans doute, mais une opinion gé-
« nérale, s'était établie que peut-être à la production de cette
« loi une attaque par les armes aurait lieu. »

(2) Voici les termes formels de l'arrêt de la Haute cour de Versailles : « Attendu que *là où sont ouvertes les voies de droit*
« *les voies de fait sont virtuellement interdites* ; que cette règle,
« obligatoire d'homme à homme, l'est encore plus de citoyen à

s'attendait à une prise d'armes, et on l'espérait parce qu'elle eût fourni l'occasion d'écraser les derniers débris du parti révolutionnaire, si décimé déjà depuis le 15 mai 1848.

La sagesse du peuple déjoua ces odieux calculs. Mais les réactionnaires furent convaincus que si l'ordre n'avait pas été troublé, il fallait en rapporter tout l'honneur « à l'in-« trépide attitude de l'armée de Paris et de son illustre « chef (1). » M. Thiers adressait à ce propos dans son discours du 17 janvier 1851, cet éloge au général Changarnier :

« Ce chef, voici ce qu'il avait entrepris et à quoi il avait « réussi. Nous avions pu craindre, au milieu de l'agitation « extraordinaire des esprits, que la politique, s'introduisant « dans l'armée, n'y affaiblît l'esprit militaire... Eh bien ! « l'énergique et habile général qui était à sa tête, en ravi-« vant en elle l'esprit militaire, avait étouffé l'esprit poli-« tique. Voilà ce que l'histoire dira de lui un jour, et ce « qui sera sa gloire ; en réveillant l'esprit militaire, il a « étouffé, je le répète, l'esprit politique qui pouvait per-« dre l'armée. »

C'est-à-dire que le soldat ne doit pas être citoyen. Oui, l'histoire dira que M. le général Changarnier, en étouffant l'esprit politique de l'armée, a contribué plus que personne à préparer et à rendre possible la révolution militaire du 2 décembre. Et ceux qui glorifiaient ainsi cette

---

« gouvernement, puisque dans ce dernier cas, son infraction « impunie remettrait sans cesse en question et en péril les « intérêts garantis par le pacte social, et que chaque voie de « fait peut être un pas vers la guerre civile... » La loi du 31 mai en fermant les voies de droit aux citoyens qu'elle privait de leur droit électoral, leur ouvrait le recours légitime aux voies de fait.

(1) Le 4 mai, en prévision des événements, le général Changarnier avait fait distribuer dans l'armée de Paris une *Instruction pour le cas de combat*.

œuvre n'auront pas le droit de se plaindre plus tard quand ils tomberont eux-mêmes victimes de l'obéissance aveugle et passive de l'armée. Quant à nous, nous nous contenterons d'opposer à cette théorie la protestation formulée à la veille des événements de février par le Comité démocratique contre l'application de l'armée à la compression des troubles civils (1).

Les partis monarchiques coalisés s'exagérèrent la portée de la victoire : ils crurent qu'ils en avaient fini une bonne fois avec le socialisme et la République, et ils ne songèrent plus qu'à tirer parti de leur triomphe. Les légitimistes et les orléanistes croyaient déjà l'heure venue de la restauration du trône et de l'autel, et les hommes d'action des deux partis s'entremettaient pour déterminer la fusion désirable de la branche aînée et de la branche cadette. Mais dès lors, la République étant hors de cause, c'était le Président qui devenait l'obstacle et qui, par conséquent, allait devenir l'adversaire (2). D'autant que le prince Louis-Na-

---

(1) Voir le texte de ce remarquable document dans les *Hommes de 1848*, chap. x, p. 351.

(2) Cette situation se trouve bien indiquée par M. de Montalembert dans son discours du 10 février 1851: « Quand on a vu
« que la victoire avait été si facile et si imprévue, quand on vu
« que l'illustre général Changarnier n'avait pas même eu be-
« soin de montrer de loin son épée aux factieux, comme il l'a-
« vait fait en juin 1849, on s'est fait illusion sur la portée de
« la victoire. *On a cru qu'on pouvait déjà se disputer la
« peau de l'ours* qui n'était pas tué et qui était tout au plus
« muselé. A partir de ce moment, les anciens partis monarchi-
« ques ou du moins certains membres influents de ces partis,
« ont placé dans leur cœur et dans leur conscience une autre
« appréhension, à côté de l'appréhension qui avait souveraine-
« ment dominé jusque-là tous les cœurs et toutes les consciences,
« l'appréhension du socialisme. On commença à craindre que
« ce calme, cette victoire ne profitent au pouvoir exécutif. Cette
« appréhension a suffi pour diviser la majorité parlementaire...
« Voilà, Messieurs, la vérité vraie. »

poléon ne dissimulait pas son ambition, et ses amis arboraient ouvertement le drapeau de l'Empire en face du drapeau de la Royauté.

A partir de ce moment, l'union est rompue entre les hommes de la rue de Poitiers et les hommes de l'Élysée, et nous allons voir éclater l'antagonisme. C'est à partir de ce moment aussi que nous allons voir opposer à la personnalité du Président la personnalité du général Changarnier, devenu le héros de la coalition royaliste (1). M. Changarnier, tant qu'avait duré la lutte contre la République, s'était absolument dévoué au Président, et on citait ce mot de lui, vers l'époque du 29 janvier 1849, *qu'il lui serait aussi facile de rétablir l'Empire que de faire un cornet de bonbons* (2). Mais à partir du jour où les partis monarchi-

---

(1) « Le général Changarnier était tellement certain de son
« influence dans l'Assemblée, qu'un jour, en descendant de la
« tribune, il s'oublia au point de faire un geste, comme s'il eût
« voulu lui envoyer un coup de cravache. Le général ne fut
« point rappelé à l'ordre, mais cet oubli des convenances était peu
« fait pour rapprocher, lors d'un coup d'État par le Président, la
« gauche républicaine de la majorité. » *Le coup d'État du
2 décembre*, par les auteurs du *Dictionnaire de la révolution
française*.

(2) Il est certain que le 29 janvier 1849 le général Changarnier, qui croyait la République bien tuée et enterrée par son collègue le général Cavaignac rêvait de faire une restauration impériale. M. de la Guéronnière écrit dans son portrait de *Napoléon III* :

« Il y a des trames secrètes qu'il n'est pas encore permis de
« découvrir... Toutefois qu'on se rappelle la physionomie étrange
« et sombre de la journée du 29 janvier 1849 ! Une armée im-
« mense occupait tous les points de Paris ; une ceinture de fer
« entourait la représentation nationale ; le Président de la ré-
« publique, sorti de l'Élysée, vers midi, passait sur le front des
« régiments comme un général à l'heure de la bataille. Une
« mise en scène se déroulait tout à coup comme par enchante-
« ment pour quelque drame inconnu. Les légions étaient à leur
« poste. Le général Chargarnier traitait alors fort dédaigneu-

qu'ils crurent qu'ils étaient arrivés à leur fins, M. Changarnier — dont les avances d'ailleurs paraissent avoir été repoussées par le Président, qui avait d'autres projets et suivait sa politique, sans se laisser détourner par les tentations. — M. Changarnier commença à concevoir une autre ambition. C'était sur lui que l'on avait jeté les yeux pour devenir l'instrument de la restauration monarchique. On se plaisait à le considérer comme un Monk en disponibilité, et les journaux monarchiques, célébraient à l'envi ce rôle de Monk, qui était montré comme *l'idéal des traîtres*, suivant l'expression spirituelle de M. de Lamartine. M. Guizot, qui avait repris toute son ancienne importance, étant le représentant le plus éminent des théories gouvernementales de la monarchie, écrivit une étude historique sur le général qui avait livré la république d'Angleterre aux Stuarts. Cette étude fut accueillie comme un véritable manifeste, et tous les journaux orléanistes et légitimistes reproduisirent à l'envi cette injonction impertinente adressée à M. Louis Bonaparte, sous le voile léger d'une allusion plus que transparente : « Voyons, « Richard, fils de l'usurpateur Cromwell, préparez vos « malles. L'héritier légitime est là. Rassurez-vous d'ailleurs, « il est bon prince, et, s'il le faut, on payera vos dettes. »

Cette disposition nouvelle de la majorité ne tarda pas à trouver une occasion de se manifester.

Le 4 juin, M. Fould présentait à l'Assemblée un projet de loi ayant pour but d'augmenter le traitement du Président et de porter ses frais de représentation à la somme de

---

« sement la souveraineté de l'Assemblée Constituante, et n'at-
« tendait plus que César, mais César ne vint pas ; Louis-Napo-
« léon eut plus de conscience et de prévoyance que d'ambition.
« Averti quelques jours avant qu'il n'avait qu'à étendre la main
« pour prendre la couronne impériale sur la pointe d'une épée
« dévouée, il refusa énergiquement. »

250,000 francs par mois. Le ministre, dans son exposé des motifs, prétendait justifier ainsi la convenance et la légalité de sa demande : « Quand l'Assemblée constituante porta les « frais de représentation du pouvoir exécutif au chiffre « provisoire de 600,000 francs par an, elle réserva à l'As- « semblée législative le droit d'élever cette allocation si « elle était reconnue insuffisante pour les nécessités de « représentation et les charges de munificence et de cha- « rité attachées à la première magistrature de la Républi- « que. C'est pour subvenir à ces charges dont les mœurs « et les habitudes du pays font des devoirs, que le gouver- « nement propose à l'Assemblée d'augmenter le traitement « du Président. L'épreuve de plus d'une année a démontré « son insuffisance d'une manière absolue ; cette insuffisance « amoindrirait aux yeux du pays et de l'étranger la di- « gnité du pouvoir exécutif ; elle fermerait forcément sa main « aux innombrables infortunes qui, de tous les points de la « France, s'adressent à lui comme à la bienfaisance person- « nifiée de la patrie. Le chef de l'État a toujours été consi- « déré comme une seconde providence... C'est donc avec « confiance que le gouvernement s'adresse au sentiment de « l'Assemblée ; il ne lui demande d'ailleurs, que de continuer « ce qui s'est fait depuis dix-huit mois et d'imposer à l'É- « tat des charges d'utilité publique, auxquelles il ne serait « ni juste, ni constitutionnel, ni possible de conserver plus « longtemps le caractère *de sacrifices personnels.* »

Le rapport de la commission, présenté par M. Flandin, s'attacha à réfuter tous les arguments produits par M. Fould Il dit qu'il était impossible de trouver dans l'esprit pas plus que dans le texte de la loi de l'Assemblée constituante la pensée d'une augmentation ultérieure de crédit pour frais de représentation. D'autre part, c'est tomber dans l'exagération que de considérer aujourd'hui le chef de l'État comme une seconde providence. Un ensemble d'allocations s'élevant à 3,600,000 fr. constituerait une véritable liste civile. « Toutefois, poursuivait le rapport, la commission a « été frappée de quelques considérations de l'exposé des « motifs; dans les dernières lignes il est fait allusion à des « *sacrifices personnels* subis par M. le Président dans sa « fortune pour acquitter des changes *d'utilité publique.* « Le pays ne peut pas vouloir qu'il en soit ainsi... »

En conséquence, la commission proposait d'accorder, à la place des 2,600,000 fr. demandés par M. Fould pour *frais de représentation*, seulement 1,600,000 fr., *pour dépenses faites* en 1849 et 1850 par suite de l'installation du Président : — proposition à laquelle le public méchant donna cette traduction : 1,600,000 fr. *pour payer les dettes du Président.*

Le gouvernement repoussa absolument cette proposition. La majorité, dont le rapport de M. Flandin avait fait connaître les sentiments, en contint l'expression dans la discussion. Trois orateurs de la gauche, MM. Mathieu (de la Drôme), Paul Sevaistre et Huguenin prirent successivement la parole pour combattre le projet de loi. Puis l'Assemblée impatiente ferma le débat. Mais un dissentiment s'éleva sur la position de la question. M. Baroche demanda que, suivant l'usage, on commençât par mettre aux voix l'amendement de la commission, comme étant celui qui s'écartait le plus du projet du gouvernement. Une imposante majorité repoussa cette réclamation du ministre. C'était là un symptôme de mauvais augure et la cause semblait perdue, lorsque M. le général Changarnier monta à la tribune pour supplier et adjurer l'Assemblée de clore le débat et d'accepter le projet du ministère.

L'intervention du général Changarnier, qualifiée de coup d'État parlementaire par les journaux du temps, détermina le vote de l'Assemblée; mais une majorité de 46 voix seulement se prononça pour le projet de loi et cette manifestation de l'influence de M. Changarnier, qui se montrait ainsi plus grande dans l'Assemblée que celle du gouvernement, et qui prenait en quelque sorte le Président sous sa protection, ne fit qu'envenimer les griefs de l'Élysée.

Les hommes de la rue de Poitiers rendirent au gouvernement leur appui sans réserve dans la discussion et le vote des lois contre la presse et contre le droit de réunion : ces restrictions rentraient tout à fait dans leur plan de campagne. Toutefois la discussion de la loi sur la presse donna lieu à une nouvelle démonstration hostile. Sur la proposition de M. Baze, l'Assemblée cita à sa barre, pour délit d'attaque contre elle, le journal *le Pouvoir*, qui, publié sous la direction de M. Granier de Cassagnac, s'était donné la mission spéciale de défendre et même d'étendre au besoin les prérogatives du pouvoir exécutif. Le gérant du journal fut condamné à 5,000 francs d'amende; par cette condamnation, on voulait évidemment atteindre les patrons du journal, au premier rang desquels était notoirement le Président lui-même (1).

Au commencement d'août, l'Assemblée se prorogea jusqu'au 11 novembre. Dans cette seconde phase de l'expédition de Rome à l'intérieur qui avait suivi les élections du 10 mars, une seule liberté fut soustraite par l'Assemblée

---

(1) Ce fut le seul cas d'un journal cité ainsi directement sous l'Assemblée législative. Voici le passage de l'article du *Pouvoir* qui avait plus particulièrement excité les susceptibilités de l'Assemblée : « On se demande si, dans l'état de désorganisa-
« tion où se trouve la France, l'ordre n'est pas beaucoup plus
« compromis que défendu par une Assemblée complétement
« étrangère à l'esprit politique comme à l'esprit des affaires,
« et si elle n'est pas bien plus un obstacle qu'une garantie. On
« se demande même si la France, tant qu'elle dépendra des
« assemblées, n'est pas condamnée fatalement aux luttes, aux
« déchirements, aux révolutions. » On peut juger par ce trait du ton de la politique des journaux de l'Elysée, qui faisaient dès cette époque tous leurs efforts pour préparer l'avénement du pouvoir personnel

aux menaces du pouvoir exécutif. L'appoint fourni à la gauche républicaine par la fraction légitimiste, entraîna le rejet d'un projet de loi qui livrait au Président, en l'investissant de la nomination des maires dans toutes les communes, le peu qui subsistait encore des franchises municipales. Les légitimistes, en cette circonstance, furent conséquents avec les idées de décentralisation qu'ils ont toujours soutenues.

La commission de permanence qui devait perpétuer l'action et la vigilance de l'Assemblée pendant son absence, fut composée des vingt-cinq membres suivants, MM. Odilon Barrot, Jules de Lasteyrie, Monet, général Saint-Priest, général Changarnier, Molé, général Lauriston, général Lamoricière, Beugnot, de Mornay, de Montebello, de Lespinasse, Lebreton, général Rullière, Vesin, Léo de Laborde, Casimir Périer, de Crouseilhes, Druet-Desvaux, Combarel de Leyval, Garnon et Chambolle.

Ces noms, choisis dans la majorité parlementaire, parurent à l'Élysée avoir une signification agressive. Le *Moniteur du soir*, un des principaux journaux présidentiels, publia un article où la composition de la commission de permanence était signalée comme une déclaration de guerre de l'Assemblée au Président, et comme l'éclat d'une hostilité et d'une défiance depuis longtemps mal contenues.

Une menace qui affectait presque un accent officiel terminait ce réquisitoire d'invectives :

« — Que croyez-vous, » s'écriait l'auteur de l'article en s'adressant aux représentants, « que croyez-vous que ré-
« pondraient les 6,000,000 d'électeurs qui ont nommé
« Louis Napoléon, s'il leur disait demain : *Entre le Prési-*
« *dent et l'Assemblée, choisissez !* »

M. Dupont de Bussac vient dénoncer cet article à l'indignation de l'Assemblée. Il demande une enquête parlementaire pour atteindre, derrière le gérant du journal, l'auteur, et, s'il y a lieu, l'inspirateur de cet outrage contre les représentants du pays.

M. Jules Favre somme le ministère de s'expliquer.

Les ministres gardent le silence.

L'Assemblée commence à s'émouvoir de cette impassibibilité comme d'un aveu dédaigneux de complicité.

M. Jules Favre reprend la parole : il fait remarquer que le *Moniteur du soir* est au nombre des journaux dont le ministère permet la vente dans les rues ; que le privilége accordé aux insultes contre le pouvoir parlementaire est d'un sinistre augure.

« — Le silence du ministère, » dit-il en terminant, « serait
« un acte de trahison ; il prouverait qu'il n'est sur ces
« bancs que pour déserter ses devoirs et trahir son pays. »

Après l'accusation directe de M. Jules Favre, le silence n'était plus possible. M. Baroche se décide enfin à le rompre ; mais sa réponse irrite encore l'anxiété de l'Assemblée. Il déclare que le cabinet n'accepte la responsabilité d'aucun journal, et qu'il attendra, en dehors de tout débat, la décision de l'Assemblée. — On l'interrompt pour lui demander pourquoi il laisse vendre dans les rues le *Moniteur du soir* ? — Le ministre répond que ce droit est accordé à ce journal depuis longtemps, et qu'il n'est pas dans sa pensée de le lui retirer.

Ces dernières paroles, où l'Assemblée croit deviner les réticences d'une complicité, soulèvent une explosion d'accusations et de reproches. M. Baze, qui, après avoir été le fougueux adversaire des républicains allait devenir le plus fougueux adversaire du Président, s'élance à la tribune. Il s'écrie que par la faute du ministère la question vient de changer de face, qu'elle n'est plus judiciaire, mais politique, qu'en face de la conspiration d'insultes et de calomnies liguée contre l'Assemblée, de l'impunité et du privilége dont elle jouit, on a le droit de se demander si le ministère n'est pas le complice d'une odieuse et flagrante usurpation. Dans sa pensée, il se trame un complot contre l'Assemblée ; il conclut en lui proposant de se retirer immédiatement dans ses bureaux, et de nommer une commission qui fasse, séance tenante, un rapport sur les mesures d'urgence qu'il convient d'adopter en de si graves circonstances.

La crise était arrivée à son paroxysme, et de la parole elle allait passer à l'action. L'Assemblée, entraînée par l'indignation de son outrage, semblait prête à frapper un grand coup de souveraineté parlementaire.

Mais M. Baroche, qui comprend qu'il a dépassé le but, remonte à la tribune. Il dit que le ministère, en refusant de répondre aux accusations qu'on lui a adressées, a cédé à une impatience de dignité blessée par les injustes attaques dont on ne cesse de l'assaillir. Et il fait cette déclaration solennelle, en appuyant sur ses paroles comme sur les termes d'un serment :

« Eh bien ! messieurs, si vous attachez dans un sens
« tant d'importance à mes paroles, je vous supplie, je vous
« adjure, permettez-moi cette expression, au nom de la
« conscience d'un honnête homme qui n'a jamais manqué
« à son serment et qui n'y manquera jamais, croyez aussi
« à ce que je vais vous dire : Le gouvernement se montre
« si susceptible quand on l'attaque, parce que sa conscience
« est pure, parce qu'il peut, du haut de cette tribune, pour
« cette Assemblée, pour le pays entier, déclarer que ceux
« qui disent qu'il a le projet de sortir des limites de la
« Constitution, d'attenter en quoi que ce soit aux priviléges
« du gouvernement parlementaire, ceux qui le disent, le
« calomnient...

« Ayez plus de confiance dans votre force, dans votre
« vitalité, dans l'existence du gouvernement parlemen-
« taire, ne croyez pas ceux qui veulent vous effrayer avec
« des périls imaginaires, avec des périls qui ne peuvent
« être qu'imaginaires, car vous avez contre eux deux ga-
« ranties : d'une part, ai-je besoin de le répéter, la loyauté
« du gouvernement, d'autre part, la force de cette Assem-

« blée. Qu'elle ait donc confiance en elle, et, permettez-moi
« de le demander, qu'elle ait confiance en nous. Qu'elle
« ne craigne pas des coups d'État *qui sont impossibles tant*
« *que les hommes qui siégent sur ses bancs feront partie*
« *du gouvernement de la République.* »

Rassurée par cette déclaration si précise et si solennelle, l'Assemblée vota l'ordre du jour pur et simple. Mais la rupture était dès lors à peu près consommée entre le Président et la majorité, et c'est sous l'impression de ces débats irritants que l'Assemblée se sépara le 8 août.

Les hommes politiques mirent ces vacances à profit. Pendant que M. Thiers et les représentants orléanistes allaient à Claremont où ils recueillaient les derniers soupirs de Louis-Philippe, qui mourut le 26 août, MM. Berryer, de Saint-Priest et de La Rochejacquelein allaient conférer avec Henri V à Wiesbaden.

Le parti légitimiste avait à cette époque une consistance bien plus importante que le parti orléaniste, et Henri V avait fait, dès le 24 février, les efforts les plus actifs pour relever à son profit le trône duquel avait été chassé Louis-Philippe.

La lettre suivante de M. de Villèle, l'ancien ministre de Louis XVIII, peut nous donner une idée des espérances et des calculs auxquels se livraient les partisans de cette troisième restauration :

« La crise financière est plus grave que ne semblent le
« croire les ministres actuels; elle nous mène droit à la
« banqueroute. Une restauration serait impuissante à con-
« jurer ce malheur. *Il faut donc en laisser l'odieux à la*
« *République.* Quand le peuple, accablé de souffrances,
« maudira la République à bout de ressources, alors le mo-
« ment sera venu. »

Le prétendant avait, sur ces conseils, laissé s'écouler les deux années 1848 et 1849, mais M. Berryer, qui était le représentant reconnu de la légitimité auprès de la République, réserva formellement ses droits dans la séance du 24 octobre 1849, en repoussant une proposition de M. Creton, tendant à l'abrogation des lois de bannissement contre les deux familles de Bourbon :

« Y a-t-il personne dans cette assemblée, s'était écrié
« M. Berryer, qui pense que, sous l'empire du principe qui
« régit la France aujourd'hui, il est aucun membre de la
« maison de Bourbon qui veuille rentrer en France et y
« exercer ses droits de simple citoyen?... Messieurs, quand
« les héritiers des rois sont éloignés du trône, quand ils
« sont proscrits, exilés de leur propre patrie, ils n'en sont
« pas moins dans le reste du monde autre chose que de
« simples particuliers. »

Les légitimistes mirent à profit l'entrevue de Wiesbaden pour constituer une sorte de gouvernement provisoire en attendant le jour du triomphe du droit divin et du gouvernement définitif. Ils adressèrent à leurs partisans un manifeste qui fut désigné dans la polémique sous le nom de *Circulaire Barthélemy*, parce que c'était M. de Barthélemy, chargé de la correspondance du prince en France, qui l'avait publiée. Dans cette circulaire, datée de Wiesbaden, 30 août 1850, le droit divin était nettement affirmé en opposition au principe de la souveraineté populaire. En voici les principaux passages :

« Dans la prévision d'éventualités soudaines, et pour
« assurer cette unité complète de vues et d'action qui
« seule peut faire notre force, M. le comte de Chambord a
« délégué les hommes qu'il désignait en France pour l'ap-
« plication de sa politique.

« Cette question de conduite devait nécessairement ame-
« ner l'appréciation définitive de la question de l'appel au
« peuple.

« Je suis officiellement chargé de vous faire connaître
« quelle a été, à ce sujet, la déclaration de M. le comte
« de Chambord.

« *Il a formellement condamné le système de l'appel au
« peuple*, comme impliquant la négation du grand principe
« national de l'hérédité monarchique. Il repousse d'avance
« toute proposition qui, reproduisant cette pensée, vien-
« drait modifier les conditions de stabilité qui sont le ca-
« ractère essentiel de notre principe, et doivent le faire
« regarder comme l'unique moyen d'arracher enfin la
« France aux convulsions révolutionnaires.

« Le langage de M. le comte de Chambord a été formel,
« précis ; il ne laisse aucune place au doute, et toute in-
« terprétation qui en altérerait la portée serait entièrement
« inexacte. »

Les mandataires désignés par M. de Chambord étaient :
MM. le duc de Lévis, le général de Saint-Priest, Berryer,
représentants du peuple, marquis de Pastoret, duc d'Escars.

Pendant que les représentants des partis monarchiques
préparaient leurs trames et allaient prendre le mot d'ordre
à l'étranger, le Président de son côté ne perdait pas de
temps. Il avait quitté Paris dès le 12 août, pour faire un
voyage en Bourgogne, en Franche-Comté, en Alsace, en
Normandie, prononçant partout sur son passage des discours qui provoquaient souvent les sentiments les plus
contradictoires, mais qui tous avaient pour but de faire une
agitation autour de son nom. Tantôt, comme à Cherbourg,
il disait que l'Empereur avait pu faire de grandes choses
parce que :

« Indépendamment de son génie, il était arrivé à une
« époque où la nation fatiguée de révolutions, lui donna
« le pouvoir nécessaire pour abattre l'anarchie, combattre
« les factions, et faire triompher à l'extérieur par la gloire,
« à l'intérieur par une impulsion vigoureuse, les intérêts
« généraux du pays (1). » Tantôt, comme à Lyon, il dé-

---

(1) « Messieurs, disait le Président, plus je parcours la France
« et plus je m'aperçois qu'on attend beaucoup du gouvernement.

mentait les intentions de coup d'État qu'on lui prêtait :

« Des bruits de coup d'État sont peut-être venus jus-
« qu'à vous, disait-il, mais vous n'y aurez pas ajouté foi ;
« je vous en remercie. Les surprises et l'usurpation peu-
« vent être le rêve des partis sans appui dans la nation,
« mais l'élu de six millions de suffrages exécute les volon-
« tés du peuple, il ne les trahit pas. Le patriotisme peut
« consister dans l'abnégation comme dans la persévé-
« rance. »

Et à Strasbourg il disait :

« Placé par le vote presque unanime de la France à la
« tête d'un pouvoir légalement restreint, mais immense par
« l'influence morale de son origine, ai-je été séduit par la
« pensée, par les conseils d'attaquer une constitution faite
« pourtant, personne ne l'ignore, en grande partie contre
« moi ? Non, j'ai respecté, je respecterai la souveraineté du
« peuple, même dans ce que son expression peut avoir de
« faux et d'hostile. Si j'en ai agi ainsi, c'est que le titre
« que j'ambitionne le plus est celui d'honnête homme ; je
« ne connais rien au-dessus du devoir (1). »

« Je ne traverse pas un département, une ville, un hameau, sans que
« les maires, les conseillers généraux et même les représentants,
« me demandent ici des voies de communication, telles que ca-
« naux, chemin de fer ; là, l'achèvement des travaux entrepris;
« partout enfin des mesures qui puissent remédier aux souf-
« frances de l'agriculture, donner de la vie à l'industrie et au
« commerce. Rien de plus naturel que la manifestation de ces
« vœux. Il ne frappent pas, croyez-le bien, une oreille inatten-
« tive. Mais à mon tour, je dois vous le dire, *ces résultats tant
« désirés ne s'obtiendront que si vous me donnez le moyen de
« les accomplir*, et ce moyen, il est tout entier dans votre
« concours *à fortifier le pouvoir et à écarter les dangers de
« l'avenir.* »

(1) Le voyage du Président ne fut pas une ovation comme on pourrait le croire. A Joigny, à Auxerre, à Dijon, dans le département de Saône-et-Loire, pays de bonapartisme et de so-

L'histoire doit prendre acte de ces déclarations du Président, comme en prirent acte les contemporains : elles servent à mieux juger la conduite postérieure du Président. Mais il était évident dès lors que toutes ces paroles étaient habilement calculées pour amener les esprits à désirer et à réclamer une prorogation des pouvoirs du Président. Pendant que M. Louis Bonaparte soumettait ainsi indirectement la question de la révision de la Constitution à l'examen de la France, les conseils généraux, à l'instigation de ses partisans, faisaient de cette question l'objet de leurs délibérations.

Le président revint à Paris le 13 septembre par la gare Saint-Lazare. Son arrivée fut signalée par quelques scènes de désordre. Les membres d'une société récemment fondée, dans le but de former autour du Président une sorte de claque politique, la Société du Dix-Décembre, bâtonnèrent et assommèrent, quatre heures durant, sous les yeux d'une police complaisante, ceux qui refusaient de crier : *Vive le Président* (1) !

---

cialisme à la fois, il fut accueilli sur son passage tantôt par le cri de : *Vive Napoléon!* tantôt par celui de: *Vive la République!* A Lyon, la réception devint plus bienveillante. A Besançon à Colmar, à Strasbourg, le peuple se montra froid, presque hostile. A Besançon, le Président, avant d'aller au bal que lui offrait la ville, désira visiter un bal populaire ; des clameurs hostiles s'élevèrent à son entrée dans la salle ; le Président fut entouré par un groupe menaçant et séparé de son escorte, ses officiers durent tirer l'épée pour le dégager. A Strasbourg, le conseil municipal refusa de voter des fonds pour sa réception ; le discours républicain d'un conseiller municipal remplissant les fonctions de maire, obligea M. Louis Bonaparte à se renfermer dans une courte réponse. Il se dédommagea au banquet que lui offrait le commerce et l'industrie ; c'est dans ce banquet qu'il prononça le discours que nous venons de citer, et dans lequel il se plaignit des *émissaires étrangers* qui avaient tenté de pervertir l'esprit de la population.

(1) La société du *Dix-Décembre* avait été fondée en septembre

Le 10 octobre, le Président passa en revue l'armée dans la plaine de Satory, « comme pour lui demander d'exprimer « à son tour son avis sur la loi de l'État » dit finement M. Taxile Delord. La cavalerie, à cette demande précédée de copieuses libations de vin de Champagne (1), répondit :

1849. C'était une société de secours mutuels politique. Plusieurs membres importants du parti napoléonien avaient présidé à sa formation. Parmi les fondateurs se trouvaient MM. Abattucci, Ferdinand Barrot, Belmontet, Bonjean, le vicomte Clary, Conneau, l'abbé Coquereau, le maréchal Excelmans, le général Husson, Kœnigswarter, le comte Lepic, la prince de la Moskowa, Nogent-Saint-Laurens, le général Piat. Parmi ces noms illustres, nous voyons figurer celui de M. *Hyrvoix* jeune négociant, qui est devenu plus tard chef de la police de l'Empereur, et est qui aujourd'hui receveur général dans le département du Doubs. — Le 17 janvier 1851, M. Jules de Lasteyrie, répondant au ministre de l'intérieur, M. Baroche, vint témoigner des assommades de la place du Havre :

« Je vous déclare, monsieur le ministre, et j'y étais, je vous « déclare que j'ai vu, quatre heures durant, assommer des « hommes inoffensifs. » A quoi M. Peupin opposa cette interruption qui vaut son pesant d'or : « J'y étais avec vous, *on « n'en pas assommé beaucoup.* »

Les membres de la société du Dix-Décembre étaient connus dans public sous le nom de *décembraillards*. Nous allons voir dans quelles circonstances cette société fut dissoute le 7 novembre 1850.

(1) Les distributions exceptionnelles de vin ne sont pas plus niées par les impérialistes que les motifs vraiment incroyables de la destitution du général Neumayer. Voici ce que nous lisons dans l'*Histoire de Louis-Napoléon Bonaparte*, par Gallix, un des fondateurs de la société du Dix-Décembre :

« Nous confesserons que quelques distributions soit de vin, « soit de viande furent faites à ces pauvres militaires affamés et « altérés ; nous reconnaîtrons enfin que le général Neumayer, « ayant cru devoir interdire le cri de : *Vive l'Empereur !* ce « qui aurait pu s'expliquer à la rigueur, mais encore les cris : « *Vive le Président ! Vive Napoléon !* ce qui était inexplicable, « Louis-Napoléon remercia le général Neumayer de ses ser- « vices. »

Vive l'Empereur! L'infanterie défila en silence. Le Président apprend que le général Neumayer commandant la première division, avait rappelé aux soldats avant la revue, le réglement militaire qui ordonne le silence le plus rigoureux sous les armes, et sans hésiter il prive aussitôt le général Neumayer de son commandement.

La seule annonce de la revue de Satory avait causé à Paris une très-vive émotion (1); ces incidents vinrent fournir un nouvel aliment aux préoccupations générales. Cet appel inconstitutionnel à l'armée était déjà fort grave en lui-même, mais c'était un acte des plus audacieux que la destitution d'un officier, pour avoir exécuté les prescriptions du règlement militaire, et empêché des cris séditieux.

Après quelque hésitation, le général Changarnier crut devoir manifester ouvertement pour la première fois son opposition, et le 2 novembre, il adressa l'ordre du jour suivant à l'armée de Paris, qui était une prostestation directe contre la destitution du général Neumayer :

---

(1) Voici ce que nous lisons dans *le Coup d'État du 2 décembre 1851*, par les auteurs du *Dictionnaire de la Révolution* :

« Il faut avoir habité Paris à cette époque pour se rendre
« compte de l'effet que cette revue produisit sur la population
« parisienne. Dès le matin, les gares de chemins de fer avaient
« été envahies, et tous les véhicules disponibles mis en réqui-
« sition. Nous nous rappelons que le train d'une heure de la
« rive gauche était tellement garni de monde, que des voyageurs
« étaient descendus sur la voie pour aider à pousser le train.
« Ce jour-là la population parisienne s'attendait à voir Louis-
« Napoléon proclamé empereur, revenir à la tête de l'armée. Le
« soir quand on apprit que l'armée n'avait fait que crier : *Vive*
« *l'Empereur!* on se déclara presque satisfait. Pour nous qui
« nous souvenons de cette époque, nous nous rappelons de l'in-
« quiétude qui agitait la population, du malaise que cet état
« d'incertitude faisait peser sur les esprits, de la difficulté des
« transactions commerciales. *Il faut que cela finisse d'une*
« *façon ou d'une autre*, disait-on de toutes parts. »

« Aux termes de la loi, l'armée ne délibère point ; aux
« termes des règlements militaires, elle doit s'abstenir de
« toute manifestation et ne proférer aucun cri sous les ar-
« mes.

« Le général en chef rappelle ces dispositions aux trou-
« pes sous son commandement. »

Les *décembraillards* continuaient leurs exploits, en se
ruant à coups de gourdin sur les citoyens qui se permet-
taient soit de désapprouver leurs manifestations, soit simplement de n'y pas prendre part. M. de la Guéronnière,
depuis sénateur, alors rédacteur de la *Presse* (1), publia
dans ce journal un article vigoureux, intitulé : l'*Empire au
bâton*, qui produisit une vive sensation.

Mais la majorité, représentée par la commission de permanence, au lieu de seconder l'opinion publique qui penchait du côté de l'Assemblée plutôt que de celui de M. Louis
Bonaparte, la décourageait par des mesures ridicules. C'est
ainsi que, prenant au sérieux une dénonciation évidemment
dérisoire, la commission de permanence de l'Assemblée
envoya chez le ministre de l'intérieur une députation composée de MM. Baze, Léon Faucher et Monet, chargés de lui
révéler que vingt-six des membres les plus exaltés de la

---

(1) M. de la Guéronnière appartenait sous la monarchie de
Juillet à la presse légitimiste. Après Février, il se rallia à
M. de Lamartine, et devint avec M. Eugène Pelletan, le principal collaborateur du *Bien public* fondé pour soutenir la can-
ditature de M. de Lamartine à la présidence. (Sur le caractère
de la polémique du *Bien public*, voir *les Hommes de* 1848,
p. 371.) Après l'élection du 10 décembre, leur mission étant
terminée, MM. de la Guéronnière et Pelletan, *Arcades ambo*,
entrèrent à la *Presse* où ils firent campagne contre la République
socialiste pour la République honnête et modérée. M. de la
Guéronnière quitta la *Presse* en 1851 pour devenir rédacteur
en chef du *Pays*, placé sous la direction politique de M. de Lamartine. Nous le retrouverons au 2 décembre.

société du Dix-Décembre venaient de tirer au sort à qu
tuerait le général Changarnier et M. Dupin.

Assassiner M. Dupin! c'était tout simplement burlesque.
Le ministre prononça aussitôt la dissolution de la société du
Dix-Décembre, par un décret en date du 7 novembre. Mais
en même temps le préfet de police démentait le récit de la
conjuration racontée avec tous ses détails par le *Journal des
Débats*.

« Le prétendu complot, disait M. Carlier, n'est qu'une
« mystification dont un agent qui n'est pas sous mes or-
« dres, paraît avoir été la dupe. »

Et il suspendait le traitement de M. Yon, commissaire
de police près de l'Assemblée, qui s'était fait auprès de la
commission le rapporteur de la prétendue révélation. Les
questeurs de l'Assemblée prirent sous leur protection
M. Yon qui n'avait péché que par excès de zèle et de dévouement; ils protestèrent contre la mesure du préfet de
police et décidèrent que le traitement du commissaire serait
prélevé sur le budget de la dotation de l'Assemblée.

L'incident finit ainsi misérablement. Cependant le Président, qui avait déjà fait preuve de condescendance envers
l'Assemblée en prononçant la dissolution immédiate de la
société du Dix-Décembre, semblait disposé à tout faire
pour effacer l'impression de la revue de Satory. Le ministre
de la guerre, le général d'Hautpoul, qui avait favorisé
les atteintes à la discipline, fut remplacé par le généra
Schramm (1), et le général Neumayer fut promu, par une
sorte de transaction, à un commandement plus important.
Enfin le Message du président communiqué à l'Assemblée
législative lors de sa rentrée, le 12 novembre, était de nature à produire le plus favorable effet sur la majorité.

Le président dressait dans ce Message le bilan de toutes

---

(1) M. d'Hautpoul fut nommé gouverneur de l'Algérie.

les mesures de réaction qui avaient été prises depuis le 13 juin 1849, attestant ainsi qu'il s'y associait complétement; et ce Message est le meilleur argument qu'on pourra lui opposer plus tard lorsqu'il prétendra qu'il a eu la main forcée par l'Assemblée.

« Lorsque vous êtes arrivés, disait le Message, le pays
« était encore remué par les derniers moments de la Consti-
« tuante. Plusieurs votes imprudents avaient créé de grands
« embarras au pouvoir. Les emportements de la tribune
« s'étaient, comme toujours, traduits en agitation dans la
« rue et le 13 juin vit éclore une nouvelle tentative d'insur-
« rection. Quoique facilement réprimée, elle fit sentir da-
« vantage l'impérieuse nécessité de réunir nos efforts con-
« tre les mauvaises passions...

« Les lois importantes que la gravité des événements
« obligea d'adopter contribuèrent puissamment à rétablir la
« confiance, parce qu'elles prouvaient la force de l'Assemblée
« et du gouvernement, lorsqu'ils sont en parfait accord.

« L'administration, de son côté, redoubla de vigueur, et
« les fonctionnaires qui ne paraissaient ni assez capables ni
« assez dévoués pour remplir la mission difficile de con-
« cilier sans faiblesse et de réprimer sans esprit de parti,
« furent révoqués (1), d'autres, au contraire, élevés en grade
« ou récompensés.

---

(1) C'est ainsi que tous les républicains furent exclus des fonctions publiques sous la République. Du reste M. le général Cavaignac avait précédé le Président dans cette voie, et, par une circulaire, il avait recommandé aux préfets de n'avoir aucun égard, dans le choix de leurs auxiliaires, aux vieux républicains qui avaient passé la vie à combattre pour la cause du peuple. « Plus d'une nation, disait le général Cavaignac, a étouffé « ses propres libertés sous le fardeau de la reconnaissance ; je « n'en connais pas une qui les ait vues disparaître sous le remords « de son ingratitude. »

Nous pensons que le général Cavaignac est mort la conscience

« L'autorité municipale, si salutaire lorsque son action
« s'unit franchement à celle du pouvoir exécutif, s'attira
« justement dans beaucoup de communes des reproches
« très-graves. Quatre cent vingt et un maires et cent quatre
« vingt-trois adjoints ont dû être révoqués ; et si tous ceux
« qui sont demeurés au-dessous de leurs fonctions n'ont
« pas été atteints, c'est que *l'imperfection de la loi s'y*
« *est opposée.*

« Le conseil d'État, pour y remédier, a déjà commencé
« l'examen d'un projet de loi ; mais il est difficile de con-
« cilier les franchises municipales avec l'unité d'action,
« *véritable force du pouvoir central.*

« La garde nationale, auxiliaire utile contre les ennemis
« du dedans et du dehors quand elle est bien organisée,
« n'a agi que trop souvent dans un sens contraire au but
« de son institution et nous a obligé de la dissoudre dans
« cent-cinquante-trois villes ou communes, partout enfin où
« elle présentait le caractère d'un corps armé délibérant.

« La justice a dignement secondé le pouvoir. La magis-
« trature a déployé une grande énergie pour faire exécuter
« les lois et punir ceux qui les violent.

« Pour assurer l'ordre dans les provinces les plus agi-
« tées, de grands commandements, comprenant plusieurs
« divisions militaires, ont été créés, et des pouvoirs plus
« étendus confiés à des généraux expérimentés.

---

tranquille, mais nous qui avons été les victimes de cette politique funeste autant qu'absurde, nous avons le droit de maudire sa mémoire. — On s'est beaucoup ému du jugement sévère que j'ai porté sur M. Cavaignac dans mon livre *les Hommes de 1848.* M. Taxile Delord, sous une forme plus voilée, n'a guère été moins sévère pour lui dans son *Histoire du second Empire* :

« Le général Cavaignac, dit-il, avait un grand défaut pour un
« homme appelé à fonder une république, il ne croyait pas aux
républicains. »

« Partout l'armée a donné son concours avec cet admi-
« rable dévouement qui lui est propre ; partout aussi la
« *gendarmerie a accompli sa mission* (1) avec un zèle
« digne d'éloges.

« On a beaucoup calmé l'agitation des campagnes en
« mettant un frein à la détestable propagande qu'exer-
« çaient les instituteurs primaires. De nombreuses épura-
« rations ont été faites. Les maîtres d'école ne sont plus
« aujourd'hui des instruments de désordre.

« Quoique *préoccupé sans cesse d'une répression ur-
« gente*, le gouvernement a adopté tout ce qui lui a semblé
« propre à améliorer la position du pays.... »

On pouvait remarquer toutefois que, dans cette énumé-
ration complaisante des mesures répressives prises par
l'Assemblée d'accord avec le pouvoir exécutif, le président
évitait de faire allusion à la loi du 31 mai.

Le message se terminait par cette déclaration solennelle :

« La règle invariable de ma vie politique sera, dans
« toutes les circonstances, de faire mon devoir, rien que
« mon devoir.

« Il est aujourd'hui permis à tous le monde, excepté à
« moi, de vouloir hâter la révision de notre loi fondamen-
« tale. Si la Constitution renferme des vices et des dangers,
« vous êtes tous libres de les faire ressortir aux yeux du
« pays. *Moi seul, lié par mon serment* (2), je me renferme
« dans les strictes limites qu'elle m'a tracées...

« L'incertitude de l'avenir fait naître, je le sais, bien des
« appréhensions, en réveillant bien des espérances. Sa-

---

(1) La circulaire du général d'Hautpoul nous a édifiés sur la *mission de la gendarmerie*.

(2) On sait que la Constitution de 1848 avait aboli le serment politique et ne l'avait laissé subsister que pour le Président seul.

« chons tous faire à la patrie le sacrifice de ces espérances
« et ne nous occupons que de ses intérêts. Si dans cette
« session vous votez la révision de la Constitution, une
« Constituante viendra refaire nos lois fondamentales et
« régler le sort du pouvoir exécutif. Si vous ne la votez
« pas, le peuple, en 1852, manifestera solennellement l'ex-
« pression de sa volonté nouvelle. Mais, quelles que puis-
« sent être les solutions de l'avenir, entendons-nous, afin
« que ce ne soient jamais la passion, la surprise ou la
« violence qui décident du sort d'une grande nation.

« Inspirons au peuple l'amour du repos, en mettant du
« calme dans nos délibérations ; inspirons-lui la religion
« du droit, en ne nous en écartant jamais nous-mêmes, et
« alors, croyez-le bien, le progrès des mœurs politiques
« compensera le danger d'institutions créées dans des jours
« de défiances et d'incertitudes.

« Ce qui me préoccupe surtout, soyez-en persuadés, ce
« n'est pas de savoir qui gouvernera la France en 1852,
« c'est d'employer le temps dont je dispose de manière
« à ce que la transition, quelle qu'elle soit, se fasse sans
« agitation et sans trouble.

« Le but le plus noble et le plus digne d'une âme élevée
« n'est point de rechercher, quand on est au pouvoir, par
« quels moyens on s'y perpétuera, mais de veiller sans
« cesse aux moyens de consolider à l'avantage de tous les
« principes d'autorité et de morale, qui défient les passions
» des hommes et l'instabilité des lois.

« Je vous ai loyalement ouvert mon cœur ; vous répon-
« drez à ma franchise par votre confiance, à mes bonnes
« intentions par votre concours, et Dieu fera le reste. »

Ce Message fut accueilli favorablement par l'opinion publique ; mais le dissentiment entre le Président et l'Assemblée subsistait au fond et n'attendait qu'une occasion pour éclater.

Un député qui avait eu autrefois une grande réputation, et qui avait été longtemps le tribun de l'opposition, complétement éteint depuis plusieurs années, M. Mauguin, fut arrêté pour dettes; il avait vainement excipé de son inviolabilité de représentant; le tribunal de commerce avait décidé que cette inviolabilité ne s'étendait pas aux dettes civiles. M. Rouher, ministre de la justice, interpellé à ce sujet, soutint la jurisprudence du tribunal de commerce. L'Assemblée en décida autrement et ordonna la mise en liberté immédiate de M. Mauguin. M. Baze s'élança aussitôt vers Clichy et ramena en triomphe le prisonnier sur son banc, se félicitant de ce résultat comme s'il se fût agi d'une grande victoire remportée sur le gouvernement.

Cependant le Président songeait à se débarrasser de la présence gênante du général Changarnier. La *Patrie*, feuille bonapartiste, publia le 2 janvier 1851 des extraits d'instructions données aux chefs de corps de l'armée de Paris par le commandant en chef. Voici quelles étaient ces recommandations :

« Ne pas écouter les représentants. — Toute réquisition, « sommation ou demande d'un fonctionnaire civil, judi- « ciaire ou politique, doit être rigoureusement écartée. »

La publication de ces extraits avait évidemment pour but de brouiller le général Changarnier avec l'Assemblée, mais le calcul était faux, car il était évident que la majorité avait une confiance aveugle dans le général Changarnier. Aussi fit-on peu d'attention aux interpellations développées à ce sujet par M. Napoléon Bonaparte, le fils de Jérôme, le cousin du Président, qui, affectant une grande inflexibilité de convictions démocratiques et républicaines, jouait auprès de l'opposition un rôle plus que suspect (1).

---

(1) Le document suivant, qui appartient à l'histoire, est de nature à jeter quelque jour sur la comédie politique qui n'a cessé de se jouer depuis entre les deux cousins. Ces petites rup-

Mais ces interpellations soulevèrent un incident dont les conséquences allaient être graves puisqu'elles entraînèrent la démission du général Changarnier. Le ministre de la guerre, le général Schramm, auquel il appartenait de répondre à l'interpellation, demanda trois jours de réflexion. Mais M. Changarnier, au mépris des convenances hiérarchiques, s'élança vivement à la tribune, pour démentir de la façon la plus formelle l'existence du document cité par la *Patrie*. Tout au plus, dit le général, pourrait-on rapprocher ce document d'une instruction publiée par lui

---

tures de famille, dont nous avons de temps en temps quelques nouvelles représentations, se terminent toujours de la façon la plus morale, par un rapprochement ; mais il paraît qu'il y a toujours quelques bonnes gens qui s'y laissent prendre. Voici ce document ; c'est une lettre adressée le 10 avril 1849 par le président à son cousin qui était alors ambassadeur à Madrid, et qui fut rappelé à la suite de cette lettre :

« Elysée national, le 10 avril 1849.

« Mon cher cousin, on prétend qu'à ton passage à Bordeaux
« tu as tenu un langage propre à jeter la division parmi les
« personnes les mieux intentionnées. Tu aurais dit que, do-
« miné par les chefs du mouvement réactionnaire, je ne suivais
« pas librement mes inspirations, qu'impatient du joug, j'étais
« prêt à le secouer, et que, pour me venir en aide, il fallait aux
« élections prochaines, envoyer à la chambre des hommes hos-
« tiles à mon gouvernement plutôt que des hommes du parti mo-
« déré.

« Une semblable imputation de ta part a le droit de m'éton-
« ner ; tu me connais assez pour savoir que je ne subirai jamais
« l'ascendant de qui que ce soit, et que je m'efforcerai sans cesse
« de gouverner dans l'intérêt des masses et non dans l'intérêt
« d'un parti. J'honore les hommes qui, par leur capacité et leur
« expérience, peuvent me donner de bons conseils, je reçois jour-
« nellement les avis les plus opposés, mais j'obéis aux seules
« impulsions de ma raison et de mon cœur...

« Les élections prochaines avanceront, je n'en doute pas,
« l'époque des réformes possibles, en affermissant la République

lorsque, après les événements de Juin, il avait été appelé au commandement en chef de la garde nationale par le général Cavaignac, et qui avait pour objet de maintenir l'unité d'action durant le *combat*.

« Mais, » ajouta-t-il, « dans aucune de ces instructions
« permanentes ou transitoires, le droit constitutionnel de
« l'Assemblée à requérir des troupes n'a été mis en question,
« non plus que l'article du Réglement qui défère au Prési-
« dent de l'Assemblée l'exercice de ce droit. »

Si l'on veut savoir à quoi s'en tenir sur la sincérité de

« par l'ordre et la modération. Rappeler tous les anciens partis,
« les réunir, les réconcilier, tel doit-être le but de nos efforts.
« C'est la mission attachée au grand nom que nous portons ;
« elle échouerait s'il servait à diviser et non à rallier les sou-
« tiens du gouvernement.

« Par tous ces motifs, je ne saurais approuver ta candida-
« ture dans une vingtaine de départements ; car songes-y bien, à
« l'abri de ton nom, on veut faire arriver à l'Assemblée des
« candidats hostiles au pouvoir, et décourager ses partisans dé-
« voués, en fatiguant le peuple par des élections multiples qu'il
« faudra recommencer.

« Désormais donc, je l'espère, tu mettras tous tes soins, mon
« cher cousin, à éclairer sur mes intentions véritables les per-
« sonnes en relation avec toi, et tu te garderas d'accréditer par
« des paroles inconsidérées les calomnies absurdes qui vont jus-
« qu'à prétendre que de sordides intérêts dominent ma politique.
« Rien, répète-le très-haut, rien ne troublera la sérénité de
« mon jugement et n'ébranlera mes résolutions. Libre de toute
« contrainte morale, je marcherai dans le sentier de l'honneur
« avec ma conscience pour guide, et lorsque je quitterai le
« pouvoir, si l'on peut me reprocher des fautes fatalement iné-
« vitables, j'aurai fait du moins ce que je crois sincèrement
« mon devoir.

« Reçois, mon cher cousin, l'assurance de mon amitié,

« Louis-Napoléon Bonaparte. »

Son attitude au 2 décembre achèvera de nous édifier sur le compte de M. Napoléon Bonaparte.

cette réponse de M. Changarnier on n'a qu'à se reporter quelques pages plus haut au récit des événements du 29 janvier 1849 et à la relation des rapports qui existaient à cette époque entre le général commandant de l'armée de Paris et l'Assemblée constituante. Nous avons cité notamment une lettre de M. Changarnier à M. le général Forey qui est tout à fait édifiante à cet égard.

L'Assemblée accorda sans hésiter un ordre du jour de confiance à M. Changarnier, mais le général Schramm atteint dans sa prérogative donna sa démission, et le Président destitua M. le général Changarnier. M. le général Regnault de Saint-Jean-d'Angely remplaça le général Schramm au ministère de la guerre et les fonctions accumulées sur la tête de M. Changarnier furent partagées entre le général Baraguay-d'Hilliers qui fut mis à la tête de l'armée de Paris et le général Perrot qui fut mis à la tête des gardes nationales de la Seine.

La destitution du général Changarnier était un véritable défi jeté à la majorité. Un grand débat s'engagea au sein de l'Assemblée. La mesure prise par le Président était parfaitement légale et il avait agi en vertu des pouvoirs réguliers qu'il tenait de la constitution, mais la discussion provoqua l'explosion de tous les sentiments qui couvaient sourdement depuis plusieurs mois et dégagea l'attitude nouvelle que les partis qui lui avaient jusqu'ici prêté leur concours allaient prendre vis-à-vis du Président.

Sur la proposition de M. de Rémusat appuyée avec véhémence par M. Dufaure, l'Assemblée décida la nomination immédiate d'une commission chargée de soumettre à la chambre toutes les mesures que les circonstances pourraient commander. Il n'y avait qu'une mesure à prendre, la formation d'une force parlementaire placée sous le commandement du général Changarnier. Mais la majorité manquait de la fermeté nécessaire pour recourir à de semblables moyens.

M. Lanjuinais, rapporteur de la commission, conclut simplement à un vote de l'Assemblée blâmant l'usage que le ministère avait fait du droit qui lui appartenait de disposer des commandements militaires.

« On ne peut se dissimuler » disait M. Lanjuinais dans son rapport, » que depuis quelque temps il y a près du pouvoir
« une tendance à montrer peu de foi dans nos institutions,
« à considérer comme transitoire et éphémère la forme du
« gouvernement sous lequel nous vivons, à semer dans
« tous les rangs de la société le doute de l'avenir, à pré-
« coniser les bienfaits du gouvernement absolu, et à aspirer
« dans un avenir indéterminé à une sorte de restauration
« impériale. »

M. Baroche répond à ces insinuations :

« Je réponds que les paroles du Président qui a prêté
« seul serment à la Constitution à cette tribune et qui a
« renouvelé ce serment par son message du 12 novembre,
« repoussent bien loin de son esprit et de son cœur toute
« pensée d'un retour au gouvernement de l'empire. N'avez-
« vous pas encore présentes à la mémoire les dernières
« phrases du Message du 12 novembre où, dans le langage
« le plus énergique, dans un langage qui est, comme l'a dit
« lui-même M. le Président de la République, celui d'un
« homme qui n'a d'autre pensée que de faire son devoir,
« d'un homme qui a seul prêté serment à la Constitution,
« vous reconnaissant à vous le droit de la réviser dans les
« formes légales, il déclare en même temps que, quant à lui,
« il n'a pas d'autre chose à faire que de remplir son devoir
« d'honnête homme en l'exécutant, en la maintenant contre
« les adversaires de toute nature qui pourraient vouloir la
« modifier... M. le Président est le seul auquel on ne puisse
« attribuer des pensées de restauration... Il a pris un enga-
« gement d'honneur et le tiendra. Et l'Assemblée peut être
« certaine que de ce côté il n'y aura aucun danger à crain-

« dre pour la République établie par la constitution
« de 1848. »

Il est évident que ce n'était pas par amour de la République que les représentants des partis monarchiques s'étaient émus de la destitution du général Changarnier; eussent-ils accepté complétement la sincérité des déclarations de M. Baroche, cette réponse encore n'eût pas pu les satisfaire.

C'est M. Berryer qui se charge de ramener le débat sur son véritable terrain :

— « Parlons sincèrement, dit-il. Nous savons parfaite-
« ment que nous sommes dans un état précaire et transi-
« toire, que la République ne peut pas durer ; et la nation
« a fait l'élection du 10 décembre en se complaisant peut-
« être dans les souvenirs étroits qui lient invinciblement
« le nom de Bonaparte à la fin de la première République.
« Sans doute nous sommes ici des hommes monarchiques
« qui attendons notre heure. Mais ce qui importe c'est que
« nous nous unissions d'abord pour constituer une armée
« vigoureuse qui résiste au socialisme, qui résiste au nou-
« vel envahissement des barbares sur l'Europe. La poli-
« tique commune que nous devons adopter, c'est qu'il faut
« resserrer les liens de la majorité par une résolution
« commune et sincère de ne pas devancer la marche des
« événements et de ne pas prétendre dominer ni surprendre
« le pays au nom d'un parti. Or, la faute de MM. les mi-
« nistres a été d'expo-er-cette majorité à un déchirement.
« Et je donne à l'Assemblée cet avertissement solennel :
« Arrêtez-vous au premier pas ; si la majorité qui sauve la
« société française est brisée, je déplore l'avenir qui est
« réservé à mon pays ; nous aurons à subir en France une
« démagogie violente ou un despotisme absurde. »

M. Berryer, dans les développements de sa thèse de l'union monarchique, raconta sans hésiter son voyage à Wiesbaden, où il était allé voir un exilé : « Qui est exilé
« parce qu'il ne peut poser le pied sur le sol de cette

« France que ses aïeux ont conquise, agrandie, constituée,
« sans être le premier des Français, le roi. »

Il dit que la politique d'Henri V n'est pas autre que celle qu'il vient d'exposer : l'union de tous les bons vouloirs et de toutes les intelligences honnêtes dans l'oubli de toutes les révolutions, de toutes les disscussions passées (1).

Cette affirmation solennelle faite au nom du parti de la restauration monarchique donnait beau jeu au gouvernement et M. Baroche ne manqua pas d'en faire son profit :

« Comment, dit-il, pourrait-on continuer à reprocher au
« pouvoir exécutif je ne sais quelles prétendues manifesta-
« tions impérialistes qu'il a toujours désavouées, lorsqu'on
« vient faire à cette tribune même une éclatante manifesta-
« tion monarchique. Comment pourrait-on continuer à
« faire un crime au pouvoir exécutif de quelques cris isolés
« de *Vive l'Empereur !* qu'il n'a pas provoqués, quand on
« est venu faire entendre, du haut de cette tribune, pour
« ainsi dire, le cri de *Vive le roi !* et poser résolûment la
« monarchie en face de la République ? »

M. Thiers monta à la tribune pour relever ce défi de M. Baroche et pour consommer la séparation. Il rappela longuement le concours que ses amis et lui avaient prêté

---

(1) M. Berryer dans son discours désavoua en partie la circulaire Barthélemy « à laquelle on avait voulu attribuer une « importance qu'elle n'avait pas. » La vérité est que ce discours de M. Berryer avait surtout pour objet de réparer le mauvais effet produit par ce manifeste. Et pour achever d'en effacer la fâcheuse impression, le comte de Chambord adressa, à la suite de ce discours, une lettre de remerciments à M. Berryer, dans laquelle il promettait l'égalité devant la loi, la liberté de conscience, le libre accès de tous aux fonctions publiques. Il finissait ainsi :

« Après tant de vicissitudes et d'essais infructueux, la France
« éclairée par sa propre expérience, saura, j'en ai la ferme con-
« viction, connaître elle-même où sont ses meilleures destinées. »

au gouvernement, concours inaltérable, malgré les torts que l'on avait pu avoir vis-à-vis d'eux, jusqu'à la loi du 31 mai. Il affirma que la provocation était venue de la part du pouvoir exécutif, par la démonstration inconstitutionnelle de Satory d'abord, et ensuite par la destitution du général Changarnier, qui était le représentant de la majorité auprès du Président. Voici quelle était sa conclusion :

« Lorsque deux pouvoirs en présence ont entrepris l'un
« sur l'autre, si c'est celui qui a entrepris qui est obligé
« de reculer, il a un désagrément, c'est vrai, c'est juste ;
« mais si c'est celui sur lequel on a entrepris qui cède,
« alors sa faiblesse est tellement évidente à tous les yeux
« qu'il est perdu. Il n'y a que deux pouvoirs aujourd'hui
« dans l'État, le pouvoir exécutif et le pouvoir législatif.
« Si l'assemblée cède aujourd'hui, il n'y en a plus qu'un.
« Et quand il n'y en aura plus qu'un, la forme du gouver-
« nement est changée. Le mot, la forme viendront..
« quand elles viendront, cela importe peu, mais ce que
« vous dites ne pas vouloir, si l'Assemblée cède, vous
« l'aurez obtenu aujourd'hui même : il n'y a plus qu'un
« pouvoir.... le mot viendra quand on voudra.... *L'empire*
« *est fait.* »

Le discours de M. Thiers concluait à une coalition de tous les partis contre le pouvoir exécutif. La gauche républicaine repoussa d'abord l'alliance que lui firent offrir les partis monarchiques. M. Pascal Duprat s'adressant à M. Thiers en personne, dans le 10e bureau de l'Assemblée, exprima énergiquement ses répugnances et celles de ses amis.

— « Quelles sont, disait-il, les conditions de cette al-
« liance? Vous vous plaignez du Président de la République,
« nous aussi. Si vous le voulez, nous le mettrons en accu-
« sation pour avoir violé la Constitution par la loi du
« 31 mai dernier. Nous n'avons pas une très-grande con-

« fiance dans son dévouement à la République ; mais nous
« avons encore moins de confiance dans le vôtre et dans
« celui du général Changarnier. Nous n'avons pas vu sans
« ombrage les revues de Satory ; mais pendant ce temps-là,
« était-ce pour défendre la République, que nous croyons
« menacée, que vous alliez les uns à Claremont, les autres
« à Wiesbaden ? »

Cependant, dans la séance du 18 janvier, M. le général Cavaignac vint exprimer l'adhésion de la gauche républicaine à la coalition des partis monarchiques ; mais en faisant toutes ses réserves. Les socialistes adhérèrent eux aussi.

— « C'est une coalition alors ! » s'écria un membre de la droite bonapartiste, M. Le Verrier.

— « Oui, répliqua M. Noël Parfait, une coalition contre
« l'empire (1). »

---

(1) Il importe de ne pas se faire illusion sur l'inefficacité des moyens parlementaires employés pour combattre l'Empire ainsi menaçant, et il faut se garder surtout de savoir aucun gré de leur opposition aux représentants des partis monarchiques. C'étaient eux qui avaient préparé l'Empire par le concours qu'ils avaient prêté au Président pour écraser l'esprit public sous les mesures répressives, et en cette circonstance leur attitude servait plus utilement que tout le reste la cause de l'Empire. C'est ce que vint faire ressortir M. Mathieu (de la Drôme) :

« On vous dit que la République est un terrain neutre, une
« espèce de port libre où chaque parti peut se ravitailler, re-
« cruter ses équipages, radouber ses vaisseaux pour une expé-
« dition dont l'époque est fixée au mois de mai 1852. S'il en est
« ainsi, si la République doit périr, pourquoi M. Bonaparte
« qui est prince aussi, ne s'apprêterait-il pas à disputer la suc-
« cession, les dépouilles de la République à M. le comte de
« Paris et à M. le comte de Chambord ? Pourquoi l'opinion pu-
« blique serait-elle plus sévère envers lui qu'envers vous ? Ah !
« vous êtes bien imprudents ! Croyez-moi ; en exaltant la mo-
« narchie, en représentant chaque jour que la monarchie peut
« seule sauver la France, savez-vous ce que vous faites ? Vous
« plaidez la cause de l'Empire ! »

La droite n'avait obtenu le concours de la gauche qu'en subissant la condition absolue d'effacer le nom du général Changarnier de l'ordre du jour motivé. Tandis que la majorité attaquait surtout la révocation du général Changarnier, la gauche déclarait que si le pouvoir n'avait jamais eu d'autre tort, elle ne lui eût pas retiré son appui. L'entente se fit sur le terrain d'un amendement de M. Sainte-Beuve (ne pas confondre avec le célèbre critique) qui était ainsi conçu :

« L'Assemblée déclare qu'elle n'a pas confiance dans le « ministère; et passe à l'ordre du jour. »

Quelques-uns des membres de la droite avaient refusé de souscrire à cet abandon du général Changarnier; c'est ainsi que MM. Odilon Barrot et Molé s'abstinrent, M. de Broglie vota contre. L'amendement néanmoins fut adopté par 413 voix contre 276.

Le ministère dut se retirer devant un blâme aussi énergiquement motivé. Il fut remplacé par un cabinet transitoire choisi en dehors du parlement, et composé d'hommes médiocres et à peu près inconnus pour la plupart. Ce cabinet transitoire se composait de : MM. le général Randon, à la guerre; Vaïsse, à l'intérieur; de Germiny, aux finances; Magne, aux travaux publics; Brenier, aux affaires étrangères; de Royer, à la justice; Vaillant, contre-amiral, à la marine; Charles Giraud, à l'instruction publique et aux cultes; Schneider, à l'agriculture et au commerce.

Une nouvelle grande bataille n'allait pas tarder à s'engager et sur une question des plus délicates. Le supplément de traitement de 2,600,000 francs voté il y avait six mois au Président de la république n'était déjà plus suffisant; un nouveau supplément de 1,800,000 était devenu nécessaire. M. de Germiny présenta, le 3 février, un projet à ce sujet. M. Piscatory, au nom de la commission chargée d'examiner ce projet, conclut au rejet pur et simple. Le rapport de M. Piscatory qu'on appela « le message de la coalition, » reproduisait, avec sobriété mais fermeté, tous les griefs de la majorité. M. de Montalembert, au nom de la portion de l'ancienne majorité qui était restée fidèle à la politique présidentielle, fit tous ses efforts pour ramener ses anciens alliés à de meilleurs sentiments.

MM. Berryer et Thiers avaient fait leur manifeste dans la séance du 17 janvier, M. de Montalembert fit le sien dans la séance du 10 février.

« Je ne suis ni l'ami, ni le conseiller, ni l'avocat du Pré-
« sident de la République, dit M. de Montalembert, je suis
« simplement son témoin. »

Et il énumère les services rendus à la cause de l'ordre par M. Louis Bonaparte. Il n'a fait qu'une faute grave ; c'est la lettre à M. Edgar Ney ; mais cette faute, il l'a complétement et noblement réparée. La destitution du général Changarnier elle-même est justifiée par M. de Montalembert, et il proteste contre un refus qui serait « une des in-
« gratitudes les plus aveugles et les moins justifiées de ce
« temps-ci. »

M. de Montalembert, un des chefs de la coalition de la rue de Poitiers, s'éleva contre les coalitions « qui, en dé-
« truisant le respect de l'autorité, contribuent plus aux
« révolutions que les émeutes. La Restauration et la mo-
« narchie de Juillet n'ont pas été renversées par l'émeute ;
« elles ont été renversées par les hommes politiques, par
« les ambitieux ; le mal est venu d'en haut, il n'est pas venu
« d'en bas. »

Après ces observations si justes, et qui vengent si bien le peuple des attaques répétées à satiété contre lui par M. de Montalembert et ses amis, l'orateur, développant sa politique, fait une justification anticipée du coup d'État et une apologie du gouvernement personnel :

« Le Président, en définitive, et quelles que puissent
« être ses fautes, représente l'autorité la seule possible, et

« par conséquent la seule légitime, dit-il, car je ne recon-
« nais de légitime que ce qui est possible.

« ..... Je veux la tribune parlementaire, et son inter-
« vention dans toutes les matières de législation, dans tou-
« tes les matières de politique générale et sociale ; mais je
« ne veux pas de son intervention taquine, bavarde, quo-
« tidienne, omnipotente et insupportable dans toutes les af-
« faires du pays. Exiger cela, c'est, selon moi, dans notre
« temps et dans notre pays, le véritable moyen de l'a-
« moindrir, de l'affaiblir et de la dépopulariser en France
« et dans l'Europe. — Je sais bien, continue avec une ai-
« mable ironie M. de Montalembert, que ces luttes parle-
« mentaires, qui, je le répète et je l'affirme, inquiètent, alar-
« ment et mécontentent le pays, sont pleines de charmes
« pour certains esprits éminents. Mon Dieu, c'est par
« une raison toute simple, ce sont leurs premières amours,
« et on y revient toujours, comme vous savez. Cela est
« amusant pour eux, mais je suis convaincu que cela n'a-
« muse plus le pays. Aux yeux du pays, sachez-le, mes-
« sieurs, ces jeux-là ne sont ni sérieux ni sincères, et tour-
« nent au tragique. »

Le refus de la dotation fut habilement exploité par le Président, et devint une des principales armes de la guerre qu'il allait entreprendre contre l'Assemblée en invoquant contre elle le sentiment populaire. Il ouvrit le feu par la note suivante insérée au *Moniteur :*

« Dans la prévision du rejet qui vient d'avoir lieu au
« sujet des frais de représentation, des souscriptions nom-
« breuses s'organisaient. C'est là un témoignage imposant
« et manifeste de sympathie et d'approbation pour la con-
« duite du Président. Il en est profondément touché et re-
« mercie cordialement tous ceux qui en ont eu la pensée.
« Mais il croit devoir sacrifier au repos du pays une satis-
« faction personnelle. *Il sait que le peuple lui rend justice,*
« *et cela lui suffit.* Le Président refuse donc toute sous-

« cription, quelque spontané et national qu'en soit le ca-
« ractère (1). »

Le Président affecta d'apporter aux dépenses de sa maison des réformes nécessitées par ce refus, et à ceux qui venaient solliciter de lui des secours, il disait :

— « *Vous reviendrez plus tard ; en ce moment, je ne
« puis rien pour vous.* »

Ainsi dès la première expérience se trouvaient justifiées toutes les appréhensions de ceux qui, lors de la discussion de la Constitution, avaient combattu l'institution de la présidence, prévoyant les conflits qui ne pouvaient manquer d'éclater entre le Pouvoir exécutif et l'Assemblée, et qui mèneraient la République à sa perte et la France aux abîmes.

On comprend l'exaspération que ces provocations incessantes des conspirateurs impérialistes et monarchiques devaient soulever dans les cœurs honnêtes et sincèrement républicains. Ce fut ce sentiment qui poussa à la tribune M. Marc Dufraisse, le 1er mars, dans la discussion d'une nouvelle proposition de M. Creton ayant pour objet d'abroger la loi qui interdisait le sol français aux membres des deux dernières familles régnantes.

M. Berryer était venu donner une nouvelle édition de son discours du 23 octobre 1849, en repoussant la proposition, pour réserver les prétentions des nobles exilés à remonter sur le trône de leurs pères :

« Votre prétendue générosité, disait M. Berryer, n'est
« autre chose qu'une tentative pour diminuer ce qu'il
« reste de dignité et de grandeur personnelle à ceux qu'une
« révolution condamne à l'exil. »

---

(1) M. Véron raconte dans ses *Mémoires* que c'est sur son avis que le Président adopta ce parti de refuser la souscription, parce qu'il était vraisemblable qu'elle n'eût pas atteint des résultats satisfaisants et que le Président n'eût pas recueilli autant de souscriptions qu'il avait recueilli de suffrages.

Il est bien certain qu'ils n'ont pas le cœur français ceux qui repoussent ainsi avec mépris le titre de citoyens de leur patrie, et qui ne veulent y rentrer qu'à la condition d'en redevenir les maîtres !

M. Marc Dufraisse succéda à la tribune à M. Berryer :

— « Je viens opiner à hautes paroles en faveur des
« lois de banissement. Je crois qu'elles furent justes et
« utiles au moment où elles ont été portées. Et mon sen-
« timent est qu'il est très-légitime et très-sage de les con-
« server.

« Et avant tout, trouvez-vous qu'il est bien digne à des
« représentants de la nation d'offrir, en son nom, une
« main oublieuse et compatissante à je ne sais quelle
« majesté sans royaume qui la rejette ainsi de toute la
« hauteur de ses dédains ? N'estimez-vous pas au contraire
« qu'il est peu convenable à cette Assemblée, d'ouvrir les
« bras de la patrie clémente et généreuse à qui les repousse
« ainsi avec la dureté de son orgueil ?

« Sans doute, en règle générale et ordinaire, on ne
« peut frapper les fils pour la faute de leur père. Mais
« dans le cas particulier qui nous occupe, il ne s'agit pas
« de cela. Non, ce ne sont pas les enfants de pères cou-
« pables que nous frappons ; ce sont, entendez bien ceci,
« ce sont les héritiers volontaires, ce sont les représen-
« tants intentionnels d'un principe que le vœu du peuple
« a aboli... Ce n'est pas le hasard de la naissance, enten-
« dez-le bien, que l'on condamne ; non, c'est la volonté
« manifeste d'en profiter ; et lorsqu'on punit les fils de ces
« grandes familles, c'est parce que, par leur intention per-
« sonnelle, libre et volontaire, ils se sont rendus réacti-
« vement les complices de leur naissance...

« Je ne vois pas, quant à moi, de milieu possible. Il
« faut ou accepter la peine de bonne grâce et la subir sans
« se plaindre, ou renoncer au droit du sang. Voilà le
« dilemme.....

« Vous dites que, légitime ou consentie, la royauté ne
« meurt jamais. Vous avez raison. Nous répondons, nous,
« que la peine des royautés, consenties ou légitimes, ne
« doit pas mourir non plus. Avons-nous tort? Notre logique
« révolutionnaire est fille de vos paralogismes royalistes.
« A l'éternité du droit monarchique, nous répondons, nous,
« par l'éternité du droit républicain ! »

La théorie de M. Dufraisse, si rigoureusement justifiée
cependant, souleva un orage violent. M. Berryer, oublieux
de tous les égards et de toutes les convenances parlementaires, dit qu'*après ces paroles détestables*, les convictions
et les votes ne sont plus libres, et il demande que la proposition soit ajournée à six mois.

Cette affirmation révolutionnaire resserre pour un instant
les liens qui unissent tous les membres du grand parti de
l'ordre, et les hommes de la rue de Poitiers font une dernière campagne avec les hommes de l'Elysée contre la
garde nationale. En attendant la discussion du projet de
loi préparé sur ce sujet, le mandat des officiers de la garde
nationale arrivait à expiration. L'Assemblée, d'accord avec
le Président, proroge leurs pouvoirs jusqu'à la promulgation
de la loi nouvelle. C'était un fait grave que cette substitu-
tions de la souveraineté législative à l'élection en étendant
la durée des pouvoirs transmis par elle.

— « Prenez garde, s'écrie le général de Lamoricière, après
« la prorogation des pouvoirs des officiers, on peut vous la
« demander pour d'autres pouvoirs. »

La loi nouvelle n'admettait pas que tout électeur fût
garde national ; elle établissait des degrés pour l'élection
des grades supérieurs ; la discussion s'ouvrit le 8 avril. Un
des premiers orateurs qui prit la parole fut M. Napoléon
Bonaparte. Il attaqua la loi très-violemment :

« Vous voulez, dit-il, organiser la guerre civile, armer
« une partie de la nation contre l'autre, ériger la misère

« du peuple en système et assurer votre domination par
« l'asservissement du pays (1). »

M. Baudin développa avec beaucoup de force un amendement tendant à comprendre dans le service ordinaire de la garde nationale tous les citoyens qui ne se trouveraient pas dans les cas d'indignité ou d'incapacité rigoureusement définis par la loi. M. Baudin termina son discours par cette déclaration, qui n'était point vaine dans sa bouche, et à laquelle sa fin malheureuse et illustre sur les barricades du 2 décembre donne une singulière éloquence rétrospective :

« Quoi qu'il arrive et quel que soit le procédé qu'elle
« préfère pour revendiquer la souveraineté dont elle est
« injustement dépouillée, notre place est dans les rangs de
« la *vile multitude*. Nous agirons, nous vivrons, NOUS
« MOURRONS, S'IL LE FAUT, avec et pour la *vile multitude*. »

Une vive discussion s'engagea sur les devoirs de la garde nationale dans le cas où la Constitution serait violée. Pour avoir dit que la garde nationale avait le droit de se lever spontanément pour la défendre, M. Schœlcher fut rappelé à l'ordre. M. Laurent (de l'Ardèche) fut rappelé à l'ordre, et il se vit retirer la parole pour avoir voulu soutenir la même thèse en l'appliquant à l'expédition de Rome et en disant que les soldats qui avaient conscience que cet acte était une violation de la Constitution, qu'il portait atteinte au grand principe de l'indépendance et de la souveraineté

---

(1) Colonel de la 2ᵉ légion de la garde nationale de la banlieue, M. Napoléon Bonaparte avait donné le signal de la protestation par une lettre dans laquelle après avoir donné sa démission, parce que ses pouvoirs étaient expirés, il ajoutait :

« Nommé par les suffrages de mes concitoyens, je ne veux
« pas accepter une prorogation de la majorité de l'assemblée. »
L'ordre du jour dans lequel il faisait ses adieux aux gardes nationaux de sa légion se terminait ainsi : « Soyez les plus fermes
« soutiens de la République et de la grande cause de la démo-
« cratie. »

du peuple, avaient le droit et le devoir de refuser d'obéir.

Ce débat avait rapproché du Président la majorité de l'Assemblée ; l'entente se rétablissait ainsi tout naturellement chaque fois qu'il s'agissait de quelques mesures à prendre contre la démocratie ; le Président profita de ce rapprochement pour essayer de faire adopter par les chefs de la droite l'idée de la révision de la Constitution ; le mouvement pour la révision avait été organisé de longue main. Indépendamment des vœux suggérés aux conseils généraux, des pétitions nombreuses avaient été suscitées en ce sens. Il s'agissait surtout d'abroger l'article 4 de la Constitution interdisant la réélection de M. Louis-Napoléon avant un intervalle de quatre année. Cela pouvait paraître un moyen de résoudre légalement, paisiblement, les difficultés de l'avenir ; les appréhensions que faisait naître la perspective des élections de 1852 étaient de deux sortes : d'une part, malgré les restrictions apportées par la loi du 31 mai, on redoutait que le triomphe du socialisme ne sortît de l'urne électorale; d'autre part, il fallait craindre le conflit qu'eût provoqué l'événement probable de la réélection inconstitutionnelle de M. Louis Napoléon à la présidence.

Mais la révision apparaissait surtout aux représentants des partis monarchique comme un moyen de préparer la restauration qu'ils rêvaient (M. de la Rochejacquelein avait proposé de faire un appel au peuple sur la forme du gouvernement qu'il voulait constituer définitivement : *République* ou *Monarchie*). Seulement ils étaient arrêtés par cette considération que la révision profiterait vraisemblablement à M. Louis Bonaparte seul et ne ferait que favoriser ses ambitions à leur détriment. Ils aimaient autant, à tout prendre, le laisser en face d'embarras dans lesquels il ne pourrait que se compromettre tandis que ces complications feraient naître pour eux l'occasion attendue.

Cependant l'entente s'était à peu près établie par l'entremise de M. de Morny, qui avait une habileté spéciale pour ces transactions parlementaires, et qui avait déjà rendu autrefois au gouvernement de Louis-Philippe de précieux services en ce sens (1). La majorité, d'abord hésitante, s'était rattachée à l'idée de la révision. MM. Berryer, de Montalembert, Molé, de Broglie, Odilon Barrot, Dufaure, s'étaient prononcés nettement en ce sens.

Mais un incident qui survint sur ces entrefaites vint rompre cet accord. Le 1ᵉʳ juin, le Président alla inaugurer la section du chemin de fer de Dijon. Il fut accueilli avec un grand enthousiasme. Le maire de Dijon « mit aux pieds du « prince héritier du nom qui porta le plus haut la gloire de « la France, le dévouement de la nation qui sans doute sau« rait, dans l'exercice de sa souveraineté, trouver la meil« leure expression de sa reconnaissance. »

Le prince avait fait une réponse dans laquelle il s'était départi de sa réserve habituelle :

« Je voudrais que ceux qui doutent de l'avenir m'eussent « accompagné à travers les populations de l'Yonne et de la « Côte-d'Or. Ils se seraient rassurés en jugeant par eux-« mêmes de la véritable disposition des esprits. Ils eussent « vu que ni les intrigues, ni les attaques, ni les discussions « passionnées des partis, ne sont en harmonie avec les sen« timents ni avec l'état général du pays.

« La France ne veut ni le retour à l'ancien régime, quelle « que soit la forme qui le déguise, ni l'essai d'utopies fu« nestes et impraticables. C'est parce que je suis l'adver-

---

(1) En février 1848, M. de Morny s'était interposé entre le ministère et les députés organisateurs du banquet du 12ᵉ arrondissement, et il avait obtenu que l'on se bornât à un simulacre de résistance légale ; mais l'intervention inattendue du peuple déjoua les prévisions. (V. les *Hommes de* 1848, chap. I p. 16 et suiv.)

« saire le plus naturel de l'un et de l'autre, qu'elle a placé
« sa confiance en moi.

« S'il n'en était pas ainsi, comment expliquer cette tou-
« chante sympathie du peuple à mon égard, qui résiste à la
« polémique la plus dissolvante et qui m'absout de ses souf-
« frances.

« En effet si mon gouvernement n'a pas pu réaliser toutes
« les améliorations qu'il avait en vue, il faut s'en prendre
« aux manœuvres des factions... *Depuis trois ans on a*
« *pu remarquer que j'ai toujours été secondé par l'As-*
« *semblée quand il s'est agi de combattre le désordre par*
« *des mesures de répression. Mais lorsque j'ai voulu faire*
« *le bien, améliorer le sort des populations, elle m'a re-*
« *fusé ce concours.*

« *Si la France reconnaît qu'on n'a pas eu le droit de*
« *disposer d'elle sans elle, la France n'a qu'à le dire,*
« *mon courage et mon énergie ne lui manqueront pas...*

« Quels que soient les devoirs que le pays m'impose, il
« me trouvera décidé à suivre sa volonté. Et croyez-le bien,
« Messieurs, la France ne périra pas dans mes mains. »

M. Léon Faucher, chef du cabinet qui avait succédé au ministère transitoire (1) comprit le parti que l'on ne manquerait pas de tirer de ces paroles du président; il accourut à Paris pour retrancher du discours les phrases soulignées avant qu'il fût inséré au *Moniteur*. Mais le texte réel fut connu néanmoins et raviva toutes les hostilités quoique le ministre l'eût formellement désavoué à la tribune.

---

(1) Le ministère du 10 avril était simplement la reconstitution du ministère contre lequel l'Assemblée avait émis un vote de blâme quelques semaines auparavant. Il se composait de MM. Faucher, à l'intérieur; Rouher, à la justice; Baroche, aux affaires étrangères, Fould, aux finances; de Crouseilhes, à l'instruction publique; Buffet, au commerce; Magne, aux travaux publics; de Chasseloup-Laubat, à la marine. M. le général Randon conservait le portefeuille de la guerre.

C'est pour répondre au discours de Dijon que le général Changarnier prononça sa fameuse allocution :

« L'armée profondément pénétrée du sentiment de ses
« devoirs et du sentiment de sa propre dignité, ne désire
« pas plus que vous de voir les hontes et les misères du
« gouvernement des Césars, alternativement proclamés ou
« changés par des prétoriens en débauche.

« Personne n'obligerait nos soldats à marcher contre la
« loi et à marcher contre l'Assemblée ; dans cette voie fa-
« tale on n'entraînerait pas un bataillon, pas une compa-
« gnie, pas une escouade et on trouverait devant soi les
« chefs que ces soldats sont habitués à suivre sur le chemin
« du devoir et de l'honneur.

« *Mandataires de la France, délibérez en paix* ! »

Les événements n'allaient pas tarder à démentir ces paroles sonores ; le général Changarnier avait plus d'emphase que de véritable énergie (1). Nous avons pu voir par

---

(1) On avait déjà pu juger ce caractère du général Changarnier aux quelques paroles ampoulées qu'il avait prononcées le 17 janvier, lors de la discussion sur sa destitution. Ce petit morceau appartient à l'histoire :

« Messieurs, avait-il dit, lorsque le gouvernement qui a pré-
« cédé celui de M. le Président de la République a établi mon
« quartier-général aux Tuileries, cinq partis divisaient et mal-
« heureusement divisent encore la France : les républicains mo-
« dérés, les amis de la monarchie de tradition, les amis de la
« monarchie conventionnelle, les démagogues qui se déguisent
« sous d'autre noms, enfin les hommes qui veulent la dic-
« tature impériale, même sans la gloire, même sans le génie
« de l'homme immortel dont l'univers s'entretient encore. Je
« n'ai voulu être, et je n'ai été l'instrument d'aucun de ces partis.
« J'ai voulu l'exécution des lois, le maintien de l'ordre, la re-
« prise des transactions commerciales, la sécurité de cette grande
« cité, la sécurité de la France entière, et j'ai l'orgueilleuse sa-
« tisfaction d'avoir un peu contribué à vous donner ces biens.

« Malgré d'odieuses insinuations, propagées par l'ingratitude,
« je n'ai favorisé aucune faction, aucune conspiration, aucun

sa conduite du 29 janvier, et du 13 juin qu'il n'avait aucune des vertus du soldat citoyen, et il n'avait pas davantage l'intelligence politique ni le caractère qui eussent pu le rendre capable du rôle de Monk ou d'aucun rôle quelconque un peu relevé.

Il importe d'ailleurs de rappeler, quelle fut l'occasion du discours de M. Changarnier. Il était monté à la tribune pour appuyer l'attribution exceptionnelle du traitement de légionnaire aux soldats qui, le 24 février, avaient défendu contre le peuple le poste du Château-d'Eau : ce qui était flétrir la révolution en honorant ceux qui l'avaient combattue. M. Changarnier déclara que cette mesure avait été prise sur sa proposition très-instante. Il était donc bien évident qu'il ne fallait pas attribuer du tout à ses paroles la portée d'une protestation contre l'obéissance passive. M. Charras ayant voulu, quelques jours après, les interpréter ainsi, M. Changarnier repoussa très-vivement cette interprétation qui était, dit-il, *ridicule et odieuse*. Les pa-

---

« conspirateur, et les deux partis que je vous signalais les der-
« niers m'ont voué des haines bien méritées, et qui, pour mon
« honneur, survivent à ma chute.

« J'aurais pu devancer cette chute par une démission qui eût
« été bien accueillie; mais ceux qui ont cru que j'aurais pu la
« donner sont-ils bien sûrs que ma présence aux Tuileries ne
« leur ait pas été utile?

« Messieurs, mon épée est condamnée à un repos, au moins
« momentané, mais elle n'est pas brisée ; et si un jour le pays
« en a besoin, il la retrouvera bien dévouée et n'obéissant
« qu'aux inspirations d'un cœur patriotique et d'un esprit
« ferme, très-dédaigneux des oripeaux d'une fausse grandeur. »

M. Changarnier était très-sensible au contraire aux oripeaux d'une fausse grandeur, et sa réputation n'est pas faite d'autre chose. La modestie en tout cas n'était pas son défaut. Dans *les Hommes de* 1848, nous avons cité sa lettre au gouvernement provisoire, par laquelle il déclare vouloir mettre au service de la République *sa volonté et son habitude de vaincre*.

roles de M. Changarnier étaient une simple bravade, pas autre chose.

Les conspirateurs monarchiques qui recommencèrent avec plus d'ardeur que jamais leurs intrigues, mesurèrent l'effet de la discussion sur la révision, de façon à saper à la fois l'institution républicaine et les calculs du Président. Le rapport de la commission, présenté par M. de Tocqueville, était habilement calculé en ce sens. Il montrait que le pays était dans une situation transitoire et précaire ; il faisait ressortir les inconvénients et les abus de la Constitution, et néanmoins il concluait contre la révision. Il fallait, disait-il, attendre un moment plus opportun.

En même temps M. de Tocqueville prévoyait le cas de la réélection inconstitutionnelle du Président et il indiquait quelle devait être alors l'attitude de l'Assemblée :

« Si, par suite de cette anxiété publique, dans l'absence
« de tout autre candidat connu, peut-être par suite de l'ac-
« tion illégitime des partis ou du pouvoir lui-même, une
« élection inconstitutionnelle avait lieu, qu'arriverait-il ?
« Croit-on que l'unique conséquence d'un pareil fait fût
« l'abolition d'un article de la Constitution ? Est-ce que
« quand un peuple a brisé de ses propres mains une par-
« tie de sa loi fondamentale il n'a pas virtuellement aboli
« tout le reste et réduit en poussière la fabrique de son
« gouvernement ? Non, la Constitution tout entière serait
« renversée, renversée par une impulsion soudaine, par
« un effort irréfléchi, sans qu'il restât debout aucun pou-
« voir légitime qui eût le droit de rien édifier à sa place. Et
« qu'est-ce que la Constitution, Messieurs, quelque impar-
« faite qu'on la suppose ? Avons-nous besoin de le dire,
« c'est la légalité, c'est le droit ! La Constitution non pas lé-
« galement changée, mais violée, renversée, tout est permis,
« tout peut être essayé, tout est possible, le droit politique
« n'est plus nulle part, la seule et dernière image qui nous
« en restait a disparu ; la France est de nouveau livrée

« aux caprices de la foule et aux hasards de la force...
« Qui oserait penser et qui oserait dire que l'Assem-
« blée nationale, gardienne du droit, dût souffrir tran-
« quillement qu'on entraînât de nouveau, sous ses yeux
« mêmes, la nation vers cette carrière de révolutions et d'a-
« ventures? L'Assemblée nationale tient de la Constitution
» toute sa puissance; elle est par elle le premier pouvoir de
« l'État, et rien sans elle. Son devoir, le sentiment de sa
« responsabilité, son intérêt, son propre honneur, l'obligent
« à la défendre. L'Assemblée pourrait-elle tolérer que les
« agents du pouvoir exécutif détournassent les forces que la
« Constitution met dans leurs mains pour un autre usage,
« préparassent et favorisassent des candidatures inconsti-
« tutionnelles? et si, par malheur, ils le tentaient, cela ne
« conduirait-il pas inévitablement à la lutte ouverte et vio-
« lente des deux grands pouvoirs? »

C'était une menace de guerre. A part cela, la discussion sur la révision n'eut aucun résultat, si ce n'est qu'elle fournit aux adversaires de la République une occasion de se déchaîner contre elle tout à l'aise, ce dont ils ne se faisaient jamais faute d'ailleurs, sous la haute protection de M. Dupin.

Le premier orateur qui prit la parole fut M. de Falloux. L'état de sa santé l'avait tenu depuis longtemps éloigné de la tribune. Il se rattrapa amplement. Il fit une violente diatribe contre la République, « ce régime qui ruine la France,
« qui annule toutes ses forces, qui condamne le grand parti
« de l'ordre à encourir la responsabilité d'une essentielle
« et invincible impuissance.

« Le remède » dit M. Falloux, « il faut le demander à une
« révision aussi radicale et aussi complète que possible; il
« faut le demander à une substitution du principe de la mo-
« narchie au principe de la République. «

M. de Falloux, pour ajouter à l'impression de la terreur qu'il voulait produire, termine son discours en montrant l'invasion étrangère prête à fondre sur la France et à mettre le comble aux maux causés par l'anarchie intérieure. (1)

M. Cavaignac vint combattre la révision en invoquant cet argument que « tout gouvernement qui permet qu'on « discute son principe est un gouvernement perdu ».

— « Moins la République ! » interrompit M. Michel (de Bourges).

M. Michel (de Bourges) monta à la tribune pour justifier son interruption, et pour répliquer à la théorie autoritaire de M. Cavaignac :

— « C'est le langage de la monarchie, c'est l'histoire
« de nos trente derniers années. J'ai là, Messieurs, sous la
« main, les monuments, de votre intolérance. Vous avez
« tous, dans des circonstances diverses, soutenu la même
« maxime, que jamais un gouvernement ne peut se laisser
« discuter. Tous, comme cela a eu lieu dans tous les pays,
« et dans les républiques antiques il faut le reconnaître aussi,
« tous, vous n'avez pas eu foi dans votre principe, vous
« n'y avez pas cru, vous n'avez pas permis qu'on le discu-
« tât. Nous, républicains d'aujourd'hui, de notre temps, de
« notre société, nous voulons qu'on nous discute. Nous pro-
« voquons, nous si faibles, nous si peu habiles, nous si

---

(1) M. de Falloux disait dans une lettre écrite le 25 février pour donner son adhésion complète au gouvernement de la République :

« Dites-vous bien que l'Europe va prendre feu d'un bout à
« l'autre, à la nouvelle des événements de Paris. Cela, grâce au
« ciel, nous dispense en France de songer à l'étranger. Les
« puissances étrangères, comme on disait jadis, sont aujourd'hui
« les *impuissances étrangères...* »

La comparaison de ces deux impressions de M. de Falloux, n'est-elle pas la meilleure démonstration des avantages de la république sur la monarchie ? Et si les *impuissances étrangères* étaient redevenues les puissances étrangères, la faute n'était-elle pas à la réaction qui avait faussé le principe républicain et énervé sa force expansive et souveraine ?

« peu hommes d'État, nous permettons, nous sollicitons
« qu'on nous discute : nous avons la prétention d'être la
« raison même. Prenez-y garde, si nous ne sommes pas
« discutables, nous ne sommes pas vrais. Nous sommes,
« nous, les enfants du doute; nous ne pouvons pas renier
« notre mère, le libre examen; c'est la source d'où nous
« sortons et à laquelle nous voulons toujours remonter. »

M. Michel (de Bourges) qui était un des orateurs les plus éloquents du barreau, et l'un des tribuns populaires les plus puissants, aborda rarement la tribune parlementaire; sans doute au milieu de cette majorité, préoccupée de vaines futilités parlementaires et qui s'intéressait si peu aux véritables intérêts du pays, il se trouvait mal à l'aise. Il fit, ce jour-là, un magnifique discours, âpre réquisitoire contre la monarchie, apologie éloquente et élevée de la Révolution, qu'il eut soin de séparer nettement du despotisme impérial. Rendant à la Restauration une justice qui étonna la droite :

« Vous avez voulu restaurer le pays, dit-il ; à certains
« égards vous l'avez restauré, car vous l'avez délivré de la
« gloire et du despotisme. »

M. Berryer se chargea de répondre à M. Michel (de Bourges), en opposant le principe monarchique au principe révolutionnaire, et en soutenant cette thèse que la république était impossible en France, qu'elle était contraire aux traditions de la société française, à ses besoins, à ses instincts, à sa position en Europe, à son ascendant au milieu des puissances. Quelques protestations s'élèvent contre ces affirmations :

— « N'interrompez-donc pas, dit le président Dupin,
« ceux qui parlent bien et dont les paroles nous hono-
« rent. »

La République fut dignement vengée par M. Victor Hugo, qui, sans se laisser arrêter aux diversions de la discussion, se tourna résolûment vers le président qui avait ainsi placé la République sur la sellette, livrée aux soufflets de tous les partis monarchiques, pour s'élever sur ses ruines, quand elle serait bien affaiblie et déconsidérée :

« La monarchie de principe, la monarchie légitime est
« morte en France. Mais on nous oppose l'autre monarchie,
« la monarchie de gloire, l'empire, et on nous dit : Celle-là
« est possible, celle-là est nécessaire. Ceci est l'autre côté
« de la question *monarchique*. Je vais l'examiner très-ra-
« pidement.

« Et d'abord la monarchie de gloire, dites-vous ! Mon-
« trez-nous votre gloire ! Je suis curieux de voir de la
« gloire sous ce gouvernement-ci. Voyons, votre gloire, où
« est-elle ? Je la cherche, je regarde autour de moi. Qu'est-
« ce que nous avons devant les yeux ? Toutes nos libertés
« prises, l'une après l'autre, au piége et garrottées ; le suf-
« frage universel trahi, livré, mutilé ; des manifestes socia-
« listes aboutissant à une politique jésuitique ; pour gouver-
« nement, une immense intrigue, l'histoire dira peut-être
« un complot ; je ne sais quel sous-entendu inouï qui sem-
« ble donner à la République l'Empire pour but, et qui
« fait de cinq cent mille fonctionnaires une sorte de franc-
« maçonnerie bonapartiste au milieu de la nation ; toute
« réforme ajournée ou bafouée ; les impôts onéreux au peu-
« ple et improportionnels, maintenus ou rétablis ; l'état de
« siége pesant sur six départements ; Paris et Lyon mis en
« surveillance ; l'amnistie refusée, la transportation aggra-
« vée ; la déportation votée ; des gémissements dans la cas-
« bah de Bone, des tortures à Belle-Isle, des casemates où
« l'on ne veut pas laisser pourrir des matelas, mais où on
« laisse pourrir des hommes ; la presse traquée ; le jury
« trié ; beaucoup trop de police et pas assez de justice ;
« la misère en bas, l'anarchie en haut ; l'arbitraire, la com-
« pression, l'iniquité ; au dehors, le cadavre de la Républi-
« que romaine...

« Voilà où nous en sommes ; la France baisse la tête. Na-

« poléon tressaille de honte dans sa tombe ! et 5 ou 6,000 co-
« quins, crient : *Vive l'Empereur !* Est-ce tout cela que
« vous appelez votre gloire par hasard?

« Maintenant, votre Empire, causons-en, je le veux
« bien. »

M. VIEILLARD : — « Personne n'y songe, vous le savez
« bien ! »

M. VICTOR HUGO : — « Personne ne songe à l'Empire,
« vous venez de l'entendre ! Que signifient donc ces cris
« payés de : *Vive l'Empereur?* Une simple question : qui
« les paye ? Que signifient donc ces paroles du général
« Changarnier, ces allusions aux prétoriens en débauche
« applaudies par vous? Que signifient ces paroles de
« M. Thiers, également applaudies par vous : l'Empire est
« fait ? Que signifie ce pétitionnement ridicule et mendié
« pour la prolongation des pouvoirs? Qu'est-ce que la pro-
« longation des pouvoirs? C'est le consulat à vie ! Où
« mène le consulat à vie ? A l'Empire !

« Messieurs, il y a une intrigue, j'ai le droit de la
« fouiller ; je la fouille. Allons ! le grand jour sur tout cela !
« Il ne faut pas que la France soit prise par surprise, et
« se trouve un beau matin avoir un empereur sans savoir
« pourquoi !

« Un empereur ! Discutons un peu la prétention.

« Quoi! parce qu'il y a eu un homme qui a gagné la
« bataille de Marengo, et qui a régné, vous voulez régner,
« vous qui n'avez gagné que la bataille de Satory! »

M. EMILE DE GIRARDIN : — « Il l'a perdue. »

M. VICTOR HUGO : — Quoi ! parce qu'il y a dix siècles de
« cela, Charlemagne, après quarante années de gloire, a laissé
« tomber sur la face du globe une épée et un sceptre tellement
« démesurés, que personne n'a osé y toucher ; et pourtant il
« y a eu dans l'intervalle des hommes qui se sont appelés Phi-
« lippe Auguste, François Iᵉʳ, Henri IV, Louis XIV ! Quoi,
 arce que mille ans après, car il ne faut pas moins d'une

« gestation de mille années à l'humanité pour reproduire
« de pareils hommes, un autre génie est venu qui a ramassé
« ce glaive et ce sceptre, et qui s'est dressé debout sur le
« continent, qui a fait l'histoire gigantesque dont l'éblouis-
« sement dure encore, qui a enchaîné la révolution en
« France et qui l'a déchaînée en Europe; qui a donné à
« son nom pour synonymes éclatants Friedland, Montmirail
« Rivoli, Iéna, Essling ! Quoi ! parce que après dix années
« d'une gloire immense, d'une gloire presque fabuleuse à
« force de grandeur, il a, à son tour, laissé tomber d'épui-
« sement ce glaive et ce sceptre après avoir accompli tant
« de choses colossales, vous voulez, vous, les ramasser,
« après lui, comme il les avait ramassés, lui Napoléon
« après Charlemagne ! Vous voulez prendre dans vos
« petites mains, ce sceptre des Titans, cette épée des
« géants? Pourquoi faire? Quoi! après Auguste, Augustule!
« Quoi! parce que nous avons eu Napoléon le Grand, il
« faut que nous ayons Napoléon le Petit ! »

De fréquents murmures et des protestations indignées interrompirent le discours de M. Victor Hugo. Et il est à observer que dans cette discussion où tous les partis vinrent successivement exposer leurs programmes, le parti bonapartiste ne se montra pas; personne ne monta à la tribune pour faire la théorie de l'empire.

C'est que ceux qui rêvaient son rétablissement comptaient avoir recours à d'autres armes que la persuasion, et le parlement n'était pas un champ de bataille qui pût leur convenir.

Pour que la proposition de révision pût être prise en considération, il fallait qu'elle réunît au moins les trois quarts des suffrages exprimés. Or, la gauche républicaine disposait de plus du quart des votants et pouvait à elle seule, paralyser un vœu de révision. L'issue de la discussion ne pouvait donc être douteuse, et la question n'avait été soulevée que pour agiter le pays (1).

Le vote eut lieu le 20 juillet. Quatre cent quarante-six voix se prononcèrent pour la révision, et deux cent soixante-dix-huit contre. La majorité constitutionnelle des trois quarts était de cinq cent quarante-trois voix.

MM. Thiers, Dufaure, Lanjuinais de Rémusat, Ferdinand et Jules de Lasteyrie, Bedeau, Baze, votèrent avec la gauche républicaine contre la révision. M. de Tocqueville, dont le rapport concluait contre, vota pour, avec MM. Odilon Barrot, Duvergier de Hauranne, de Malleville, etc.

Le lendemain une discussion très-vive s'engagea sur les manœuvres employées par le gouvernement pour provoquer le mouvement révisionniste, et l'Assemblée, par 333 voix contre 320, adopta un ordre du jour de blâme contre le ministère, rédigé par M. Baze, « censurant l'admi-
« nistration qui, contrairement à ses devoirs, avait usé de
« son influence pour exciter les citoyens au pétionnement. »

Les ministres, qui étaient les mêmes qui avaient été frappés déjà par le vote du 17 janvier, ne déposèrent pas cette fois leur portefeuille. L'Assemblée se prorogea peu après, le 9 août, et s'ajourna au 3 novembre.

---

(1) M. Desmousseaux de Givré disait dans la discussion préliminaire qui eut lieu dans les bureaux :

« La question de la révision n'a été soulevée que pour agiter
« le pays. Ce n'est pas un système nouveau ; on le suit depuis
« deux ans avec persévérance, et l'on semble dire à la nation :
« Vous n'aurez de tranquillité que quand vous m'aurez remis la
« toute-puissance ; jusque-là, je ne vous laisserai ni repos, ni
« trêve. »

DEUXIÈME PARTIE.

LES HOMMES DE L'ÉLYSÉE

CHAPITRE PREMIER

LE PRINCE LOUIS-NAPOLÉON BONAPARTE.

> « Croyez bien, Monsieur, que quel que soit le sort que me réserve la destinée, on ne pourra jamais dire de moi que dans l'exil ou dans ma prison, je n'ai rien appris et rien oublié. »
> LOUIS-NAPOLÉON BONAPARTE, *Lettre à M. le rédacteur du Journal du Loiret*, fort de Ham, 21 octobre 1843.

Le prince Louis-Napoléon Bonaparte s'était désigné lui-même de bonne heure comme le successeur éventuel de l'empereur Napoléon Ier, dont l'héritage était vacant, après la mort du duc de Reichstadt, par la renonciation tacite de ceux auxquels il revenait légalement. Aux termes du sénatus-consulte du 28 floréal an XII, confirmé par un autre du 5 frimaire an XIII, qui réglait la succession impériale, à défaut d'héritier naturel de Napoléon, la dignité

impériale était dévolue à Joseph Bonaparte et à ses enfants, et à leur défaut, à Louis Bonaparte. Le fils de Napoléon, le duc de Reichstadt était mort en 1832, prisonnier de l'Autriche comme on sait. Lors des événements de 1830, Joseph, comte de Survilliers, l'ancien roi d'Espagne, qui vivait en Amérique, crut devoir, comme chef de la famille, publier une protestation au nom de Napoléon II. Cette protestation, rédigée sous forme de lettre à la Chambre des députés, contestait, non pas à la nation régulièrement consultée, mais à une assemblée qui ne la représentait qu'incomplétement, le droit de disposer d'une couronne conférée par la Chambre de 1815 à Napoléon II, conformément au pacte constitutionnel. Elle reconnaissait d'ailleurs formellement le principe de la souveraineté nationale : « Si la na-
« tion croit, dans son intérêt, devoir faire un autre choix,
« disait Joseph, elle en a le pouvoir et le droit, mais elle
« seule. »

Joseph conçut plus tard l'idée d'une alliance entre le bonapartisme et la République. Il vint en Angleterre en 1832, après la mort du duc de Reischstadt, et eut à Londres plusieurs entrevues avec les chefs du parti républicain, MM. Guinard, Godefroy Cavaignac, Bastide. Mais ces conférences n'avaient pas abouti, et Joseph, à partir de ce moment, ne compta plus du tout sur l'avenir de l'idée bonapartiste (1). Il mourut seulement en 1844 et les tentatives de son neveu à Boulogne et à Strasbourg ne lui inspiraient, assure-t-on, au-

---

(1) Son frère Jérôme avait beaucoup contribué à le dissuader. On peut consulter à ce sujet les *Mémoires et correspondances du roi Jérôme et de la reine Catherine*. Jérôme comptait si peu sur une restauration impériale, qu'il fit tous ses efforts pour se rallier à la monarchie de Juillet, et il était sur le point d'obtenir la dignité de pair de France quand survint la révolution de 1848. L'ordonnance, à cet effet, avec allocation d'une pension de 100,000 francs, fut trouvée parmi les papiers qui attendaient la signature royale.

cune confiance. Quant à Louis Bonaparte, l'ancien roi de Hollande, marié malgré lui à Hortense de Beauharnais, profondément découragé par ses chagrins domestiques, il vivait dans la solitude en Italie, se tenant systématiquement en dehors du mouvement politique.

Joseph n'avait pas d'enfant mâle. Louis avait deux fils, Napoléon-Louis et Louis-Napoléon, qui étaient élevés par par la reine Hortense, leur mère, depuis longtemps séparée de son mari. Louis-Napoléon était le cadet. Mais son frère aîné mourut emporté par une fluxion de poitrine, en 1831, à Forli, à la suite d'une expédition dans les Romagnes, à laquelle les deux frères, et surtout Louis-Napoléon, avaient pris une part active. Le but principal de l'expédition, qui se rattachait à une vaste conspiration, embrassant toute la Péninsule, était de tenter un coup de main sur Rome. Les insurgés avaient été promptement écrasés par les forces autrichiennes. Les biographes du prince Louis-Napoléon Bonaparte rapportent que le général Armandi rendit hommage à la conduite des deux princes par ces paroles adressées à la reine Hortense :

« Soyez fière, madame, d'être la mère de tels fils. Toute
« leur conduite, dans ces tristes circonstances, est une
« série d'actions de courage et de dévouement, et l'histoire
« s'en souviendra. »

L'histoire devra se souvenir, dans tous les cas, que le prince Louis-Napoléon fut un précurseur de Garibaldi, un précurseur de ces hommes énergiques qui ont entrepris de soustraire Rome à la domination du pouvoir temporel des papes, et qui poursuivent, sans se laisser décourager, leur lutte révolutionnaire, au milieu de la réprobation officielle des gouvernements.

La reine Hortense, accourue en Italie, parvint à soustraire son fils aux rigueurs implacables qui frappèrent les principaux chefs de l'insurrection ; et, grâce au bruit répandu par elle que le jeune insurgé était allé chercher un refuge en Grèce, elle le conduisit, sous la protection d'un passe-port anglais, à travers l'Italie, jusqu'à Paris.

Le roi Louis-Philippe accorda généreusement à la reine Hortense l'autorisation de séjourner quelque temps à Paris dans l'intérêt de la santé de son fils. Mais les imprudences du prince amenèrent un changement dans les dispositions du gouvernement; la reine Hortense et son fils reçurent l'ordre de quitter Paris. Ils passèrent quelque temps en Angleterre, avant de retourner au château d'Arenenberg, sur les bords du lac de Constance, où la reine avait depuis longtemps fixé sa résidence.

A partir de ce moment, le prince, encouragé par sa mère, commença à se poser en prétendant. Dès 1832, il publiait une brochure intitulée *Rêveries politiques*, suivi d'un Projet de Constitution. L'idéal du prince était une République avec un Empereur : c'est bien ainsi que l'idée napoléonienne est apparue au monde, et c'est bien à travers ce compromis que la restauration impériale a frayé sa voie. Il faut reconnaître à ce premier manifeste, du moins le mérite de la franchise.

Personne ne fit attention d'ailleurs à cette publication. Vers la même époque, en 1834, parut le premier numéro d'une revue mensuelle, *l'Occident français*, dont le but avoué était d'arborer le drapeau d'une restauration napoléonienne et impériale. Le programme était net :

« Il n'est pas en Europe un seul homme instruit des
« affaires de son temps, qui n'attende une complète réno-
« vation de ce continent. Il semble que la voix partie
« autrefois des régions orientales pour la venue d'un messie
« proclame à cette heure la vaste synthèse politique vers
« laquelle nous avançons chaque jour davantage. A nous
« donc l'idée napoléonienne, suppliciée au rocher de
« Sainte-Hélène dans la personne de son glorieux repré-
« sentant ! En cette impériale idée résident la tradition tant
« cherchée du dix-huitième siècle, la vraie loi du monde

« moderne, et tout le symbole des nationalités occiden-
« tales... Le temps est venu d'annoncer par toute la terre
« européenne cet évangile impérial qui n'a point encore
« eu d'apostolat. Le temps est venu de relever le vieux
« drapeau de l'Empereur, non-seulement l'étendard de
« Marengo et d'Austerlitz, mais celui de Burgos et de la
« Moskowa. L'EMPEREUR, TOUT L'EMPEREUR (1) ! »

L'homme qui jetait au monde cet appel n'avait aucun mandat du parti bonapartiste, et il n'était même pas en relation indirecte avec les représentants de ce parti. C'était un jeune homme de 26 ans, ancien boursier du collége de Limoges, sorti de l'école de Saumur avec les galons de maréchal des logis, renvoyé de l'armée en 1830 pour avoir tenté avec quelques officiers une protestation contre la révolution de Juillet, qui s'était alors rejeté sur la politique et cherchait sa voie au moyen du journalisme. Il s'appelait Fialin, et se faisait appeler de Persigny, pour se donner de l'importance (1). Après la publication du premier numéro, qui fut le seul, de l'*Occident français*, un ami de Joseph Napoléon vint trouver M. de Persigny pour lui exprimer la satisfaction du prince et l'engagea à l'aller voir

---

(1) *L'Occident français*. Paris, Paul Dupont. Préface, p. VIII.
(1) Le droit de M. Fialin à s'appeler *De Persigny* n'est pas contesté depuis l'Empire. Jusqu'à quel point il est fondé, nous l'ignorons. Au procès de Boulogne, il est désigné ainsi : Fialin *dit* de Persigny. Le président lui dit, dans son interrogatoire : Vous prenez le nom de Persigny ; mais ce n'est pas le vôtre. — R. C'est le nom de mon grand-père. — D. Paternel ou maternel ? (L'accusé ne répond pas.) Votre grand-père était-il vicomte ? — R. Mon arrière grand-père était comte. (On rit.) — — Lors de la vérification des pouvoirs à l'assemblée législative, M. Charras protesta contre la proclamation du nom de M. Fialin de Persigny, et demanda une rectification de nom, attendu que son acte de naissance le désignait seulement sous le nom de Fialin ; mais cette réclamation n'eut pas de suite.

à Londres. Mais le roi Joseph ne lui donna aucun encouragement. A son retour de Londres, M. de Persigny vit M. Belmontet, avec lequel le prince Louis entretenait des rapports suivis. M. Belmontet lui donna une lettre d'introduction auprès du prince. L'accord s'établit promptement entre le prétendant, dévoré d'ambition (2), et celui qui s'offrait à lui comme un auxiliaire aveuglément dévoué, et qui prit dès lors cette devise : *Je sers.*

M. de Persigny revint à Paris, plein d'ardeur ; il se mit en relations avec La Fayette, avec Armand Carrel, et s'efforça de créer dans le parti républicain des complicités morales à l'entreprise dont il commençait à méditer le plan. Armand Carrel ne fut pas insensible à ces démarches, et il émit cet oracle, qui devait paraître au prince un puissant encouragement :

« Le nom que porte Louis-Napoléon est le plus grand
« des temps modernes. C'est le seul qui puisse exciter for-
« tement les sympathies du peuple français. Si le prince
« sait comprendre les nouveaux intérêts de la France, s'il
« sait oublier les droits de légitimité impériale pour ne se
« rappeler que la souveraineté du peuple, il peut être
« appelé un jour à jouer un grand rôle. »

---

(2) L'idée fixe qui dévorait le prince ressort notamment de ses lettres à M. Belmontet, dont plusieurs ont été publiées. Il écrivait le 16 novembre 1834 :

« Songez quelques fois à toutes les idées poignantes qui doi-
« vent me froisser le cœur lorsque je rêve au grand passé de
« la France et quand je vois le présent si vide d'avenir. Il faut
« bien du courage pour marcher seul, comme on peut, *au but*
« *que l'âme s'est tracé.* N'importe, il ne faut jamais désespérer... »
Et le 27 août 1835 : « Le sang de Napoléon se révolte dans
« mes veines... Jusqu'à présent ma vie n'a eu de remarqua-
« ble que ma naissance. Le soleil de la gloire a rayonné sur
« mon berceau. Hélas ! c'est tout... La confiance dans le sort
« voilà mon seul espoir ; l'épée de l'Empereur, voilà mon seul
« soutien... »

D'autre part, Châteaubriand lui écrivait :

« Vous savez que mon jeune roi est en Écosse, et que
« tant qu'il vivra, il ne peut y avoir pour moi d'autre roi
« de France que lui. Mais si Dieu, dans ses impénétrables
« desseins, avait rejeté la race de saint Louis, si notre
« patrie devait revenir sur cette élection (celle de Louis-
« Philippe) qu'elle n'a pas sanctionnée, et si ses mœurs ne
« lui rendaient pas l'état républicain possible, alors, Prince,
« il n'y a pas de nom qui aille mieux à la gloire de la
« France que le vôtre. »

Ces souvenirs sont utiles à rappeler pour prouver une fois de plus quelle fut toujours, dans ce pays de France, l'imprévoyance des hommes politiques qui, par coquetterie, insouciance ou secrète ambition, ce qui est plus grave, travaillent toujours les premiers à forger les chaînes contre lesquelles ils protesteront ensuite si vivement. C'est ainsi que nous allons voir tout à l'heure MM. Berryer, Marie, Jules Favre, se disputer l'honneur d'être les avocats du prince, et les journalistes républicains se faire à l'envi les entrepreneurs de sa popularité, en ouvrant leurs feuilles à ses protestations libérales et démocratiques.

Après avoir préparé le terrain, M. de Persigny retourna à Arenenberg, et la conspiration de Strasbourg fut résolue. M. de Persigny, toujours actif et dévoué, se chargea de nouer des relations dans la place. Il était entré en rapport avec le colonel Vaudrey, qui commandait le 4ᵉ régiment d'artillerie en garnison à Strasbourg. C'était un ancien soldat de l'Empire et son caractère le rendait accessible à la séduction (1). Une amie de M. de Persigny, madame

---

(1) Voici ce que nous lisons à cet égard dans l'acte d'accusation du procès de Strasbourg :

« Pendant toute sa vie, livré à ses passions, le colonel Vau-
« drey offrait plus qu'un autre prise à la séduction. C'était
« chose connue de tous ; Louis-Bonaparte le savait ; Persigny ne

Gordon, acheva de l'entraîner et devint ainsi l'âme du complot. Le colonel Vaudrey était le principal, et on peut dire l'unique appui des conjurés, dont toute la force con-

---

« l'ignorait pas. Il s'agissait donc de trouver une femme qui
« pût et voulût compléter l'œuvre qu'avaient commencée la
« vanité et une insatiable ambition. Eléonore Brault, veuve du
« sieur Gordon-Archer, appela l'attention de Louis-Bonaparte et de
« Persigny. Elle était remarquable par les charmes de sa per-
« sonne ; son esprit était en rapport avec sa beauté ; active,
« intrigante, de mœurs équivoques, et sans argent, elle offrait
« l'assemblage de toutes les conditions qui d'un être doué de
« raison, font souvent un instrument docile. Elle ne reste pas
« au-dessous de la mission qui lui est donnée ; une lettre qui
« lui a été écrite par Vaudrey prouve qu'elle a essayé sur cet
« homme tous les moyens qui étaient de nature à agir sur sa
« volonté : qu'à l'homme essentiellement vain, elle a prodigué
« la flatterie ; qu'au vieux soldat et à l'homme qui l'aimait, elle
« a fait entendre tantôt que reculer après une promesse donnée
« serait lâcheté, tantôt qu'elle ne pouvait appartenir qu'à
« l'homme qui se dévouerait entièrement au succès de l'entre-
« prise... »

Madame Gordon fut bien vraiment l'âme de la conspiration, et elle fit preuve d'une grande présence d'esprit. Quelque temps avant le jour désigné pour l'entreprise, en arrivant à Strasbourg, elle avait fait une chûte de voiture et s'était démis l'épaule. Elle était encore souffrante quand elle apprit l'issue fâcheuse des événements. Elle courut chez M. de Persigny, qu'elle trouva en proie à une profonde affliction et à un complet découragement. Elle cherche à ranimer son courage, puis ne perdant pas le temps, elle se met à brûler tous les papiers qui pouvaient les compromettre. Quand arrive le commissaire de police, suivi de la force armée, elle barricade elle-même la porte et trouve ainsi le temps d'achever de livrer au feu tous les papiers. Enfin elle favorise l'évasion de M. de Persigny, en lui indiquant du regard une porte entr'ouverte derrière laquelle se trouvait une fenêtre donnant sur le rez-de-chaussée et en se jetant tout à coup avec violence sur les gendarmes qui tiennent son ami. Les gendarmes, surpris et presque effrayés de cette attaque, lâchent leur prisonnier, qui, en une seconde, franchit la porte et la fenêtre.

sistait en une vingtaine de volontaires, parmi lesquels le commandant Parquin, frère du célèbre avocat, et quelques hommes déclassés, sans caractère politique, tels que MM. de Gricourt, de Querelles, de Bruc. On avait fait des ouvertures au général Exelmans qui les avaient repoussées. Cette poignée de fanatiques rêvaient de conquérir la France ; ils pensaient du moins que la France allait se lever à leur appel, saluer par une acclamation spontanée le neveu de l'Empereur et lui faire une conduite triomphale jusqu'à Paris (1).

L'expédition de Strasbourg, bien nommée échauffourée, fut une parodie du retour de l'île d'Elbe. Le rôle de la Bédoyère était réservé au colonel Vaudrey. Dans la matinée du 30 octobre 1836, avant six heures, le prince Louis-Napoléon, qui était arrivé la veille à Strasbourg, « revêtu
« d'un costume qui rappelle celui du grand homme, la tête
« couverte du chapeau historique (2) », le prince Louis-Napoléon se rend, suivi de la plupart des conjurés qui portent l'aigle impériale (3) à la caserne occupée par le régi-

---

(1) Le prince Louis Napoléon disait au colonel Vaudrey dans une entrevue qu'il avait eue avec lui à Bade quelques jours avant la tentative :

« Si le gouvernement a commis assez de fautes pour rendre
« une révolution encore désirable au peuple, si la cause napo-
« léonienne a laissé d'assez profonds souvenirs dans les cœurs
« français, il me suffira de me montrer seul aux soldats et de
« leur rappeler les griefs récents et la gloire passée, pour qu'on
« accoure sous mon drapeau. Si je réussis à entraîner un régi-
« ment, si des soldats qui ne me connaissent pas s'enflamment
« à la vue de l'aigle impériale, alors toutes les chances seront
« pour moi, ma cause sera gagnée, quand même des obstacles
« accidentels viendraient à la faire échouer. »

(2) Acte d'accusation du procès de Strasbourg.

3) « M. de Querelles portait, alternativement avec M. de
« Gricourt, l'aigle impériale. Il semble avoir eu pour mission
« spéciale d'exciter l'enthousiasme : on le voit dans la caserne

ment d'artillerie commandé par le colonel Vaudrey. Celui-ci l'attendait à la tête de sa troupe, à laquelle il venait de distribuer de l'argent et de promettre des grades. Dès qu'il aperçoit le prince, le colonel se porte au-devant de lui, et quand il l'a rejoint, il se retourne vers son régiment auquel il adresse l'allocution suivante :

« Soldats du 4ᵉ d'artillerie, une révolution vient d'éclater « en France ! Louis-Philippe n'est plus sur le trône. « *Napoléon II*, empereur des Français, vient de prendre « les rênes du gouvernement. Criez : *Vive l'Empereur !* »

Et il pousse ce cri qui est répété par les soldats. Le prince harangue à son tour la troupe ; son allocution est suivie des cris répétés de : *Vive l'Empereur* (1) !

« de la Finkmatt embrasser l'aigle à diverses reprises ; la mon-
« trant au sergent Kubler et au tambour-major Kern, il dit :
« *Voici notre patrie... voici notre sauveur...* — Plus tard
« il présente l'aigle au lieutenant Hornel : *Embrassez-la,* lui
« dit-il, *vous êtes un brave ; faites prendre les armes à votre
« régiment, et vous êtes commandant demain.* — Un carnet
« saisi dans son domicile prouve que ces actes étaient l'exécution
« d'un plan arrêté par lui. Il comptait sur l'entraînement du
« nombre. *Trois cents gueulards aux poumons vigoureux et
« chargés de crier : Vive l'Empereur !* lui semblaient un moyen
« infaillible de succès. » (*Acte d'accusation.*) — C'est la mise
en pratique prosaïque de la théorie un peu poétique développée
par le prince au colonel Vaudrey.

(1) Voici comment l'adjudant Victor Jacquet, témoin au procès de Strasbourg, résume le discours du prince :

« Le prince prononça un discours dans lequel il engageait
« le 4ᵉ régiment à se mettre de son parti, en rappelant les ser-
« vices de son oncle dans le même régiment, *et en promettant
« de l'avancement à tout le monde.* Il prit une aigle des mains
« d'un officier d'état-major et la présenta à tout le régiment. Il
« la remit ensuite au colonel Vaudrey en disant : — Je la confie
« au brave colonel Vaudrey qui comme moi saura la défendre. »

Le lieutenant Bocave dépose :

« Le prince harangua la troupe, et lorsqu'il termina il était

Le prince se met immédiatement à la tête du régiment, et pendant que M. de Persigny, avec un détachement, va faire prisonnier dans son hôtel le préfet, M. Chopin d'Arnouville, lui, se dirige avec le gros de la troupe vers le quartier-général. Il pénètre jusqu'à l'appartement occupé par le général Voirol. Il s'avance vers lui en lui disant : « Brave général, venez que je vous embrasse. Recon-
« naissez en moi Napoléon II. »

Mais la réception qui lui est faite ne répond pas à ses avances ; vivement apostrophé par le chef fidèle, il quitte l'hôtel en toute hâte, en ayant soin toutefois de laisser le général Voirol sous la garde du commandant Parquin et de douze artilleurs.

Le prince se rend alors à la caserne de la Finkmatt, oc-

« tellement ému qu'il me sauta au cou et m'embrassa presque
« convulsivement. Je suivis le régiment, tout étourdi de ce qui
« se passait. »

L'adjudant Gall :
« Près de la grille de la caserne, le prince vint me prendre
« la main, en me disant : *Bonjour, mon brave camarade*. Je
« ne sus que lui répondre et je suivis le mouvement. »

On comprend que les soldats durent suivre, pareillement ahuris de ce qui se passait et livrés aux imaginations les plus singulières, se grisant des cris de : *Vive l'Empereur !* sans trop savoir ce qu'ils faisaient. Le canonnier Gaudoin dépose :
« On criait *Vive le Roi !* ou *Vive l'Empereur !* et je me mis à
« crier aussi ; je criai donc de toutes mes forces : *Vive le Roi !*
« Alors le colonel s'approcha de moi et me dit : F...! ce n'est
« pas ça ! crie donc : *Vive l'Empereur !*... Alors, ma foi,
« j'ai crié : *Vive l'Empereur !* »

Le canonnier Marcot :
« Le colonel nous a parlé d'une révolution, de l'Empereur.
« Alors on a crié : *Vive l'Empereur ! Vive Napoléon II !* J'ai
« crié comme les autres, mais après ça j'ai dit à un camarade :
« Quel empereur ? quel Napoléon ? Un camarade m'a dit que
« c'était le neveu de l'empereur, un autre que c'était son fils ;
« un autre, un vieux de la batterie, m'a dit que c'était l'empereur
« en personne... à quoi j'ai dit que je ne le croyais pas. »

cupée par le 46ᵉ régiment de ligne. Mais les soldats et les sous-officiers repoussent avec énergie les promesses qui leur sont faites, et encouragés par leurs chefs qui arrivent successivement, ils arrêtent tous les conjurés.

La représentation de cette parodie impériale avait duré deux heures. M. de Persigny était parvenu à s'échapper dans les circonstances que nous avons dites. Le roi Louis-Philippe cédant aux sollicitations de la reine Hortense, ouvrit les portes de sa prison au prince Louis, et le fit embarquer sur l'*Andromède*, qui le conduisit à New-York. Les autres conjurés, au nombre de sept, le colonel Vaudrey, le lieutenant Laity, le commandant Parquin, MM. de Gricourt, de Querelles, de Bruc et madame Gordon, furent traduits devant le jury de Strasbourg, qui les acquitta. Cet acquittement était la conséquence nécessaire de la grâce anticipée faite au prince par le roi.

M. Parquin, l'un des défenseurs, donna lecture aux jurés du Bas-Rhin, d'une lettre, écrite par le prince, le 11 novembre 1836, par laquelle il recommandait ses amis à l'indulgence des juges :

« Malgré mon désir de rester avec mes compagnons d'in-
« fortune et de partager leur sort, écrivait le prince, mal-
« gré mes réclamations à ce sujet, le roi, *dans sa clémence*,
« a ordonné que je fusse conduit à Lorient pour passer
« en Amérique. *Quoique vivement touché de la générosité*
« *du roi*, je suis profondément affligé de quitter mes coac-
« cusés, dans l'idée que ma présence à la barre, que mes
« dépositions en leur faveur, auraient pu influencer le jury
« et l'éclairer sur plusieurs faits importants.

« Certes, *nous sommes tous coupables envers le gou-*
« *vernement d'avoir pris les armes contre lui;* mais le
« plus coupable c'est moi ; c'est celui qui, méditant depuis long-
« temps une révolution, est venu tout à coup arracher des
« hommes à une position honorable, pour les livrer à tous
« les hasards d'un mouvement populaire...

« Vous voyez donc que c'est moi qui les ai séduits, en
« leur parlant de tout ce qui était capable de toucher un
« cœur français ; ils me parlaient de leurs serments ; je
« leur rappelai qu'en 1815, ils avaient juré fidélité à Napo-
« léon II et à sa dynastie... Pour leur ôter même tout scru-
« pule, je leur dis qu'on parlait de la mort presque subite
« du roi, et que la nouvelle paraissait certaine. *On verra
« par la combien j'étais coupable envers le gouvernement ;
« or, le gouvernement a été généreux envers moi* ; il a
« trouvé que ma position d'exilé, que mon amour pour la
« France, que ma parenté avec l'Empereur, étaient des
« causes atténuantes... (1) »

Le prince était à New-York, lorsqu'il reçut le 3 avril 1837 une lettre de la reine Hortense lui annonçant qu'elle allait subir une grave opération. Il s'embarqua immédiatement et arriva en Europe à temps pour assister aux derniers moments de sa mère.

Une brochure qui parut dans les premiers mois de l'année 1838 : — *Le prince Napoléon à Strasbourg. Relation des événements du 30 octobre* 1836, indiqua que le prince entendait proclamer de nouveau ses prétentions au trône de France (2). Le gouvernement français demanda alors

---

(1) Cette lettre, lue à la cour d'assises du Bas-Rhin, par M⁰ Parquin auquel elle était adressée, appartient à l'histoire. Nous en reproduisons le texte d'après *l'Observateur des tribunaux* qui publia les documents du procès de Strasbourg avec l'agrément et la collaboration des avocats des accusés. On publia aussi une lettre du prince à Louis-Philippe, pleine d'humbles remerciments et d'effusions de reconnaissance ; mais cette lettre ne nous paraît pas avoir les caractères d'authenticité nécessaires, et nous nous abstenons de la publier. Les documents des *Procès de Strasbourg et de Boulogne* viennent d'être réédités par M. Albert Fermé.

(2) Cette brochure avait pour auteur M. Armand Laity. M. Laity fut traduit pour ce fait devant la Cour des pairs et condamné à cinq ans de prison.

son expulsion du territoire suisse (1). Les troupes françaises sur le refus du Vorort de donner satisfaction à cette demande, s'avancent vers la frontière ; et un conflit était imminent, quand le prince, ne voulant pas jouer un rôle odieux, quitta spontanément la Suisse pour se rendre en Angleterre.

Le prince Louis-Napoléon songeait à recommencer la tentative de Strasbourg. La petite armée de ses fidèles s'était augmentée de quelques officiers mécontents ou aventureux : MM. le chef d'escadron de Maisonan, le colonel Bouffet-Montauban, le colonel Voisin, le colonel Laborde, et de M. de Montholon, le compagnon de l'Empereur à Sainte-Hélène. Une nouvelle expédition fut résolue, mais cette fois avec un déploiement beaucoup plus considérable qu'à Strasbourg. Les officiers dont nous avons parlé for-

---

(1) C'était alors M. Molé qui était chef du cabinet. A la façon dont le gouvernement français entama et conduisit cette négociation, on sent le violent dépit d'avoir été abusé par le prince. M. Molé écrivait à l'ambassadeur de France en Suisse :

« Louis-Bonaparte a assez prouvé assurément qu'il n'était ac-
« cessible à aucun sentiment de reconnaissance, et qu'une plus
« longue patience de la part du gouvernement français ne ferait
« que le confirmer dans son aveuglement et l'enhardir à de nou-
« velles trames. »

D'ailleurs les Suisses résistèrent à la demande du cabinet français bien plutôt pour le principe que par sympathie pour le prince. Dès le début de la querelle, le député de Lucerne, l'avoyer Kopp, tout en refusant d'expulser un citoyen de Thurgovie sur la demande d'un ambassadeur, disait :

« Il est hors de doute que Louis-Bonaparte a manqué à la France
« et à la Suisse. Comme Français, il devait savoir qu'il renon-
« çait à cette qualité, en se faisant recevoir citoyen de Thurgo-
« vie ; néanmoins il a tenté l'insurrection de Strasbourg. Lucerne
« ne souhaite pas à la Suisse beaucoup de républicains de cette
« espèce, et ne saurait féliciter Thurgovie de l'acquisition d'un
« citoyen qui comprend si mal les devoirs qu'impose le titre de
« républicain. »

maient au prince une sorte de maison militaire ; il se fit accompagner d'un nombreux personnel de domestiques auxquels il fit revêtir de faux uniformes du 40e de ligne ; enfin il avait avec lui un aigle vivant (1). Il ne faut pas oublier dans cet équipement de campagne une somme de cinq cent mille francs en banknotes et en or, qui fut saisie sur le prince quand on l'arrêta. Le prince Louis nolisa à Londres le bateau à vapeur la *Ville d'Édimbourg*, et il s'embarqua avec sa troupe le 4 août 1840. Les conjurés débarquèrent à Boulogne le 6 août. La garnison de Boulogne se composait de deux compagnies d'élite du 42e de ligne. Un officier de ce régiment, le lieutenant Aladenize, prenait part au complot. Il s'était fait fort *d'enlever par des acclamations* (toujours le système des *trois cents gueulards*) ce faible détachement. Les faux uniformes du 40e, qui tenait garnison dans le voisinage, devaient achever d'entraîner les soldats en leur faisant croire qu'ils étaient en bonne et sérieuse compagnie.

Mais l'échec fut plus complet encore qu'à Strasbourg. Le prince ne parvint même pas à entraîner un poste de quatre hommes et un sergent qu'il aborda sur la place

---

(1) L'aigle ne fut pas débarqué. On lit dans le rapport du préfet du Pas-de-Calais au ministre :

« On a trouvé un aigle vivant à bord de l'*Edimburg-Castle*.
« Il appartenait à Louis-Bonaparte. »

Les journaux du temps racontèrent plaisamment que c'était un aigle savant et qu'attiré par une amorce habilement cachée aux regards des profanes, il était exercé à voltiger autour du petit chapeau de son *empereur*. On réservait son intervention pour couronner la scène. Au moment où le prince vainqueur eût été acclamé par la population de Boulogne, l'aigle, lâché tout à point, fût venu planer dans les airs au-dessus de la tête du nouvel empereur. Ce présage *providentiel* n'eût pas manqué de porter au comble l'enthousiasme de la foule ; et sous une telle impression on eût marché sur Paris : l'entraînement eût certainement été irrésistible.

14.

d'Alton. A la caserne occupée par les deux compagnies du 42ᵉ de ligne, ses invitations et ses promesses échouèrent devant une indifférence absolue.

Un témoin, le sergent Risak, raconte ainsi les tentatives du prince et l'accueil qui leur fut fait :

« Le 6 août, vers cinq heures et demie du matin, j'étais
« dans ma chambre en train de m'habiller. J'entends
« crier : *Aux armes!* Je regarde par la croisée qui donne
« dans l'intérieur de la caserne ; je vois un officier du 42ᵉ
« dont je ne distinguai pas d'abord la figure et que je
« reconnus ensuite pour le lieutenant Aladenize. Je me
« suis hâté de m'habiller et de descendre avec mon fourni-
« ment, croyant que c'était un accident qui était arrivé
« en ville. Je vis la moitié de la compagnie qui était déjà
« formée dans la cour. Je voulus m'approcher de ma com-
« pagnie. Il y avait une troupe armée, qui portait l'uniforme
« du 40ᵉ de ligne, en ayant à sa tête plusieurs officiers
« supérieurs. Un de ces officiers, que j'ai su être le prince,
« me donna la main, en me disant : *Bonjour, brave, je te
« nomme officier.* Je répondis : Je suis content de ma
« position ; je veux rester avec mes chefs. Je me suis
« approché de ma compagnie. Le lieutenant Aladenize,
« qui avait pris le commandement des deux compagnies,
« fit porter les armes et battre au drapeau. Le prince
« s'est avancé et a fait un assez long discours. J'étais trop
« éloigné pour l'entendre ; seulement j'ai entendu à la fin
« que le prince disait : *Nous allons monter à la ville
« haute, et de là nous marcherons sur Paris.* J'ai remar-
« qué que le drapeau était surmonté d'une aigle. Je me suis
« douté de suite, en voyant l'aigle, que c'était quelque
« chose contre le gouvernement.

« Le lieutenant Aladenize demanda le sergent-major
« Clément ; on le fit venir. Le lieutenant le présenta au prince,
« avec moi et le sergent Chapolard, et dit : *Voila un ser-
« gent-major qui mérite de l'avancement.* Le prince le re-

« garda et lui dit : *Je vous nomme capitaine, et je vous
« donne la croix que j'ai portée moi-même.* Il voulut dé-
« faire sa croix, mais il ne pouvait y parvenir, et un offi-
« cier lui dit : *Vous allez déchirer votre uniforme.* Le
« prince dit : *Vous n'en êtes pas moins chevalier de la
« Légion d'honneur.* Et il nomma aussi officiers les autres
« sous-officiers. Nous avons tous refusé et nous sommes
« retournés à la compagnie (1). »

Sur ces entrefaites survient le capitaine Col-Puygellier

---

(1) Pendant ce temps, les faux soldats du 40e se répandaient dans les chambrées et dans les cours, avec des bouteilles de rhum à la main, offrant à boire aux soldats et leur disant de crier : *Vive l'Empereur !* Il paraît d'ailleurs que ces hommes étaient presque tous ivres. Le préfet du Pas-de-Calais disait dans son rapport au ministre :

« Le capitaine du paquebot nous a dit que les rebelles avaient
« bu seize douzaines de bouteilles de vin dans leur traversée
« de Londres à Wimereux, sans compter l'eau-de-vie et les li-
« queurs. Les soldats du 42e présents à l'action, que nous avons
« interrogés, nous ont assuré que les rebelles étaient presque
« tous ivres. »

Voici un extrait de l'interrogatoire de M. Crow, capitaine du paquebot :

« D. Avez vous remarqué que ces messieurs aient bu pendant
« les dernières heures qu'ils sont restés à votre bord ? R. Ils
« ont bu énormément, et *je n'ai jamais vu plus boire.* (C'est
« le capitaine d'un paquebot anglais qui parle !), et de toutes
« sortes de vins. »

Les distributions d'argent ne sont pas non plus douteuses. En débarquant, le prince Louis avait offert au commandement d'un poste de douaniers, une pension de douze cent francs, s'il voulait se ranger à son parti. Le prince avoua cette tentative de corruption dans son premier interrogatoire. Devant la Cour des pairs, il dit qu'il ne se souvenait plus de ce fait. Le procureur général, M. Frank-Carré, disait au prince devant la Cour des pairs :

« Vous accusez notre gouvernement de corruption, et vous
« avez fait pratiquer l'embauchage et distribuer l'argent pour
« acheter la trahison. »

qui avec beaucoup d'énergie fait appel aux soldats pour repousser les rebelles et faire évacuer la caserne. Les faux soldats du 40ᵉ l'entourent et le menacent : le capitaine Puygellier leur tient tête énergiquement. M. de Persigny s'élance sur lui *pour le tuer*, et le capitaine n'est sauvé que par l'intervention énergique du lieutenant Aladenize (1). Un instant plus tard c'est le prince Louis-Napoléon lui-même qui dirige un pistolet sur le capitaine Puygellier. La balle mal ajustée atteignit au visage un homme du second rang, lui brisa trois dents et lui traversa le cou (2).

Mais les conjurés comprirent qu'ils n'avaient rien à gagner à prolonger la résistance. Le coup de pistolet devint le signal de leur retraite de la caserne. Ils songèrent alors à faire appel à la population, et marchèrent vers la haute ville, semant des proclamations et de l'argent, aux cris de *Vive l'empereur!* Ils veulent s'emparer du château, mais la résistance du sous-préfet les oblige à rebrousser chemin. Les conjurés partout repoussés n'avaient plus qu'à regagner leur embarcation ; mais, égarés par la confusion ou le désespoir, ils se rendent à la colonne élevée sur le

---

(1) M. de Persigny, fit lui-même cette déclaration devant la Cour des pairs :

« Je me suis élancé sur lui, et au moment où *j'allais le tuer*, « le lieutenant Aladenize s'est élancé sur moi et a détourné le « coup que j'allais porter. D. Ainsi vous vouliez assassiner « un brave officier qui faisait son devoir? R. Je ne voulais pas « l'assassiner, mais je voulais l'attaquer en face. D. Vous étiez « au milieu de gens armés, et il était seul. R. Au reste, *je vous « apporte ma tête*. Je n'ai rien à ajouter à mes déclarations. »

(2) Le Prince, plus froid que M. de Persigny, déclara devant la Cour des pairs, que le pistolet était parti sans qu'il ait voulu le diriger contre qui que ce soit.

« Il y a des moments, dit-il, où l'on ne peut pas se rendre « compte de ses intentions. »

rivage à la gloire de la Grande Armée, et s'y adossent en faisant des dispositions pour se défendre contre la force publique, qui accourait de toutes parts (1). Ce n'était qu'un simulacre. Il n'y eut pas de bataille, mais une effroyable débandade, dans laquelle plusieurs conjurés se jetèrent dans la mer, d'où on les repêcha pour les faire prisonniers. Ils furent à peu près tous pris.

On arrêta ainsi cinquante-sept personnes, mais on mit en liberté ceux qui, revêtus des faux uniformes du 40e, sans avoir même conscience du rôle qu'on voulait leur faire jouer, n'avaient été que des comparses dans cette tragi-comédie (2). On déféra à la Cour des pairs les dix-neuf principaux conjurés parmi lesquels le prince Louis-Napoléon, le général Montholon, les colonels Voisin, Bouffet-Montauban et Laborde, les commandants de Maisonan et Parquin, le lieutenant Aladenize, le docteur Conneau et M. Fialin de Persigny.

Le prince avait distribué à profusion des proclamations à l'armée et au peuple français et des décrets organisant le nouvel ordre de choses. Ces décrets proclamaient la déchéance de la dynastie des Bourbons d'Orléans, convoquaient à Paris un congrès national et nommaient M. Thiers

---

(1) Nous lisons dans les biographies apologétiques de Louis-Napoléon Bonaparte publiées au lendemain du coup d'État que ce fut le prince qui s'écria, *dans un mouvement d'héroïque résignation* :
« Non non ! je ne veux plus quitter la France, *je veux mourir au pied de la colonne*. Mais ses amis l'enlevèrent de force « et l'entraînèrent vers le rivage. »
(2) « On nous a distribué à chacun un costume, disait l'un « des passagers de la *Ville d'Edimbourg* ; j'ai eu celui de caporal. « On me remit à moi, qui ne sais ni lire ni écrire, une capote « et des galons de caporal. » Nous avons dit comment on avait noyé dans le vin la surprise de ces soldats postiches : chacun d'eux avait reçu en outre une gratification de cent francs.

président du gouvernement provisoire. Dans la proclamation à l'armée, le prince disait :

« Soldats, vous êtes l'élite du peuple et on vous traite
« comme un troupeau. Ils voudraient, ceux qui vous gou-
« vernent, avilir le noble métier de soldat. Vous vous êtes
« indignés et vous avez cherché ce qu'étaient devenues les
« aigles d'Arcole, d'Austerlitz, de Iéna. Ces aigles, les
« voilà ! Je vous les rapporte, reprenez-les : avec elles,
« vous aurez gloire, honneur, *fortune*... »

La proclamation au peuple français est remarquable, en ce sens qu'elle peut passer pour un programme politique :

« Français,

« Qu'ont-ils fait ceux qui vous gouvernent pour avoir
« des droits à votre amour ! Ils vous ont promis la paix et
« ils ont amené la guerre civile et la guerre désastreuse
« d'Afrique ! Ils vous ont promis la diminution des impôts,
« et tout l'or que vous possédez n'assouvirait pas leur
« avidité ! Ils vous ont promis une administration intègre,
« et ils ne règnent que par la corruption ! Ils vous ont
« promis la liberté, et ils ne protégent que priviléges et
« abus ; ils s'opposent à toute réforme ; ils n'enfantent
« qu'arbitraire et anarchie ! Ils ont promis la stabilité et
« depuis dix ans ils n'ont rien établi ! Enfin, ils ont partout
« vendu notre honneur, abandonné nos droits, trahi nos
« intérêts ! Il est temps que tant d'iniquités aient leur
« terme, il est temps d'aller leur demander ce qu'ils ont
« fait de cette France si grande, si généreuse, si unanime
« de 1830 !

« Agriculteurs, ils vous ont laissé pendant la paix de
« plus forts impôts que ceux que Napoléon prélevait pen-
« dant la guerre.

« Industriels et commerçants, vos intérêts sont sacrifiés
« aux exigences étrangères ; on emploie à corrompre l'ar-

« gent dont l'Empereur se servait pour encourager vos
« efforts et vous enrichir.

« Enfin, vous toutes, classes laborieuses et pauvres, qui
« êtes en France le refuge de tous les sentiments nobles,
« souvenez-vous que c'est parmi vous que Napoléon choi-
« sissait ses lieutenants, ses maréchaux, ses ministres, ses
« princes, ses amis. Appuyez-moi de votre concours, et
« montrons au monde que ni vous ni moi n'avons dégé-
« néré.

« J'espérais comme vous que sans révolution, nous pour-
« rions corriger les mauvaises influences du pouvoir ; mais
« aujourd'hui plus d'espoir : depuis dix ans, on a changé
« dix fois de ministère ; on changerait dix fois encore que
« les maux et la misère de la patrie seraient toujours les
« mêmes...

« Il n'y a en France aujourd'hui que violence d'un côté,
« que licence de l'autre ; je veux rétablir l'ordre et la li-
« berté : je veux, en m'entourant de toutes les sommités
« du pays, et en m'appuyant uniquement sur la volonté et
« les intérêts des masses, fonder un édifice inébranlable.

« Je veux donner à la France des alliances véritables,
« une paix solide, et non la jeter dans les hasards d'une
« guerre générale.

« Français ! je vois devant moi l'avenir brillant de la
« patrie. Je sens derrière moi l'ombre de l'Empereur qui
« me pousse en avant ; je ne m'arrêterai que lorsque j'au-
« rai repris l'épée d'Austerlitz, remis les aigles sur nos
« drapeaux et le peuple dans ses droits. »

Le prince Louis-Napoléon fut traduit avec ses complices
devant la Cour des pairs le 28 septembre. Il avait formé
un comité de défense composé de MM. Berryer, Marie et
Ferdinand Barrot. Ce fut M. Berryer qui porta la parole
devant la Cour des pairs. M. Jules Favre défendit le lieutenant Aladenize.

M. Berryer récusa la compétence de la Cour des pairs.

Un des arguments de sa plaidoirie qui produisit la plus grande sensation fut celui-ci :

« Il y a un arbitre inévitable, entre tout juge et tout ac-
« cusé ; avant de juger, devant cet arbitre et à la face du
« pays qui entendra vos arrêts, dites-vous, le droit, les
« lois, la Constitution devant les yeux : La main sur la
« conscience, devant Dieu et devant mon pays, s'il eût
« réussi, s'il eût triomphé, ce droit je l'aurais nié, j'au-
« rais refusé toute participation à ce pouvoir, je l'aurais
« méconnu, je l'aurais repoussé. Moi, j'accepte cet arbi-
« trage suprême, et quiconque devant Dieu et le pays, me
« dira : S'il eût réussi, je l'aurais nié ce droit ! — Celui-là
« je l'accepte pour juge. »

La plupart des pairs étaient d'anciens dignitaires de l'Empire, et ils ont figuré depuis ou figurent encore presque tous sur la liste des sénateurs, des conseillers d'État, des préfets et des chambellans de Napoléon III.

Ils ne traitèrent pas d'ailleurs les conjurés de Boulogne comme des insurgés ordinaires. La Cour des pairs qui, quelques jours auparavant, avait frappé Barbès d'un arrêt de mort, à l'exécution duquel ses amis avaient eu grand peine à le soustraire (1), créa pour le prince Louis-Na-

---

(1) *L'assassinat* du lieutenant Drouineau, qu'il nia toujours énergiquement, et qui n'était dans tous les cas qu'un fait de guerre civile, était le grand crime qui faisait considérer Barbès comme indigne de commisération. Le coup de pistolet du prince Louis et les bravades de M. de Persigny étaient des faits de même nature, et, dans une certaine mesure, d'une nature plus grave, en ce qui concernait M. de Persigny, quoique l'exécution n'ait pas eu lieu. — Ce qu'il y a de curieux ; c'est que les accusés du 28 septembre copièrent à beaucoup d'égards l'attitude des républicains. Barbès, refusant de répondre aux questions du président, lui avait adressé cette parole stoïque :

« Quand l'Indien est vaincu, quand le sort de la guerre l'a
« fait tomber au pouvoir de son ennemi, il ne songe point à

poléon une peine spéciale qui n'existait pas dans le code, et qui n'emportait avec elle aucune flétrissure, *l'emprisonnement perpétuel* (1). Aladenize fut condamné à la déportation, les autres à quinze, dix et cinq années de détention. Mais tandis que les condamnés du 12 mai 1839, soumis au dur régime des prisonniers ordinaires, subissaient leur peine dans la maison centrale de Doullens, le condamné du 5 octobre 1840 recevait ses amis dans son appartement particulier de la forteresse de Ham, écrivait librement dans les journaux et publiait des livres. (2) Des atténuations sem-

---

« se défendre, il n'a pas recours à des paroles vaines ; il se ré-
« signe et donne sa tête à scalper. »

Le prince Louis-Napoléon dit de son côté, en s'adressant aux pairs :

« Vos formes n'abusent personne. Dans la lutte qui s'ouvre,
« il n'y a qu'un vainqueur et un vaincu. Si vous êtes les hom-
« mes du vainqueur, je n'ai pas de justice à attendre de vous,
« et je ne veux pas de votre générosité. »

Nous avons cité d'autre part, le mot de M. de Persigny :
« Je vous apporte ma tête. » Mais le prince et son fidèle lieutenant savaient bien que leur vie n'était pas menacée.

(1) Un seul pair, M. d'Alton-Shée, vota pour l'application de la peine de mort au principal accusé. Ce vote était une protestation en faveur du grand principe de l'égalité devant la loi. M. d'Alton-Shée, esprit libéral et ouvert, s'est complètement rallié en 1848 à l'idée républicaine et socialiste.

(2) Le prince n'en protesta pas moins amèrement contre les *traitements indignes* auxquels il était soumis. M. de Montholon, dans une brochure : *Le prisonnier de Ham*, va jusqu'à affirmer que le prince avait trouvé à Ham une captivité plus dure que celle de Sainte-Hélène :

« Ce qui m'afflige le plus pour mon pays, c'est de penser que
« l'Empereur n'était pas si mal traité par les Anglais, que ne
« l'est son neveu par des Français, dans une prison française. »

Ces plaintes, qui font sourire, n'empêchaient pas le prince d'avoir un manége pour monter à cheval dans l'intérieur de la citadelle, de recevoir toutes les visites qu'il voulait, et d'envoyer des articles d'opposition aux journaux. — Le général de Mon-

blables avaient été apportées pour les autres condamnés. M. de Persigny fut transporté à l'hôpital de Versailles ; bientôt il n'eut plus que la ville pour prison ; il avait même l'autorisation de venir fréquemment à Paris.

La disproportion vraiment choquante qui existait entre la la grandeur du but et la petitesse misérable des moyens, et cette persistance aveugle à renouveler une tentative insensée, dans les mêmes conditions, défavorables jusqu'au ridicule, empêchèrent généralement de prendre au sérieux les prétentions du prince Louis (1). Son père lui-même, l'ex-roi de Hollande, écrivait de Florence, à la date du 24 août, une lettre aux journaux dans laquelle il disait :

« Convaincu que mon fils, le seul qui me reste, est vic-
« time d'une infâme intrigue et séduit par de vils flatteurs,

---

tholon et le docteur Conneau, condamnés l'un à 20 ans, l'autre à 5 ans de détention, avaient obtenu de partager la prison de Louis-Napoléon, ce qui était encore un notable adoucissement.

(1) Voici comment s'exprimait, dans son numéro du 8 août 1840, la *Presse*, qui avait alors pour principal rédacteur, sous M. Emile de Girardin, M. Granier de Cassagnac, et l'article qui n'est pas signé comme ne l'était aucun des articles de ce temps, paraît tout à fait dans la manière de ce dernier, plutôt que dans celle de M. de Girardin :

« Nous n'avons pas besoin de dire tout ce que cette nouvelle
« tentative d'insurrection a de ridicule et d'odieux. Les faits
« parlent suffisamment. M. Louis Bonaparte s'est placé dans
« une position telle, que nul en France ne peut honorablement
« aujourd'hui éprouver pour sa personne la moindre sympa-
« thie, ni même la moindre pitié. Le ridicule est dans l'avorte-
« ment si misérable de ses projets, dans cette fuite précipitée
« dès le premier signal de résistance, dans cette subite méta-
« morphose de farouches conspirateurs en tritons effrayés et tran-
« sis. L'odieux est dans l'ingratitude qui oublie qu'une fois déjà
« la clémence royale a pardonné généreusement un crime qu'on
« avait le droit de punir des peines les plus sévères, et que Na-
« léon, particulièrement, eût fait expier chèrement à ses auteurs
« dans les vingt quatre heures..... Mais laissons-là ce jeune
« homme, qui ne paraît pas avoir plus d'esprit que de cœur. »

« de faux amis, et peut-être par des conseils insidieux, je
« ne saurais garder le silence sans manquer à mon devoir
« et m'exposer aux plus amers reproches. — Je déclare
« donc que mon fils Napoléon-Louis est tombé pour la
« troisième fois dans un piége épouvantable, dans un ef-
« froyable guet-apens, *puisqu'il est impossible qu'un*
« *homme qui n'est pas dépourvu de moyens et de bon*
« *sens se soit jeté dans un tel précipice...* »

Le prince Louis-Napoléon utilisa son séjour à Ham pour nouer des relations avec les différents partis politiques, mais surtout avec le parti républicain. Plusieurs républicains se laissèrent prendre à ce piége et s'empressèrent de lui ouvrir leurs journaux. Le prince écrivit ainsi de nombreux articles de polémique et de principes dans le *Progrès du Pas-de-Calais* que dirigeait M. Frédéric Degeorge (1), et dans le *Journal de Maine-et-Loire*, que dirigeait M. Peauger. Le gouvernement de Louis-Philippe laissait à son prisonnier toute liberté pour ces attaques, souvent fort vives en elles-mêmes, et qui avaient d'autant plus de portée qu'elles émanaient d'un prétendant et d'un proscrit. En même qu'il affectait des idées largement libérales dans ses articles, le prince se ralliait aux idées socialistes les plus avancées dans une brochure dont le titre seul, *l'Extinction du paupérisme*, était un programme aussi caractéristique que celui de la brochure de M. Louis Blanc, *le Droit au travail*. Le Prince se fit ainsi une très-grande popularité. Le *Progrès du Pas-de-Calais*, par la plume de son rédacteur en chef Frédéric Degeorge, lui décernait ce brevet de civisme :

« Nous ne sommes qu'un faible écho de l'opposition na-
« tionale, mais au nom des idées dont nous sommes l'organe,
« nous annonçons publiquement que notre sympathie est

---

(1) Voir à l'Appendice une notice   Frédéric Degeorge et
sur ses rapports avec le prince.

« acquise au prince Louis-Napoléon. Il n'est plus à nos
« yeux un prétendant, mais un membre de notre parti, un
« soldat de notre drapeau (1). »

Il faut reconnaître cependant que ces jugements étaient

---

(1) Cet article, qui est du 28 octobre 1843, était motivé par la lettre suivante que le prince avait adressée au rédacteur du *Journal du Loiret*, qui lui demandait quelles seraient ses prétentions en rentrant dans la grande famille française :

« Fort de Ham, 21 octobre 1843.

« Monsieur,

« Je réponds sans hésiter à la bienveillante interpellation que
« vous m'adressez dans votre numéro du 8.

« Je n'ai jamais cru, je ne croirai jamais que la France soit
« l'apanage d'un homme ou d'une famille, je n'ai jamais re-
« vendiqué d'autres droits que ceux de citoyen français, et je
« n'aurai jamais d'autre désir que celui de voir le peuple entier
« choisir en toute liberté la forme de gouvernement qui lui
« convient.

« Issu d'une famille qui doit son élévation à la volonté na-
« tionale, je mentirais à mon origine, à ma nature et presque au
« bon sens, si je ne reconnaissais pas la souveraineté du peuple
« comme la base de toute organisation politique.

« Jusqu'ici mes actions et mes prétentions s'accordent avec
« cette manière de voir. Si l'on ne m'a pas compris, c'est
« qu'on ne cherche pas à expliquer les défaites, mais plutôt à
« les dénaturer.

« C'est vrai, j'ai recherché une haute position, mais publique-
« ment. J'avais une haute ambition, mais je la pouvais avouer :
« L'ambition de réunir autour de mon nom populaire tous les
« partisans de la souveraineté du peuple, tous ceux qui vou-
« laient la gloire et la liberté. Si je me suis trompé, l'opinion
« publique doit-elle m'en vouloir ? La France peut-elle m'en
« punir ? Croyez bien, monsieur, que, quel que soit le sort que
« me réserve la destinée, on ne pourra jamais dire de moi que,
« dans l'exil ou dans ma prison, je n'ai rien appris et rien ou-
« blié.

« Agréez l'assurance de ma considération.

« LOUIS-NAPOLÉON BONAPARTE. »

plutôt inspirés par l'enthousiasme aveugle et imprévoyant de ceux qui les portaient que par la duplicité du Prince ; car chaque fois que l'occasion s'en présentait, il ne manquait pas d'exposer son système qui, à peu de chose près, était toujours celui des *Rêveries politiques* : une République avec un Empereur, un Empereur couronné par la souveraineté populaire. C'est là ce qui ressort des *Idées Napoléoniennes*, véritable programme de sa politique (1).

Il n'y avait donc pas à se faire illusion sur la question des formes gouvernementales auxquelles se rattacherait le Prince ; mais il avait écrit des pages trop fortes et trop vivement senties sur la liberté et sur la nécessité des réformes sociales, pour que l'on ne fût pas autorisé à croire qu'il était absolument dévoué à ces deux causes, et qu'il ferait certainement tourner à leur triomphe les pouvoirs qui pourraient jamais lui échoir.

Dans le courant de 1846, l'ex-roi de Hollande malade fit auprès de Louis-Philippe des démarches pour obtenir la liberté de son fils. Le roi eût volontiers fait grâce ; mais il voulait que le Prince la demandât lui-même. Sur ces entrefaites le prisonnier de Ham, le 24 mai, s'échappa du château sous un déguisement d'ouvrier (2) et gagna l'Angleterre où il attendit les événements.

---

(1) La préoccupation d'une restauration impériale n'abandonne jamais le prince, il y rapporte toutes ses études avec une affectation qui même quelquefois fait sourire. C'est ainsi qu'il écrit dans une *Analyse de la question des sucres* :

« Reléguée d'abord dans un coin de la France, la fabrication « indigène y vécut inoffensive et inconnue, ayant presque l'air « de se dérober aux regards pour faire oublier son origine, et su- « bissant le sort du *drapeau d'Austerlitz* qui, *comme elle est obligé* « *de se cacher*, conservant cependant aussi tout un avenir de « gloire. »

(2) Voir à l'Appendice une lettre du prince à Frédéric Degeorge, dans laquelle il raconte lui-même tous les détails de son évasion.

L'attente ne fut pas longue. La révolution du 24 février 1848 ouvrit tout un horizon immense à son ambition.

Ce furent les républicains eux-mêmes qui l'appelèrent, ayant jeté les yeux sur lui à un moment où l'on ne pouvait pas encore prévoir la tournure favorable qu'allaient prendre les événements. Voici ce que raconte M. Sarrans jeune dans son *Histoire de la révolution de Février*, témoignant des faits auxquels il avait été directement mêlé :

« Depuis plusieurs semaines, sous le titre de comité dé-
« mocratique de la gauche, le parti du *National*, réuni tan-
« tôt chez M. Marie, tantôt chez M. Goudchaux, s'était
« préoccupé de la formation d'un gouvernement provisoire.
« Le parti républicain, dont nous parlons, appelait de ses
« vœux la République, mais il était convaincu qu'on ne
« l'obtiendrait point sans de rudes combats. A ses yeux
« l'inconnu le plus grave était la conduite de l'armée.
« L'armée était mécontente du rôle qu'on lui faisait
« jouer, mais était-elle républicaine?... Les officiers et les
« sous-officiers, que la propagande avaient entraînés, pen-
« saient que le nom d'un Bonaparte entraînerait plus que
« tout autre.

« Une vive discussion eut lieu à ce sujet. Personne ne
« voulait du rétablissement de l'Empire. Mais tout le monde
« reconnaissait que la première nécessité étant le renverse-
« ment de la dynastie régnante, il était utile d'avoir sous la
« main un en-cas propre à surmonter les obstacles qu'on
« pouvait redouter du côté de l'armée. Auquel des mem-
« bres de la famille Bonaparte fallait-il recourir ?

« M. Napoléon Bonaparte, fils de l'ancien roi de West-
« phalie, avait protesté de ses sentiments républicains ; il
« offrait de servir la République comme simple citoyen. Les
« partisans de ce jeune homme faisaient aussi valoir qu'il
« n'avait figuré ni à Strasbourg, ni à Boulogne et ne s'é-
« tait fait connaître par aucune velléité monarchique.

« Les amis de M. Louis Bonaparte reconnaissaient qu'il
« y avait du vrai dans ces considérations, mais ils ajou-
« taient que le fils adoptif de l'empereur avait plus de chances
« auprès de l'armée.

« Cette opinion prévalut, et M. Louis Bonaparte, qui, le
« 20 février avait reçu l'avis de se tenir prêt à partir, reçut
« le 22, l'invitation de passer en France et de s'y soustraire
« aux regards de la police.

« M. Louis Bonaparte arriva le 25 février à Paris, et à
« peine installé rue du Sentier chez son ancien précepteur,
« M. Vieillard, il fit prévenir secrètement de sa présence à
« Paris le seul des membres du gouvernement provisoire
« qui fût au fait de ce qui se passait. — Pourquoi ne pas
« l'avoir amené? dit Marrast, j'aurais été bien aise de le voir
« avant d'entretenir le conseil de cet incident. Il faut qu'il
« nous écrive pour nous offrir ses services. »

Ce fut alors que le prince adressa au gouvernement provisoire la lettre suivante, que M. de Persigny porta lui-même à l'Hôtel de Ville :

« Messieurs, le peuple de Paris ayant détruit par son hé-
« roïsme les derniers vestiges de l'invasion étrangère, j'ac-
« cours pour me ranger sous le drapeau de la République
« qu'on vient de proclamer.

« Sans autre ambition que celle de servir mon pays, je
« viens annoncer mon arrivée aux membres du gouverne-
« ment provisoire, et les assurer de mon dévouement pour
« la cause qu'ils représentent, comme de ma sympathie
« pour leurs personnes.

« Recevez, Messieurs, l'assurance de mes sentiments

« Napoléon--Louis Bonaparte. »

La lettre arriva à minuit et demi. « Quelques instants
« avant la réception de cette lettre qui n'était pas inat-
« tendue pour tout le monde, poursuit M. Sarrans jeune, la

« nouvelle de l'arrivée de M. Louis Bonaparte avait été jetée
« dans la conversation ; le conseil décida sans hésitation que
« le prétendant serait prié de rentrer immédiatement en
« Angleterre. En effet, à quatre heures du matin, un convoi
« spécial remmenait à Boulogne, en compagnie d'un ancien
« aide de camp du roi Murat, qui se trouvait là par hasard,
« celui qui, dix mois plus tard, devait être président de la
« République. »

« Le gouvernement provisoire, » fait observer justement
M. Taxile Delord dans son *Histoire du second Empire*,
« avait pris le meilleur moyen pour donner de l'importance
« à M. Louis Bonaparte, pour l'empêcher de commettre des
« fautes et de s'user dans ces premiers moments, où rien
« encore ne présageait le réveil du bonapartisme. »

Personne alors ne pensait au prince Louis-Napoléon. Aux
élections d'avril, il n'eut pas une seule voix. Il n'en continuait pas moins à conspirer, mais ses menées étaient moins
sérieuses encore que celles de Strasbourg et de Boulogne.
Voici comment un des principaux meneurs, banquier de
profession, nous révèle lui-même (*Aristide Ferrer, Révélations sur la propagande napoléonienne en* 1848 *et* 1849)
les procédés auxquels il avait recours. M. Ferrer raconte
qu'il manda chez lui tour à tour tous ses fournisseurs, dans
les premiers jours de crise de la République :

« Voulez-vous, leur dit-il, en finir avec une situation qui
« nous ruine tous? Rien de plus facile, il ne s'agit ni de
« faire des émeutes, ni de prendre le fusil, mais tout simplement de mettre dans l'urne électorale le nom du prince
« Louis-Napoléon, fils de la reine Hortense et petit-fils de
« l'impératrice Joséphine qu'on a tant aimée en France. Le
« prince possède une fortune de plus de cinquante millions,
« l'armée est pour lui ; l'élection sera le signal d'un mouvement militaire ; nommez le prince, le lendemain on
« proclame l'empire, — *et je vous fais nommer fournisseur*
« *de la maison de l'empereur.* »

Après la journée du 15 mai, po r les élections comp'é-
mentaires de Paris, le terrain était mieux préparé et la candidature de Louis-Napoléon fut indirectement posée par
des affiches signées de pseudonymes populaires sous lesquels se cachaient MM. Laity et de Persigny (1). On faisait

---

(1) Dans le premier moment, M. de Persigny avait eu un
instant de défaillance ; devant l'aurore éclatante de la République
il avait abjuré un instant sa foi napoléonienne. Lui, qui disait en 1834 : « Je veux être le Loyola de l'Empire, » —
comme saint Pierre, il renia son maître. Il se présenta en
avril 1848 aux électeurs de la Loire en se plaçant sous le
bénéfice des déclarations suivantes :
« ..... Quant à mes opinions, je vais vous les exposer avec
« franchise. Hier, je croyais sincèrement que, entre des habi-
« tudes monarchiques et la forme républicaine, but naturel de
« tous les perfectionnements politiques, il fallait encore une
« phase intermédiaire et je pensais que le sang de Napoléon,
« inoculé aux veines de la France, pouvait mieux, que tout
« autre la préparer au régime des libertés publiques ; mais,
« après les grands événements qui viennent de s'accomplir,
« je déclare que la République régulièrement constituée pourra
« compter sur mon dévouement le plus absolu. Je serai donc
« loyalement et franchement républicain... Je termine par une
« dernière et solennelle déclaration. Délivré par le peuple, je
« dois ma vie au service du peuple, tout ce que Dieu voudra
« m'accorder de courage, d'intelligence et de résolution sera
« désormais consacré à l'affranchissement de la seule servitude
« qui pèse encore sur lui, de la servitude de la misère.
                                « FIALIN-PERSIGNY. »
Une lettre adressée aux divers comités électoraux de la Loire
accompagnait cette profession de foi. La lettre se termine
ainsi :
« J'espère que personne n'opposera à ma candidature des
« préventions basées sur l'amitié dont m'honore le prince Louis-
« Napoléon. Ainsi que j'ai eu l'honneur de le dire à M. de La-
« martine, lorsque j'ai été chargé d'annoncer au gouvernement
« provisoire l'arrivée du Prince à Paris, le neveu de l'Empereur,
« ayant reconnu le gouvernement provisoire de la République,
« n'est plus qu'un *simple* citoyen. Il est prêt non-seulement à

appel dans ces affiches aux sentiments populaires, à l'affection du peuple pour le premier empire, et on rappelait les idées démocratiques de Louis-Napoléon, attestées par son livre sur *l'Extinction du paupérisme*. En même temps des journaux créés pour la circonstance, le *Napoléonien*, le *Napoléon républicain*, le *Petit Caporal* faisaient une propagande active.

M. Louis-Napoléon fut nommé à Paris et dans trois autres départements : l'Yonne, la Charente-Inférieure, la Corse.

« servir son pays, à quelque titre que ce soit, mais même à
« rester volontairement en exil, si son nom peut être un em-
« barras dans les circonstances présentes. Et quant à ses amis,
« ils feront toujours passer le dévouement au pays avant le
« dévouement à un homme. »

M. Joseph Delaroa, dans son livre sur *Le duc de Persigny et les Doctrines de l'Empire*, ne mentionne pas ces documents et passe sous silence complètement la candidature de M. Persigny qui ne reçut pas d'ailleurs un accueil favorable auprès des électeurs :

« M. de Persigny, qui était resté détenu jusqu'à la révolution
« de 1848, dit M. Delaroa, fut un des premiers à se réjouir
« de voir la nation, par l'établissement du suffrage universel,
« mise en possession du droit de se donner un gouvernement.
« Lui et ses amis jetèrent *aussitôt* en avant le nom de Na-
« poléon. A peine ce nom fut-il prononcé qu'il devint une es-
« pérance et un signe de ralliement. M. de Persigny, soupçonné
« de provoquer des sympathies en faveur de l'héritier de l'Em-
« pereur, fut arrêté par les ordres du gouvernement provi-
« soire et enfermé à la Conciergerie, où il se trouvait encore
« pendant les sanglantes journées de juin. »

On voit qu'il y a dans ce récit une légère lacune. C'est après l'insuccès de sa tentative électorale que M. de Persigny se rejeta à corps perdu dans la conspiration napoléonienne. M. de Persigny ne fut arrêté que dans la nuit du 12 ou 13 juin, après la fameuse séance où M. de Lamartine tenta par un effet de mise en scène, d'obtenir de l'Assemblée le vote, du décret qui maintenait l'exil de Louis Bonaparte.

Proudhon appréciait ainsi cette élection dans le *Représentant du peuple :*

« Le peuple a voulu se passer cette fantaisie princière,
« qui n'est pas la première du genre, et Dieu veuille que
« ce soit la dernière! Il y a huit jours le citoyen Bonaparte
« n'était qu'un point noir dans un ciel en feu ; avant hier
« ce n'était qu'un ballon gonflé de fumée ; aujourd'hui c'est
« un nuage qui porte dans ses flancs la foudre et la tem-
« pête. »

La Commission exécutive et l'Assemblée nationale renouvelèrent la faute qu'avait faite le gouvernement provisoire en ouvrant et en prolongeant la discussion sur l'admission de M. Louis Bonaparte. M. de Lamartine fit à cette occasion une sorte de coup de théâtre qui accroissait singulièrement l'importance du prince en le désignant comme un grave danger public. M. Jules Favre se fit l'avocat du prince dans l'Assemblée. Ces débats qui passionnaient le public ne pouvaient que servir la cause du bonapartisme (1).

L'Assemblée adopta les conclusions de M. Jules Favre. Mais le prince, calculant l'intérêt qu'il y avait pour lui à rester dans un éloignement, qui ne pouvait qu'accroître son prestige, et à obtenir une double consécration du suffrage universel par une réélection triomphale, ne voulut pas profiter du vote de l'Assemblée !

Il écrivit au président de l'Assemblée cette lettre hautaine, presque de défi, où il prenait déjà les allures d'une puissance avec laquelle il fallait compter :

« Monsieur le président, je partais pour me rendre à mon
« poste, quand j'apprends que mon élection sert de prétexte
« à des troubles déplorables et à des erreurs funestes. Je

---

(1) Voir sur ces débats *les Hommes de 1848*, où se trouvent reproduits les discours de MM. de Lamartine, Jules Favre et Ledru-Rollin, ch. VIII, p. 260, et suiv.

« n'ai pas cherché l'honneur d'être représentant du peuple,
« parce que je savais les soupçons injurieux dont j'étais
« l'objet. *Je recherchais encore moins le pouvoir.*

« *Si le peuple m'imposait des devoirs je saurais les
« remplir.* Mais je désavoue tous ceux qui me prêtent des
« intentions que je n'ai pas.

« Mon nom est un symbole d'ordre, de nationalité, de
« gloire, et ce serait avec la plus vive douleur que je le
« verrais servir à augmenter les troubles et les déchirements
« de la patrie. Pour éviter un tel malheur, je resterais plu-
« tôt en exil ; je suis prêt à tous les sacrifices pour le bon-
« heur de la France. »

Cette lettre, dans laquelle le mot de République n'était
pas prononcé, qui semblait regarder le titre de représentant comme au-dessous de la dignité de celui qui l'écrivait et
qui contenait comme un appel au peuple en faveur de la restauration impériale excita une grande rumeur dans l'Assemblée. M. Jules Favre, qui fut toujours sujet dans sa carrière parlementaire à ces brusques retours, monta à la tribune pour faire en quelque sorte amende honorable de son
discours.

Cette indignation bruyante, là où il eût fallu le dédain
silencieux, continuait à servir merveilleusement les intérêts
du prince. Le lendemain, il envoya une nouvelle lettre dont
le ton était beaucoup plus parlementaire et dans laquelle il
disait :

« Je désire l'ordre et le maintien d'une République, grande,
« sage, intelligente. »

Et il déposait sa démission « non sans de vifs regrets. »

Ceci se passait du 10 au 15 juin quelques jours avant
les malheureuses et funestes journées des 24 et 25 juin ; on
a prétendu que l'insurrection de juin avait été le résultat de
manœuvres des partis monarchiques, parmi lesquelles on a
voulu attribuer la plus grande part au parti bonapartiste. Nous
avons établi ailleurs (dans *les Hommes de* 1848), quel avait été

le véritable caractère de l'insurrection, et comment elle avait été le résultat des fautes du gouvernement provisoire, de son inintelligence des besoins populaires, de sa résistance aveugle aux réformes sociales, qui étaient considérées par le peuple comme la conséquence de la révolution de Février, et finalement de la dissolution imprudente et inhumaine des ateliers nationaux, sans que l'on voulût prendre aucun soin d'atténuer la transition pour cette armée de misérables jetés sur le pavé, auxquels on n'offrait d'autre alternative que la transportation en Sologne ou la servitude militaire, la misère ou l'esclavage.

Sans doute, les partis hostiles à la République s'efforcèrent de faire leur profit de ces funestes événements, mais leur rôle fut accessoire et limité. Ce n'étaient pas eux qui avaient provoqué le mouvement, et ce n'étaient pas eux qui le dirigeaient; le parti bonapartiste y joua son rôle comme les autres (1); mais on aurait tort d'exagérer son importance encore à cette époque. Non, l'insurrection de juin ne fut pas le premier anneau de la conspiration

---

(1) Il fut triste le rôle du bonapartisme dans les événements de juin ! M. Louis Blanc le fit ressortir dans un numéro du *Nouveau Monde* :

« Un des principaux inculpés, un des plus sévèrement punis,
« dans l'affaire du général de Bréa ce fut un conducteur des
« ponts et chaussées nommé Luc. Or voici ce que raconte dans
« sa déposition le témoin Renaud, caporal de la garde natio-
« nale mobile :

« J'allai au logement de Luc, j'y trouvai un fusil et une baïon-
« nette, et une lettre adressée par lui à Napoléon qui était à
« Auteuil... — Longtemps avant les événements, Lahr, un de
« ceux qui furent exécutés, proclamait hautement son dévouement
« à la cause de Louis-Napoléon. Il racontait à ses voisins que,
« soldat dans un régiment d'artillerie, en garnison au fort de
« Ham, M. Louis-Napoléon lui avait remis une fois vingt francs
« pour acheter des pipes et du tabac, et que, la commission
« faite, le neveu de l'Empereur avait généreusement refusé de
« prendre la monnaie... »

impériale. D'ailleurs les véritables partisans du prince n'étaient pas alors, et ne furent pas dans la suite, parmi les ouvriers socialistes des villes qui formaient le gros de l'armée insurrectionnelle. Les partisans du bonapartisme, ils étaient un peu partout, parmi les républicains modérés, dans l'Assemblée, dans l'armée, dans la garde mobile dont le lieutenant Aladenize était un des principaux officiers. La persistance implacable, avec laquelle le gouvernement du prince Louis-Napoléon refusa l'amnistie aux transportés de juin suffit à les justifier, et ce n'est pas de leurs rangs que s'élevèrent plus tard des abjurations tardives d'anciennes illusions napoléoniennes ou des accusations de trahison adressées au prince par les partis qui avaient compté sur lui.

Aux élections complémentaires de septembre, M. Louis-Bonaparte fut réélu à Paris et dans quatre autres départements, l'Yonne, la Charente-Inférieure, la Moselle et la Corse.

Le 26 septembre, le prince, qui n'était plus que le citoyen Louis-Napoléon Bonaparte, fit son entrée dans l'Assemblée, et il fut admis cette fois sans contestation. Il adressa à ses nouveaux collègues l'allocution suivante :

« Citoyens représentants, il ne m'est pas permis de garder
« le silence après les calomnies dont j'ai été l'objet. J'ai
« besoin d'exprimer hautement et dès le premier jour où il
« m'est permis de siéger dans cette enceinte, les vrais sen-
« timents qui m'animent, qui m'ont toujours animé !

« Après trois ans de proscription et d'exil, je retrouve
« enfin ma patrie et mes droits de citoyen. *La République*
« *m'a fait ce bonheur. Qu'elle reçoive mon serment de re-*
« *connaissance et de dévouement*, et que les généreux com-
« patriotes, qui m'ont envoyé dans cette enceinte, soient
« très-certains qu'ils me verront toujours dévoué à cette
« noble tâche, qui est la nôtre à tous : assurer l'ordre et la
« tranquillité, qui est le premier besoin du pays ; développer

« les institutions démocratiques que le peuple a le droit de
« réclamer.

« Longtemps, citoyens, je n'ai pu consacrer à mon pays
« que les méditations de l'exil et de la captivité. Aujour-
« d'hui la carrière où vous marchez m'est ouverte. Recevez
« moi dans vos rangs, chers collègues, avec le sentiment
« d'affectueuse sympathie qui m'anime moi-même. Ma con-
« duite, vous ne devez pas en douter, sera toujours inspirée
« par un dévouement respectueux à la loi ; elle prouvera
« à tous ceux qui ont tenté de me noircir que nul plus
« que moi n'est voué à la défense de l'ordre et à l'affermis-
« sement de la République. »

Le prince acquit une rapide popularité, et son influence
s'augmentait chaque jour de tout le terrain que perdaient
ceux qui gouvernaient la République, et qui n'ayant su
donner au pays ni l'ordre, ni la sécurité, ni la liberté, en
étaient arrivés à abdiquer eux-mêmes honteusement dans les
mains des anciens partis monarchiques, lesquels allaient remettre au prince Louis-Napoléon ce dépôt de la République
qui leur était confié. Le prince Louis-Napoléon ne fut pas,
comme nous l'avons établi, le candidat de M. de Girardin ni
de personne autre, il fut le candidat de la coalition monarchique et cléricale ; il fut le candidat de M. Thiers, flan-
qué de M. de Falloux.

C'était ce danger de l'élection du prince Louis Napoléon
qu'avait principalement en vue M. Grévy, lorsqu'il proposa
son fameux amendement ; ce fut ce danger que M. de Lamartine consentit expressément à affronter, sans se dissimuler d'ailleurs sa gravité, lorsqu'il repoussa l'amendement de M. Grévy (1).

En admettant le principe de la Présidence, l'Assemblée
élevait précisément dans la République ce trône impérial
que rêvait M. Louis Bonaparte.

---

(1) Voir sur cette discussion les Hommes de 1848, ch. XI.

Le 10 octobre, quand le principe fut voté, M. Antony Thouret tenta un dernier effort pour écarter le danger. Il proposa un amendement ainsi conçu :

« Aucun membre des familles qui ont régné sur la
« la France ne pourra être élu président ou vice-président
« de la République. »

L'attaque était directe ; si directe que M. Louis Bonaparte qui gardait d'ordinaire un silence imperturbable, crut devoir se lever pour y répondre :

« Citoyens, dit-il, je ne viens pas repousser l'amende-
« ment ; certainement j'ai été assez récompensé en recou-
« vrant tout à coup mes droits de citoyen, pour n'avoir
« maintenant aucune ambition.

« Je ne viens pas non plus réclamer pour ma conscience
« contre les calomnies qu'on se plaît à répandre, contre
« ce nom de prétendant qu'on s'obstine à me donner. Mais
« c'est au nom des trois cent mille électeurs qui m'ont
« donné itérativement leurs suffrages, que je viens désa-
« vouer ce nom qu'on me jette toujours à la tête. »

Peu de temps après, la candidature de M. Louis-Napoléon à la présidence de la République fut officiellement annoncée. M. Clément Thomas ayant un jour demandé à la tribune *sur quels titres réels* s'appuyaient les prétentions du candidat, et ayant fait observer que le prince n'assistait que très-rarement aux séances, et s'abstenait de prendre part aux votes, si bien que l'on ne savait ni d'où il venait, ni où il allait, ni ce qu'il voulait, — M. Louis Bonaparte lui répondit le 26 octobre :

« Je ne parle pas de mes sentiments et de mes opinions,
« je les ai déjà manifestés, et *jamais personne n'a pu en-
« core douter de ma parole.*

« Quant à ma conduite parlementaire, de même que je
« ne me permettrai jamais de demander compte à aucun de
« mes collègues de celle qu'il aura choisie, de même je ne

« reconnais à personne le droit de m'interpeller: ce compte,
« je ne le dois qu'à mes commettants ?

« De quoi m'accuse-t-on ? D'accepter du sentiment popu-
« laire une candidature que je n'ai pas recherchée. Eh
« bien ! oui, je l'accepte cette candidature qui m'honore. Je
« l'accepte parce que des élections successives et le décret
« unanime de l'Assemblée contre la proscription de ma fa-
« mille m'autorisent à croire *que la France regarde mon nom
« comme pouvant servir à la consolidation de la société.*

« Ceux qui m'accusent d'ambition connaissent peu mon
« cœur. Si un devoir impérieux ne me retenait pas ici, si les
« sympathies de mes concitoyens ne me consolaient de l'ani-
« mosité de quelques attaques et de l'impétuosité même de
« quelques défenses, il y a longtemps que j'aurais regretté l'exil.

« On voudrait que j'eusse montré de grands talents et
« occupé brillamment cette tribune. Mais il n'est donné qu'à
« peu de personnes d'apporter une parole éloquente au
« service d'idées justes et saines. N'y a-t-il qu'un seul moyen
« de servir le pays ? Ce qu'il lui faut surtout, c'est un gou-
« vernement stable, intelligent, ferme, sage, qui pense plus
« à guérir les maux de la société qu'à les venger. Quelque-
« fois on triomphe mieux par une conduite habile et pru-
« dente que par les baïonnettes quand elles ne s'appuient
« pas sur l'expérience et sur la raison.

« Citoyens représentants, on veut, je le sais, semer mon
« chemin d'écueils et d'embûches. Je n'y tomberai pas, je
« suivrai la voie que je me suis tracée, sans m'inquiéter,
« sans m'irriter. Je saurai montrer toujours le calme d'un
« homme *résolu à faire son devoir. Je ne veux que méri-
« ter l'estime de l'Assemblée nationale et de tous les hom-
« mes de bien,* la confiance de ce peuple magnifique qu'on
« a si légèrement traité hier (1).

---

(1) M. Clément Thomas avait dit en parlant de la candidature de M. Louis-Bonaparte :

« Je lui demande s'il n'est pas vrai que partout dans les dé-

« Je déclare donc ceux qui voudraient organiser con-
« tre moi un système de provocation que je ne répondrai
« à aucune interpellation, à aucune espèce d'attaque. Je ne
« répondrai pas à ceux qui voudraient me faire parler alors
« que je veux me taire. Je resterai inébranlable contre tou-
« tes les attaques, impassible contre toutes les calomnies. »

Ce discours était incontestablement très-habile : il affectait une certaine hauteur princière qui ne déplait pas dans notre démocratique pays de France ; il flattait à la fois les espérances conservatrices et les espérances populaires ; à un moment où on était dégoûté du système parlementaire, sous l'impression de l'incapacité des rhéteurs et des désastres auxquels ils avaient entraîné la France, il faisait entrevoir un gouvernement « stable, intelligent et ferme qui « songerait plus à guérir les maux de la société qu'à les « venger », ce qui ne pouvait manquer de séduire ceux qui n'étaient pas en garde contre le gouvernement personnel. Enfin il faisait résonner avec affectation les sentiments d'honneur et de devoir qui ne restent jamais sans écho dans les cœurs.

Voici le manifeste électoral du candidat :

« LOUIS-NAPOLÉON BONAPARTE

A SES CONCITOYENS.

« Pour me rappeler de l'exil, vous m'avez nommé
« représentant du peuple. A la veille d'élire le premier
« magistrat de la République, mon nom se présente à
« vous comme symbole d'ordre et de sécurité.

« Ces témoignages d'une confiance si honorable s'adres-

« partements on présente cette candidature à la partie la moins
« éclairée de la population. »

« sent, je le sais, bien plus à ce nom qu'à moi-même,
« qui n'ai rien fait encore pour mon pays; mais plus la
« mémoire de l'Empereur me protège et inspire vos suf-
« frages, plus je me sens obligé de vous faire connaître
« mes sentiments et mes principes. Il ne faut pas qu'il y ait
« d'équivoque entre vous et moi.

« *Je ne suis pas un ambitieux qui rêve tantôt l'Empire*
« *et la guerre*, tantôt l'application de théories subversives.
« *Élevé dans les pays libres, à l'école du malheur, j*
« *resterai toujours fidèle aux devoirs* que m'imposeront
« vos suffrages et les volontés de l'Assemblée.

« Si j'étais nommé Président, je ne reculerais devant
« aucun danger, devant aucun sacrifice pour défendre
« la société si audacieusement attaquée : je me dévouerais
« tout entier, sans arrière-pensée, à l'affermissement d'une
« république sage par ses lois, honnête par ses intentions,
« grande et forte par ses actes.

« *Je mettrais mon honneur à laisser, au bout de quatre*
« *ans, à mon successeur le pouvoir affermi, la liberté*
« *intacte,* un progrès réel accompli.

« Quel que soit le résultat de l'élection, je m'inclinerai
« devant la volonté du peuple, et mon concours est acquis
« d'avance à tout gouvernement juste et ferme qui réta-
« blisse l'ordre dans les esprits comme dans les choses ;
« qui protège efficacement la religion, la famille, la pro-
« priété, bases éternelles de tout état social, qui provoque
« les réformes possibles, calme les haines, réconcilie les
« partis, et permette ainsi à la patrie inquiète de compter
« sur un lendemain.

« Rétablir l'ordre, c'est ramener la confiance, pourvoir
« par le crédit à l'insuffisance passagère des ressources,
« restaurer les finances.

« Protéger la religion et la famille, c'est assurer la liberté
« des cultes et *la liberté de l'enseignement*.

« Protéger la propriété, c'est maintenir l'inviolabilité

« des produits de tous les travaux ; c'est garantir l'indé-
« pendance et la sécurité de la possession, fondements
« indispensables de la liberté civile.

« Quant aux réformes possibles, voici celles qui me
« paraissent les plus urgentes :

« Admettre toutes les économies qui, sans désorganiser
« les services publics, permettent la diminution des impôts
« les plus onéreux au peuple ; encourager les entreprises
« qui, en développant les richesses de l'agriculture, peu-
« vent en France et en Algérie donner du travail aux bras
« inoccupés ; pourvoir à la vieillesse des travailleurs par
« des institutions de prévoyance ; introduire dans nos lois
« industrielles les améliorations qui tendent, non à ruiner
« le riche au profit du pauvre, mais à fonder le bien-être
« de chacun sur la prospérité de tous ;

« *Restreindre dans de justes limites le nombre des*
« *emplois qui dépendent du pouvoir, et qui souvent font*
« *d'un peuple libre un peuple de solliciteurs ;*

« Éviter cette tendance funeste qui entraîne l'État à
« exécuter lui-même ce que les particuliers peuvent faire
« aussi bien et mieux que lui. *La centralisation des*
« *intérêts et des entreprises est dans la nature du despo-*
« *tisme.* La nature de la république repousse le monopole;

« Enfin, préserver la liberté de la presse des deux excès
« qui la compromettent toujours : l'arbitraire et sa propre
« licence.

« *Avec la guerre, point de soulagement à nos maux.*
« La paix serait donc le plus cher de mes désirs. La France,
« lors de sa première révolution, a été guerrière parce
« qu'on l'avait forcée de l'être. A l'invasion, elle répondit
« par la conquête. Aujourd'hui qu'elle n'est pas provoquée,
« elle peut consacrer ses ressources aux améliorations
« pacifiques, sans renoncer à une politique loyale et résolue.
« Une grande nation doit se taire, ou ne jamais parler en
« vain.

« Songer à la dignité nationale, c'est songer à l'armée,
« dont le patriotisme si noble et si désintéressé a été sou-
« vent méconnu. Il faut, tout en maintenant les lois
« fondamentales qui font la force de notre organisation
« militaire, alléger et non aggraver le fardeau de la cons-
« cription. Il faut veiller au présent et à l'avenir, non-
« seulement des officiers, mais aussi des sous-officiers et
« des soldats, et préparer aux hommes qui ont servi
« longtemps sous les drapeaux une existence assurée.

« La République doit être généreuse et avoir foi dans
« son avenir ; aussi, moi qui ai connu l'exil et la captivité,
« j'appelle de tous mes vœux le jour où la patrie pourra,
« sans danger, faire cesser toutes les proscriptions et effacer
« les dernières traces de nos discordes civiles.

« Telles sont, mes chers concitoyens, les idées que j'ap-
« porterais dans l'exercice du pouvoir, si vous m'appellez
« à la présidence de la République.

« La tâche est difficile, la mission immense, je le sais !
« Mais je ne désespérerais pas de l'accomplir en conviant
« à l'œuvre, sans distinction de parti, les hommes que re-
« commandent à l'opinion publique leur haute intelligence
« et leur probité.

« D'ailleurs quand on a l'honneur d'être à la tête du peu-
« ple français, il y a un moyen infaillible de faire le bien :
« c'est de le vouloir.

« Louis-Napoléon Bonaparte. »

Tout était vague dans ce manifeste, à part cet engagement: *Je mettrai mon honneur à laisser au bout de quatre ans le pouvoir*, pris évidemment en vue de calmer les défiances.

On pouvait pressentir son alliance avec les catholiques par l'allusion faite à la *liberté de l'enseignement*. Mais, en réalité, tous, tous ceux du moins qui se contentent de promesses vagues, tous pouvaient y trouver leur compte, aussi bien les conservateurs, qui voulaient pourvoir avant tout à la protection de la religion, de la famille et de la propriété, que les socialistes sages auxquels toutes les réformes possibles étaient promises.

Le commentaire de ce manifeste, fallait-il le chercher dans les écrits antérieurs du prince qui affirmait hautement et avec fermeté les principes de liberté, de démocratie et de progrès social ?

Fallait-il le chercher dans cette page des *Rêveries politiques* ?

« Une des raisons qui engagent les patriotes à écrire,
« c'est le désir ardent d'améliorer la condition des peuples ;
« car si l'on jette un coup d'œil sur les destinées des di-
« verses nations, on recule d'épouvante et l'on s'élève alors
« pour défendre la voix de la raison et de l'humanité. En
« effet, que voit-on partout ? Le bien-être de tous sacrifié
« non aux besoins, mais aux caprices d'un petit nombre.
« Partout deux partis en présence : l'un qui marche vers
« l'avenir pour atteindre l'utile ; l'autre qui se cramponne
« au passé pour conserver les abus. Là, on voit un despote
« qui opprime ; ici, *un élu du peuple qui corrompt ;* là, un
« peuple esclave qui meurt pour acquérir son indépendance ;
« ici, un peuple libre qui languit parce qu'on lui dérobe sa
« victoire.

« Là où il n'y a pas eu de révolution, il est aisé de com-
« prendre que le pouvoir soit rétif et s'entoure de privi-
« léges ; *mais là où il y a eu révolution, là où le peuple
« a renversé un pouvoir odieux pour ramener la gloire et
« la liberté*, VOIR LES VAINCUS PROFITER DE LA VICTOIRE,
« ÉTOUFFER L'ENTHOUSIASME ET RELEVER CE QUE LE PEUPLE
« AVAIT DÉTRUIT DANS SA COLÈRE, c'est ce qui surpasse
« l'imagination, et doit servir de leçon à la postérité.

« Le plus difficile n'est pas d'acquérir la liberté, c'est de
« la conserver, et comment la conserver lorsque ceux qui
« devraient la défendre l'attaquent sans cesse ? Ce n'est plus

« seulement la force brutale qui commande ou la trahison
« qui tue, c'est un esprit doctrinaire qui détruit tout germe
« vital. *C'est cet esprit qui, peu inquiet de l'honneur de
« la France, a tout abandonné à la peur de l'anarchie* qui
« n'était point à craindre ou d'une guerre que nous ne pou-
« vions redouter.

« C'est une fausse idée d'utilité que celle qui sacrifie
« mille avantages réels pour un inconvénient imaginaire ou
« de peu d'importance. *Elle tendrait donc à priver les
« hommes du feu, parce qu'il incendie, et de l'eau parce
« qu'elle inonde.* Ah ! pourquoi la belle révolution de Juil-
« let a-t-elle été flétrie par des hommes qui, redoutant de
« planter l'arbre de la liberté, ne veulent qu'en greffer des
« rameaux sur un tronc que les siècles ont pourri et dont
« la civilisation ne veut plus !

« Le malaise général qu'on remarque en Europe vient du
« peu de confiance que les peuples ont en leurs souverains.
« TOUS ONT PROMIS, AUCUN N'A TENU. Les besoins que la
« civilisation fait naître se font sentir dans tous les pays ;
« partout les peuples demandent, partout les rois refu-
« sent. »

Fallait-il chercher le commentaire du manifeste de
M. Louis-Napoléon Bonaparte, dans les comparaisons qu'il
se plaisait à faire autrefois entre l'Angleterre et la France?
entre l'Angleterre où l'on a un si profond respect de la
liberté individuelle, où le droit de réunion, considéré comme
le droit essentiel des citoyens, s'exerce si complétement,
— et la France misérablement privée de ces mœurs publiques qui font que le pouvoir respecte la liberté et que tous
les citoyens se lèveraient pour venger la moindre atteinte
à leur droit, la France où *la religion des principes* est à
créer.

« Ne devons-nous pas rougir, » disait le prince Louis-
Napoléon dans un de ses articles au *Progrès du Pas-de-Calais*, « ne devons-nous pas rougir, nous peuple libre, ou

« qui du moins nous croyons tel, puisque nous avons fait
« plusieurs révolutions pour le devenir ; ne devons-nous
« pas rougir, disons-nous, en songeant que même l'Irlande,
« la malheureuse Irlande, jouit, sous certains rapports,
« d'une liberté plus grande que la France de Juillet? Ici,
« par exemple, vingt personnes ne peuvent se réunir sans
« l'autorisation de la police, tandis que dans la patrie
« d'O'Connell des milliers d'hommes se rassemblent, dis-
« cutent leurs intérêts, menacent les fondements de l'em-
« pire britannique, sans qu'un ministre ose violer la loi qui
« protége en Angleterre le droit d'association. »

« En France, où l'on se montre si jaloux de tout ce qui
« touche à l'égalité et à l'honneur national, » disait le prince
dans un autre article, « on ne s'attache pas religieuse-
« ment à la liberté individuelle. Qu'on trouble la tranquillité
« des citoyens, qu'on viole leur domicile, qu'on leur fasse
« subir pendant des mois entiers un emprisonnement pré-
« ventif, enfin qu'on méprise les garanties individuelles,
« quelques hommes généreux élèvent la voix, mais l'opi-
« nion publique restera calme et impassible tant que vous
« n'éveillerez pas une passion politique.

« Là est la plus grande raison de la violence du pouvoir :
« il peut être arbitraire, parce qu'il ne trouve pas de frein
« qui l'arrête. En Angleterre, au contraire les passions po-
« litiques cessent devant une violation du droit commun.
« C'est que l'Angleterre est un pays légal et que la France ne
« l'est pas encore devenue ; c'est que l'Angleterre est un
« pays fortement constitué, tandis que la France lutte tour
« à tour depuis quarante ans contre les révolutions et les
« contre-révolutions et que la religion des principes y est
« à créer. »

Fallait-il chercher le commentaire du manifeste de
M. Louis Napoléon Bonaparte, dans son livre socialiste,
l'Extinction du paupérisme? Fallait-il le chercher dans
cette exposition si ferme et si nette du problème social :

« Aujourd'hui la rétribution du travail est fixée par le
« hasard ou la violence. C'est le maître qui opprime ou
« l'ouvrier qui se révolte..... La classe ouvrière ne possède
« rien, il faut la rendre propriétaire. Elle n'a de richesse
« que ses bras, il faut donner à ses bras un emploi utile
« pour tous. Elle est comme un peuple d'ilotes au milieu
« d'un peuple de sybarites. Il faut lui donner une place
« dans la société et associer ses intérêts à ceux du sol.
« Enfin elle est sans organisation et sans liens, sans droits
« et sans avenir, il faut la relever à ses propres yeux par
« l'association, l'éducation, *et la discipline.* »

« Aujourd'hui, » concluait le prince, « le but de tout
« gouvernement habile devrait être de tendre par ses efforts
« à ce que l'on puisse dire bientôt : Le triomphe du chris-
« tianisme a détruit l'esclavage ; le triomphe de la Révolu-
« tion française a détruit le servage ; le triomphe des idées
« démocratiques a détruit le paupérisme. »

S'il arrivait à ce gouvernement d'une république qu'il
avait rêvé toute sa vie, le prince voudrait-il qu'on pût le
ranger dans cette catégorie par lui des souverains stigmatisés *qui ont tout promis et qui n'ont rien tenu* ?

Voilà les questions qu'il était permis de se poser avant
l'élection de M. Louis-Napoléon Bonaparte à la présidence
de la République ! mais que l'on dut surtout se poser avec
anxiété lorsque le suffrage universel eut prononcé et eut
jeté la République dans cette nouvelle aventure du gouvernement d'un prétendant impérial !

La veille de l'ouverture du scrutin, le maire de Saint-
Brieuc demandait dans une lettre adressée au maréchal
Bugeaud, qui avait lui-même songé un instant à poser sa
candidature :

« Pour qui devons-nous voter, pour le général Cavai-
« gnac, ou pour le prince Louis ? »

Le maréchal répondit :

« Le général Cavaignac, c'est la République ; Louis Bo-

16

« naparte, c'est l'inconnu ; — Je vote pour l'inconnu. »

C'est ainsi que par haine de la République, la coalition des partis dynastiques porta ses suffrages sur M. Louis-Bonaparte. La popularité de la légende napoléonienne parmi le peuple ignorant des campagnes fit le reste. Et le candidat de l'inconnu fut élu Président de la République par 5,434,226 voix.

CHAPITRE II.

LA CONSPIRATION IMPÉRIALE.

Nous avons retracé dans la première partie de cet ouvrage la conspiration des partis monarchiques coalisés contre la République. Dès le lendemain de la loi du 31 mai, quand on crut la démocratie abattue et le socialisme écrasé sous ce dernier coup, la division commença à se mettre dans le camp des coalisés : les vainqueurs commencèrent à se disputer entre eux pour savoir qui profiterait de la victoire. Nous allons retracer, dans cette seconde partie, les incidents de cette lutte qui finit par le triomphe définitif du parti bonapartiste, et qui aboutit au coup d'État du 2 décembre, prélude de la restauration impériale.

L'issue de la lutte, il faut bien le dire, ne pouvait guère être douteuse, et ceux qui après avoir porté au pouvoir le prince Louis-Napoléon croyaient pouvoir ensuite facilement l'écarter avaient agi avec une grande imprévoyance.

La force considérable que donnait au parti bonapartiste la possession du pouvoir avec la disposition exclusive de l'instrument si puissant de la centralisation, était encore le moindre de ses avantages. De tous les partis en présence, il était le seul qui fût organisé, le seul qui eût une direction et un chef désigné.

Il y avait bien le parti légitimiste qui était dans le même cas ; mais ce parti n'a aucune influence réelle ; il est représenté par une minorité impuissante, en contradiction déjà par son principe avec toutes les idées qui dirigent le monde moderne ; il devient tous les jours plus impopulaire par le concours qu'il apporte à toutes les réactions, par ses alliances avec tous les ennemis de la liberté politique et du progrès social.

Quant au parti orléaniste, il manquait absolument dès lors, comme il manque encore aujourd'hui, de direction, d'initiative, d'esprit politique et de tout ce qui peut constituer à un parti une influence réelle. Il lui manque un homme qui le personnifie et le représente. Toute son action est neutralisée par les compétitions de famille qui effacent complétement son représentant nominal, le comte de Paris ; ce parti n'a jamais su s'affirmer nettement. Il n'a pas un seul journal qui ait autorité pour parler en son nom, et il n'a dans le monde politique que des partisans honteux qui n'osent pas arborer leur drapeau, ou des partisans personnels ou compromettants, tels que MM. Thiers, Guizot, de Rémusat, d'Haussonville, et les autres l'exploitent, mais ne le servent pas.

Il n'a pas de programme déterminé, et il est le rendez-vous commun de tous les ambitieux qui, sous la dénomination suspecte de libéraux, voudraient reconstituer le doctrinarisme autoritaire. Les princes d'Orléans n'ont ni les vertus civiques, ni les vertus souveraines ; ils n'ont pas non plus de vices, mais c'est là précisément ce qui fait leur infériorité. Si jamais ils arrivaient au pouvoir, sous cette grande irresponsabilité des gens sans volonté, sans caractère, incapables d'exciter la haine ou l'enthousiasme, ils couvriraient tous les abus d'un despotisme d'autant plus dangereux qu'il serait plus tempéré ; et ils achèveraient de nous démoraliser et d'engourdir le génie de cette France vivace et glorieuse qui a si longtemps dirigé le monde dans les voies de la Révolution.

Le prince Louis-Napoléon dominait toutes les compétitions par la double supériorité de son ambition fixe et persévérante et de la popularité légendaire de son nom.

Le résultat de l'élection du 10 décembre, qui nommait le citoyen Louis-Napoléon Bonaparte, Président de la République, fut proclamé le 20 décembre par l'Assemblée constituante.

Par la nouvelle Constitution, le serment avait été aboli pour tous les fonctionnaires de la République. Seul, le Président devait prêter serment de fidélité à la République et à la Constitution.

Après la prestation de ce serment qui avait ainsi une exceptionnelle solennité (1), le Président de la République

---

(1) La formule du serment était fournie par l'article 48 de la Constitution. Art. 48. « Avant d'entrer en fonction le président
« de la République prête au sein de l'Assemblée nationale, le
« serment dont la teneur suit : — En présence de Dieu et de-
« vant le peuple français représenté par l'Assemblée nationale,
« je jure de rester fidèle à la République démocratique, une et
« indivisible, et de remplir tous les devoirs que m'impose la
« Constitution. »

L'écueil principal de la Constitution de 1848 était la possibilité d'un conflit entre l'Assemblée, impuissante matériellement, et un Président ambitieux, investi de la disposition des forces organisées. Le cas était prévu par l'article 68 de la Constitution, qui fixait spécialement les devoirs du Président en vue desquels plus spécialement le serment exceptionnel lui était déféré :

« Art. 68. Le président de la République, les ministres et les
« agents dépositaires de l'autorité publique sont responsables,
« chacun en ce qui le concerne, de tous les actes du gouver-
« nement et de l'administration. Toute mesure par laquelle le
« président de la République *dissout l'assemblée est un crime*
« *de haute trahison, par ce seul fait le président est déchu de*
« *ses fonctions ; les citoyens sont tenus de lui refuser obéis-*
« *sance* ; le pouvoir exécutif passe de plein droit à l'assemblée
« nationale ; les juges de la Haute-cour de justice se réuniront à
« peine de forfaiture ; ils convoqueront les jurés dans les lieux
« qu'ils désigneront pour procéder au jugement du président et
« de ses complices, ils nommeront eux-mêmes les magistrats

demanda la parole, et il donna lecture des déclarations suivantes :

« Citoyens Représentants,

« Les suffrages de la nation et le serment que je viens
« de prêter commandent ma conduite future. *Mon devoir
« est tracé; je le remplirai en homme d'honneur.*

« Je verrai des ennemis de la patrie dans tous ceux qui
« tenteraient de changer, par des voies illégales, ce que la
« France entière a établi.

« Entre vous et moi, citoyens Représentants, il ne sau-
« rait y avoir de véritables dissentiments. Nos volontés,
« nos désirs sont les mêmes.

« Je veux, comme vous, rasseoir la société sur ses bases,
« affermir les institutions démocratiques, et rechercher tous
« les moyens propres à soulager les maux de ce peuple
« généreux et intelligent qui vient de me donner un témoi-
« gnage si éclatant de sa confiance.

« La majorité que j'ai obtenue non-seulement me pénètre
« de reconnaissance, mais elle donnera au gouvernement
« nouveau la force morale sans laquelle il n'y a pas d'au-
« torité.

« Avec la paix et l'ordre, notre pays peut se relever,
« guérir ses plaies, ramener les hommes égarés et calmer
« les passions.

« Animé de cet esprit de conciliation, j'ai appelé près de
« moi des hommes honnêtes, capables, et dévoués au pays,
« assuré que, malgré les diversités d'origine politique, ils
« sont d'accord pour concourir avec vous à l'application de
« la Constitution, au perfectionnement des lois, à la gloire
« de la République.

« chargés de remplir les fonctions de ministère public. Une loi
« déterminera les autres cas de responsabilité, ainsi que les
« formes et les conditions de la poursuite. »

« La nouvelle administration, en entrant aux affaires,
« doit remercier celle qui la précède des efforts qu'elle a
« faits pour lui transmettre le pouvoir intact, pour maintenir
« la tranquillité publique.

« La conduite de l'honorable général Cavaignac a été di-
« gne de la loyauté de son caractère et de ce sentiment du
« devoir qui est la première qualité du chef d'un État.

« Nous avons, citoyens Représentants, une grande mis-
« sion à remplir : c'est de fonder une République dans l'in-
« térêt de tous et un gouvernement juste, ferme, qui soit
« animé d'un sincère amour du progrès, sans être réaction-
« naire ou utopiste.

« Soyons les hommes du pays, non les hommes d'un
« parti, et, Dieu aidant, nous ferons du moins le bien, si
« nous ne pouvons faire de grandes choses. »

« Après ce discours, » dit le *Moniteur*, « l'Assemblée en-
« tière se lève et fait entendre à plusieurs reprises le cri de :
« *Vive la République !* — Le citoyen Louis Bonaparte se
« rend au banc où le général Cavaignac a été se placer et
« et ils échangent un serrement de main. »

M. de la Guéronnière, dans son *Étude sur Napoléon III*,
écrit :

« En apprenant le renversement de Louis-Philippe le
« prince Louis dit à sa cousine lady Douglas : *Avant un
« an je serai à la tête de la France*. Le 10 décembre 1848,
« cette prédiction était réalisée. »

M. Thiers, dans son *Histoire du Consulat*, rapporte le
trait suivant :

« Le lendemain du jour où il était établi aux Tuileries
« comme Premier Consul, le général Bonaparte les parcou-
« rant avec son secrétaire, M. de Bourrienne, lui dit : Eh
« bien ! Bourrienne, nous voilà donc aux Tuileries ! Mainte-
« nant il faut y rester. »

Un apologiste officieux, M. Amédée de Césena, dans
son *Introduction* de l'*Histoire d'un coup d'État*, par M. Bé-

louino, s'attache à montrer que le coup d'État a été longuement préparé et prémédité :

« Ce fut le message du 31 octobre, dit-il, qui éclaira les
« partis monarchiques sur le véritable caractère de la mis-
« sion providentielle que Louis-Napoléon *se sentait* appelé
« à remplir dans cette époque de transition entre le passé
« et l'avenir de la France. Dans ce message, le neveu de
« l'Empereur leur donnait un solennel et premier avertis-
« sement... Louis-Napoléon marcha vers son but dans l'iso-
« lement et le silence... Avec cette patience du lion qui
« sent sa force, il résolut de renfermer ses pensées dans sa
« grande âme et de contenir les bouillonnements de son
« noble cœur jusqu'à l'heure marquée pour l'accomplisse-
« ment de son œuvre de patriotisme. »

Il est certain que tous les actes du Président de la République révèlent cette préoccupation constante, cette marche lente, mais qui ne se laisse pas détourner, vers un but fixe.

Nous allons les passer rapidement en revue.

La lettre adressée à M. le général Changarnier le 19 février 1849, à la suite de la revue du Champ-de-Mars (1) et la lettre du 9 mai au général Oudinot, après le vote de l'Assemblée, indiquent nettement l'intention de se faire un

---

(1) Le 3 février, le Président avait déjà passé la revue de la 2e division de l'armée de Paris. A cette occasion, il avait fait une distribution de décorations aux officiers et aux soldats, et il avait prononcé les paroles suivantes : « Les déco-
« rations que j'ai à distribuer aujourd'hui sont en petit nom-
« bre, mais elles n'en sont que plus honorables pour ceux qui
« les ont obtenues. La croix de la Légion d'honneur a été trop
« souvent prodiguée sous les gouvernements qui m'ont précédé.
« Il n'en sera pas ainsi désormais. Je veux faire en sorte que
« la décoration de la Légion d'honneur ne soit plus que la ré-
« compense directe des services rendus à la patrie et qu'elle ne
« soit décernée qu'au mérite incontesté. C'est ainsi, Messieurs,
« que j'espère rendre à cette institution tout son glorieux pres-
« tige. »

parti dans l'armée, et d'établir un antagonisme entre l'esprit militaire et les institutions républicaines. Cette préoccupation éclate surtout dans un discours prononcé à Saumur, le 31 juillet 1849 :

« Ici l'esprit militaire est encore dans toute sa force, et,
« Dieu soit loué ! il n'est pas près de s'éteindre. N'oublions
« pas que cet esprit militaire est dans les temps de crise la
« sauvegarde de la patrie. Dans la première révolution,
« l'Empereur l'a dit, tandis qu'à l'intérieur tous les partis se
« décimaient et se déshonoraient réciproquement par leurs
« excès, l'honneur national s'était réfugié dans les armées.

« Réunissons donc tous nos efforts pour garder intact, pour
« développer cet esprit militaire ; *car, croyez-le, si les pro-*
« *duits des arts et des sciences méritent toute notre admi-*
« *ration, il y a quelque chose qui la mérite encore davan-*
« *tage, c'est la religion du devoir, c'est la fidélité au dra-*
« *peau.* »

Du reste, le Président s'associe sans réserve à l'ardeur de réaction qui anime la majorité de l'Assemblée, comme l'attestent son message du 7 juin 1849, sa proclamation après le 13 juin et son message du 12 novembre 1850. Nous avons vu que toujours son gouvernement a pris l'iniative des moyens de répression, assises préparées pour une restauration monarchique.

La première prorogation de l'Assemblée, en août 1849, lui laisse une liberté qu'il emploie à parcourir la France pour se rendre compte de l'état des esprits, et surtout pour se faire des partisans. Les inaugurations de chemins de fer offrent à ces voyages une occasion toute naturelle. Il va ainsi successivement à Chartres, à Amiens, à Angers, à Nantes, à Saumur, à Tours, à Rouen, à Elbœuf, à Epernay, à Sens. Partout, il prononce des discours calculés avec soin, pour exciter l'enthousiasme des populations en sa faveur, et surtout pour lancer les idées sur lesquelles il lui importe d'attirer la préoccupation publique.

C'est ainsi qu'à Tours, le 1er août, il dit, entre autres choses :

« Je ne suis pas venu au milieu de vous avec une arrière-
« pensée, mais pour me montrer tel que je suis, et non
« tel que la calomnie veut me faire. On a prétendu, on
« prétend encore à Paris que le gouvernement médite quel-
« que entreprise semblable au 18 brumaire. Mais sommes-
« nous dans les mêmes circonstances ? Les armées étrangères
« ont-elles envahi notre territoire ? La France est-elle
« déchirée par la guerre civile ? Y a t-il 100,000 familles
« mises hors la loi par la loi des suspects ? Enfin, la loi
« est-elle sans vigueur et l'autorité sans force ? Non, nous
« ne sommes pas dans des conditions qui nécessitent de si
« héroïques remèdes..... .

« Les lois que nous avons peuvent être plus ou moins
« défectueuses, mais elle sont susceptibles de perfectionne-
« ment. Confiez-vous donc à l'avenir sans songer ni aux
« coups d'État, ni aux insurrections. Les coups d'État n'ont
« aucun prétexte, les insurrections n'ont aucune chance de
« succès ; à peine commencées elles seraient immédiate-
« ment réprimées. »

En même temps, le *Moniteur* démentait solennellement la nouvelle donnée par quelques journaux que plusieurs conseils généraux des départements voulaient demander la révision immédiate de la Constitution :

« ..... Nous sommes heureux de pouvoir annoncer à ces
« journaux que nous croyons ces bruits tout à fait dénués
« de fondement.

« Nul ne peut empêcher, ces feuilles le savent bien,
« quelques personnes malveillantes d'inventer des projets
« de conspirations fabuleuses et de les répandre. C'est un
« moyen bien connu d'inquiéter les esprits, d'agiter l'opi-
« nion publique, et de nous éloigner du calme après lequel
« tous les bons citoyens soupirent ; ces manœuvres réus-
« sissent malheureusement toujours ; il faut donc s'attendre

« à en souffrir tant que les partis ne rougiront pas d'em-
« ployer pour se combattre des armes déshonnêtes.

« Nous ne pouvons cependant pas nous empêcher de
« faire remarquer l'impossibilité de cette demande de ré-
« vision immédiate de la Constitution de la part des con-
« seils généraux.

« La Constitution, en effet, est, pour un temps donné
« du moins, la loi suprême de la France. *En demander la
« révision avant l'époque fixée, serait un acte révolution-
« naire.* Nos lois même l'appellent un délit.

« Nous ne pouvons donc penser avec les feuilles citées
« plus haut que les conseils généraux composés d'hommes
« plus que personne intéressés à l'ordre et à la tranquillité,
« veuillent donner le signal du mépris et de la violation
« des lois, et nous faire rentrer dans l'ère des révolutions. »

Mais l'opération la plus remarquable de cette première campagne, c'est le voyage fait par le Président à Ham, dans la ville où il avait été si longtemps détenu, et son discours prononcé le 22 juillet :

« Aujourd'hui, qu'élu par la France entière, je suis
« devenu le chef légitime de cette grande nation, je ne
« saurais me glorifier d'une captivité qui avait pour cause
« l'attaque contre un gouvernement régulier. Quand on a
« vu combien les révolutions les plus justes entraînent de
« maux après elles, on comprend à peine l'audace d'avoir
« voulu assumer sur soi la terrible responsabilité d'un
« changement. Je ne me plains donc pas d'avoir expié ici,
« par un emprisonnement de six années, ma témérité con-
« tre les lois de ma patrie, et c'est avec bonheur que, dans
« les lieux mêmes où j'ai souffert, *je vous propose un
« toast en l'honneur des hommes qui sont déterminés,
« malgré leurs convictions, à respecter les institutions
« de leur pays.* »

Enfin par une sorte de procédé contradictoire que nous lui verrons employer souvent, le Président, qui, par sa lettre à Oudinot, s'était prononcé si formellement pour l'expédition romaine, écrivait, le 18 août, la fameuse lettre à Edgard Ney qui était une sorte de satisfaction donnée aux sentiments révolutionnaires vivement froissés par la restauration du pape.

Le couronnement de cette première campagne fut le message du 31 octobre inaugurant une politique personnelle avec un ministère personnel.

Rien ne fut changé en apparence dans la politique du gouvernement par le nouveau ministère ; mais le Président allait exercer dès lors une influence absolue et sans tempérament sur l'administration, il réunissait en ses mains tous les fils du pouvoir pour le moment où il voudrait tenter quelque chose, et le nouveau cabinet s'attacha spécialement à épurer le personnel de l'administration et du parquet de façon à ce que toutes les fonctions publiques fussent entre les mains d'hommes dévoués au Président. Tous les administrateurs républicains, même les plus modérés, furent révoqués, et dans le nombre M. Émile Ollivier, préfet à Chaumont. Cependant pour écarter toutes les inquiétudes qui s'étaient manifestées, le *Moniteur* publia la note suivante, à la date du 9 novembre, anniversaire du 18 brumaire :

« Le Président a dit dans son dernier message : *Je veux
« être digne de la confiance de la nation en maintenant
« la Constitution que j'ai jurée.* Ces paroles sont nettes,
« précises, à l'abri de l'interprétation et du doute : c'est
« presque la formule de son premier serment. Eh bien !
« dans certains journaux, dans les salons, dans l'Assemblée,
« partout enfin, on accrédite le bruit d'un prétendu coup
« d'État ; on suspend comme à plaisir cette menace sur la
« tête des personnes les plus faciles à alarmer ; on trouble
« méchamment la sécurité publique. Nous sommes autorisés à déclarer qu'il y a là intention perfide, calomnie

« odieuse, *insulte à la loyauté de celui qui ne viola*
« *jamais sa parole.* »

La session de 1850 fut signalée comme on sait par la loi du 31 mai, et l'union, à part de légers nuages, continua à subsister entre le Président et l'Assemblée sous la pression du danger commun.

Pendant la prorogation, le Président reprit ses voyages de propagande. Nous avons signalé les principaux incidents qui signalèrent cette seconde période : l'accueil hostile qui lui fut fait à Besançon et à Strasbourg, son discours dans cette dernière ville, ses protestations que *le titre qu'il ambitionnait le plus était celui d'honnête homme*, son discours à Lyon démentant les bruits de coup d'Etat, ses appels indirects, notamment dans son discours à Cherbourg, à la révision de la Constitution dont il repoussait si loin l'idée, l'année précédente.

Mais un des discours les plus significatifs fut encore celui qu'il prononça à Caen, le 3 novembre :

« Ce qu'on acclame en moi, c'est le représentant de l'ordre
« et d'un meilleur avenir.

« Quand je traverse vos populations, entouré d'hommes
« qui méritent votre estime et votre confiance, je suis
« heureux d'entendre dire : Les mauvais jours sont passés,
« nous en attendons de meilleurs.

« Aussi, lorsque partout la prospérité, semble renaître,
« il serait bien coupable celui qui tenterait d'en arrêter
« l'essor par le changement de ce qui existe aujourd'hui,
« quelque imparfait que ce puisse être.

« *De même, si des jours orageux devaient reparaître*
« *et que le peuple voulût imposer un nouveau fardeau au*
« *chef du gouvernement, ce chef, à son tour, serait bien*
« *coupable de déserter cette haute mission.*

« Mais n'anticipons pas trop sur l'avenir. Tâchons main-
« tenant de régler les affaires du pays, accomplissons
« chacun notre devoir : Dieu fera le reste. »

A Lyon, le Président avait dit :

« Je serai tout entier au pays, quelque chose qu'il exige « de moi, *abnégation* ou *persévérance*. »

Un recueil rédigé sous l'inspiration du ministère, se chargea de commenter ces expressions, et donna cet avertissement à l'Assemblée qui allait avoir prochainement à statuer sur la question de la révision de la Constitution, c'est-à-dire sur la question de la prorogation des pouvoirs du Président par une modification à l'acte constitutionnel. L'article est du 25 septembre 1850, et il porte la signature de M. La Tour du Moulin. Il est intitulé : « *Ce que veut le Président.* »

« Le pays inquiet a le droit de savoir quels seraient les
« projets de Louis-Napoléon dans le cas où les royalistes,
« unis ou désunis, des deux branches chercheraient à
« empêcher le prorogation *nécessaire* des pouvoirs prési-
« dentiels.

« Ces projets, que nous croyons connaitre, nous allons
« les exposer en peu de mots.

« Le but unique de Louis-Napoléon, c'est le rétablisse-
« ment de l'ordre, de la confiance, du crédit ; c'est en un
« mot de fermer l'ère des révolutions.

« Mais, *pour accomplir la mission pacificatrice que lui*
« *réserve la Providence*, il faut que le pouvoir du Président
« ait de la stabilité, de la durée.

« Louis-Napoléon ne répondrait pas au vœu des six
« millions de citoyens qui l'ont choisi comme le symbole
« des idées d'ordre et de sage progrès, inaugurées en 1789,
« s'il baissait humblement la tête devant la coalition
« royaliste qui agite impunément le pays (*c'est-à-dire*, s'il se démettait du pouvoir à l'expiration légale et constitutionnelle de ses fonctions).

« Louis-Napoléon espère donc que le moment venu de
« remettre en question l'avenir de la France, c'est-à-dire
« de consolider définitivement ce pouvoir ou de décréter

« l'anarchie, l'Assemblée nationale comprendra les devoirs
« que lui imposent les circonstances et l'immense respon-
« sabilité qu'elle assumerait devant l'histoire, si elle hésitait
« à voter la révision immédiate de la Constitution.

« Que si l'Assemblée, oubliant qu'avant tout, la France
« veut être rassurée, se refusait d'adopter une mesure que
« réclame impérieusement le salut public, Louis-Napoléon
« n'hésiterait pas à faire un appel au peuple tout entier
« dont il a reçu le mandat.

« Et le peuple déciderait si le Président de la République
« doit prendre pour devise :

« *Abnégation* ou *persévérance*. »

Le coup d'État était ainsi clairement annoncé, et il n'est pas douteux qu'il n'ait été dès ce moment résolu dans l'esprit du Président.

Cet article produisit une sensation profonde. Mais les explications franches et les déclarations loyales contenues dans le message du 12 novembre calmèrent en partie les inquiétudes provoquées par le voyage du Président et par les hypothèses audacieuses de ses amis.

Nous rappelons les principaux passage de ce document :

« Les ennemis seuls de la tranquillité publique ont pu
« dénaturer les plus simples démarches qui naissent de
« ma position.

« La règle invariable de ma vie politique sera, dans
« toutes les circonstances, de faire mon devoir, rien que
« mon devoir.

« Il est aujourd'hui permis à tout le monde, *excepté à*
« *moi*, de vouloir hâter la révision de notre pacte fonda-
« mental. Si la constitution renferme des vices et des dan-
« gers, tous ont été libres de les faire ressortir aux yeux du
« pays. *Moi seul, lié par mon serment*, je me renferme
« dans les strictes limites qu'elle a tracées..

« Ce qui me préoccupe surtout, soyez en persuadés, ce
« n'est pas de savoir qui gouvernera la France en 1852;

« c'est d'employer le temps dont je dispose, de manière à
« ce que la transition, quelle qu'elle soit, se fasse sans agi-
« tation et sans trouble.

« Le but le plus noble et le plus digne d'une âme élevée
« n'est point de rechercher quand on est au pouvoir par
« quels expédients ou s'y perpétuera, mais de veiller sans
« cesse aux moyens de consolider à l'avantage de tous les
« principes d'autorité et de morale, qui défient les passions
« des hommes et l'inviolabilité des lois.

« Je vous ai loyalement ouvert mon cœur ; vous répon-
« drez à ma franchise par votre confiance, à mes bonnes
« intentions par votre concours, et Dieu fera le reste »

Le 10 décembre, M. Louis Bonaparte assistant à un banquet que lui offrit le président de l'Assemblée, à l'occasion de l'anniversaire de son élection, porta un toast : *A la concorde des pouvoirs publics !* Il développa ainsi son toast :

» Je suis heureux de cette occasion solennelle de nous
« féliciter ensemble du repos dont jouit le pays. Mais ce
« repos a aussi son danger. Les périls renaissent, la sécu-
« rité diminue. Le bien ne peut-il donc se produire sans por-
« ter en lui un germe de dissolution ? Rien ne serait plus
« digne des pouvoirs publics que de donner l'exemple du
« contraire. Puisse donc notre union continuer dans le
« calme comme elle s'était formée pendant la tempête ! »

Ces vœux étaient vains. Ce n'était pas la divergence des principes, c'était la similitude des ambitions qui rendait tout accord impossible, suivant le mot profond de Béranger à propos du gouvernement provisoire, qui pouvait trouver pareillement ici son application.

C'est au moment même où il faisait ces protestations que le Président arrêtait définitivement le plan du coup d'État, s'il faut en croire l'affirmation d'un de ses historiens, M. Mayer, dans son *Histoire du Deux décembre* :

« Ou nous nous trompons fort, ou les premiers germes

« du coup d'État qui devait éclater dix mois plus tard
« couvèrent dès lors et devinrent une volonté arrêtée, et
« nous venons dire que si les événements dont nous re-
« traçons l'histoire viennent en fait de se passer sous nos
« yeux, en principe leur nécessité avait été reconnue, et
« leur éclosion rêvée, depuis le premier mois de l'année
« actuelle. »

L'article de M. La Tour du Moulin, confirme pleinement ces indications et fait même remonter plus haut encore la préméditation.

Nous avons retracé la première phase de la lutte entre le Président et l'Assemblée, qui éclata à l'occasion de la destitution du général Changarnier. Elle eut sa première grande manifestation par le refus du suplément de dotation de 1,800,000 francs réclamé par le Président. Nous avons indiqué le défi jeté par le Président, en manière de représailles, à l'Assemblée dans son discours de Dijon et nous avons résumé les débats pour la révision de la Constitution qui se terminèrent, comme on devait s'y attendre, par le rejet de la proposition.

Dès lors, le sort en était jeté, et il ne s'agissait plus pour le Président que d'attendre ou de faire naître l'occasion favorable.

Une observation a certainement frappé les lecteurs en parcourant les pages précédentes ; ce sont les dénégations et les contradictions par lesquelles s'affirment tous les actes de la politique du Président : il semble que ce soit ici le cas d'appliquer cette règle de la grammaire latine, que deux négations valent une affirmation : soit indécision, soit duplicité, le Président avança toujours au milieu des contradictions ; il y a même une telle persistance systématique dans cette conduite qu'elle en arrive à exclure toute dissimulation. Pour démêler facilement la vérité au milieu de cette confusion de négations accumulées il suffit d'avoir la clef du système et un examen attentif la fait facilement découvrir.

M. de la Guéronnière, dans son *Portrait de Napoléon III*, reconnait sans difficulté ces allures et les explique :

« Reculer pour avancer, c'est, en deux mots, toute la
« tactique de Louis-Napoléon, dans la lutte des partis qu'il
« soutient avec tant d'énergie et de tact. Par ces deux mots,
« on comprend l'homme, non-seulement dans sa nature un
« peu orientale qui enveloppe sa volonté de langueur, et
« qui retient l'élan sans altérer l'audace ; mais encore dans
« toute sa conduite, dans ses actes contradictoires en ap-
« parence, et dans les évolutions si diverses de sa politique...

« Qu'on le remarque bien, en effet, ce n'est qu'en recu-
« lant que le Président de la République a pu avancer de-
« puis trois ans. Un obstacle s'est-il rencontré sur sa route ?
« Il ne l'a pas brisé. Non : il a reculé devant lui, mais pour
« le franchir. Il a fait un pas en arrière pour en faire deux
« en avant, d'un seul bond, imprévu comme une surprise
« et rapide comme un éclair.

« C'est ainsi que sous la Commission exécutive, qui voulait
« le proscrire, il refuse le mandat du département de l'Yonne
« qui l'avait élu. Son refus désarme le gouvernement et
« l'Assemblée. Deux mois après, il revient par la force et
« le droit d'une quadruple élection, dont l'une le fait re-
« présentant de Paris.

« C'est ainsi qu'après son élection, il donne satisfaction
« au sentiment libéral et républicain de l'Assemblée en
« composant un ministère où figurent MM. Odilon Barrot
« et Bixio. Il se sert bientôt de ce ministère pour obtenir
« de cette Assemblée le vote de sa propre abdication.

« C'est ainsi qu'un jour, il laisse désavouer en pleine tri-
« bune, par M. Odilon Barrot et par M. de Tocqueville, sa
« lettre au colonel Edgar Ney. Un peu plus tard, il renvoie
« son ministère, et fait du message du 31 octobre le congé
« définitif des influences parlementaires.

« C'est ainsi que, pendant la prorogation de 1850, il sa-
« crifie le général d'Hautpoul qui avait déplu à la majorité,

« au général Changarnier. Le lendemain, il destitue le gé-
« néral Changarnier....

« C'est ainsi encore qu'il accepte le vote de défiance
« du 18 janvier, laisse tomber son ministère, et donne une
« satisfaction apparente à l'Assemblée. Le 24 du même
« mois, il écrit un message napoléonien qui rejette les torts
« sur le pouvoir législatif, et qui met la majorité en péni-
« tence, par l'épreuve d'un ministère extra-parlementaire.

« Louis-Napoléon Bonaparte a donc toujours reculé pour
« avancer. »

C'est ainsi que nous l'avons vu préparer la révision de
la Constitution, en faisant démentir ce bruit par le *Moniteur*, préparer son coup d'État, en multipliant les démentis
les plus solennels.

Le Président ne pouvait s'accommoder de ministres parlementaires, c'est-à-dire d'hommes politiques ayant une
valeur propre et un caractère indépendant de leur position.
Il lui fallait des serviteurs fidèles et dévoués, qui ne tinssent
que de lui leur fortune et qui dépendissent de lui absolument ; des hommes disposés à se laisser compromettre, à
accepter des froissements accidentels, à s'associer, sans hésitations, aux dissimulations que le Prince jugeait utiles pour
en arriver à ses fins.

Il mit tout d'abord son étude à recruter et à éprouver ce
personnel indispensable, dont il ne s'est plus séparé depuis.

Il s'attacha ainsi, dès le premier jour MM. Rouher et
Baroche.

M. Baroche, ancien avocat au barreau de Paris, deux fois
bâtonnier de l'ordre, défenseur habituel des causes politiques, appartenait à la gauche dynastique sous le gouvernement de Juillet ; en 1847, il avait été nommé député par le
département de la Charente-Inférieure, sur la recommandation de M. Bethmont. Il avait salué la République avec
un enthousiasme ardent, et avait immédiatement dépassé ses
anciens patrons.

Président du club républicain du 2ᵉ arrondissement et du comité républicain du barreau de Paris, il s'était rallié sans hésiter au socialisme (1) et il adressait à ses électeurs une profession de foi qui ne pouvait laisser aucun doute sur la sincérité de ses convictions républicaines :

« Appelé pour la première fois, au mois de novembre
« 1847, à siéger à la Chambre des députés, je me suis con-
« stamment *associé par des votes énergiques aux membres*
« *les plus avancés de l'opposition.* J'étais au nombre des
« quatre-vingt-seize députés qui avaient accepté l'invitation
« au banquet du 12ᵉ arrondissement de Paris, et plus tard
« des cinquante-quatre membres de la Chambre qui, *de-*
« *vançant de quelques heures la justice du peuple, avaient*
« *proposé la mise en accusation d'un ministère* ODIEUX ET
« COUPABLE.

« Mais à quoi bon parler d'un passé déjà si loin de nous
« et dont nous sommes séparés aujourd'hui par de si grands
« événements ! Le présent et l'avenir de la France doivent
« seuls préoccuper aujourd'hui tous les bons citoyens.

« *Je suis républicain par raison, par sentiment, par*
« *conviction.* Ce n'est pas comme un pis-aller ou comme
« un provisoire que j'accepte la République, mais comme

---

(1) M. Baroche inscrivait formellement ces principes dans le programme du comité républicain du barreau de Paris, rédigé par lui :

« ... 3° Ouvrir l'ère de la fraternité en assurant au travail-
« leur par des institutions nouvelles le bien-être auquel il a
« droit, et la place qui lui est due au foyer de la grande fa-
« mille ; 2° Assurer à tous une instruction morale et pratique
« qui permette à la République de profiter de l'intelligence et
« du génie de tous ses enfants. »

L'auteur d'une *Biographie des représentants à l'Assemblée nationale* écrivait en 1848 : « M. Baroche s'est franchement rallié au principe républicain, vers lequel inclinaient toutes ses sympathies. » Et un autre : « Homme de la légalité *avant tout*,
« M. Baroche aime les libertés. »

« *la seule forme de gouvernement qui puisse désormais
« assurer la grandeur et la prospérité de la France.*

« Après les tristes expériences que nous avons faites depuis
« cinquante ans, après la chute successive de trois gou-
« vernements d'origines diverses, mais fondés sur le principe
« monarchique, je suis convaincu que *la royauté a fait son
« temps en France,* qu'elle n'a plus de racines, plus de
« bases dans le pays.

« C'est à la République que tous les bons citoyens doi-
« vent se rallier sans réserve, sans arrière-pensée et en
« considérant comme coupable toute tentative de res-
« tauration monarchique. La République seule pourra
« donner aux classes laborieuses des villes et des campagnes
« le bien-être et la liberté politique auxquels tous les ci-
« toyens ont droit, *en assurant à tous l'éducation gra-
« tuite, l'équitable rémunération du travail,* en proté-
« geant l'agriculture, *en supprimant les odieux impôts de
« consommation,* en établissant aux frais de l'État des lieux
« d'asile pour l'enfance et pour la vieillesse. Elle seule, en
« un mot, par l'application loyale et sincère du principe de
« la souveraineté nationale, pourra fonder en France le
« règne de la liberté, de l'égalité et de la fraternité.

« Voilà pourquoi je veux la République. »

Une fois à l'Assemblée, M. Baroche se modéra quelque
peu ; il se rapprocha de MM. Thiers et Odilon Barrot.
M. Barrot, le 20 décembre 1848, le nomma procureur général, et il déploya un acharnement passionné, devant
la Haute cour de Bourges et devant la Haute cour de
Versailles, contre les accusés du 15 mai et contre ceux du
13 juin(1). C'est cette âpreté qui le désigna pour les fonctions

---

(1) M. le procureur général Baroche eut une altercation très-
vive à l'audience avec M. Émile de Girardin, cité comme témoin devant la Haute cour de Versailles pour l'affaire du
13 juin. M. de Girardin protestait contre la présence de M. le

de ministre de l'intérieur, après les élections du 10 mars ; on lui confia le soin de soutenir la loi du 31 mai et les lois de rigueur contre la presse et le droit de réunion qui en étaient les dépendances.

Il paraît toutefois que M. Baroche, qui penchait vers l'orléanisme, après avoir donné le dernier coup de pied au trône de Juillet, hésita à accepter ce portefeuille des mains du prince Louis-Napoléon. Pour le décider et pour faire taire ses scrupules royalistes, M. Thiers dut lui écrire le billet suivant

« J'apprends que vous devenez ministre de l'intérieur ; je « me hâte de vous dire que cette nouvelle nous cause à tous

---

substitut Oscar de Vallée dans le cabinet du juge d'instruction lors de l'interrogatoire des témoins, et contre la conduite de ce fonctionnaire du parquet « qui posait lui-même les questions « avec une ténacité et une perfidie remarquables, de telle sorte « que le témoin ne pouvait en répondant conserver sa liberté « de parole. »

M. Baroche voulut interrompre M. de Girardin, et comme celui-ci persistait, il le menaça de requérir contre lui.

« Eh bien ! requérez, si vous l'osez! » dit M. de Girardin « je vous en défie. » M. de Girardin fit preuve de la même remarquable fermeté pendant tout le cours de sa déposition. Il insista, malgré les observations du président de la Haute cour, pour rapporter ce qui s'était passé dans la réunion des journalistes qui avait précédé la manifestation du 13 juin :

« La liberté du témoignage n'est pas entière, disait-il, si le « témoin ne peut expliquer les faits auxquels il a pris part. »

« Toute liberté a été laissée au citoyen de Girardin » dit le président.

« Non, car si le citoyen de Girardin eût été un citoyen ti-« mide, vous lui eussiez déjà fait abandonner son opinion. »

Cet incident produisit une vive sensation, et M. de Girardin devint le héros du moment. — Pour se venger de M. Baroche, M. de Girardin plaça pendant plusieurs mois, en tête des colonnes de la *Presse*, en gros caractères ses anciennes professions de foi républicaines, dans le temps où il se vantait d'avoir devancé la justice du peuple.

« le plus grand plaisir. Vous êtes un homme d'esprit et de
« cœur que nous appuierons de toutes nos forces ; comp-
« tez sur moi en particulier. Dans des temps comme ceux-
« ci, on doit son concours *aux hommes qui savent se dé-*
« *vouer*. »

M. Baroche ne tarda pas à abandonner complétement ses
anciens amis pour se rallier à la fortune du prince Louis-
Napoléon, dont il devint un des serviteurs et des porte-
paroles les plus zélés. Ce fut lui qui se chargea dans les
grandes circonstances de démentir les bruits de coup d'État,
en engageant au besoin sa parole :

« Ayez confiance en nous, s'écriait-il le 26 juillet 1850, ne
« craignez pas des coups d'État, qui sont impossibles tant que
« les hommes qui siègent sur ces bancs feront partie du
« gouvernement de la République. »

M. Rouher était beaucoup moins brillant que M. Baroche. C'était aussi un avocat, mais à la cour de Riom. Il
avait été le candidat de M. Guizot en 1847 contre M. Combarel de Leyval et il avait échoué. Il s'était rallié avec empressement et ardeur à la révolution de Février. Il vint faire
sa profession de foi le 11 avril au club républicain d'Issoire :

« Le citoyen Rouher monte à la tribune et déclare que
« sa vie a été toute judiciaire, qu'il n'est qu'un républicain
« du lendemain ; mais, convaincu que les idées nouvelles
« peuvent seules faire le bonheur de son pays, il s'y dé-
« vouera avec énergie. Il veut la liberté de réunion pleine
« et entière. Les clubs doivent être les organes de la volonté
« du peuple ; ils sont chargés de son instruction ; ils sont in-
« dispensables. Il veut l'impôt mieux réparti, l'abolition
« des droits réunis, l'impôt progressif, mais avec des con-
« ditions qui n'amènent pas au communisme ; que cet im-
« pôt atteigne aussi les professions; *que le travail soit or-*
« *ganisé ;* que l'agriculture ait des ressources assurées con-
« tre les malheurs qu'elle ne peut prévoir ; que l'État soit
« assureur. Il termine par cette maxime : Tout pour le peu-

« ple, tout par le peuple. Sa candidature, après de nom-
« breuses interpellations, est adoptée à l'unanimité moins
« trois voix. »

« Élu à la Constituante M. Rouher se montra successi-
« vement fort empressé auprès de la commission exécutive,
« puis du général Cavaignac, dont il appuya chaudement la
« candidature contre celle de Louis Bonaparte. Mais après
« le 10 décembre, il devint un des familiers de l'Élysée et
« signala son zèle pour l'ordre en obtenant plusieurs desti-
« tutions dans le ressort de la cour d'appel de Riom (1). »

Nous avons signalé l'acharnement déployé par M. Rouher dans la discussion de la loi de déportation. A mesure que sa position s'est élevée, M. Rouher a beaucoup perdu de son âpreté, et il est devenu plutôt bienveillant, tandis que M. Baroche, lui, a conservé l'ardeur à la répression qui le caractérisait dès 1849.

Auprès de MM. Baroche et Rouher, se rangèrent successivement MM. Ferdinand Barrot, de Parieu, Dumas, Fould, Magne, Drouyn de l'Huys, de Royer, Schneider, Fortoul, etc. M. Billault ne vint que plus tard.

Mais à côté de ces hommes de parole ou d'administration, il fallait au Président des hommes d'exécution, et il devait naturellement les chercher dans l'armée. Il ne pouvait compter ni sur le général Changarnier (2) ni sur

---

(1) La *Voix du peuple*, 1er novembre 1849.
(2) Dans les premiers jours d'avril 1851, M. de Persigny s'était rendu chez le général Changarnier pour lui faire des ouvertures. — « Quelle douleur pour moi, » s'était écrié le confident du Président de la République, en entrant dans le modeste appartement du général, « de voir dans un si petit
« réduit un homme qui tient une si grande place dans le pays ! »
A quoi le général avait répondu : « C'est que j'ai besoin d'un petit cadre pour paraître grand : » M. de Persigny, engageant la conversation, parla du triomphe assuré du prince, il dit que tout était prêt pour l'accélérer, que déjà, pendant la dernière

le général de Lamoricière ni sur le général Bedeau. Il fallait au Président des généraux qui lui dussent leur fortune et qui fussent à sa complète dévotion. Il n'avait guère autour de lui que les généraux Fleury, Magnan et Randon. M. Fleury n'avait aucune autorité militaire,

---

crise ministérielle, en présence de la difficulté de former un ministère parlementaire, un cabinet extra-parlementaire dont lui, Persigny, faisait partie, se disposait à opérer immédiatement *la solution;* un manifeste rédigé par le Président aurait rendu d'avance toute résistance impossible, le Président, cependant, avait renoncé à son manifeste, préférant agir de concert avec l'Assemblée : un mot du général Changarnier, lors de la discussion sur la révision de la Constitution, pouvait amener cet accord; le général en se prononçant était sûr d'être récompensé dignement plus tard d'un acte si utile au pays.

Le journal *l'Ordre*, qui rapporta cette conversation, dit que le général Changarnier, cachant avec peine son indignation en présence d'avances si étranges, s'était contenté d'y opposer une froide et dédaigneuse politesse. M. de Persigny répondit à ce journal : « Je déclare que la visite que j'ai eu l'honneur de
« faire au général Changarnier ne m'a été inspirée que par des
« communications que j'ai dû croire émanées du général lui-
« même. J'ajoute que, loin d'avoir reçu une mission du Prési-
« dent de la République, je lui ai laissé ignorer cette dé-
« marche. » Mais la démarche elle-même reste un fait acquis à l'histoire. — Après le 2 décembre, M. le général Changarnier écrivit de Malines, le 10 mai 1852, au ministre de la guerre une lettre (reproduite par le *Pays*) pour refuser le serment exigé des officiers militaires, dans laquelle il disait :

« Louis-Napoléon a tenté bien souvent de me faire dévier
« de la ligne droite que je m'étais tracée pour me déterminer
« à servir son ambition; il m'a souvent, bien souvent offert
« et fait offrir, non-seulement la dignité de maréchal, que la
« France m'aurait pu voir porter sans la croire déchue, mais
« une autre dignité militaire qui, depuis la chute de l'Empire,
« a cessé de dominer notre hiérarchie. Il voulait y attacher des
« avantages pécuniaires énormes que, grâce à la simplicité de
« mes habitudes, je n'ai eu aucun mérite à dédaigner.

« S'apercevant bien tard que l'intérêt personnel n'avait au-
« cune influence sur ma conduite, il a essayé d'agir sur moi en

et son caractère faisait de lui bien plutôt un confident et un intermédiaire qu'un homme d'action (1). M. Randon avait fait son chemin dans l'administration bien plus que sur les champs de bataille, et on ne pouvait pas non plus attendre beaucoup de lui au point de vue de l'exécution (2). Restait M. le général Magnan, auquel on avait

---

« se disant résolu à préparer le triomphe de la cause monar-
« chique à laquelle il supposait mes prédilections acquises.
  « Tous les genre de séductions ont été impuissants.....
  « Le serment que le parjure qui n'a pu me corrompre pré-
« tend exiger de moi, je le refuse. »
  Il ne faut pas oublier d'ailleurs l'attitude de M. Changarnier, dans les six premiers mois de 1849, durant lesquels il est notoire qu'il était le premier disposé à faire bon marché de l'Assemblée et à favoriser l'établissement d'une dictature militaire, et il faut bien se garder d'en faire un héros.
  (1) « Viveur de seconde classe, ruiné, M. Fleury s'était en-
« gagé comme simple soldat, et il était revenu d'Afrique avec l'é-
« paulette de chef d'escadron, gagnée par son caractère facile
« qui lui avait concilié l'amitié de ses chefs; un changement de
« gouvernement dans lequel il jouerait un certain rôle lui ou-
« vrirait de nouvelles perspectives d'avancement; M. Louis Bona-
« parte, bon cavalier et savant amateur de chevaux, ayant eu l'oc-
« casion d'apprécier des qualités semblables chez M. Fleury,
« l'avait rapproché de sa personne en le nommant son officier
« d'ordonnance. » (TAXILE DELORD, *Hist. du second empire.*)
  (2) Le fait le plus remarquable de la carrière militaire de M. Randon est celui-ci : il servait sous son oncle le général Marchand, lorsque en 1815, Napoléon, après avoir débarqué à Cannes, revenant de l'île d'Elbe, se mit en marche sur Grenoble; le capitaine Randon eut le courage de rappeler au colonel du 5e de ligne, vers lequel s'avançait l'empereur, qu'il avait reçu l'ordre de faire feu. M. Randon avait tâché depuis d'excuser cet acte et surtout de se le faire pardonner par le parti bonapartiste. Il adressa notamment une longue et curieuse lettre au directeur de la *Revue de l'Empire* (année 1846, pages 329, 341), dans laquelle il racontait lui-même le fait, en l'atténuant autant que possible, et surtout en le noyant dans des éloges enthousiastes de l'Empereur. La grande excuse qu'il invoque, c'est qu'il était impossible que son ordre fût exécuté, tant était grande l'émo-

donné le commandement de l'armée de Paris, après la destitution du général Changarnier, et qui était lui, un homme de coup de main. Le général Magnan s'était battu en Espagne et à Waterloo, mais son nom n'était guère connu du public, quand le procès de Boulogne lui donna une certaine célébrité : il avait été signalé au prince Louis-Napoléon comme un homme capable de céder à l'entraînement de ses souvenirs napoléoniens et d'une forte somme, et le prince lui avait fait offrir cent mille francs dans le cas où il perdrait son commandement. Le général Magnan avait manifesté devant la Cour des pairs toute l'indignation que lui avait fait éprouver cette offre (1), et il avait

---

tion ressentie par les soldats en face de celui qui était plus que jamais l'idole de l'armée. Il avait donc agi simplement pour l'acquit de sa conscience.

« Rapporter exactement ce que je dis dans cette critique cir-
« constance, écrit M. Randon, me serait impossible ; mais il
« *paraît constant*, que j'excitai par mes paroles le commandant
« Desessart à ordonner le feu, ce qui ne fut pas exécuté, ce qui
« (je n'hésite pas à le dire) ne *pouvait pas être exécuté* dans
« la situation morale où étaient les soldats. »

Ce qu'il y a de plus curieux dans cette lettre, c'est que M. le général Randon raconte comment, n'ayant pas voulu se joindre aux troupes qui passèrent du côté de l'Empereur, il dut prendre la fuite et ne s'échappa qu'à grand'peine, poursuivi par [des cavaliers « d'autant plus acharnés après lui qu'une somme « considérable avait été promise à celui qui le ramènerait (?) » C'est peut-être le cas unique d'un militaire racontant lui-même comment il a dû prendre la fuite, et comment il a dû son existence non à sa bravoure, mais à la vitesse de son cheval.

(1) M. le général Magnan s'était trouvé devant la Cour des pairs dans la plus pénible des positions. M. de Mésonan auquel il reprochait de lui avoir fait des offres de corruption de la part du Prince, niait formellement le fait, et son avocat, M. Delacour, mettait ainsi M. le général Magnan sur la sellette dans sa plaidoirie :

« Constatons d'abord ce qu'il y a d'invraisemblable dans cette

vivement protesté de sa fidélité à la monarchie. Le 24 février, il avait accompagné en grand uniforme la duchesse d'Orléans, lorsqu'elle se rendait à la Chambre des députés. Mais une fois le prince Louis-Napoléon nommé Président de la République, il lui avait aussitôt apporté l'hommage de son plus absolu dévouement.

Il fallait des généraux. « Si nous en faisions ! » dit un jour le prince (1).

« La graine n'en manquait pas » dit un des historiens apologistes du coup d'État, M. P. Mayer. « Un des plus
« brillants officiers, le brave et sympathique comman-
« dant Fleury, fut chargé d'apprécier les courages,
« d'évoquer les dévouements, de certifier les espérances.

« offre' toute crue d'argent... ces offres-là, ne se font d'ordi-
« naire qu'à ceux qui ont été amenés à cet état de [déconsidé-
« ration où tout est permis vis-à-vis d'eux. C'était là l'injure
« la plus cruelle qu'un honnête homme pût recevoir ; quel devait
« donc être le premier mouvement du général, après une pro-
« position de cette nature ? N'était-ce pas de chasser indignement
« de chez lui, celui qui venait de s'oublier en sa présence jusqu'au
« point de lui faire un pareil affront ? Le général Magnan l'avait
« si bien senti qu'il avait déclaré d'abord au juge d'instruction
« que l'indignation le gagnant, il avait jeté M. de Mésonan à la
« porte. Mais il dut modifier ce récit, en présence des témoi-
« gnages et des preuves qui attestaient que depuis la date
« indiquée par le général, M. de Mésonan avait été reçu ami-
« calement chez lui, et invité à dîner par une lettre écrite et
« signée de sa main. Le général se fait donc certainement illu-
« sion ou alors, il ne reste qu'une version possible, c'est de
« prétendre qu'après les proposition infâmes que nous lui au-
« rions faites, il aurait poussé l'oubli du ressentiment jusqu'à
« nous admettre amicalement à sa table. Vous jugerez, mes-
« sieurs les pairs. »

Voir les *Grands procès politiques : Boulogne* d'après les documents authentiques, par M. Albert Fermé.

(1) Ce mot est rapporté par M. Mayer dans son *Histoire du Deux décembre*, et par M. Belouino dans son *Histoire d'un coup d'État*.

« La moisson ne fut ni longue, ni pénible; généraux de
« division ou de brigade, colonels, lieutenants-colonels,
« aucun de ceux à qui son entraînante parole peignit les
« dangers du pays n'avait besoin d'être convaincu. Tous
« avaient une égale horreur du parlementarisme et du so-
« cialisme.....

« C'est ainsi que les cadets devinrent les ainés, et que le
« cadre de l'armée active s'habitua aux noms de Saint-Ar-
« naud(1), de Korte, Espinasse, Marulaz, Rochefort, Feray,
« d'Allonville, Gardarens de Boissne, de Lourmel, Herbillon,
« Dulac, Forey, Courtigis, Canrobert et quelques autres. »

---

(1) « Afin de donner au général Saint-Arnaud l'autorité néces-
« saire dans un poste si élevé, on décida la guerre de Kabylie
« qui devait le couvrir d'une gloire si éclatante. » Belouino
Histoire d'un coup d'état. — M. le D. Véron, qui était alors
directeur du *Constitutionnel*, raconte d'autre part dans ses *Nouveaux mémoires d'un Bourgeois de Paris,* qu'au départ du général Saint-Arnaud pour la Kabylie, le général Fleury vint
le voir et lui dit:

« Qu'il serait très-agréable au Président que l'on mît en belle
« et grande lumière les rares mérites et les brillants services
« de M. le général de Saint-Arnaud dans la Kabylie. »
Quel homme était-ce que le général Saint-Arnaud ? nous
trouvons sur lui la notice suivante dans le livre de M. Taxile
Delord :

« M. Leroy, sous-lieutenant dans la garde impériale en 1816
« quitta l'armée à cette époque pour n'y rentrer qu'en 1820 ;
« son régiment tenait garnison à Blaye ; le général Bugeaud, qui
« gardait la duchesse de Berry, dans la citadelle de cette ville,
« trouva dans le sous-lieutenant Leroy un auxiliaire intelli-
« gent et complaisant pour l'aider dans ses fonctions de geôlier.
« Pourquoi M. Leroy quitta-t-il encore l'armée à cette époque ?
« La lecture de son dossier pourrait seule fournir des rensei-
« gnements utiles à ce sujet; l'histoire sera libre de consulter
« un jour ce document ; ce serait faire la plus grave injure à
« la mémoire du général ministre de la guerre Saint-Arnaud, que
« de croire à sa disparition. M. Leroy rentré sous le drapeau

Pour mettre en relief ces nouveaux généraux et notamment le général Saint-Arnaud, désigné pour devenir ministre de la guerre; on décida l'expédition de Kabylie. L'Assemblée ne voulait pas cette guerre; ce furent les généraux Cavaignac, Lamoricière et leurs amis qui se chargèrent d'en démontrer la légitimité, sans se douter qu'ils servaient ainsi les projets secrets du Président.

« servait en 1836 comme lieutenant dans la légion étrangère; pen-
« dant les huit années qui suivirent le siège de Constantine, il
« franchit tous les grades qui le séparaient du grade de colonel, et
« il obtenait en 1846 grâce à son protecteur Bugeaud le com-
« mandement d'un corps surnommé la *colonne infernale* qui
« opérait dans le Chétif. Le général Leroy Saint-Arnaud, en at-
« tendant qu'il soit possible d'écrire son histoire, a sa légende
« qui le montre exerçant vingt métiers, commis voyageur en
« France, comédien à Paris et à Londres, prévôt d'armes
« à Brigthon, lancé en plein dans les hasards et dans les
« expédients de la vie nomade, vrai héros de la bohême,
« homme d'esprit du reste, goguenard, faiseur de bons mots et
« de calembours, rimeur de couplets, brave du reste devant
« l'ennemi, peu tendre aux Arabes, grands approbateur et imi-
« tateur de l'enfumement des grottes de Dahra. »

Il avait, suivant le procédé du général Pélissier, enfumé quelques centaines d'Arabes dans la caverne de Mata. M. Saint-Arnaud avait pris part à la guerre des rues à Paris le 24 février, il avait fait un coup de main dans le quartier Richelieu, rue Jeannisson où plusieurs personnes inoffensives, des hommes, des femmes avaient été tués ou blessés. Il avait ensuite occupé la préfecture de police, mais là il avait été cerné et fait prisonnier; il n'avait été protégé lui et ses hommes, contre la colère du peuple que par le dévouement des gardes nationaux. Mais dans sa retraite la colonne désarmée avait été assaillie par des insurgés et le général Saint-Arnaud précipité de son cheval avait dû se réfugier à l'hôtel de ville. Il avait donc une revanche à prendre contre le peuple ; et c'était bien à tous les points de vue l'homme qu'il fallait pour exécuter un coup d'Etat militaire.

Puisque nous passons en revue le personnel du coup d'État, nous ne devons pas omettre M. de Morny, qui partageait avec M. de Persigny l'honneur de conseiller le prince. M. de Morny avait été protégé à son début dans la carrière politique par le duc d'Orléans ; il avait été un des principaux députés ministériels sous Louis-Philippe, et il figurait encore dans les rangs du parti orléaniste à l'époque des élections de 1849 ; le comité bonapartiste avait combattu vivement sa candidature. Le général de Flahaut le rapprocha de M. Louis Bonaparte. Ce qui caractérisait M. de Morny, c'était une grande passion pour les affaires. M. Taxile Delord raconte : « M. de Morny avait succédé au duc d'Or« léans dans l'intimité d'une femme jolie et riche ; M. de « Morny et la dame, réunissant leurs cœurs et leurs capi« taux, avaient formé ce que dans le monde on appelle une « liaison, et dans le commerce une raison sociale. Une fa« brique de sucre de betterave était le produit de cette union « morganique. L'usine construite par l'amour ne réussit « guère ; la maison de commerce, sans se décourager, en« treprit de nouvelles affaires ; les deux associés, pendant « quinze ans fidèles à la société, ne se doutaient pas que les « plus hauts personnages de l'État seraient un jour chargés de « leur liquidation..... Le coup d'État lui-même représentait « une affaire aux yeux de M. de Morny. » Il devait y trouver dans tous les cas une voie largement ouverte à son amour des affaires, et personne ne contribua plus que M. de Morny à provoquer ce tourbillon de spéculations qui signala l'avénement du régime nouveau. M. le docteur Véron donne dans ses *Mémoires* cette indication significative sur son compte : « Chemins de fer, Crédit mobilier, fermes modèles, haute « industrie ; *il met la main sur* toutes ces importantes entre« prises pour les aider de ses conseils, de l'autorité de son « nom et de son crédit. » Il ne s'est pas fait une affaire en France, depuis 1852 jusqu'à la mort de M. de Morny, dans laquelle il ne soit entré, et de laquelle il n'ait pris sa part.

Tous ces hommes ambitieux et avides stimulaient la propre ambition du président, et appuyé sur eux, il se sentit assez fort pour se résoudre à tenter l'entreprise audacieuse qui devait lui permettre de réaliser le rêve, d'atteindre l'idée fixe de toute sa vie.

CHAPITRE III.

LES PRÉPARATIFS DE LA LUTTE.

Lorsque l'Assemblée se prorogea le 14 juillet, le coup d'État était résolu, et il ne s'agissait plus que d'attendre l'occasion favorable pour son exécution. Les journaux de l'Élysée ne gardaient plus aucune mesure dans leur langage, et leurs incessantes provocations avaient pour objet de préparer l'opinion publique aux événements qui ne pouvaient tarder de surgir.

« La révision de la Constitution *doit avoir lieu nonobs-*
« *tant le bon plaisir* des 188 socialistes, terroristes, légi-
« timistes, orléanistes, sophistes et brouillons coalisés con-
« tre la France entière, » écrivait M. Granier de Cassagnac dans le *Constitutionnel*. « Il ne faut ni les *compter*, ni les
« *écouter*, ni les *craindre*. Il n'y a qu'une chose qui puisse
« égaler en énormité l'outrecuidance, d'une pareille préten-
« tion : *c'est la sottise de ceux qui consentiraient à la su-*
« *bir*. La prescription de l'article 111, qui exige les trois
« quarts des votants, est l'œuvre anormale, intolérable d'une
« Assemblée *méprisée*. »

Ainsi la presse officieuse pouvait impunément, couverte par la scandaleuse protection du pouvoir, insulter l'Assemblée, attaquer la Constitution, exciter à sa violation et au renversement du gouvernement de la république, tandis que la plus légère, la plus douteuse offense au Président de la République, était l'objet de poursuites rigoureuses.

Ces excitations coupables étaient reproduites dans les

correspondances que le ministère envoyait à ses journaux des départements par l'entremise *officielle* de l'agence Havas. Ces correspondances provoquaient ouvertement à la réélection inconstitutionnelle du Président :

« Nous dissertons encore à perte de vue, sur la
« solution que devra recevoir la crise de 1852 ; les
« partis s'efforçant d'amonceler les nuages et les fac-
« tions assemblant à l'avance les tempêtes sur ce point
« de notre horizon politique. Au milieu de tout ce
« bruit qui n'arrive pas jusqu'à elles, les campagnes per-
« sévèrent dans leur instinctif dévouement, et on n'arrivera
« jamais à leur faire comprendre qu'elles doivent effacer
« de leurs bulletins un nom qu'elles aiment, et se priver
« bénévolement de l'homme qui a su comprimer l'anarchie
« et leur donner le pain, l'ordre et le travail. *Les arguties*
« *constitutionnelles* peuvent avoir un certain attrait pour
« les docteurs des villes, mais on n'amènera jamais les
« habitants des campagnes à sacrifier le connu qui leur
« convient à l'inconnu qu'ils redoutent (1) »

On s'efforçait surtout d'exciter la terreur parmi la bourgeoisie, en évoquant le spectre du socialisme et de la jacquerie qui menaçaient la France de la ruine et du pillage ; et on l'habituait à l'idée d'en finir par la force avec une situation si intolérable et si remplie d'épouvantables menaces pour l'avenir.

C'est dans ce but que M. Romieu écrivit sa fameuse brochure *Le Spectre rouge de 1852*. qui produisit une sensation profonde. M. Romieu était un des plus célèbres far-

---

(1) Dans la séance du 8 novembre 1851, le ministère fut vivement interpellé, à propos de la discussion du budget, sur ces provocations coupables qui étaient de véritables manœuvres, et l'Assemblée supprima la subvention annuelle de 32,000 francs allouée à la correspondance Havas dans le chapitre des dépenses secrètes de sûreté générale du ministère de l'intérieur.

cours de son temps (1); sa brochure était une mystification féroce et lugubre, mais elle fut prise au sérieux par la bourgeoisie épouvantée, et elle doit certainement être imputée à son auteur comme une des plus mauvaises actions que l'on puisse commettre.

M. Romieu et M. Granier de Cassagnac! singuliers auxiliaires auxquels avait recours le gouvernement! L'Empire fit de ces deux hommes déconsidérés des personnages : il fit de M. Romieu, un préfet, et de M. Granier de Cassagnac un député, et un chevalier, puis un officier de la Légion d'honneur.

Il faut citer les principaux passages de cette triste brochure le *Spectre Rouge*. Toute la philosophie du coup d'État s'y trouve exprimée, et c'est un des plus importants documents de l'histoire de cette époque :

. . . .

« Les temps ont marché! ce n'est plus seulement la guerre
« civile qui nous attend c'est la Jacquerie. Le travail de
« la dépravation s'est fait avec constance au milieu de
« cette paix clémente que la répression de juin avait tiè-
« dement imposée aux démolisseurs. Ils ont compris que
« leur véritable place de guerre était la Constitution, il se
« sont retranchés et ont commencé la sape dont il est im-
« possible d'éviter l'effet. Elle a pénétré dans tous les
« villages, et tandis que Paris, Lille, Strasbourg et Lyon
« regorgeant de troupes, peuvent compter au jour des
« combats sur un facile succès, le reste de la France est
« sur une traînée de poudre, prête à éclater au premier
« signal. La haine contre le riche, là où il y a des riches;

---

(1) « Un de ses amis l'ayant vu tomber dans la rue à la suite
« de trop fortes libations mit sur son corps un de ces lam-
« pions qui servent à désigner, la nuit, les embarras aux voi-
« tures. » Taxile Delord, *Histoire du second empire*.

« la haine contre le petit bourgeois, là où il y a des pau-
« vres ; la haine contre le petit fermier, là où il n'y a que
« des manœuvres ; la haine du bas contre le haut, à tous les
« degrés, telle est la France qu'on nous a faite, ou, pour
« mieux parler, que nous avons faite. Et pourtant, en face
« de cette catastrophe si prochaine, quelle est la voie sé-
« rieuse où s'engage la prudence des gouvernements ? On
« en reste toujours à l'ennuyeuse comédie qui se nomme la
« politique et qui se joue, en traînant ses guenilles, sur un
« théâtre ruiné.....

« *Super flumina Babylonis...* Ils sont là, ces prolétaires
« qui chantent ce cantique de haine, aux bords du fleuve
« parisien, aux bords de tous les ruisseaux de France ; ils
« aspirent aux jours *où ils tiendront vos petits enfants et*
« *les écraseront sur la pierre.*

« L'heure fatale sonnera, il faudra que le philosophisme
« assiste au spectacle sanglant, dont il a dressé le théâtre
« qu'il n'est plus temps pour lui de démolir...

« Il n'y a, dans l'organisation de 1789, nul levier pour
« soutenir la société qui s'abat. Cette société de procureurs
« et de boutiquiers est à l'agonie, et si elle peut se relever
« heureuse, c'est qu'un soldat se sera chargé de son salut.
« *Le canon seul peut régler les questions de notre siècle ;*
« il les réglera, DUT-IL ARRIVER DE LA RUSSIE...

« C'est donc l'armée, et l'armée seule, qui nous sauvera.
« Et quand je dis *nous*, je ne veux pas dire la société telle
« qu'elle existe, je veux dire la société telle qu'elle doit
« être : *la société ne se mêlant de rien, que des affaires*
« *de famille, d'intérêt et de plaisir ;* la société vivant au
« beau soleil de Dieu, vivant des sciences et des arts qui
« font sa gloire ; *de la guerre, qui fait sa grandeur, de*
« *l'amour qui fait son paradis sur la terre ;* la société
« oubliant J.-J. Rousseau et renonçant aux folies risibles ou
« sanglantes dont le honteux règne de Louis XV lui a
« laissé le legs empoisonné...

« C'est à l'épée qu'aboutissent tous les débats humains.
« On aura beau créer des théories de gouvernement ; on
« aura beau chercher à éclairer, civiliser, moraliser (je
« me sers des plus beaux mots d'invention moderne), on
« ne fera pas que les hommes changent de nature, et qu'un
« jour ne vienne où, à bout d'arguments, ils ne prennent
« la force pour juge dans leurs conflits. Là seulement est
« la conclusion de toute querelle, soit que la force agisse
« paisiblement au nom d'un texte, comme dans les Assem-
« blées, où le nombre le plus grand écrase le plus petit ; soit
« qu'elle agisse violemment et en son propre nom, comme
« dans la guerre, où le courage habile établit le droit...

« Le combat matériel, en dépit des idéologues, ne ces-
« sera jamais d'être le suprême soutien des forts.

« Le fléau passager de L'IDÉE se dissipe à l'immortelle
« apparition de la FORCE. Et à voir ce qui arrive de nos
« jours, où *l'idée libérale accomplit son dernier ravage*, on
« a plaisir à se rappeler les paroles de M. de Calonne, écri-
« vant à la noblesse française, au moment où commen-
« çait cette guerre gigantesque de la Révolution : *Ne vous
« dissimulez pas qu'il existe une lutte terrible entre l'im-
« primerie et l'artillerie. Quel en sera le fruit pour le
« triste genre humain ? La Providence qui plaça à la même
« date ces deux inventions dans la marche des temps et
« des événements a-t-elle voulu proportionner le remède
« au mal ?* »

« Il est temps que que le remède agisse ! et ce sera jus-
« tice.....

« Je ne regretterai pas d'avoir vécu dans ce triste temps,
« si je puis voir une bonne fois, châtier et fustiger *la
« foule*, cette foule cruelle et stupide, dont j'ai toujours eu
« horreur. Si je puis voir enfin balayer cette fange dans
« laquelle se roule orgueilleusement notre génération;
« voir tomber d'un seul coup la chaire menteuse de nos
« philosophes et les tribunes de tout rang qu'ils ont édi-

« fiées, je chanterai de grand cœur, et dussè-je en mourir
« le cantique de Siméon...

« Ne désespérons pas. Il sera versé du sang et des lar-
« mes. La misère étendra son froid réseau sur le peuple
« abusé ; il sera châtié durement, et par la famine *et par*
« *les boulets ;* les bourgeois consternés subiront la crise
« avec ses phases diverses, sans rien comprendre à ce tu-
« multe colossal qui les décimera ; mais à la fin de ces
« grands désastres, qui, je le crois, peuvent être courts, un
« pouvoir fort s'établira pour ouvrir l'ère nouvelle de l'au-
« torité. Elle passera dans beaucoup de mains qui se la
« disputeront par les armes. Mais enfin les sophismes ne
« seront plus en jeu avec leurs terribles conséquences ; *il*
« *vaut mieux voir le peuple se battre pour César que*
« *pour les ateliers nationaux* (1). »

Pour donner une réalité au moins apparente à ces épouvantables fantasmagories, le gouvernement saisissait le moindre prétexte, la moindre émeute partielle provoquée par la police ou envenimée par le zèle des autorités locales, pour mettre des départements en état de siége, et les proclamations furieuses faites à cette occasion achevaient de jeter l'épouvante dans le pays.

Le général Pellion, commandant de l'état de siége des

---

(1) M. Romieu fit une autre brochure qui complétait le développement de son idée, intitulée, *l'Ère des Césars :*

« Les temps rêvés par Romieu arrivèrent ; la tribune fut ren-
« versée, et il put chanter sans en mourir le cantique de Si-
« méon. Mais les canons russes qu'il avait invoqués furent fu-
« nestes aux siens... Romieu, qui était devenu directeur des
« Beaux-Arts, fonctions qu'il changea plus tard contre celles
« d'inspecteur général des bibliothèques de la couronne, eut son
« fils tué au début de la guerre de Crimée. Cette perte lui fut
« des plus sensibles, et le 20 novembre 1853, il mourait lui-même
« brisé par la douleur » (*Le Coup d'État du 2 décembre.* 1852,
par les auteurs du *Dictionnaire de la Révolution française.*)

départements de la Nièvre et du Cher, publiait la proclamation suivante à la date du 20 octobre 1851 :

« Habitants de Nevers, je viens d'être investi du comman-
« dement de l'état de siége de votre département. Ce régime
« exceptionnel, imposé par la nécessité de préserver votre
« pays des excès de la démagogie et de la guerre civile,
« sera protecteur pour les honnêtes gens, répressif *avec la
« dernière rigueur pour tous les hommes d'anarchie...* La
« répression la plus prompte, la plus énergique, *écraserait*
« sur-le-champ toute tentative de désordre. *Le jour est
« venu où la* TERREUR *doit changer de côté.* C'est mainte-
« nant à ces gens, qui n'ont rien de français, qui osent invo-
« quer le nom et l'intérêt du peuple pour préconiser tous
« les crimes, *à trembler !...* »

C'était bien l'armée, qui, comme concluait M. Romieu, était appelée à sauver la société.

Elle était entretenue dans les dispositions les plus hostiles au pouvoir législatif. Officiers et soldats relevaient avec dédain ce qu'on appelait alors *les scandales de tribune, les parades parlementaires, les passions égoïstes et les intérêts mesquins qui compromettent l'honneur, le repos et les prospérités du pays.* On répétait sans cesse dans les casernes que les soldats avaient à prendre une revanche de leur défaite de Février. Une révolution militaire pouvait seule venger l'honneur du drapeau.

« L'état-major (renouvelé comme nous l'avons dit) ne
« comptait plus que des généraux décidés à passer le Rubi-
« con ou à mourir, écrit M. Mayer dans son *Histoire du deux
« décembre.* Ce qui a fait la discipline de notre armée, et
« par conséquent sa gloire, poursuit M. Mayer, c'est qu'en
« dépit de la civilisation, des journaux et des livres, elle n'a
« jamais eu des idées, mais des instincts ; elle aime ou elle
« hait, carrément, complétement, jusqu'à la mort et jus-
« qu'à la frénésie, mais sans calcul, sans restriction et

« surtout sans phrases. L'Empire l'a bien prouvé (1) »

Le mois d'octobre est l'époque ordinaire des changements de garnison ; les quatre régiments les plus anciens de la garnison de Paris furent remplacés par quatre régiments arrivés récemment d'Afrique, et par deux régiments de lanciers, dont l'un, commandé par le colonel de Rochefort, s'était fait remarquer à Satory par la vigueur de ses cris de : Vive l'Empereur !

Le capitaine de Mauduit, dans son récit sur la *Révolution militaire du 2 décembre*, nous donne les détails d'un punch offert par le colonel de Rochefort, colonel du 1er régiment de lanciers, le 31 octobre 1851, aux officiers du 7e lanciers récemment arrivés à Paris et aux officiers de la garnison de Paris.

« Il appartenait au 1er régiment de lanciers, dit M. de Mau-

---

(1) Le même ouvrage nous donne ces indications caractéristique sur les dispositions de l'armée :

« Il faut le dire, l'armée n'était pas seulement convaincue,
« mais fanatisée. *Le brave et spirituel* colonel du 7e de lan-
« cier, M. Feray, raconte une anecdote *qui a la valeur d'un*
« *événement*. Il se trouvait avec un escadron de son régiment
« dans les environs de Chartres. On lui amène un des plus
« notoires démagogues de cette commune, pris les armes à la
« main et les poches pleines de balles. Le colonel, voulant es-
« sayer jusqu'où allait l'obéissance chez ses soldats, appelle ses
« deux plantons d'ordonnance, et leur dit, en secouant la cendre
« de son cigare : *Vous allez me brûler la cervelle à ce brigand-*
« *là, faites-le mettre à genoux et au commandement de : Feu !*
« *cassez lui la tête.* Les deux lanciers arment froidement leurs
« pistolets, prennent à la cravate l'homme qui se tordait et
« criait : Grâce ! lui appliquent leur arme sur chaque tempe,
« et attendent avec le plus grand calme le commandement du
« colonel. — Emmenez-le, dit M. Feray, il est trop lâche
« *pour être fusillé par de braves gens comme vous !* Et il le fit
« à conduire à la préfecture de police. Quels hommes ! disait-on
« M. Feray quand il raconta cet incident. — Tout mon régiment
« est le même, répondit le gendre du général Bugeaud. »

« duit, en raison de son initiative de Versailles (*lisez:* de
« Satory), d'entrer le premier dans le lice des manifesta-
« tions contre les dangers de toutes les intrigues du Parle-
« ment... Toutefois quelques esprits timorés cherchèrent à
« détourner le colonel de Rochefort de prononcer son
« toast d'ouverture, signal de la charge à fond contre les
« anarchistes, leurs adhérents et leurs meneurs.

« Rien ne put arrêter la détermination hardie du colonel
« du 1er lanciers. Il fallait engager le combat et brûler ses
« vaisseaux. Voici donc la harangue qui précéda la charge
« que couronna plus tard la victoire du 4 décembre, qui
« terrassa, pour longtemps sans doute, l'hydre révolution-
« naire. »

« Nous citons seulement la fin de ce toast : « Avant toutes
« ces santés, Messieurs, je vous demanderai de porter avec
« moi celle de l'homme que son courage, sa loyauté, son
« inébranlable fermeté, font en quelque sorte la personnifi-
« cation de l'ordre dont nous sommes les défenseurs ; nous
« boirons à celui *qui nous facilite si bien la tâche que*
« *nous devons accomplir* : Au prince Napoléon, au chef de
« l'État. »

M. le colonel Feray, du 7e lanciers, prit à son tour la
parole :

« Le 7e lanciers, Messieurs, se félicite d'avoir à partager
« avec vous la tâche si patriotique, si glorieuse, de défendre
« l'ordre et la société. L'armée a été l'ancre de salut de notre
« pays, dans les mauvais jours que nous avons traversés... »

« On se sépara à minuit dit M. de Mauduit, en se donnant
« rendez-vous sur le premier champ de bataille qu'offrirait
« l'armée rouge. »

« Ces toasts d'une couleur politique si fortement accentuée
tranchent trop avec le ton ordinaire des allocutions échan-
gées dans ces réunions de joyeuse confraternité pour qu'on
n'y voie pas l'intention bien arrêtée de stimuler l'ardeur des
officiers pour un combat prochain. Une augmentation con-

sidérable dans l'effectif de la garnison de Paris et de la banlieue avait eu lieu vers cette époque, augmentation si considérable que, les logements militaires devenus insuffisants, on caserna des compagnies dans les casemates des forts. Chaque jour jusqu'à midi, les garnisons de ces forts étaient consignées, sous prétexte qu'il pouvait survenir de la place des ordres extraordinaires ; les théories enseignées aux troupes portaient sur le service en cas de guerre dans la capitale, sur la guerre des rues, des fenêtres, des caves, etc. Les officiers supérieurs assistés des adjudants-majors, avaient reçu l'ordre d'aller en habits bourgeois reconnaître leur poste de bataille et les maisons dont l'occupation pouvait servir de point d'appui. L'armée n'attendait plus que le signal : elle était prête (1). »

Le coup d'État fut sur le point d'avoir lieu pendant la prorogation, en octobre. M. Carlier, préfet de police, y poussait. Ce furent MM. de Saint-Arnaud et Magnan principalement, d'après le récit de M. Belouino, qui firent abandonner ce projet. D'une part, l'entreprise était peut-être prématurée et la France n'était pas encore assez préparée à l'événement ; d'autre part, la présence des députés dans les départements pouvait faire craindre que par leur influence ils ne parvinssent à organiser une résistance sérieuse. — « L'Assemblée trahira bien assez ses complots, » aurait dit le général Magnan. « *Attendons qu'elle nous donne barre.* »

Ce projet de coup d'État fut ébruité. Le général Bedeau, président de la commission permanente de l'Assemblée, avait pris toutes ses dispositions en conséquence ; il avait même préparé les décrets de réquisition des corps nécessaires à la défense du Palais législatif, et de nomination d'un nouveau commandant en chef de l'armée de Paris.

Mais peut-être n'était-ce là qu'une comédie habilement jouée

---

(1) Taxile Delord, *Histoire du second empire.*

pour donner le change aux députés et leur faire croire ensuite que le président avait renoncé à l'idée d'un coup d'État. M. Carlier quitta à la suite de cet incident la préfecture de police, et pour faire mieux croire qu'il y avait dissentiment entre lui et la politique de l'Élysée, il reprocha à M. de Maupas, son successeur, de le faire surveiller.

La retraite de M. Carlier fut suivie de la formation d'un nouveau ministère. On a dit que MM. Baroche, Rouher et M. Carlier lui même s'étaient retirés parce qu'il n'avaient point voulu s'associer au projet du Président, de demander l'abrogation de la loi du 31 mai.

MM. Baroche et Rouher, et à plus forte raison M. Carlier, étaient incapables de tels scrupules : la suite de leur carrière politique l'a bien prouvé. Mais ils se retirèrent pour faire place à un ministère d'exécution, dont le véritable chef était le ministre de la guerre, M. Saint-

---

(1) Depuis longtemps, il y avait ostensiblement deux partis dans le gouvernement : l'un qui voulait le retrait de la loi du 31 mai, l'autre qui était pour le maintien. Le 11 mai une élection avait eu lieu dans les Landes; les deux candidats étaient M. Duclerc, l'ancien ministre des finances, et M. le général Durieu. M. Vaïsse, le président du ministère de transition, avait fait hautement manifester ses vœux dans le département, pour M. Duclerc, qui se posait en demandant l'abrogation de la loi du 31 mai. Mais sur ces entrefaites avait été formé le nouveau cabinet Faucher-Baroche-Rouher qui avait combattu la candidature de M. Duclerc, et s'était reporté sur celle du général Durieu, favorable à la loi du 31 mai. Ce qui est intéressant à noter, pour l'attitude politique des hommes que nous avons perdus de vue depuis la séparation de l'Assemblée constituante, c'est que le 11 mai 1851, M. Duclerc, l'ami fidèle de M. Garnier-Pagès, n'était pas hostile au Président, moins hostile que ne l'eût été M. Cavaignac, ou même M. Thiers : — » De quelque côté « qu'eussent penché les suffrages des électeurs, disait M. Léon « Faucher le 23 mai, du côté de M. Duclerc ou du côté de M. le « général Duriou, le gouvernement était assuré de voir entrer dans « cette Assemblée un appui de sa politique. »

Arnaud. On adjoignait avec intention à M. Saint-Arnaud des hommes sans autorité et complétement effacés : M. de Thorigny à l'intérieur ; M. Daviel à la justice ; M. de Turgot aux affaires étrangères; M. Blondel aux finances ; M. de Casabianca à l'agriculture et au commerce ; M. Magne aux travaux publics ; M. Giraud à l'instruction publique et M. Hippolyte Fortoul à la marine. Le choix de ce dernier comme ministre de la marine égaya beaucoup les journaux du temps ; M. Fortoul, était un universitaire, ancien ami de MM. Carnot, Jean Reynaud, Charton, républicain récemment rallié à l'Elysée, mais qui n'avait pas la moindre notion des choses maritimes. Le coup d'État en fit plus tard un ministre de l'instruction publique, ce qui convenait mieux à son caractère.

C'est de cette époque que datent les premiers rapports du Président avec M. Billault. Il l'avait d'abord chargé de former un cabinet parlementaire. Le caractère politique de M. Billault qui était encore censé appartenir au parti républicain avancé, eût certainement donné une grande popularité à la proposition de retrait de la loi du 31 mai ; on eût pu croire que le Président voulait vraiment inaugurer une nouvelle politique ; mais M. Billault ne réussit pas dans sa mission.

L'Assemblée se réunit le 4 novembre. Le ministre de l'intérieur, M. de Thorigny, monta à la tribune pour lire le message du président qui demandait à la majorité de retirer la loi du 31 mai.

Ce message était habilement rédigé :

« Je me suis demandé, disait le président, si en présence
« des passions, de la confusion des doctrines, de la division
« des partis, alors que tout se ligue pour enlever à la morale,
« à la justice, à l'autorité leur dernier prestige, s'il fallait,
« dis-je, laisser ébranlé et incomplet le seul principe qu'au
« milieu du chaos général la Providence ait maintenu de-
« bout pour nous rallier. Quand le suffrage universel a re-

« levé l'édifice social, par cela même qu'il substituait un
« droit à un fait révolutionnaire, est-il sage d'en restrein-
« dre plus longtemps la base ? Enfin, je me suis demandé
« si, lorsque des pouvoirs nouveaux viendront présider aux
« destinées du pays, ce n'était pas d'avance compromettre
« leur stabilité que de laisser un prétexte de discuter leur
« origine et de méconnaître leur légitimité....

« Ce projet n'a rien qui puisse blesser cette Assemblée ;
« car, si je crois utile de lui demander aujourd'hui le re-
« trait de la loi du 31 mai, je n'entends pas renier l'ap-
« probation que je donnai alors à l'initiative prise par le
« ministère, qui réclama des chefs de la majorité dont cette
« loi était l'œuvre, l'honneur de la présenter.

« En se rappelant les circonstances dans lesquelles elle
« fut présentée, on avouera que c'était un acte politique
« plus qu'une loi électorale, une vraie mesure de salut pu-
« blic ; mais les mesures de salut public n'ont qu'un temps
« limité.

« La loi du 31 mai, dans son application, a même dé-
« passé le but qu'on pensait atteindre. Personne ne pré-
« voyait la suppression de trois millions d'électeurs, dont
« les deux tiers sont habitants paisibles des campagnes.
« Qu'en est-il résulté ? C'est que cette immense exclusion a
« servi de prétexte au parti anarchique, qui couvre ses dé-
« testables desseins de l'apparence d'un droit ravi à recon-
« quérir. Trop inférieur en nombre pour s'emparer de la
« société par le vote, il espère, à la faveur de l'émotion
« générale et au déclin des pouvoirs, faire naître, sur plu-
« sieurs points de la France à la fois, des troubles qui se-
« raient réprimés sans doute, mais qui nous jetteraient
« dans de nouvelles complications.

. . . .

« Une autre raison décisive appelle votre attention.
« Le rétablissement du vote universel, sur sa base ra-

« tionnelle, donne une chance de plus d'obtenir la révision
« de la Constitution. Vous n'avez pas oublié pourquoi,
« dans la session dernière, les adversaires de cette révision
« se refusaient à la voter. Ils s'appuyaient sur cet argument
« qu'ils savaient rendre spécieux : La Constitution, disaient-
« ils, œuvre d'une Assemblée issue du suffrage de tous, ne
« peut pas être modifiée par une Assemblée née du suf-
« frage restreint. Que ce soit là un motif réel ou un pré-
« texte, il est bon de l'écarter, et de pouvoir dire à ceux
« qui veulent lier le pays à une constitution immuable :
« Voilà le suffrage universel rétabli. La majorité de
« l'Assemblée, soutenue par deux millions de pétitionnaires,
« par le plus grand nombre des conseils d'arrondissement,
« par la presque totalité des conseils généraux, demande
« la révision du pacte fondamental. Avez-vous moins con-
« fiance que nous dans l'expression de la volonté popu-
« laire ?

« La question se résume donc ainsi pour tous ceux qui sou-
« haitent le dénoûment pacifique des difficultés du jour.

« La loi du 31 mai a ses imperfections ; mais fût-elle
« parfaite, ne devrait-on pas également l'abroger, si elle
« doit empêcher la révision de la Constitution, ce vœu ma-
« nifeste du pays ?

. . . .

« La proposition que je vous fais, Messieurs, n'est ni une
« tactique de parti, ni un calcul égoïste, ni une résolution
« subite ; c'est le résultat de méditations sérieuses et d'une
« conviction profonde. Je ne prétends pas que cette me-
« sure fasse disparaître toutes les difficultés de la situation.
« Mais à chaque jour sa tâche. Aujourd'hui, rétablir le suf-
« frage universel, c'est enlever à la guerre civile son
« drapeau, à l'opposition son dernier argument. Ce sera
« fournir à la France la possibilité de se donner des insti-
« tions qui assurent son repos. Ce sera rendre aux pouvoirs

« à venir cette force morale qui n'existe qu'autant qu'elle
« repose sur un principe consacré et sur une autorité in-
« contestable. »

Ces considérations étaient précédées à la vérité d'une évocation du spectre rouge qui devait mettre en garde la gauche (1) ; mais il est certain qu'elle ne pouvait pas se refuser à appuyer une proposition qui donnait une satisfaction si complète à ses réclamations les plus vives. C'était à la droite à faire acte d'esprit politique en saisissant cette occasion de resserrer son alliance avec la gauche, en retournant contre le Président son calcul par la consommation de l'union là où l'on avait espéré porter la division à son comble.

Mais la droite regarda la proposition du gouvernement comme un défi à son adresse, comme une avance faite au parti démagogique, et, dans son aveugle dépit, elle alla jusqu'à reprocher à la gauche de s'entendre avec le Président. En réalité les républicains étaient beaucoup plus antipathiques à la droite que le Président, et ils en voulaient moins à Louis-Napoléon de ses projets inconstitutionnels que de cette concession apparente au parti démocratique.

M. Berryer s'élance à la tribune pour repousser l'urgence réclamée par le ministre de l'intérieur, et faisant allusion aux rumeurs de coup d'État qui circulaient dans le public, il demande avant tout une enquête parlementaire sur la situation générale du pays.

M. Émile de Girardin se chargea de répliquer à M. Berryer : « — Je demande à l'illustre M. Berryer s'il avait le

---

(1) « Une vaste conspiration s'organise en France et en Europe,
« disait le message. Les sociétés secrètes cherchent à étendre
« leurs ramifications jusque dans les moindres communes ; cons-
« pirant, sans être d'accord sur les hommes ni sur les choses,
« elles se sont donné rendez-vous, en 1852, non pour bâtir, mais
« pour détruire. »

« même scrupule le jour où le peuple de Paris, sans pro-
« vocation aucune, donnant l'exemple du calme le plus ad-
« mirable, après avoir voté en exerçant son droit, a vu pré-
« senter une loi qui confisquait le suffrage universel ?
« Comment! le 2 mai, c'était la chose du monde la plus
« simple que de venir proposer d'urgence une loi qui devait
« avoir pour conséquence de rayer 3,200,000 électeurs, loi
« qui a fait naître des scrupules trop tardifs, loi dont le
« résultat funeste vient d'être constaté à cette tribune par le
« pouvoir exécutif lui-même! Eh bien! vous venez dire
« aujourd'hui : Il faut un rapport. Avez-vous demandé un
« rapport le 2 mai? Non, vous ne l'avez pas demandé, parce
« qu'il aurait été impossible d'en faire un, parce que ce
« rapport aurait été la justification du peuple tout entier...

« La loi du 31 mai a été présentée d'urgence, le retrait
« de cette loi doit être voté également d'urgence. Elle est
« entrée par la porte de l'urgence, c'est par la porte de
« l'urgence qu'elle doit sortir. Elle ne sortira jamais trop
« tôt. »

MM. Daru et de Vatimesnil repoussent la proposition du gouvernement en invoquant surtout de mesquines considérations d'amour-propre froissé et de dignité blessée; au fond tout le monde était d'accord pour reconnaître les inconvénients de la loi du 31 mai, qui avait réellement dépassé le but (1). La droite se préoccupait d'y remédier

---

(1) M. Daru, rapporteur de la commission, disait :
« Nous ne méconnaissons pas qu'il puisse être utile ou né-
« cessaire de modifier quelques-unes des dispositions que la loi
« du 31 mai consacre. Si l'on fait appel à la sagesse et à l'impar-
« tialité de l'Assemblée, pour introduire les améliorations que con-
« seillera la justice ou qu'indiquera l'expérience, nous ne dou-
« tons pas que cet appel ne soit entendu; mais le devoir de
« l'Assemblée est de résister aux entraînements qui ressemble-
« raient à de la faiblesse. »
Toutes les objections de la droite portèrent ainsi sur une misérable question de prérogative.

indirectement dans la loi municipale qu'elle préparait, en réduisant le domicile électoral ; car, comme nous l'avons dit, la fixation du domicile à trois ans était une des dispositions les plus exorbitantes de la loi. Le grand grief de M. de Vatimesnil était que le Président, en devançant ainsi l'initiative annoncée de l'Assemblée, manquait à tous les égards parlementaires.

Il releva aussi avec amertume ce mot du message : *Il faut faire disparaître le drapeau de la guerre civile!* qui semblait rejeter sur l'Assemblée une injurieuse accusation.

« Eh quoi! s'écrie M. Michel (de Bourges), quand on
« vient vous dire : Abandonnez cette loi, faites un sacrifice à
« la paix publique, ne vous exposez pas aux horreurs d'un
« conflit! vous dites que c'est une menace. Je passe dans
« la rue; votre maison brûle; je vois les flammes qui ser-
« pentent sur les toits, je crie au feu! et vous dites que
« c'est moi qui vous menace de l'incendie. »

Ces susceptibilités sont indignes d'une grande Assemblée ; elles rapetissent le débat, comme aussi les accusations vraiment inconcevables adressées à la gauche de s'entendre avec le Président. Est-ce que M. Louis Bonaparte n'a pas été l'homme de la droite, tant qu'il s'est agi de mutiler les libertés et d'accumuler les mesures répressives ? Et peut-on reprocher à la gauche de le soutenir, parce qu'une fois par exception il vient proposer une mesure qui est de nature à rassurer l'ordre et la liberté ?

M. Michel (de Bourges) termine son discours par ce beau mouvement, qui faisait ressortir d'une façon saisissante la solidarité d'idées et de tendances qui existait en réalité entre la droite et le Président :

« Vous dites souvent, trop souvent, permettez-moi de le
« dire : Cette société sera sauvée par l'armée. Je ne sais si
« je me trompe, mais je plains mon pays s'il est sauvé
« par l'armée. Car l'armée, c'est l'épée, et l'épée ! si c'est
« Cromwell, vous avez un Protecteur ; si c'est Monk, vous

« avez Henri V; si c'est Napoléon Bonaparte, l'homme du
« 18 brumaire, vous avez l'Empire; si c'est Othon, Vitel-
« lius ou Galba, vous avez le Bas-Empire. »

La loi fut repoussée par une majorité de *huit voix* seulement, par 355 voix contre 348. Parmi les *libéraux* qui votèrent avec la gauche, nous devons signaler M. Dufaure. Tous les autres, MM. Odilon Barrot, Thiers, Duvergier de Hauranne et les cléricaux, tels que MM. de Montalembert et de Falloux, d'accord sur tous les points, excepté sur celui-là avec le Président, votèrent contre.

Pendant ce temps, le Président continuait à préparer son coup d'État; il s'adressait à l'armée et réclamait ouvertement son concours. Le 9 novembre, il s'était fait présenter par le général Magnan les officiers des régiments nouvellement arrivés à Paris, et il leur adressait la harangue suivante :

« Messieurs,

« En recevant les officiers des divers régiments de l'ar-
« mée qui se succèdent dans la garnison de Paris, je me
« félicite de les voir animés de cet esprit militaire qui fit
« notre gloire et qui aujourd'hui fait notre sécurité. Je ne
« vous parlerai donc ni de vos devoirs ni de la discipline.
« Vos devoirs, vous les avez toujours remplis avec hon-
« neur, soit sur la terre d'Afrique, soit sur le sol de la
« France; et la discipline, vous l'avez toujours maintenue
« intacte à travers les épreuves les plus difficiles. J'espère
« que ces épreuves ne reviendront pas; mais si la gravité
» des circonstances les ramenait et m'obligeait de faire ap-
« pel à votre dévouement, il ne me faillirait pas, j'en suis
« sûr, parce que, vous le savez, je ne vous demanderai
« rien qui ne soit d'accord avec mon droit *reconnu par la*
« *Constitution* (1), avec l'honneur militaire, avec les inté-

---

(1) « Le Président ne prononça pas ces quatre mots, que le

« rêts de la patrie ; parce que j'ai mis à votre tête des hom-
« mes qui ont toute ma confiance et qui méritent la vôtre;
« parce que si jamais le jour du danger arrivait, je ne ferais
« pas comme les gouvernements qui m'ont précédé, et je
« ne vous dirais pas : Marchez, je vous suis; mais je vous
« dirais : Je marche, suivez-moi ! »

Une circulaire adressée par le général Saint-Arnaud aux généraux de Paris était interprétée comme un symptôme grave des intentions du pouvoir. On lisait dans cette circulaire des passages significatifs, tels que ceux-ci :

« Plus que jamais, dans les temps où nous sommes, le
« véritable esprit militaire peut assurer le salut de la so-
« ciété.

« Mais cette confiance que l'armée inspire, elle la doit à
« sa discipline ; et nous le savons tous, général, point de
« discipline dans une armée où le dogme de l'obéissance
« passive ferait place au droit d'examen.

« Un ordre discuté amène l'hésitation, l'hésitation la
« défaite.

« Sous les armes, *le règlement militaire est l'unique loi.*

« *La responsabilité*, qui fait sa force, *ne se partage pas ;*
« *elle s'arrête au chef de qui l'ordre émane; elle couvre*
« *à tous les degrés l'obéissance et l'exécution.* »

On pouvait voir dans cette pièce l'intention d'employer l'armée contre l'Assemblée nationale en faisant appel à l'obéissance absolue, à la soumission aveugle aux ordres d'un chef qui assumait sur sa tête la responsabilité de ses actes, mais qui ne voulait pas qu'on les discutât. De plus, cette circulaire, en mettant en question le droit de réquisition de l'Assemblée, portait atteinte à l'article 32 de la Constitution ainsi conçu :

« ministère fît ajouter par un scrupule que tout le monde com-
« prit. Il y avait encore une Constitution. » (Mayer, *Histoire du 2 décembre.*)

« L'Assemblée nationale détermine le lieu de ses séances.
« Elle fixe l'importance des forces militaires établies pour
« sa sûreté *et elle en dispose.* »

C'est pour garantir l'autorité constitutionnelle contre les empiétements de l'autorité militaire, et pour assurer à l'Assemblée les moyens militaires de résister à un attentat dirigé contre elle, que fut déposée, le 6 novembre, la fameuse proposition des questeurs.

Voici cette proposition, telle qu'elle fut mise en discussion après avoir été rectifiée par ses auteurs, MM. Baze, le général Leflô et de Panat :

« Sera promulguée comme loi, mise à l'ordre du jour de
« l'armée, et affichée dans les casernes, la disposition de
« l'article 6 du décret du 11 mai 1848 dans les termes sui-
« vants :

« Le Président de l'Assemblée nationale est chargé de
« veiller à la sûreté intérieure et extérieure de l'Assem-
« blée.

« Et à cet effet, il a le droit de requérir la force armée et
« toutes les autorités militaires dont il juge le concours né-
« cessaire.

« Les réquisitions peuvent être adressées directement à
« tous les officiers, commandants et fonctionnaires, qui sont
« tenus d'y obtempérer immédiatement, sous les peines por-
« tées par la loi. »

Dans sa forme primitive, la proposition des questeurs renfermait en outre un paragraphe rappelant le droit du Président de l'Assemblée de nommer le commandant en chef des troupes chargées de veiller à la sûreté de la représentation du peuple, et un article donnant au Président la faculté de déléguer son droit de réquisition aux questeurs ou à l'un d'eux.

« Il est à noter, » fait observer M. Ténot, dans son *Étude historique sur le coup d'État,* « que tous les écrivains bo-
« napartistes qui parlent de la proposition des questeurs,

« ne donnent que le texte primitif, et raisonnent sans tenir
« compte des modifications qui y furent introduites par la
« commission, d'accord avec les auteurs. » — C'est qu'il
s'agit pour eux d'établir que la proposition des questeurs
était une mesure prise par la majorité en vue de faire elle-
même un coup d'Etat militaire.

En elle-même, la proposition des questeurs était parfaitement légale (1), et elle pouvait paraître justifiée par la circulaire provocatrice du ministre de la guerre.

Cependant la gauche refusa d'abord tout entière de s'y
associer, y voyant une intempestive riposte à la proposition
présidentielle d'abroger la loi du 31 mai.

L'élaboration de la proposition des questeurs au sein de
la commission donna lieu à un incident qui modifia les dispositions d'une partie des représentants de la gauche. MM. de
Thorigny, ministre de l'intérieur, et Saint-Arnaud, ministre
de la guerre, avaient déclaré devant les trente-deux membres
de la commission, et le procès-verbal en faisait foi, qu'ils
considéraient le projet des questeurs comme inopportun et
d'ailleurs inutile, attendu que le décret du 11 mai 1848 n'a-
vait pas cessé d'être en vigueur. Le procès-verbal contient
en effet la déclaration suivante de M. de Thorigny :

« Le décret existe, il est sous les yeux des troupes ; tous
« les droits contenus dans l'article 32 de la Constitution et
« dans le décret sont reconnus. Il est donc inutile d'aller

---

(1) Nous avons dit comment la loi du 11 mai 1848 avait été
rappelée déjà au pouvoir exécutif par l'Assemblée constituante,
le 10 mai 1849, en réponse à des provocations venant de la part
de M. le général Changarnier, de même nature que celles qui
étaient faites actuellement par M. le général Saint-Arnaud. A
cette occasion il fut ordonné pareillement que la loi du 11 mai
1848 serait mise à l'ordre du jour de l'armée et affichée dans les
casernes : ce qui fut fait.

« au delà, et le vote de la proposition dans le moment ac-
« tuel donnerait lieu à des interprétations fâcheuses. »

Le lendemain M. de Thorigny adressait à la commission une lettre contre-signée par M. Saint-Arnaud, dans laquelle ils niaient avoir fait la veille ces déclarations : « Je déclare « donc, disait M. de Thorigny, que dans ma conviction le « décret du 11 mai 1848 ne peut être considéré comme étant « encore en vigueur, et je n'ai pas dit un mot qui puisse établir « le contraire. » La commission déclara à l'unanimité qu'elle maintenait la parfaite exactitude du procès-verbal contenant les déclarations reniées par les deux ministres, laissant au public à juger qui avait pu mentir avec tant d'impudence des trente-deux membres de la commission alors présents ou de MM. de Thorigny et Saint-Arnaud.

En conformité de la nouvelle attitude des ministres, le général Saint-Arnaud fit arracher dans toutes les casernes de Paris les copies du décret du 11 mai 1848 qui y étaient affichées depuis le 10 mai 1849.

C'était un véritable outrage à la dignité de l'Assemblée nationale et une déclaration de guerre. Un grand nombre de députés de la gauche le comprirent ainsi et se séparèrent de leurs collègues de la Montagne.

La séance du 17 novembre, où fut discutée la proposition, « fut pleine de trouble, anxieuse, presque sinistre (1). » On comprenait qu'un coup d'Etat, c'est-à-dire la guerre civile et l'inconnu au bout pouvaient éclater à l'issue de la délibération.

M. Ferdinand de Lasteyrie prit le premier la parole pour formuler un projet de transaction : il offrit le retrait de la proposition des questeurs, si le gouvernement consentait à reconnaître que le droit de réquisition de l'Assemblée résultait de l'article 32 de la constitution.

---

(1) Ténot, *Étude historique sur le coup d'Etat.*

M. Vitet, au nom de la commission, se déclara prêt à accepter la proposition nouvelle

Mais la lettre de M. de Thorigny indiquait d'avance que sur ce terrain il ne fallait attendre aucune concession de la part du gouvernement.

Le général Saint-Arnaud, sur un ton âpre et cassant, contesta absolument le droit de l'Assemblée :

« Le droit qu'on demande, dit-il, ferait passer dans
« la main du président de l'Assemblée le pouvoir exécutif
« tout entier. Ce ne serait pas seulement la violation du
« grand principe de la séparation des pouvoirs, ce serait
« aussi la destruction de toute discipline militaire..... Ainsi,
« inopportune, inconstitutionnelle, destructive de l'autorité
« militaire, la proposition accuse, malgré la modération du
« langage, une méfiance injuste envers le pouvoir exécutif ;
« elle répand l'anxiété dans le pays, l'étonnement dans les
« rangs de l'armée. Au nom du salut du pays, nous vous
« demandons de ne point prendre ce projet en considé-
« ration. »

Le général Le Flô, l'un des questeurs auteurs de la proposition, rétablit les termes de la question, et montre que dans le pouvoir attribué à l'Assemblée par la Constitution il n'y a aucune confusion de pouvoirs. Il proteste contre l'assertion du ministre de la guerre, que la proposition des questeurs troublerait la discipline militaire, comme si l'obéissance aux lois pouvait constituer un état de désordre.

« Adoptez la proposition, dit en terminant le général
« Le Flô, vous n'aurez rien changé aux dispositions
« matérielles qui existent déjà pour la sûreté de l'Assem-
« blée, mais vous y aurez ajouté une garantie morale, ga-
« rantie précieuse, invincible. Si vous la repoussez au con-
« traire, vous aurez découvert l'Assemblée ; vous aurez
« livré son existence aux hasards d'un coup de main. Vous
« vous serez désarmés vous-mêmes, et Dieu veuille, Mes-
« sieurs, que vous n'ayez jamais à le regretter amèrement. »

Le colonel Charras, représentant de la gauche républicaine, vint accroître encore l'émotion produite par le discours de M. Le Flô. Il explique comment l'audacieuse négation par le gouvernement d'un droit accordé par la Constitution à l'Assemblée l'a transformé en défenseur d'une proposition qu'il combattait auparavant, et dont l'opportunité est justifiée par la déclaration du ministre de la guerre. Et il dénonce hardiment les symptômes qui doivent donner à réfléchir à tous ceux qui ont souci du maintien de la Constitution et de la République :

« Je suis très-attentivement, dit-il, tous les mouvements
« qui se font dans la tête et dans les corps mêmes de
« l'armée de Paris, et j'affirme que ce sont les hommes qui
« ont éclaté en actes de dévouement à la personne du Pré-
« sident de la République, et, je dirai plus, peut-être dans
« leur haine pour a République, ce sont ces hommes qu'on
« appelle à Paris, auxquels on confie les plus hautes posi-
« tions ; je dis qu'à l'heure qu'il est, dans les salons... je
« ne dirai pas lesquels, tout le monde le devine, on parle,
« avec un laisser-aller inimaginable, de quoi ? De fermer les
« portes de cette Assemblée, et de proclamer ce que vous
« savez. (*Exclamations diverses.* — *Sourires et dénégations au banc des ministres.*)

« *M. Michel* (de Bourges) et plusieurs autres membres
« de la gauche : « Les salons ne font pas les peuples ! »

. . . .

M. Charras « — Jusqu'à ce qu'il y ait une réponse dans
« le sens contraire à celle qui a été faite par M. le ministre,
« je regarde comme constant que le droit de l'Assemblée a
« été nié formellement. (M. le ministre fait un signe de dé-
« négation.)

« Il ne faut pas jouer ici sur les mots et dire que vous
« reconnaissez à l'Assemblée un droit en théorie, lorsqu'en
« fait vous venez dire que vous ne le reconnaissez pas.

« Quant à la question d'opportunité de la proposition, je
« vous l'ai déjà dit, pour moi elle résulte tout entière de
« la déclaration faite par le gouvernement ; elle est là, elle
« n'est pas ailleurs, et je la résous affirmativement...

Un membre : — L'ennemi est dans les rangs de la ma-
« jorité.

M. *Charras* : — « On me dit que l'ennemi est là (*la*
« *droite*). Il est bien ailleurs aussi.

M. *Mathé* : — « Le plus dangereux est là (*la droite*).

M. *Charras* : — « Non, je le dis en terminant, je ne
« crois pas que la majorité soit un danger plus sérieux
« pour la Constitution et pour la République, dans les termes
« où est posée la question maintenant, que le Président qui
« siège à l'Élysée ; non, je ne crois pas qu'il vienne de sa part
« un danger plus immédiat, un danger plus imminent que ce-
« lui qui peut venir de l'endroit que j'ai indiqué. (*Rires.*)

« Mais la majorité se trouve sur le terrain du principe
« constitutionnel, sur le terrain de l'indépendance des as-
« semblées. La majorité, à mon sens, est dans le vrai. C'est
« pour cela que je voterai avec elle. »

M. Michel (de Bourges) se fait l'interprète des protestations de la gauche qui ont interrompu M. Charras : « J'en
« demande pardon à l'orateur : Je maintiens qu'il ne s'a-
« git pas là d'une question de principe, mais d'une
« question de parti... Comment ! l'Assemblée était en dan-
« ger, et votre rapporteur, votre savant rapporteur, a fait
« un rapport de vingt pages sur la question de droit ! Quand
« une Assemblée est en danger, elle le proclame, elle se lève,
« et elle avise au danger....

« Il s'agit de périls théoriques. Savez-vous quand vous
« les avez découverts ? Vous les avez découverts le 4 no-
« vembre, lorsqu'on a retiré la loi du 31 mai. Voilà le péril :
« le péril, c'est que la monarchie est menacée, c'est que la
« République commence à être inaugurée, voilà le péril.
« (*Bruyants applaudissements à gauche.*) Vous avez peur

« de Napoléon Bonaparte, et vous voulez vous sauver par
« l'armée. L'armée est à nous, et je vous défie, quoi que
« vous fassiez, si le pouvoir militaire tombait dans vos
« mains, de faire un choix qui fasse qu'aucun soldat vienne
« ici pour vous contre le peuple.

« Non, il n'y a point de danger, et je me permets d'a-
« jouter que s'il y avait un danger, il y a aussi une senti-
« nelle invisible qui vous garde; cette sentinelle, je n'ai
« pas besoin de la nommer, c'est le peuple. (*Vifs applau-*
« *dissements à gauche.*)

M. Vitet interrompit Michel (de Bourges) par la provocation suivante :

« Vous me demandez où est le péril ? Eh bien ! il es
« dans votre alliance avec celui que vous protégez ! »

Ce mot imprudent souleva d'immenses clameurs, car il tendait à faire croire que la proposition des questeurs était dirigée aussi bien contre la gauche républicaine que contre le Président.

« Vous l'avouez donc, dit M. Schœlcher, la proposition
« est dirigée contre nous, et vous voulez que nous la vo-
« tions ! »

M. Charras s'écria qu'il est venu dans l'intention de voter le projet, mais qu'il se rétracterait s'il devait atteindre une fraction des mandataires du peuple.

« Non, non, jamais! » protesta M. Vitet. Mais le coup était porté.

M. Crémieux s'exprima dans le même sens que Michel :

« Votre loi ne dit pas tout ce qu'elle renferme. Demandez
« à la majorité ce qu'elle fera, lorsque le président de
« l'Assemblée aura le droit de réquisition directe. Dites
« nettement ici tout ce qu'on dit ailleurs. Quant à nous, la
« Constitution nous suffit. »

M. Thiers essaya de réparer la faute commise par M. Vitet, et faisant descendre la question du domaine de la théorie dans celui des faits :

« Voici, dit-il, la cause de la proposition. Si elle a été
« présentée, c'est parce que la récente circulaire de M. le
« général Saint-Arnaud, s'écartant de celles de ses prédéces-
« seurs, parle aux soldats de la discipline et omet de faire
« mention de l'obéissance aux lois. Approuvez-vous que
« M. le ministre de la guerre, parlant de l'obéissance, par-
« lant de la discipline, ne parle pas du respect dû aux lois ?
« Tel a été le but de la proposition. »

Ces paroles changeaient le terrain du débat. De bruyan-
tes interruptions, parties des bancs de la Montagne, cou-
vrirent la voix de l'orateur, et l'obligèrent à descendre de
la tribune.

Le général Saint-Arnaud adressa la réponse suivante à
M. Thiers :

« On me reproche de n'avoir pas rappelé à l'armée le
« respect des lois et de la Constitution. Ce ne sont plus mes
« paroles que l'on interprète, c'est mon silence.

« Messieurs, je sais respecter les lois, et je suis de ceux
« qui savent les faire respecter, par leurs actes plus que par
« leurs paroles. Mais le soldat n'est pas juge de la loi. Je
« n'ai trouvé ni utile ni digne de recommander à des chefs
« le premier de tous les devoirs..... Je n'ai pas songé à
« faire descendre la loi, des hauteurs où elle réside, dans
« un ordre du jour, pour l'y placer dans une hypothèse de
« violation qui n'est pas acceptable. L'obéissance aux lois,
« c'est le principe vital de toute société. Qui donc en
« doute ?...

« M. le rapporteur vous a dit qu'il ne fallait pas d'équi-
« quivoque ; je suis de son avis. Il faut que l'Assemblée
« accepte ou rejette la proposition. L'Assemblée est com-
« plétement maîtresse de fixer l'importance des forces qu'elle
« entend consacrer à sa garde ; *mais pour en disposer, ce*
« *qui ne lui sera jamais refusé, elle doit passer par la*
« *hiérarchie.* »

Cette dernière provocation du ministre de la guerre eût

dû faire bondir l'Assemblée. Quoi ! l'Assemblée, émanation du peuple souverain, *devait passer par la hiérarchie* pour exercer les droits qu'elle tenait de la Constitution !

M. Jules Favre vint apporter ses arguties captieuses de rhéteur pour achever d'embrouiller toutes les idées. On devait s'attendre à le voir en cette circonstance, car toutes les fois qu'une occasion s'est présentée pour son parti de commettre une faute, on n'a jamais manqué de voir intervenir M. Favre pour l'y pousser de toutes ses forces.

M Jules Favre affirma, comme l'avait fait M. Charras, le droit de réquisition directe de l'Assemblée ; mais il ajouta qu'il n'était pas besoin d'une loi nouvelle pour le constater :

« Il arrive, dit-il, que le pouvoir exécutif vous conteste
« ce droit. Qu'avez-vous à faire ? L'affirmer par une loi
« nouvelle ? Quoi ! messieurs, s'il plaît au pouvoir exécutif
« de contester l'autorité des lois, il faudra que vous les re-
« fassiez ? Le moyen de sortir d'une pareille difficulté, c'est
« d'ordonner l'exécution de la loi. Réquérez demain et vous
« verrez demain que le pouvoir exécutif cédera, et s'il ne
« cède pas, il sera mis en accusation. »

L'orateur termine en posant ce dilemme : « De deux choses
« l'une : — ou vous croyez que le pouvoir exécutif conspire :
« accusez-le ; ou vous feignez de croire qu'il conspire, et
« c'est que vous conspirez vous-mêmes contre la Républi-
« que. Voilà pourquoi je ne vote pas avec vous. »

La discussion semblait épuisée, quand le général Bedeau la raviva, en demandant s'il était vrai que le décret du 11 mars 1848, affiché dans les casernes, eût été récemment enlevé, par ordre de la Présidence.

« Il est vrai, répondit le ministre de la guerre, que le
« décret avait été affiché. Il n'existait, lors de mon entrée
« au ministère, que dans très-peu de casernes. Mais en
« présence de la proposition des questeurs, et comme il y
« avait doute si ce décret devait être exécuté, pour ne pas

« laisser d'hésitation dans les ordres donnés, je dois le dé-
« clarer, j'ai ordonné qu'on le retirât. »

A cette révélation inattendue, un tumulte indescriptible s'élève dans l'assemblée ; les interpellations les plus énergiques s'échangent entre les représentants, d'un banc à l'autre. La gauche était vraiment hésitante ; des députés de la majorité avaient envahi les bancs de la Montagne pour décider leurs collègues à s'associer au vote de la proposition. Les conservateurs au contraire entouraient le banc des ministres comme pour leur demander un mot d'ordre :

« Faites ce que vous voudrez, messieurs, » leur répondit M. de Thorigny, « nous sommes prêts à tout. »

« A ces paroles, dites avec calme, » rapporte M. Granier de Cassagnac, « les interlocuteurs se regardèrent, et, *sûrs* « *de ne pas mettre leur courage au service d'un gouver-* « *nement timide,* ils allèrent voter résolûment (1). »

La proposition des questeurs fut repoussée par 408 voix contre 300. Plus de 150 républicains avaient voté contre la proposition. Parmi ceux qui s'étaient joints à la droite, on comptait — et ceci est un point significatif — tous les représentants républicains appartenant à l'armée : le général Cavaignac, le colonel Charras, les capitaines Bruckner, Milotte, Tamisier et le lieutenant Valentin. Quelques-uns des membres les plus éminents de la gauche avaient voté de même : MM. Marc Dufraisse, Pascal Duprat, Grévy, Edgar Quinet, etc.

Nous sommes prêts à tout, avait dit M. de Thorigny. En effet le coup d'État était résolu pour ce jour-là, dans le cas où la proposition serait prise en considération. Depuis le matin le Président portait même un pantalon garance pour pouvoir revêtir plus vite l'uniforme de général. Deux

---

(1) Granier de Cassagnac, *Histoire de la chute de Louis-Philippe et du rétablissement de l'Empire.*

régiments dévoués se tenaient prêts dans leur caserne trois cent cinquante gardes nationaux du 2ᵉ bataillon de la 6ᵉ légion, commandés par les chefs de bataillon Vieyra et Ledieu, s'étaient offerts aussi à marcher contre la Chambre.

Tous ces détails résultent des récits mêmes des historiens bonapartistes.

Après l'agitation qui suivit sa déclaration que les affiches du décret du 11 mai 1848 avaient été enlevées des casernes par ses ordres, le général Saint-Arnaud quitta la salle.

« Il sortit, dit M. Granier de Cassagnac (1), après avoir
« adressé un regard significatif au général Magnan, com-
« mandant en chef de l'armée de Paris, qui assistait à la
« séance, et qui se trouvait avec M. de Maupas, préfet de po-
« lice, dans une tribune. Comme il arrivait près de la porte
« de la salle, le ministre de la guerre répondit en riant à
« un de ses collègues qui s'étonnait de le voir partir avant
« le vote : *On fait trop de bruit dans cette maison, je vais*
« *chercher la garde.* Et il y allait, comme il le disait. »

« Pendant toute la durée de la discussion, » dit M. Véron, dans ses *Mémoires d'un Bourgeois de Paris*, « le Président
« de la République resta à l'Élysée, en compagnie de
« M. Mocquart. Le prince était calme, et attendait avec
« aussi peu d'impatience que d'anxiété le dénoûment de
« la journée. A l'arrivée du ministre de la guerre, de M. le
« comte de Morny et de M. Edgar Ney, le Prince se montra
« résolu. Des ordres immédiats allaient être expédiés, lors-
« que M. Rouher vint apporter à l'Élysée le résultat du
« vote. Le Président ne montra aucune émotion, et il se con-
« tenta de dire avec la plus complète indifférence à tous
« ceux qui l'entouraient : *Cela vaut peut-être mieux* (2). »

---

(1) *Histoire de la chute de Louis-Philippe et du rétablissement de l'Empire.*
(2) M. Belouino attribue au général Saint-Arnaud un mot

Si le coup d'État eût éclaté le 17 novembre, l'Assemblée n'eût pas été surprise. Elle était sur ses gardes. Les hommes politiques influents, les généraux illustres qui en faisaient partie n'auraient pu être arrêtés nuitamment dans leurs lits. Les troupes de service à l'Assemblée, ayant à leur tête des hommes tels que Lamoricière, Le Flô, Changarnier, Bedeau, Cavaignac, Charras, auraient mis le Palais à l'abri d'un coup de main. Qui oserait affirmer que dans ces conditions l'issue du conflit n'eût pu, selon toute probabilité, être fort différente (1)?

Les historiens bonapartistes disent de leur côté, que si la proposition des questeurs eût été adoptée, l'Assemblée aurait le soir même tenu une séance de nuit, dans laquelle elle aurait déposé le Président, et placé le général Changarnier à la tête du pouvoir exécutif.

C'est ainsi que les mêmes historiens rapportent que pendant la prorogation de 1850, à l'époque du fameux complot de la société du Dix-Décembre, peu de temps avant la destitution du général Changarnier, le Président fut averti par *M. Molé* (?) que la commission de permanence préparait un coup d'État. On devait mettre le Prince à Vincennes; le général Changarnier serait proclamé dictateur, en attendant la convocation de l'Assemblée, et ensuite on espérait s'entendre pour faire une restauration.

Mais il faut dire bien haut que ni la majorité, ni les hommes qui la dirigeaient, à commencer par le général Changarnier, n'avaient l'énergie pas plus que la décision suffisante pour faire aucune tentative sérieuse. La majorité d'ailleurs, dans sa grande masse, n'était pas hostile au Président, la suite l'a bien montré (2), et M. Thiers, pas plus

---

plus caractéristique : *Nous nous en f......*, aurait dit le général, qui attendait avec impatience la bataille.

(1) Ténot, *Etude historique sur le coup d'État.*
(2) M. de Tocqueville dit, dans une lettre adressée au rédacteur

que M. Berryer, ne se faisaient illusion sur leur influence réelle.

Une fraction notable de l'Assemblée, d'après M. Granier de Cassagnac lui-même, loin de conspirer contre M. Louis Bonaparte, aurait conspiré en sa faveur.

---

en chef du *Times*, et insérée dans ce journal le 11 décembre 1851, sous ce titre : *A Narrative by a membre of the national Assembly* :

« Les amis de M. Louis-Napoléon, pour excuser l'acte qu'il
« vient de commettre, répètent qu'il n'a fait que prendre les
« devants sur les mesures hostiles que l'Assemblée allait
« adopter contre lui. Cette manière de se défendre n'est point
« nouvelle en France. Tous nos révolutionnaires en ont usé pen-
« dant ces soixante dernières années. Aujourd'hui l'accusation
« intentée à l'Assemblée ne peut avoir cours que parmi des
« étrangers peu au courant de nos affaires.

« L'histoire a sans doute plus d'un reproche à faire à l'As-
« semblée qui vient d'être violemment dissoute ; les partis qui
« la composaient n'ayant pu s'entendre, elle est devenue inca-
« pable de défendre la liberté des autres et sa propre existence.
« Mais l'histoire ne ratifiera certainement pas l'accusation portée
« par M. Louis Bonaparte : le *Moniteur* l'atteste d'avance.

« L'Assemblée, au mois d'août dernier, a voté à une immense
« majorité la révision de la Constitution. Pourquoi désirait-elle
« cette révision ? Uniquement pour légaliser la réélection du pré-
« sident. Est-ce là conspirer contre Louis-Napoléon ?

« L'Assemblée a voté le 31 mai la loi électorale, loi impo-
« pulaire dont Louis-Napoléon pour capter la faveur du peu-
« ple demanda le retrait, dans un message injurieux pour l'As-
« semblée, après l'avoir lui-même proposée. Une majorité,
« mais de trois voix seulement, repousse la nouvelle loi pré-
« sentée ; immédiatement, pour se conformer à la politique du
« Président, l'Assemblée insère dans une loi rédigée par elle les
« réformes demandées par lui. Est-ce là conspirer contre Louis-
« Napoléon ?

« La proposition des questeurs dans le but de mettre le Par-
« lement en état de défense ne peut être taxée de tendance in-
« constitutionnelle ; elle se bornait à réglementer le droit de ré-
« quisition directe qui appartient à toutes les assemblées. Ce-

« Tout le monde, dit M. Granier de Cassagnac (1), avait
« jusqu'alors plus ou moins rêvé un coup d'État.

« Le 29 janvier 1849, le général Changarnier laissa voir
« au Président qu'il était disposé à profiter de l'émotion du
« moment pour rétablir militairement l'Empire.

« Pendant le ministère parlementaire, qui dura du 20 dé-
« cembre 1848 au 30 octobre 1849, M. Thiers exprima
« l'avis de proroger jusqu'au terme de dix ans les pouvoirs
« du Président.

« Après les élections socialistes de Paris du 10 mars 1850,
« M. Molé déclara hautement, en s'appuyant sur l'autorité
« de lord Lyndhurst, que le rétablissement de l'Empire
« pourrait seul sauver la société.

« Au mois de novembre 1851, dans une réunion qui eut
« lieu chez M. Daru et à laquelle assistaient M. de Monta-
« lembert, M. Buffet, M. Chassaigne-Goyon, M. Quentin
« Bauchart, M. Baroche et M. Fould, M. Baroche lut et ap-
« puya un projet de décret ayant pour objet de reviser la

« pendant, pour éviter tout conflit avec le pouvoir exécutif, le
« pouvoir législatif n'a pas cru devoir insister sur ce droit in-
« contestable. Est-ce là conspirer contre Louis Napoléon ?

« Enfin le conseil d'État était depuis longtemps saisi d'une
« loi sur la responsabilité du Président et des agents du pou-
« voir exécutif. Cette proposition n'émanait pas de l'Assemblée ;
« le comité, pour montrer ses sentiments de conciliation modifie
« le projet de façon à lui enlever tout ce qui peut déplaire au
« pouvoir exécutif. Est-ce là conspirer contre Louis-Napoléon ?

« Que dans une Assemblée de 700 membres, il ait pu y avoir
« un certain nombre de conspirateurs, il serait absurde de le
« nier ; mais la vérité, prouvée par les actes, est que l'As-
« semblée, loin de conspirer contre Louis Bonaparte et de lui
» chercher querelle, a poussé la modération et le désir de vivre
« avec lui en bonne intelligence jusqu'à un degré voisin de la
« pusillanimité. »

(1) *Récit des événements du 2 décembre.* Nouvelle édition.

INTRODUCTION.

« Constitution à la simple majorité, et d'imposer le vote à la
« minorité par la force, si elle résistait. M. de Montalem-
« berg soutint le projet avec la plus grande énergie ; il
« alla même jusqu'à requérir l'emploi de la force, et à
« proposer de faire un appel au pays quand bien même le
« décret n'obtiendrait pas la majorité.

« Le 30 novembre, MM. de Mouchy, de Mortemart et de
« Montalembert portèrent au Président, revêtue de la signa-
« ture de cent soixante députés, la proposition d'un appel
« au peuple, qui devait être exécuté sur son adoption à une
« majorité simple.

« Le 1er décembre au matin, une pareille proposition
« fut délibérée et adoptée dans une réunion qui eut lieu
« chez M. Dariste, et à laquelle assistaient M. Ferdinand
« Barrot, M. Bérard, M. Dabeaux, M. Ducos, M. Dumas,
« M. Augustin Giraud, M. Le Verrier, M. Mimerel, M. de
« Rancé, M. Vaïsse et M. Lebœuf (1). »

Enfin M. Granier de Cassagnac rapporte que, le 1er décembre, M. de Heeckeren se serait présenté à six heures du
soir au palais de l'Élysée, demandant à entretenir le Président de la République d'une affaire de la plus haute importance ; et il lui aurait déclaré qu'il venait au nom de
M. de Falloux et d'un grand nombre de membres du parti
légitimiste, lui proposer de faire ensemble un coup d'État.
Demander à l'Assemblée de voter à la simple majorité la
révision de la Constitution et la rééligibilité du Président

---

(1) M. de Rancé a adressé à ce sujet une lettre rectificative et
confirmative au *Pays* le 16 décembre 1868. « La réunion, dit-il,
se tint non pas chez M. Dariste, mais *chez lui*. Les représentants nommés par M. Granier de Cassagnac y délibéraient entre
eux plusieurs fois par semaine, depuis un mois. »

« L'esprit qui les animait et le but qu'ils poursuivaient,
« ajoute M. de Rancé, étaient d'ailleurs parfaitement conformes
« à ceux que vous indiquez. »

de la République, et la dissoudre par la force dans le cas où ce vote serait repoussé : voilà quelles étaient les propositions de M. de Falloux (1).

---

(1) M. de Falloux a essayé de démentir le récit de M. Granier de Cassagnac ; il est peu agréable effectivement de paraître avoir une part de solidarité quelconque dans un coup d'Etat, quand on n'en a retiré aucune compensation. M. Granier de Cassagnac a renvoyé M. de Falloux s'expliquer avec M. de Heckeren. M. de Falloux a préféré prendre à témoin le bon public, toujours disposé à croire ce qu'on lui dit, et il a publié une série d'articles dans le *Correspondant* (février et mars 1869) pour établir son attitude de 1848 à 1851. M. de Falloux pose audacieusement ces questions : « Quels hommes ont attaqué, compromis et livré la République de 1848 ? » — Et il prétend rejeter la faute sur les républicains et établir la complicité de la gauche avec le césarisme renaissant. — Qui a attaqué la république au 15 mai et au 24 juin ? demande hypocritement M. de Falloux. Les républicains de la veille. — Et qui l'a défendue ? Les monarchistes. » La plaisanterie est amère. M. de Falloux se défend d'avoir provoqué la dissolution immédiate des ateliers nationaux et il a *l'impudence* d'écrire (*impudence* n'est pas trop fort) qu'il était d'accord sur ce point avec les principaux chefs du parti républicain (avec MM. Marie et Goudchaux effectivement) et notamment avec M. Trélat. On n'a qu'à lire dans notre livre sur les *Hommes de 1848* (pag. 293 et suiv.) le compte rendu des discussions qui eurent lieu à cette occasion à l'Assemblée constituante. On verra que le 19 juin, M. de Falloux monta à la tribune pour demander la dissolution immédiate des ateliers nationaux, et fut combattu par M. Trélat qui dit entre autres choses :

« On ne peut cependant faire partir les travailleurs avant de
« savoir où on les enverra, car enfin ces ouvriers sont nos frères ;
« ce ne sont pas des malfaiteurs que nous ayons à renvoyer ;
« et ici trop souvent on parle des ouvriers des ateliers natio-
« naux comme de malfaiteurs. — Diverses dénégations s'élèvent :
« Jamais on n'a dit cela. — Je ne puis pas oublier, reprend
« M. Trélat, ce que j'ai entendu il y a trois jours dans la com-
« mission. — M. de Falloux qui se sent atteint demande la
« parole. »

Du reste partout M. de Falloux outrage ainsi audacieuse-

En repoussant la proposition des questeurs la gauche commit une faute, cela est incontestable. Encore ses chefs les plus avisés, MM. Charras, Grévy, Dufraisse surent-ils l'éviter. Mais il ne faut pas grossir outre mesure, comme on l'a fait, l'importance et surtout les conséquences de cette faute.

---

ment la vérité, ou cherche des faux-fuyants jésuitiques. C'est ainsi qu'il dit hypocritement :

« Je suis personnellement désintéressé dans la loi du « 31 mai; je n'ai pris part ni aux délibérations qui en ont « déterminé la présentation, *ni à son vote*. Beaucoup parmi « nous étaient disposés à la modifier, et *je l'avais déclaré dans* « *la discussion de la révision.* »

- Or, s'il est vrai que M. de Falloux était absent pour cause de santé lors de la discusion de la loi du 31 mai, nous avons cité une lettre qu'il écrivit alors au Président de l'Assemblée pour lui faire savoir qu'il donnait à la loi l'adhésion la plus complète. Nous avons vainement cherché les traces de la déclaration qu'il dit avoir faite dans la discussion de la révision de sa disposition à modifier la loi du 31 mai; ce que nous avons vérifié, c'est que, non-seulement il vota contre la proposition d'abrogation de cette loi présentée par le Président, mais il repoussa l'amendement de la commission sur la loi municipale auquel s'étaient rattachés les esprits droits et sincères de la majorité, qui réduisait le domicile électoral de trois ans à un an et effaçait ainsi une des dispositions les plus vexatoires de la loi du 31 mai. Or cet amendement ne fut repoussé qu'à la majorité d'une voix : la voix de M. de Falloux.

Enfin quand il invoque la liberté, se place sous l'égide de l'Union libérale et termine son article en disant : *Démocrates, vous verrez ce qui attend la liberté!* Il est évident que M. de Falloux qui s'est associé à toutes les lois de réaction de 1849, de 1850, et de 1851, se moque de nous, et il dépasse la mesure permise.

Dans son récit, M. de Falloux se livre aux affirmations les plus fantaisistes. C'est ainsi qu'il dit qu'il ne tint qu'à M. Berryer, au 24 février, d'être compris parmi les membres du gouvernement provisoire. La méthode historique du Père Loriquet n'est pas morte et M. de Falloux l'entretient précieusement : *M*. Berryer, président de la République ; c'est là une plaisanterie aussi forte que celle de *M. Buonaparte*, général des armées de Louis XVIII.

Il est certain que la gauche avait de justes raisons de se défier de la droite, et alors même qu'elle l'eût soutenue en cette circonstance, la République n'aurait pas été sauvée pour cela. Nous avons cité la phrase de M. Ténot indiquant que si l'Assemblée n'eût pas été surprise, l'issue de la lutte eût été vraisemblablement toute différente. Il ne faut pas cependant s'exagérer la force, et, même et surtout, l'intention de résistance de l'Assemblée. D'autre part, s'il n'y avait pas à craindre, comme parurent le craindre MM. Michel (de Bourges), Crémieux, Jules Favre et leurs amis, s'il n'y avait pas à craindre un coup d'État de la droite contre la gauche, ce qui était à craindre et ce qui fût vraisemblablement arrivé, c'est que la droite se serait entendue avec le Président pour faire le coup d'État et qu'au lieu d'un coup d'État violent on eût eu un coup d'État parlementaire, une sorte, d'édition nouvelle de la loi du 31 mai. Voilà ce qu'il ne faut pas oublier.

Et lorsqu'on accuse la gauche de connivence, plus ou moins inconsciente avec le Président ; lorsque de M. Falloux, par exemple, ose écrire des phrases telles que celle-ci :

« L'extrême gauche en accueillant avec faveur un minis-
« tère parlementaire, en acceptant la brusque retraite de la
« loi du 31 mai pour rançon de tout autre projet, de toute
« autre mesure, venait d'armer le Président d'une popula-
« rité rajeunie. »

On outrage odieusement la vérité. La veille encore du coup d'État, la droite était pleine de complaisance pour le Président, tandis que la gauche déployait dès lors contre lui une hostilité acharnée. Cette bienveillance de la droite ne fait même pas défaut à Louis-Napoléon après le 2 décembre ; et il y eut plus de dépit et de mauvaise humeur que d'indignation et d'hostilité réelles dans l'attitude et le langage des monarchistes (1).

(1) Mme Daniel Stern dans son *Histoire de la Révolution de*

Les hommes de la droite faisaient bon marché des prérogatives parlementaires et constitutionnelles quand c'était les républicains qui étaient en cause. Des représentants de la Montagne, M. Sartin entre autres, avaient été victimes, pendant la prorogation, d'arrestations illégales ou du moins de tentatives d'arrestation malgré le caractère inviolable dont les couvrait la Constitution. La droite accueillit par des ricanements les réclamations des représentants républicains qui demandaient au moins une enquête sur les faits dont se plaignait M. Sartin.

Ils continuaient à être pareillement sourds à la voix de l'humanité. Trois des condamnés du complot de Lyon, MM. Gent, Ode, et Longomazino étaient désignés pour la déportation par une application rétroactive de la loi. Indépendamment de cette violation du droit, qui pouvait être contestable, on avait usé à leur égard de rigueurs inouïes. On les avait transportés la chaîne au cou de Lyon à Paris et de Paris à Brest. A Noukahiva, où on allait les envoyer, il n'y avait même pas d'établissement préparé pour les recevoir. La plus simple humanité faisait une loi de surseoir à cette déportation, au moins jusqu'à ce que l'établissement pénitentiaire fût convenablement installé. La droite ne voulut rien entendre. Et pourtant parmi ces condamnés, il y avait un homme honorable entre tous, dont plusieurs des membres de la majorité avaient pu apprécier la générosité et le dévouement, M. Gent, ancien commissaire de la République, ancien membre de l'Assemblée constituante. M. Gent, au 13 juin 1849, avait sauvé la vie à M. Lacrosse un des ministres du Président. Et lorsque

---

1848 rapporte que M. de Falloux lui-même disait à M. de Persigny qui était venu le visiter dans sa prison :

« Je l'avoue tout bas à cause de nos collègues, mais au fond
« je pense que vous avez bien fait. »

M. Crémieux fit appel aux membres de l'Assemblée qui avaient connu M. Gent et invoqua le souvenir des services réels rendus par lui au pays pendant son administration, soit à Avignon, soit à Marseille, M. Béchard et plusieurs membres de la droite se levèrent pour lui rendre témoignage. Mais, pour toute récompense, on avait accordé à la malheureuse femme de M. Gent la faveur de l'accompagner à Noukahiva. Le ministre de la justice M. Daviel saisit l'occasion de cette interpellation pour agiter aux applaudissements de la majorité le spectre de la Jacquerie qui menaçait la France du vol, du meurtre, du pillage, de l'incendie.

M. Bancel, un des membres de la gauche qui avaient voté contre la proposition des questeurs, prononça dans cette discussion un éloquent discours, qui fut un des derniers éclats oratoires, le dernier de la tribune républicaine (26 novembre). C'est la meilleure réponse aux insinuations odieuses de M. de Falloux.

« Vous avez parlé de conspirations incessantes ; vous
« avez parlé de l'état dans lequel se trouvaient les départe-
« ments qui sont soumis à l'arbitraire de la loi militaire ; vous
« avez dit que la France était un ramassis de brigands et
« d'incendiaires... Je déclare ici que si les conspirations
« sont évidentes, elles ne sont pas dans les départements
« soumis à l'état de siége. Les conspirations flagrantes et
« qui sautent aux yeux du pays, savez-vous où je les trouve?
« Je les trouve dans le mépris des lois à chaque instant
« pratiqué par les agents du gouvernement. Je les ai ren-
« contrées hier encore dans un discours factieux de M. le
« Président de la République...

« Ah! vraiment ; c'est ainsi que vous poursuivrez de
« calomnies les départements qui nous ont envoyés ! Je
« connais ces funestes pratiques : Vous voulez diffamer et
« flétrir pour mieux asservir ! Vous n'y réussirez pas...

« Je suis certain, Messieurs, que vous ne suivrez pas

« dans cette voie fatale le gouvernement de M. le Président
« de la République ; je suis certain que vous vous sépa-
« rerez, sinon avec éclat, du moins avec franchise et avec
« sincérité, de cette politique qui a oublié les antécédents
« de celui qui se fait appeler le chef de l'Etat.

« Quoi donc ! C'est sous le gouvernement du prisonnier
« de Ham, c'est sous le gouvernement de celui qui a été
« condamné pour deux entreprises contre la liberté de son
« pays !... Boulogne et Strasbourg ! oui, voilà les deux ten-
« tatives de conspirateurs ténébreux, qui aspiraient à cou-
« vrir le sol de la patrie de débris et de ruines, comme
« vous le disiez tout à l'heure. Ces tentatives conspiratrices
« et usurpatrices, elles étaient à Boulogne et à Strasbourg.
« On les a donc oubliées ? Et on ose verser du haut de
« cette tribune, par l'organe d'un ministre de la justice,
« non-seulement le dédain et l'injure, mais la calomnie
« sur des départements ! Ah ! je proteste !...

« Vous n'avez donc pas songé que les étrangers vous
« entendent ? Eh bien ! moi, en face des étrangers qui nous
« écoutent, devant qui nos paroles seront traduites et por-
« tées demain, je proteste contre ces accusations ; je les
« taxe, pour la troisième fois, de calomnies ; je m'élève de
« toute l'énergie de mon patriotisme indigné et de ma rai-
« son qui se révolte contre votre prétention d'amener cette
« assemblée à voter des mesures fatales et cruelles, en
« ayant recours à ces odieux moyens...

« ... Quant à moi, puisque quelques journaux ont sem-
« blé prétendre que les hommes de mon parti avaient quel-
« ques rapports avec la politique élyséenne, je saisis cette
« occasion pour déclarer que lorsqu'on nous a offert
« de rétablir le suffrage universel, fidèles à notre mandat,
« nous avons accepté cette solennelle réparation faite à la
« souveraineté du peuple mutilée. Mais il y a des principes
« qui dominent tout, ce sont les principes d'humanité. Ces
« principes, au-dessus desquels aucun pouvoir ne peut se

« placer, au-dessous desquels tous ceux qui marchent sont
« flétris dans l'histoire, — ces principes je déclare que le gou-
« vernement de M. Louis Bonaparte les a oubliés... Je ne
« veux rien dire de plus. Je déclare que dans cette question
« l'humanité tout entière est engagée, que les questions po-
« litiques disparaissent, et que je ne voudrais pas plus
« d'une alliance avec cette politique, que d'une alliance avec
« ceux qui avaient autrefois outragé la majesté du peuple
« en mutilant le suffrage universel...

« Croyez-vous que nous nous soyons un seul instant
« trompés, pas plus que vous-mêmes, sur ces prétendues
« velléités de gouvernement populaire? Non, M. le Prési-
« dent de la République et ses ministres sont restés fidèles
« à cette politique qui a commencé en signant la lettre à
« Edgar Ney, et en s'agenouillant devant le *motu proprio;*
« à cette politique qui consistait à présenter, en toute occa-
« sion, la majorité de l'Assemblée comme seule coupable
« des mesures qui s'appelaient réaction dans le peuple, et
« à se poser devant le pays comme une espèce de victime
« qu'on offrait en holocauste aux vengeances de la majo-
« rité. Cette politique, je la caractérise d'un seul mot : elle
« a consisté dans le mensonge depuis le commencement
« jusqu'à la fin...

« On a dit au peuple : Je suis l'héritier de la Révolution,
« votez pour moi. On s'est présenté aux bourgeois comme
« le seul ami, comme le défenseur de l'ordre, et on a de-
« mandé les voix de la bourgeoisie. On poursuit toujours
« le même but, caché autrefois, évident aujourd'hui et cer-
« tain : la réélection inconstitutionnelle...

« Eh bien ! je le déclare, devant le bon sens du peuple
« qui juge ceux qui sont le plus haut placés sur l'échelle
« politique, toutes ces tentatives échoueront. Le peuple
« peut se laisser prendre à de prétendues velléités popu-
« laires; et lorsqu'on lui promet ce qui le touche dans son
« intérêt ou sa dignité, il espère. Mais une chose à laquelle

« le peuple ne se laissera pas prendre et qui éclairera ses
« yeux d'une lumière soudaine, c'est la mesure d'envoyer à
« Noukahiva, à 4,000 lieues de la patrie, trois malheureux
« condamnés par un conseil de guerre.

« Certes, Messieurs, je suis un des plus humbles défen-
« seurs de la République, mais je l'avais comprise autre-
« ment... Vous ne l'avez pas voulu, vous avez été impi-
« toyables; eh bien! le peuple et l'histoire vous jugeront! »

La droite, en repoussant la demande d'abrogation de la loi du 31 mai avait promis formellement, par l'organe de M. de Vatimesnil, de la modifier en temps opportun : et elle avait allégué la loi municipale en préparation, preuve de cette inopportunité. La seule concession, vraiment dérisoire, qu'offrit la droite, fut d'abaisser la durée du domicile électoral de trois à deux ans : un amendement ayant pour objet de la réduire à un an fut vivement combattu et repoussé à *la majorité d'une voix*. Voilà quelle était la mesure des bonnes dispositions de la droite.

Les journaux de l'Élysée continuaient leurs provocations violentes et redoublaient chaque jour d'audace. Le 24 novembre, M. Creton vint dénoncer à la tribune un article de M. Granier de Cassagnac dans le *Constitutionnel*, intitulé *les deux dictatures*.

L'Assemblée était accusée, dans cet article, de conspirer ouvertement contre la sécurité de l'État; la proposition des questeurs était le prélude d'une *dictature blanche* qui eût été remise aux mains du général Changarnier; ce projet ayant échoué, on préparait une nouvelle trame qui établirait la *dictature rouge* du général Cavaignac. M. Creton, disait que le gouvernement avait le devoir de poursuivre les auteurs du complot, s'il croyait que le complot existât réellement, ou bien de poursuivre ceux qui inquiétaient ainsi l'opinon publique en répandant de fausses nouvelles.

M. Creton avait désigné l'auteur de l'article de la façon la plus méprisante : M. Granier de Cassagnac crut devoir lui envoyer ses témoins ; mais M. Creton, au nom précisément du mépris qu'il avait exprimé à la tribune, refusa toute réparation d'honneur au rédacteur du *Constitutionnel*. Il est certain que M. Granier de Cassagnac, qui avait été notoirement aux gages de M. Guizot, et qui s'était trouvé compromis dans les plus tristes affaires de corruption évoqués devant le Parlement dans ce temps-là et dans les plus odieuses affaires criminelles telle que celle du duel de Beauvallon et Dujarrier, — M. Gragnier de Cassagnac était sous la monarchie de Juillet au ban de la déconsidération publique, et il ne semblait pas qu'un gouvernement qui avait à ménager l'opinion publique pût avoir recours aux services d'un pareil homme (1).

Le 26 novembre le Président, s'adressant aux industriels français récompensés à l'occasion de l'Exposition de Londres, prononçait ces paroles significatives, après avoir fait allusion aux agitations entretenues dans le pays *par les idées démagogiques et par les hallucinations monarchiques* :

« Avant de nous séparer, permettez-moi de vous en-
« courager à vous livrer à de nouveaux travaux ; entre-
« prenez-les, sans crainte. Ne redoutez pas l'avenir ; *la*

---

(1) Sur les antécédents de M. Granier de Cassagnac, voir les *Hommes de* 1848, p. 5 et suiv. — « Je permets aux calom-
« niateurs, avait dit M. Creton, de se couvrir du dédain qu'ils
« inspirent comme d'un bouclier, et de se refugier dans leur igno-
« minie. » — « Sa signature le couvre, » avait dit alors M. Béchard, complétant l'idée de M. Creton. Le ministre de l'intérieur ayant invité l'Assemblée si elle se sentait blessée par l'article, à citer l'auteur à sa barre. — « C'est lui faire trop d'honneur, » avait dit M. Béchard. — « Ce serait nous faire descendre trop bas, » avait ajouté M. Creton.

« *tranquillité sera maintenue quoi qu'il arrive.* Un gou-
« vernement qui s'appuie sur la masse entière de la nation,
« qui n'a d'autre mobile que le bien public, qu'anime cette
« foi ardente qui vous guide sûrement même à travers un
« espace où il n'y a pas de route tracée, ce gouvernement,
« dis-je, pourra remplir sa mission, car il a en lui, et le
« le droit qui vient du peuple, et la force qui vient de
« Dieu (1). »

Il est certain que la décision du Président était prise : le coup d'État était résolu et il devait avoir lieu dans le plus bref délai. Le 26 novembre, M. Magnan réunit dans son salon tous les officiers généraux présents à Paris, au nombre de vingt : MM. Cornemuse, Hubert, Sallenare, Carrelet, Renault, Levasseur, de Cotte, Bourgon, Canrobert, Duluc, Soubroul, Forey, Rippert, Herbillon, Marulaz, de Courtigis, Corte, Tartas, d'Allonville et Reybell.

Le général leur fit la communication suivante :

« Messieurs, il peut se faire que d'ici à peu de temps
« votre général en chef juge à propos de s'associer à une
« détermination de la plus haute importance. Vous obéirez
« passivement à ses ordres. Toute votre vie, vous avez pra-
« tiqué et compris le devoir militaire de cette façon-là. Et,
« avait-il ajouté : si quelqu'un de vous hésitait à me suivre
« dans cette voie, qu'il le dise ; nous nous séparerions et
« ne cesserions pas de nous estimer. Vous comprenez ce

---

(1) Quelques semaines auparavant, le 11 septembre, à l'occasion de la pose de la première pierre des Halles, le Président avait dit : « En posant la pierre d'un édifice dont la des-
« tination est si populaire, je me livre avec confiance à l'espoir
« qu'avec l'appui des bons citoyens et avec la protection du ciel,
« il nous sera donné de jeter dans le sol de la France quel-
« ques fondations sur lesquelles s'élèvera un édifice social assez
« solide pour offrir un abri contre la violence et la mobilité
« des pouvoirs humains. »

« dont il s'agit ; les circonstances sont d'une immense gra-
« vité. Nous devons sauver la France ; elle compte sur nous.
« Mais, quoi qu'il arrive, ma responsabilité vous couvrira.
« Vous ne recevrez pas un ordre qui ne soit écrit et signé
« de moi. Par conséquent, en cas d'insuccès, quel que soit
« le gouvernement qui vous demande compte de vos actes,
« vous n'aurez qu'à montrer, pour vous garantir, ces ordres
« que vous aurez reçus. Seul responsable, c'est moi, Mes-
« sieurs, qui porterai, s'il y a lieu, ma tête à l'échafaud
« ou ma poitrine à la plaine de Grenelle. »

Le général Reybell, le doyen de tous, prit la parole :

« Personne ne m'a chargé de parler, général, dit-il,
« pourtant je le fais au nom de tous. Vous pouvez compter
« que nous vous suivrons, et que nous voulons engager
« notre responsabilité à côté de la vôtre. »

L'obéissance passive, tel était le mot d'ordre de l'armée.
Le général Magnan lui-même, par un sentiment que nous
n'essayerons pas d'apprécier, ne voulait pas s'engager dans
le coup d'État, sans que sa responsabilité personnelle fût mise
à couvert par le ministre de la guerre. Il ne promit d'agir
que sur les ordres exprès de son supérieur.

Était-ce pour donner lui-même l'exemple de la soumission hiérarchique ou pour sauver sa tête, en cas d'insuccès ?

Le fait est attesté en ces termes par M. Granier de Cassagnac :

« Il avait expressément demandé de n'être prévenu
« qu'au moment de prendre les dispositions nécessaires et
« de monter à cheval. »

L'armée de Paris comprenait alors soixante mille hommes, auxquels on pouvait adjoindre en peu de temps trente
mille hommes tirés des garnisons voisines. On avait choisi
et trié les régiments les plus sûrs et les plus fidèles.

La garde nationale inspirait beaucoup de méfiance. Le
général Perrot qui en avait le commandement était juste-

ment suspect. On résolut de l'évincer d'une manière indirecte en lui adjoignant pour chef d'état-major, M. Vieyra, sur qui l'on pouvait compter et qui s'était engagé d'avance à prendre toutes les mesures pour que la garde nationale ne pût se réunir. M. Perrot, à ce qui ce nouveau chef d'état-major était profondément antipathique pour des motifs qui n'avaient rien de personnel, mais sur lesquels nous ne pouvons insister, donna aussitôt sa démission pour éviter avec lui tout rapport. Il fut remplacé par le général Lawœstine.

« Les affiches judiciaires annonçaient aux Champs-Élysées « la vente prochaine de l'hôtel de M. de Morny, » dit M. Taxile Delord (*Histoire du second Empire*) : « le coup « d'État ne pouvait pas tarder. »

M. Véron nous a révélé d'autre part dans ses *Mémoires, d'un Bourgeois de Paris*, combien était précaire la situation pécuniaire du Président de la République. Quatre traites de 10,000 francs chacune, tirées par le Président, furent refusées par un banquier célèbre, qui s'appliqua plus tard à faire oublier ce défaut de confiance. Les amis du Président étaient eux-mêmes hors d'état de lui venir en aide.

Le coup d'État fut résolu pour le 2 décembre.

« Le 2 décembre, dit M. Véron, fut choisi comme anniversaire de la bataille d'Austerlitz.

« Toutes les nuits, un bataillon d'infanterie montait la garde aux divers postes de l'Assemblée nationale. Le bataillon qui devait prendre le service à six heures du matin, le 2 décembre, appartenait à un régiment dont M. Espinasse, aujourd'hui général, était colonel. On savait ce régiment et ce colonel dévoués au prince Louis-Napoléon. Cette coïncidence concourut peut-être aussi à faire préférer cette date du 2 décembre.

« Le 1ᵉʳ décembre au soir, il y eut dîner et réception à l'Élysée. A huit heures, M. Mocquart se rendit dans le cabinet du Président de la République. Le prince Louis-Napoléon, dès la veille, avait recommandé à M. Mocquart de rassembler toutes les pièces relatives au coup d'État en un seul dossier. Parmi ces pièces figurait un des décrets du coup d'État Carlier : c'était le décret qui dissolvait la chambre et le conseil d'État et rétablissait le suffrage universel. Sur la chemise de ce dossier, le prince écrivit au crayon : *Rubicon* (1). »

Le Prince parut dans son salon comme d'ordinaire et il en fit les honneurs avec le plus grand calme. Cependant il trouva moyen d'avertir quelques-uns de ceux dont il s'était assuré le concours, et qui n'attendaient plus que le moment.

M. Véron raconte que le Prince fit signe à M. Vieyra, le nouveau chef état-major de la garde nationale, et lui dit assez bas pour n'être entendu que de lui :

— « Colonel, êtes vous assez fort pour ne rien laisser « voir d'une vive émotion sur votre visage ?

— « Prince, je le crois.

— « Eh bien ! c'est pour cette nuit..... pouvez-vous m'af-« firmer que demain on ne battra pas le rappel ?

— « Oui, Prince, si j'ai assez de monde pour porter mes « ordres. »

Pendant ce temps M. de Morny, qui était initié aux projets de la nuit, était à l'Opéra Comique, « où chacun put le voir, dit M. Véron, très-élégant et saluant d'un geste cor-« dial tous ses amis. »

Pendant l'entr'acte il alla visiter madame Liadières dans sa loge.

— « Monsieur de Morny, dit-elle, on disait tantôt que « le Président de la République va balayer la Chambre. « Que ferez-vous ?

— « Madame, répondit M. de Morny, s'il y a un coup de « balai, je tâcherai de me mettre du côté du manche. »

---

(1) *Mémoires d'un Bourgeois de Paris.*

« Avec un peu d'attention, ajoute le docteur Véron, mais
« ils étaient bien loin de songer au péril qui les menaçait,
« le général Cavaignac et le général Lamoricière, assis
« dans une loge à côté, auraient entendu la question de
« Madame Liadières et la réponse de M. de Morny (1). »

---

(1) *Mémoires d'un Bourgeois de Paris.*

CHAPITRE IV

LE COUP D'ÉTAT.

« M. de Morny fut chargé de l'exécution. Pénétré de
« l'importance du service social auquel il concourait,
« il accepta avec *une sorte de gaieté* et de courageux
« empressement cette redoutable responsabilité. Nous
« savons tous avec quel sang-froid, avec quelle modé-
« ration, avec quelle sereine fermeté, il a rempli sa
« nouvelle et périlleuse mission.
 ROUHER, Discours prononcé sur la tombe de M. de
Morny. (*Moniteur du* 14 *mars* 1865.)

Le 2 décembre au matin, Paris en se réveillant put lire
affichés sur ses murailles ce décret et ces proclamations :

AU NOM DU PEUPLE FRANÇAIS

Le Président de la République décrète :
Art. 1er. L'Assemblée nationale est dissoute.
Art. 2. Le suffrage universel est rétabli. La loi du 31 mai
est abrogée.
Art. 3. Le Peuple français est convoqué dans ses comices
à partir du 14 décembre jusqu'au 21 décembre suivant.
Art. 4. L'état de siége est décrété dans l'étendue de la
première division militaire.

Art. 5. Le conseil d'État est dissous.

Art. 6. Le ministre de l'intérieur est chargé de l'exécution du présent décret.

Fait au palais de l'Élysée, le 2 décembre 1851.

Louis-Napoléon Bonaparte.

Le Ministre de l'intérieur,

De Morny.

PROCLAMATION DU PRÉSIDENT DE LA RÉPUBLIQUE.

APPEL AU PEUPLE.

Français !

La situation actuelle ne peut durer plus longtemps. Chaque jour qui s'écoule aggrave les dangers du pays. L'Assemblée qui devait être le plus ferme appui de l'ordre est devenue un foyer de complots. Le patriotisme de trois cents de ses membres n'a pu arrêter ses fatales tendances. Au lieu de faire des lois dans l'intérêt général, elle forge des armes pour la guerre civile ; elle attente au pouvoir que je tiens directement du peuple ; elle encourage toutes les mauvaises passions ; elle compromet le repos de la France : je l'ai dissoute, et je rends le peuple entier juge entre elle et moi.

La Constitution, vous le savez, avait été faite dans le but d'affaiblir d'avance le pouvoir que vous alliez me confier. Six millions de suffrages furent une éclatante protestation contre elle, et cependant je l'ai fidèlement observée. Les provocations, les calomnies, les outrages, m'ont trouvé impassible. Mais, aujourd'hui que le pacte fondamental n'est plus respecté de ceux-là mêmes qui l'invoquent sans cesse, et que les hommes qui ont déjà perdu deux monarchies veulent me lier les mains, afin de renverser la République, mon devoir est de déjouer leurs perfides projets, de maintenir la République, et de sauver le pays en invoquant le jugement solennel du seul souverain que je reconnaisse en France, le Peuple.

Je fais donc un appel loyal à la nation tout entière, et je vous dis : Si vous voulez continuer cet état de malaise qui nous dégrade et compromet notre avenir, choisissez un autre à ma place, car je ne veux plus d'un pouvoir qui est impuissant à faire le bien, me rend responsable d'actes que je ne puis empêcher, et m'enchaîne au gouvernail quand je vois le vaisseau courir vers l'abîme.

Si, au contraire, vous avez encore confiance en moi, donnez-moi les moyens d'accomplir la grande mission que je tiens de vous.

Cette mission consiste à fermer l'ère des révolutions en satisfaisant les besoins légitimes du peuple, et en le protégeant contre les passions subversives. Elle consiste surtout à créer des institutions qui survivent aux hommes, et qui soient enfin des fondations sur lesquelles on puisse asseoir quelque chose de durable.

Persuadé que l'instabilité du pouvoir, que la prépondérance d'une seule Assemblée sont des causes permanentes de trouble et discorde, je soumets à vos suffrages les bases fondamentales suivantes d'une Constitution que les Assemblées développeront plus tard :

1° Un chef responsable nommé pour dix ans ;

2° Des ministres dépendant du pouvoir exécutif seul ;

3° Un conseil d'État formé des hommes les plus distingués, préparant les lois et en soutenant la discussion devant le Corps législatif ;

4° Un Corps législatif discutant et votant les lois, nommé par le suffrage universel, sans scrutin de liste qui fausse l'élection ;

5° Une seconde Assemblée formée de toutes les illustrations du pays, pouvoir pondérateur, gardien du pacte fondamental et des libertés publiques.

Ce système créé par le Premier Consul au commencement du siècle, a déjà donné à la France le repos et la prospérité ; il les lui garantirait encore.

Telle est ma conviction profonde. Si vous la partagez, déclarez-le par vos suffrages ; si, au contraire, vous préférez un gouvernement sans force, monarchique ou républicain, emprunté à je ne sais quel passé ou je ne sais quel avenir chimérique, répondez négativement.

Ainsi donc, pour la première fois depuis 1804, vous voterez en connaissance de cause, en sachant bien pour qui et pour quoi.

Si je n'obtiens pas la majorité de vos suffrages, alors je provoquerai la réunion d'une nouvelle Assemblée, et je lui remettrai le mandat que j'ai reçu de vous.

Mais, si vous croyez que la cause dont mon nom est le symbole, c'est-à-dire la France régénérée par la Révolution de 89 et organisée par l'empereur, est toujours la vôtre, proclamez-le en consacrant les pouvoirs que je vous demande.

Alors la France et l'Europe seront préservées de l'anarchie, les obstacles s'aplaniront, les rivalités auront disparu, car tous respecteront, dans l'arrêt du peuple, le décret de la Providence.

Fait au palais de l'Elysée, le 2 décembre 1851.

Louis-Napoléon Bonaparte.

Soldats !

Soyez fiers de votre mission ! vous sauverez la patrie, car je compte sur vous, non pour violer les lois, mais pour faire respecter la première loi du pays, la souveraineté nationale, dont je suis le légitime représentant.

Depuis longtemps vous souffriez comme moi des obstacles qui s'opposaient, et au bien que je voulais vous faire et aux démonstrations de votre sympathie en ma faveur. Ces obstacles sont brisés. L'Assemblée a essayé d'attenter à l'autorité que je tiens de la nation entière; elle a cessé d'exister.

Je fais un loyal appel au Peuple et à l'armée, et je lui dis : Ou donnez-moi les moyens d'assurer votre prospérité, ou choisissez un autre à ma place.

En 1830 comme en 1848, on vous a traités en vaincus. Après avoir flétri votre désintéressement héroïque, on a dédaigné de consulter vos sympathies et vos vœux, et cependant vous êtes l'élite de la nation. Aujourd'hui en ce moment solennel, je veux que l'armée fasse entendre sa voix.

Votez donc librement comme citoyens ; mais, comme soldats, n'oubliez pas que l'obéissance passive aux ordres du chef du gouvernement est le devoir rigoureux de l'armée, depuis le général jusqu'au soldat. C'est à moi, responsable de mes actions devant le Peuple et devant la postérité, de prendre les mesures qui me semblent indispensables pour le bien public.

Quant à vous, restez inébranlables dans les règles de la discipline et de l'honneur. Aidez, par votre attitude imposante, le pays à manifester sa volonté dans le calme et la réflexion. Soyez prêts à réprimer toute tentative contre le libre exercice de la souveraineté du Peuple.

Soldats, je ne vous parle pas des souvenirs que mon nom rappelle. Ils sont gravés dans vos cœurs. Nous sommes unis par des liens indissolubles. Votre histoire est la mienne; il y a entre nous dans le passé communauté de gloire et de malheur. Il y aura dans l'avenir communauté de sentiments et de résolutions pour le repos et la grandeur de la France.

Fait au palais de l'Élysée, le 2 décembre 1851.

LOUIS-NAPOLÉON BONAPARTE.

Le coup d'État avait été accompli dans la nuit. A six heures du matin, en même temps qu'étaient posées ces affiches, imprimées pendant la nuit (1), avait lieu simultanément l'arrestation de toutes les personnes jugées dangereuses ; le palais de l'Assemblée était investi, et la ville était occupée militairement.

Les quarante commissaires de police de Paris avaient été convoqués dans la nuit ; à cinq heures, ils descendirent tous successivement dans le cabinet du préfet de police, et reçurent le mandat et les instructions nécessaires pour procéder à l'arrestation de seize représentants du peuple et *des chefs les plus dangereux des sociétés secrètes et des barricades.*

« Une des choses qui surprendront certainement le plus
« la postérité dans les événements que nous racontons, » dit
M. Ténot (*Étude historique sur le coup d'État*), « ce sera
« sans doute l'unanimité des quarante commissaires de po-
« lice à s'associer aux projets dont M. de Maupas leur fit
« confidence. Il s'agissait de se rendre complice d'un acte
« que l'article 68 de la Constitution qualifiait de crime de

---

(1) « Ce qui concernait l'impression et la publication du dé-
« cret de dissolution de l'Assemblée, de la proclamation à
« l'armée et de l'appel du peuple, avait été confié à M. de Béville,
« lieutenant-colonel d'état-major, officier d'ordonnance du Pré-
« sident. Les ouvriers nécessaires furent consignés à l'Impri-
« merie nationale pour un travail urgent ; le directeur, M. de
« Saint-Georges, fut mandé à son poste, à onze heures précises,
« sous un prétexte décent ; à minuit sonnant une compagnie de
« gendarmie mobile, demandée pour protéger l'imprimerie con-
« tre un danger supposé, entra dans la cour ; des sentinelles
« furent immédiatement placées à toutes les portes et à toutes
« les fenêtres ; et, seulement après ces précautions prises, M. de
« Béville produisit les pièces qui lui étaient confiées, et dont
« il surveilla personnellement jusqu'au bout l'impression et
« l'arrivée à la préfecture de police. » (Granier de Cassagnac. *Récit complet et authentique des événements de décembre* 1851.)

« haute trahison ; il s'agissait d'arrêter des représentants
« inviolables, acte que la Constitution qualifiait également
« de crime. Aucun de ces magistrats n'ignorait la loi. Ce-
« pendant pas un seul n'hésita. »

Le préfet de police leur remit des mandats d'arrêt, préparés à l'avance, tous uniformément motivés sur l'accusation « de complot contre la sûreté de l'État et de détention « d'armes de guerre. » Les seize représentants désignés étaient : MM. les généraux Cavaignac, Changarnier, Lamoricière, Bedeau, Le Flô, le colonel Charras, Thiers, Baze, Beaune, le capitaine Cholat, Greppo, Lagrange, Miot, Nadaud, Roger (du Nord), et le lieutenant Valentin.

Soixante autres citoyens étaient compris dans la même mesure préventive, parmi lesquels MM. Beaune, frère du représentant, Vasbenter, ancien gérant du *Peuple*, Geniller, Théodore Six, ouvrier tapissier, Malapert, avocat, Arsène Meunier, Cahaigne, Hippolyte Magen, etc. Toutes ces arrestations furent exécutées en moins d'une heure, sans aucun incident, sans la moindre résistance notable (1).

---

(1) « Les personnes dont la police devait opérer l'enlèvement
« étaient de deux sortes : les représentants plus ou moins en-
« gagés dans une conspiration flagrante, les chefs de sociétés se-
« crètes et les commandants de barricades, toujours prêts à
« exécuter les ordres des factions. Les unes et les autres étaient
« surveillées et comme gardées à vue, depuis quinze jours, par des
« agents invisibles, et pas un de ces agents ne soupçonnait le but
« de sa mission réelle, ayant tous reçu des missions diverses et
« imaginaires... Les huit cents sergents de ville et les brigades
« de sûreté avaient été consignés à la préfecture de police, le
« 1er décembre à onze heures du soir, sous le prétexte de la pré-
« sence à Paris de réfugiés de Londres. A trois heures et demie du
« matin, le 2, les officiers de paix et les quarante commissaires
« de police étaient convoqués à domicile. A quatre heures et
« demie, tout le monde était arrivé et placé, par petits groupes,
« dans des pièces séparées, afin d'éviter les questions. A cinq
« heures, tous les commissaires descendirent un à un dans la

M. de Persigny avait été chargé de surveiller à la tête d'un piquet d'infanterie la prise de possession du Palais législatif (1). L'exécution était confiée au colonel Espinasse,

---

« cabinet du préfet et reçurent de sa bouche la confidence pleine
« et entière de la vérité, avec les indications, les instruments
« et les ordres nécessaires. Les ordres avaient été appropriés
« avec un soin spécial au genre d'opérations qui leur était confié,
« et tous partirent pleins de zèle et d'ardeur, résolus d'accom-
« plir leur devoir à tout prix. Aucun n'a failli à sa promesse.
« Un grand nombre de voitures préparées à l'avance station-
« naient par groupes, sur les quais, aux abords de la préfecture
« de police, de manière à n'éveiller l'attention de personne.
« Les arrestations avaient été combinées, entre le préfet de
« police et le ministre de la guerre, de façon à ce qu'elles pré-
« cédassent d'un quart d'heure l'arrivée des troupes sur les
« lieux indiqués. Les arrestations devaient être opérées à six
« heures et un quart; et les agents avaient ordre de se trouver
« à la porte des personnes désignées à six heures et cinq mi-
« nutes. Tout s'effectua avec une merveilleuse ponctualité, et
« aucune arrestation n'exigea plus de vingt minutes. » (Granier
de Cassagnac, *Récit complet et authentique des événements de
décembre* 1851.)

(1) « M. de Persigny avait été désigné pour remplir les fonc-
« tions de ministre de l'intérieur au moment du coup d'État. Il
« s'était préparé à cette mission importante, et il avait déjà
« écrit et signé la circulaire qui devait annoncer l'événement
« aux départements, lorsqu'à la veille du 2 décembre, frappé d'une
« grave considération, il engagea le Prince-Président à ne pas
« lui donner un rôle aussi en vue dans la mesure projetée.
« Il lui représenta que, dans un acte si considérable qui avait
« pour objet le salut de la société en péril, ses opinions impé-
« rialistes bien connues pourraient en compromettre la mo-
« ralité, en lui imprimant le caractère d'une entreprise de
« parti. Il lui paraissait plus politique de choisir comme mi-
« nistre du coup d'État un homme également dévoué et résolu,
« mais dont les affinités avec les classes moyennes et les rela-
« tions amicales avec les représentants de tous les partis étaient
« de nature à rassurer les intérêts effrayés, en maintenant à la
« mesure le caractère exclusivement social qui la justifiait. C'est
« ainsi que M. Morny fut appelé au rôle éminent qu'il devait

qui commandait le 62ᵉ, dont un bataillon, comme nous l'avons dit, se trouvait de garde au Palais Bourbon. Le chef de ce bataillon était le commandant Meunier. Quand le colonel Espinasse envahit le Palais à la tête de son régiment : — Que venez-vous faire ici ! lui demanda le commandant Meunier. — Exécuter les ordres du Président, répond M. Espinasse. — Vous me déshonorez, s'écrie le commandant Meunier, et il arrache ses épaulettes, brise son épée et les jette aux pieds de M. Espinasse. Ce fut un des rares officiers qui refusèrent formellement de s'associer au coup d'Etat.

Le gouverneur du Palais Bourbon était le colonel Niel, du 44ᵉ de ligne. Le colonel Espinasse se dirigea rapidement vers son appartement et entra sans se faire annoncer. M. Niel achevait de s'habiller ; M. Espinasse saute sur son épée. — « Prenez-la, vous faites bien, » lui dit M. Niel, « car je vous l'aurais passée au travers du corps. »

Pendant ce temps, le commissaire de police Bertoglio procédait à l'arrestation du général Le Flô, l'un des questeurs, qui habitait dans le Palais. M. Le Flô, arrêté par surprise, — son fils, âgé de sept ou huit ans, avait conduit sans défiance le commissaire de police auprès de son père, — M. Le Flô protesta énergiquement, et il fut poussé jusqu'au

---

« remplir avec tant de courage et d'habileté. Quant à M. de
« Persigny, il fut chargé de surveiller, à la tête d'un piquet
« d'infanterie, la prise de possession du Palais législatif. Sin-
« gulière coïncidence ! L'homme choisi pour cette mission était
« le même qui plusieurs années auparavant avait dénoncé *l'inu-*
« *tilité de la tribune*, et avait dit : *S'il nous était permis d'agir,*
« *nous n'aurions garde de penser à la discussion publique.* Il
« dut y avoir une satisfaction profonde, dans le cœur d'un
« homme d'action tel que M. de Persigny, assistant les bras
« croisés, à la clôture de ces séances vaines et agitées où il
« s'était contenté du rôle d'observateur. » (Joseph Delaroa, *Le duc de Persigny et les doctrines de l'Empire.*)

fiacre qui l'attendait par des soldats qui croisaient sur lui la baïonnette.

La résistance se borna là, et le palais du Corps législatif fut occupé sans coup férir.

M. de Persigny avait porté à trois heures du matin au général Magnan les ordres du ministre de la guerre. Ces ordres avaient été aussitôt exécutés. La brigade Forey occupe le quai d'Orsay ; la brigade Dulac est massée dans le jardin des Tuileries ; la brigade de Cotte, sur la place de la Concorde ; la brigade Canrobert couvre l'Élysée ; la brigade de lanciers du général Reybell et la division de cuirassiers du général Korte tiennent les Champs-Éysées. Les troupes, infanterie, cavalerie, artillerie, forment un corps de plus de trente mille hommes qui peut, dans cette position, soutenir les opérations du coup d'État, et « au besoin, » dit M. Delord, « protéger ses auteurs dans leur fuite. »

Il est six heures du matin. M. Louis Bonaparte reçoit de la préfecture de police une dépêche qui, dans sa forme vulgaire, résume la situation : — « Nous triomphons sur « toute la ligne. »

La surprise avait été complète ; personne ne s'attendait en ce moment à un coup d'État, et le rejet de la proposition des questeurs semblait avoir écarté, au moins momentanément, toute éventualité de cette nature. Personne n'aurait pensé non plus que l'exécution d'un acte aussi grave eût pu s'accomplir avec autant de facilité. On se reposait, — qui, sur la fameuse parole de M. Changarnier : « Mandataires « du peuple, délibérez en paix, » et sur son assurance que l'armée ne s'associerait jamais à un attentat inconstitutionnel ; — qui, sur la *sentinelle invisible* sous la garde de laquelle M. Michel (de Bourges) avait placé l'Assemblée.

On vient de voir que l'armée s'était prêtée docilement au coup d'État.

Qu'allait faire le peuple ?

Mais d'abord qu'allaient faire les représentants du peuple

investis de plein droit, par l'article 68 de la Constitution, du pouvoir exécutif? Il est vrai qu'on leur avait enlevé leurs épées. Mais ils n'en conservaient pas moins toute leur autorité morale.

Une quarantaine de représentants avaient pu pénétrer dans le palais de l'Assemblée par une porte secrète qu'on avait oublié de garder. On amène, ou plutôt on traîne le président, M. Dupin (1). En même temps qu'arrive M. Dupin, le général Espinasse prévenu intervient pour faire évacuer la salle.

— « Nous avons le droit pour nous, c'est évident, dit « M. Dupin ; mais ces messieurs ont la force, allons-nous-« en. » Et il s'en alla.

Les représentants expulsés par M. Espinasse se réunirent alors à la mairie du 10ᵉ arrondissement où il ne tardèrent pas à se trouver au nombre de plus de deux cents. Ce fut M. Berryer qui se fit le chef de cette tentative de résistance légale. Mais ceux qui ont gardé quelques illusions sur M. Berryer peuvent s'assurer en examinant sa conduite en cette circonstance qu'il n'y avait rien en lui de l'étoffe d'un Mirabeau. Avec de l'énergie, ou seulement avec cette dignité calme qui impose par sa majesté, les représentants

---

(1) « Le général Leydet, vieillard de soixante-quinze ans, « pris au collet, luttait contre les soldats avec l'énergie de son « vieux dévouement à la liberté. Le président Dupin, au lieu « d'arriver à son aide, le rappelle au respect dû à la disci-« pline surtout par un ancien militaire. La consigne ! Voici « le premier mot que prononce M. Dupin en entrant dans la « salle Casimir-Périer, où MM. Canet et Favreau étaient parvenus « à le pousser de vive force ; il se débat contre M. Desmousseaux « de Givré qui réussit enfin à lui passer son écharpe. » (M. Taxile Delord, *Histoire du second Empire*.) M. Véron rapporte ainsi le mot de M. Dupin sur la consigne : Messieurs, vous vous plaignez qu'on ne respecte pas la Constitution et *vous ne respectez pas une consigne !*

eussent pu soulever le peuple et faire reculer les sicaires exécuteurs de l'attentat.

Il n'y a pas de souvenir dans l'histoire plus piteux que celui de cette séance, dont on a conservé le procès-verbal : tous ces hommes, M. Berryer comme les autres, sont hésitants ; il n'osent prendre aucune mesure, parce qu'ils redoutent les conséquences de leur action (1) ; ils n'osent pas adresser un appel direct au peuple, parce qu'ils ont plus d'aversion pour le peuple que pour le Président ; ils protes-

---

(1) M. Berryer vient dire : « Messieurs, une fenêtre était ou-
« verte, il y avait beaucoup de monde dans la rue. J'ai an-
« noncé par la fenêtre que l'Assemblée nationale régulièrement
« réunie, en nombre plus que suffisant pour la validité de ses
« décrets, avait prononcé la déchéance du Président de la Ré-
« publique, que le commandement supérieur de l'armée et de
« la garde nationale était confié au général Oudinot, et que son
« chef d'état-major était M. Tamisier. Il y a eu acclamations
« et bravos. » En même temps un officier de la garde nationale, M. Guillot, chef du 2e bataillon de la 10e légion, se présentait en uniforme dans la salle et venait se mettre à la disposition de l'Assemblée. Il fallait profiter de ces dispositions du peuple pour l'entraîner ; une députation de l'Assemblée devait sortir sur la place pour haranguer le foule, et M. Oudinot devait aussitôt prendre des mesures de résistance. Mais rien de tout cela ne fut fait : tout se borna au décret suivant, qui devait être signé par tous les membres présents :

« L'Assemblée nationale, réunie extraordinairement à la mairie du Xe arrondissement :

« Vu l'article 68 de la Constitution, ainsi conçu...

« Attendu que l'Assemblée est empêchée par la violence d'exercer son mandat, »

« Décrète :

« Louis-Napoléon Bonaparte est déchu de ses fonctions de Président de la République ;

« Les citoyens sont tenus de lui refuser obéissance ;

« Le pouvoir exécutif passe de plein droit à l'Assemblée nationale ;

« Les juges de la Haute cour de justice sont tenus de se réu-

tent pour la forme, et attendent avec anxiété le commissaire de police providentiel qui va leur ouvrir une issue et mettre un terme à ce pénible simulacre de résistance légale dans lequel ils se sont laissé engager.

Le général Oudinot, le chef de l'expédition romaine, nommé commandant de l'armée et de la garde nationale, humilia par son attitude la dignité de l'armée, comme M. Benoist d'Azy et les autres humilièrent la dignité de la représentation nationale devant les exécuteurs du coup d'État. Le général Oudinot parlemente avec des officiers subalternes, des sous-lieutenants et des sergents (1), tandis

---

nir immédiatement, sous peine de forfaiture, pour procéder au jugement du Président de la République et de ses complices.

« En conséquence, il est enjoint à tous les fonctionnaires et dépositaires de la force et de l'autorité publique d'obéir à toutes réquisitions faites au nom de l'Assemblée, sous peine de forfaiture et de trahison.

« Fait et arrêté à l'unanimité, en séance publique, le 2 décembre 1851.

« *Pour le président empêché :*

« BENOIST D'AZY, VITET, vice-présidents;
GRIMAULT, MOULIN, CHAPOT, secrétaires;
et tous les membres présents. »

(1) Voici d'après le procès-verbal le colloque du général Oudinot avec un lieutenant de chasseurs de Vincennes : — « *Le gé-*
« *néral Oudinot.* — Nous sommes ici en vertu de la Constitution.
« Vous voyez que l'Assemblée vient de me nommer commandant
« en chef. Je suis le général Oudinot, vous devez reconnaître son
« autorité, vous lui devez obéissance. Si vous résistiez à ses or-
« dres, vous encourriez les punitions les plus rigoureuses. Immé-
« diatement vous seriez traduits *devant les tribunaux.* Je vous
« donne l'ordre de vous retirer. — *L'officier.* Mon général, vous
« savez notre position ; j'ai reçu des ordres. — Deux sergents qui
« sont à côté de l'officier prononcent quelques mots et semblent
« l'encourager à la résistance. — *M. le général Oudinot* : Taisez-

21.

que M. Benoist d'Azy, président de la réunion, parlementait avec un commissaire de police. La majorité des membres qui craignaient d'être assiégés, ou, après avoir été expulsés, d'être obligés, comme il en avait été question, de se réunir en autre lieu, s'interposent en demandant qu'on les conduise tous à Mazas. Personne ne proteste contre cette indigne attitude. Les officiers qui ont des ordres pour dissoudre la réunion, mais qui n'en ont pas pour faire ses membres prisonniers, en réfèrent à leur chef. Les repré-

---

« vous, laissez parler votre chef, vous n'avez pas le droit de
« parler.
« *L'un des sergents.* — Si ! j'en ai le droit.
« *Le général Oudinot.* — Taisez-vous, laissez parler votre
« chef.
« *Le sous-lieutenant.* — Je ne suis que le commandant en
« second. Si vous voulez, faites monter le commandant en
« premier.
« *Le général Oudinot.* — Ainsi vous résistez ?
« *L'officier*, après un instant d'hésitation. — Formellement.
« *Le général Oudinot.* — Il va vous être donné un ordre
« écrit. Si vous y désobéissez, vous en subirez les consé-
quences. (Un certain mouvement a lieu parmi les soldats.)
« *Le général Oudinot.* — Chasseurs, vous avez un chef,
« vous lui devez respect et obéissance. Laissez-le parler.
« *Un sergent* — Nous le connaissons ; c'est un brave.
« *Le général Oudinot.* — Je lui ai dit qui j'étais ; je lui
« demande son nom.
« Un autre sous-officier veut parler.
« *Le général Oudinot.* — Taisez-vous, ou vous seriez de
« mauvais soldats.
« *L'officier.* — Je m'appelle Charles Guédon, sous-lieute-
« nant au 6e bataillon de chasseurs.
« *Le général Oudinot*, à l'officier. — Vous déclarez donc
« que vous avez reçu des ordres et que vous attendez les in-
« structions du chef qui vous a donné la consigne ?
« *Le sous-lieutenant.* — Oui, mon général.
« *Le général Oudinot.* — C'est la seule chose que vous
« ayez à faire. »
(M. le général Oudinot et M. Tamisier rentrent dans la salle.)

D'ÉTAT

sentants attendent patiemment pendant plus d'un quart d'heure l'ordre d'emprisonnement qui va leur paraître une délivrance. Le général Forey arrive en personne, — et tout se termine par une mascarade dans laquelle les députés, au nombre de deux cent vingt (1), sont conduits à la caserne

---

(1) Dans la cour même de la caserne du quai d'Orsay on procéda à l'appel nominal, qui fut fait par MM. Grimault et Antony Thouret. Cet appel constata la présence des deux cent vingt membres dont les noms suivent :
MM. Albert de Luynes, d'Andigné de la Chasse, Antony Thouret, Arène, Audren de Kerdrel (Ille-et-Vilaine), Audren de Kerdrel (Morbihan), de Balzac, Barchou de Penhoen, Barrillon, Odilon Barrot, Barthélemy-Saint-Hilaire, Bauchard, Gustave de Beaumont, Béchard, Béhaguel, de Belvèze, Benoist d'Azy, de Bernardy, Berryer, de Berset, Besse, Beting de Lancastel, Blavoyer, Bocher, Boissié, de Botmiliau, Bouvatier, de Broglie, de la Broise, de Bryas, Buffet, Caillet du Tertre, Callet, Camus de la Guibourgère, Canet, de Castillon, de Cazalès, amiral Cécile, Chambolle, Chamiot, Chanpanhet, Chaper, Chapot, de Charancey, Chassaigne, Chauvin, Chazant, de Chazelles, Chégaray, de Coislin, Colfavru, Colas de la Motte, Coquerel, de Corcelles, Cordier, Corne, Creton, Daguilhon-Pujol, Dahirel, Dambray, de Dampierre, de Brotonne, de Fontaine, de Fontenay, Desèze, Desmars, de la Devansaye, Didier, Dieuleveult, Druet-Desvaux, Abraham Dubois, Dufaure, Dufougerais, Dufour, Dufournel, Marc Dufraisse, Pascal Duprat, Duvergier de Hauranne, Étienne, de Falloux, de Faultrier, Faure (Rhône), Favreau, Ferré des Ferris, de Flavigny, de Foblant, Frichon, Gain, Gasselin, Germonière, de Gicquiau, de Goulard, de Goyon, de Grandville, de Grasset, Grelier-Dufougeroux, Grévy, Grillon, Grimault, Gros, Guillier de la Tousche, Harscouet de Saint-George, d'Havrincourt, Hennecart, Hennequin, d'Hespel, Houel, Hovyn-Tranchère, Huot, Joret, Jouannet, de Kéranfleck, de Kératry, de Kéridec, de Kermasco, de Kersauron-Penendreff, Léo de Laborde, Laboulie, Lacave, Oscar Lafayette, Lafosse, Lagarde, Lagrenée, Lainé, Lanjuinais, Larabit, de Larcy, J. de Lasteyrie, Latrade, Laureau, Laurenceau, général Lauriston, de Laussat, Lefebvre de Grosriez, Legrand, Legros-Desvaux, Lemaire, Émile Leroux, Lespérut, de Lespinois, Lherbette, de Linsaval, de Luppé, Maréchal, Martin de Villers

du quai d'Orsay entre deux haies de soldats, — le président Vitet qui avait remplacé le président Benoist d'Azy, tenu au collet par un agent (1).

Maze-Saunay, Mèze, Armand de Melun, Anatole de Melun, Mérintié, Michaut, Mispoulet, Monet, de Montebello, de Montigny, Moulin, Murat-Sistrière, Alfred Nettement, d'Olivier, général Oudinot, de Reggio, Paillet, Duparc, Passy, Emile Péan, Pecoul, Casimir Périer, Pidoux, Pigeon, de Pioger, Piscatory, Proa, Prud'homme, Querhoent, Randoing, Raudot, Raulin, de Ravinel, de Réumsat, Renaud, Résal, de Rességuier, Henri de Riancey, Rigal, de la Rochette, Rodat, de Roquefeuil, des Rotours de Chaulieux, Rouget-Lafosse, Rouillé, Roux-Carbonel, Sainte-Beuve, de Saint-Germain, général de Saint-Priest, Salmon (Meuse), Sauvaire-Barthélemy, de Serré, de Sesmaison, Simonot de Staplante, de Surville, de Talhouet, Talon, Tamisier, Turiot, de la Rosière, de Tinguy, de Tocqueville, de la Tourette, de Tréveneuc, Mortimer-Ternaux, de Vatimesnil, de Vandœuvre, Vernhette (Hérault), Vernhette (Aveyron), Vézin, Vitet, de Vogué.

(1) Les représentants furent transportés dans la nuit : soixante-deux à Mazas, cinquante-deux au Mont-Valérien et cent quatre à Vincennes; les uns à dix heures du soir, les autres à deux heures du matin. Il ne resta à la caserne du quai d'Orsay que MM. Chégaray et Maze-Saunay qui se dirent malades, et qui le 3 au point du jour demandèrent à rentrer chez eux. La plupart des représentants envoyés à Vincennes et au Mont-Valérien furent mis en liberté le lendemain. M. Belouino, dans son *Histoire d'un coup d'Etat*, raconte l'anecdote suivante sur M. Dufaure :

— « Général, disait M. Dufaure, pourrais-je envoyer cher-
« cher des nouvelles de ma femme?

— « Allez-y vous-même, répond le général Forey; seulement
« promettez de revenir.

— « Je vais vous faire une promesse écrite.

— « Je m'en rapporte parfaitement à vous.

— « Il faut que cela soit écrit pour l'authenticité historique.

« M. Dufaure ne revint que le lendemain à quatre heures du

Un autre simulacre de résistance légale avait lieu en même temps au Palais de Justice. Aux termes de l'article 91 de la Constitution, les juges de la Haute cour, par le seul fait du crime de trahison du Président de la République, prévu par l'article 68, devaient se réunir immédiatement, sans attendre d'être mis en mouvement par l'Assemblée nationale, à *peine de forfaiture*. Et en ce cas, ils devaient nommer eux-mêmes les magistrats chargés de remplir les fonctions du ministère public.

La Haute cour était donc obligée strictement de prendre l'initiative de la poursuite et de mettre en accusation le Président. Bien que favorables au fond au coup d'État, les juges de la Haute cour se réunirent pour sauver leur responsabilité. Mais se couvrant derrière les lenteurs de la procédure pour attendre les événements, ils se contentèrent dans leur première séance de constater le flagrant délit, de nommer pour procureur général M. Renouard, conseiller à la cour de cassation, et ils s'ajournèrent au lendemain midi pour la continuation de leurs opérations. Leur audience n'était pas terminée qu'une troupe conduite par M. de Montour, aide de camp du ministre de la marine, envahit la chambre du conseil et somme la Haute cour de se séparer sous peine d'être dissoute par la force, et ses membres emprisonnés. Les juges se retirèrent en déclarant qu'ils ne cédaient qu'à la force ; ils se réunirent encore le lendemain 3 décembre, à midi; mais attendu que les obstacles matériels

---

« matin. Le lancier de faction lui dit que les autres repré-
« sentants étaient partis.

— « Et je n'y étais pas ! reprit M. Dufaure. Que pensera le
« pays ?

— « Il pensera que pour ne pas rester dans la rue à quatre
« heures du matin, » dit le soldat qui lui barrait le passage,
« vous êtes retourné à votre domicile. »

à l'exécution de leur mandat continuaient, ils s'ajournèrent (1).

Quelques représentants, parmi lesquels MM. Bixio, Victor Lefranc et Valette, vinrent se constituer prisonniers dans la journée à la caserne du quai d'Orsay, pour partager le sort de leurs collègues. On cite ce mot de M. Valette aux agents qui hésitaient à l'admettre parmi les prisonniers :
— « J'ai pourtant deux titres à être arrêté aujourd'hui : je « suis représentant du peuple et professeur de droit. »

Il y avait une autre conduite que cette lâche abdication pour ceux qui voulaient vraiment faire respecter la représentation nationale et le droit, et on eût pu mieux attendre, notamment de M. Bixio, qui passait pour un homme énergique, et qui avait payé de sa personne contre les barricades de juin 1848, quand il s'était agi de combattre les socialistes.

Un groupe de représentants de la gauche s'étaient réunis chez M. Crémieux; ils ne tardèrent pas à être arrêtés et conduits à la Conciergerie. Les autres se réunirent chez M. Coppens, rue Blanche, et se constituèrent en comité de résistance. Parmi eux se trouvaient MM. Victor Hugo, Michel (de Bourges), Emmanuel Arago, Baudin, Brives, Schœldus, Joigneaux, Charamaule, Jules Favre, Esquiros, Madier de Montjau. Ils lancèrent immédiatement une proclamation, déclarant Louis-Napoléon traître et hors la loi, et se terminant par un appel aux armes : « Que le peuple « fasse son devoir, les représentants républicains marchent

---

(1) L'arrêt de la Haute cour fut signé par MM. Ardouin, président, Pataille, Delapalme, Auguste Moreau, Cauchy, juges; Quenault et Grandet, juges suppléants; Bernard, greffier en en chef. Non-seulement les membres de la Haute cour conservèrent leurs sièges à la cour de cassation et vinrent peu à près aux Tuileries prêter serment au Prince-Président, mais encore ils ont tous été promus dans la Légion d'honneur, par l'Empire. M. Quenault a été nommé commandeur le 15 août dernier.

« à sa tête. » Ces représentants prirent rendez-vous pour le lendemain au faubourg Saint-Antoine.

La journée se passa ainsi. Sous la stupeur du premier moment, le public assistait silencieux et atterré aux actes qui se déroulaient devant lui. Cependant les dispositions de la population n'étaient pas douteuses. Dans la journée, M. Louis Bonaparte voulut se montrer au peuple; il sortit de l'Élysée en compagnie d'un cortége assez nombreux; il s'attendait, dit-on, à une de ces ovations qui poussent un homme au trône comme un flot d'enthousiasme. Mais il fut très-vite désabusé par l'attitude indifférente, plutôt hostile que sympathique de la population sur son passage; il jugea prudent de ne pas prolonger sa promenade, il alla seulement jusqu'aux Tuileries et revint à l'Élysée. Cependant, averti qu'il était utile qu'il se montrât aux troupes avant la fin de la journée, il sortit de nouveau vers les quatre heures, et poussa jusqu'à la porte Saint-Denis. Cette fois il fut plus satisfait, et recueillit de nombreuses acclamations sur son passage.

Tout allait dépendre de la journée du lendemain. Dès le matin du 3 décembre, avant huit heures, quelques représentants du peuple descendirent à pied la rue du Faubourg-Saint-Antoine se dirigeant vers la salle Roysin où le rendez-vous avait été fixé. Ils adressèrent diverses exhortations aux ouvriers des faubourgs qui se trouvaient sur le devant de leurs portes s'entretenant des événements de la veille. Mais les ouvriers restaient froids. — « Quoi ! disaient les représentants
« vous ne faites rien ? Qu'attendez-vous ? Est-ce donc l'Em-
« pire que vous voulez ? — Non, non, répondaient la plu-
« part des ouvriers. Mais pourquoi une lutte ? on nous rend
« le suffrage universel... Et puis, que pourrions-nous faire ?
« On nous a désarmés en juin, il n'y a pas un seul fusil
« dans tout le faubourg (1). »

---

(1) Ténot, *Étude historique sur le coup d'État.*

Un incident caractéristique vint glacer le peu de dispositions au combat que les représentants républicains rencontraient dans le faubourg. Neuf ou dix omnibus occupés par les représentants que l'on transférait de la caserne du quai d'Orsay à Vincennes, passèrent sous l'escorte de quelques lanciers. « Ce sont des représentants qu'on emmène, « crièrent quelques voix : délivrons-les. » Un mouvement se fit dans les groupes, quelques hommes intrépides s'élancèrent. Le premier omnibus fut arrêté. Le représentant Malardier et Frédéric Cournet, un des hommes d'action les plus énergiques du parti républicain, étaient au nombre de ceux qui s'étaient jetés à la tête des chevaux. Aussitôt ils virent se pencher aux portières des représentants qui, la tête effarée, supplièrent le peuple de ne pas les délivrer. La foule indignée fit selon leurs désirs. « — Vous voyez bien « qu'il n'y a rien à faire avec ces gens-là, » dit à Cournet l'un des hommes du peuple qui s'était jeté avec le plus d'ardeur à la tête des chevaux (1).

La réunion du comité de résistance eut lieu à trois heures à la salle Roysin. Quelques citoyens courageux s'étaient joints aux représentants. Il y avait en tout une quarantaine de personnes. A neuf heures, les représentants mirent leurs écharpes, descendirent la rue du Faubourg-Saint-Antoine en criant : *Aux armes ! Aux barricades! Vive la République! Vive la Constitution !* En quelques instants une centaine d'ouvriers s'étaient joints à eux, mais la masse demeurait indifférente.

La petite troupe s'arrêta au coin des rues Cotte et Sainte-Marguerite, et avec une grosse charrette, deux petites voitures, un omnibus, une barricade fut dressée. C'est sur cette barricade que fut tué, dans les circonstances héroï-

---

(1) Voir Ténot, *Etude historique sur le coup d'Etat*, qui n'a fait le plus souvent *d'ailleurs* que suivre le récit de M. Schœlcher, publié à l'étranger.

ques que tout le monde connait, le représentant Baudin, qui restera dans l'histoire un des plus glorieux martyrs de l'idée républicaine et du droit. Ce fut l'étincelle qui alluma l'incendie. A partir de ce moment l'agitation grandit et acquit bientôt des proportions considérables. La grande masse de la population était démoralisée et sans armes; depuis juin le parti populaire avait été décimé cruellement. Mais les efforts individuels se multiplièrent avec une ardeur admirable, la résistance se concentra dans le carré compris entre les boulevards, la rue du Temple, la rue Saint-Denis et les quais. Plusieurs barricades s'élevèrent rapidement.

Des hommes énergiques se répandaient dans les faubourgs, à Belleville, dans le quartier Saint-Marceau et stimulaient les ouvriers. Plusieurs proclamations furent imprimées et répandues. Une des plus remarquables est un appel *Aux travailleurs* fait au nom du comité central des corporations rédigé par MM. Jules Leroux, représentant du peuple, Desmoulins, typographe, Bocquet, Nétré et quelques autres.

Voici cet appel, qui est reproduit par M. Mayer dans son *Histoire du Deux décembre* :

« AUX TRAVAILLEURS.

« Citoyens et compagnons,
« Le pacte social est brisé!
« Une majorité royaliste, de concert avec Louis-Napoléon,
« a violé la Constitution, le 31 mai 1850.
« Malgré la grandeur de cet outrage, nous attendions,
« pour en obtenir l'éclatante réparation, l'élection générale
« de 1852.
« Mais hier, celui qui fut le Président de la République
« a effacé cette date solennelle.
« Sous prétexte de restituer au peuple un droit que nul

« ne peut lui ravir, il veut, en réalité, le placer sous une
« dictature militaire.

« Citoyens, nous ne serons pas dupes de cette ruse gros-
« sière.

« Comment pourrions-nous croire à la sincérité et au
« désintéressement de Louis-Napoléon ?

« Il parle de maintenir la République, et il jette en prison
« les républicains.

« Il promet le rétablissement du suffrage universel, et il
« vient de former un conseil consultatif des hommes qui
« l'ont mutilé.

« Il parle de son respect pour l'indépendance des opi-
« nions, et il suspend les journaux, il envahit les imprime-
« ries, il disperse les réunions populaires.

« Il appelle le peuple à une élection, et il le place sous
« l'état de siége : il rêve on ne sait quel escamotage perfide
« qui mettrait l'électeur sous la surveillance d'une police
« stipendiée par lui.

« Il fait plus, il exerce une pression sur nos frères de
« l'armée, et viole la conscience humaine en les forçant de
« voter pour lui, sous l'œil de leurs officiers, en quarante-
« huit heures.

« Il est prêt, dit-il, à se démettre du pouvoir, et il con-
« tracte un emprunt de vingt-cinq millions, engageant l'a-
« venir sous le rapport des impôts, qui atteignent indirecte-
« ment la subsistance du pauvre.

« Mensonge, hypocrisie, parjure, telle est la politique de
« cet usurpateur.

« Citoyens et compagnons, Louis-Napoléon s'est mis hors
« la loi. La majorité de l'Assemblée, cette majorité qui a
« porté la main sur le suffrage universel, est dissoute.

« Seule, la minorité garde une autorité légitime. Ral-
« lions-nous autour de cette minorité. Volons à la délivrance
« des républicains prisonniers ; réunissons au milieu de
« nous les représentants fidèles au suffrage universel : fai-

« sons-leur un rempart de nos poitrines ; que nos délégués
« viennent grossir leurs rangs, et forment avec eux le noyau
« de la nouvelle Assemblée nationale!

« Alors, réunis au nom de la Constitution, sous l'inspi-
« ration de notre dogme fondamental : Liberté, Fraternité,
« Égalité, à l'ombre du drapeau populaire, nous aurons
« facilement raison du nouveau César et de ses prétoriens!

« *Le Comité central des corporations.*

« Les républicains proscrits reviennent dans nos murs
« seconder l'effort populaire.

Le nouveau gouvernement, par indécision ou par tactique, laissait faire. Le préfet de police envoyait dépêches sur dépêches au ministre de l'intérieur pour le consulter sur le parti à prendre. Le passage suivant d'une de ces dépêches, indique que les hommes du coup d'État ne se dissimulaient pas et s'exagéraient plutôt la gravité de la situation (1) :

---

(1) La plupart de ces dépêches ont été publiées par M. Véron dans ses *Mémoires d'un Bourgeois de Paris*. La dépêche suivante, disent MM. Décembre-Alonnier dans leur récit du *coup d'État*, « prouve que la police avait tout à fait perdu la tête ! »
« Paris, le 3 décembre 1851, 4 heures 1/4.
« On commence les barricades dans la rue Rambuteau, à la
« hauteur des rues Saint-Denis et Saint-Martin ; des voitures
« ont été arrêtées.
« On affirme que M. Madier de Montjau n'est pas tué et qu'il
« est dans les groupes. Le cri : Aux armes ! est poussé au coin
« de la rue Grenetat. Le point de rassemblement général est en
« ce moment le quartier Saint-Martin. Il paraît certain qu'une
« troupe choisie dans les hommes d'action est convoquée en
« armes vers cinq heures au carré Saint-Martin, et que les me-
« neurs de cette troupe ont annoncé qu'il serait question de
« se porter sur la Présidence. On répand le bruit de la présence
« de MM. Charras et Bedeau. On prétend aussi que les pa-
« triotes rouennais arrivent, et que Ledru-Rollin est dans les
« faubourgs. »

« *La vérité sur la situation.* Le sentiment des masses est
« l'élément le plus sûr de bonnes et sages résolutions ; c'est
« en même temps pour le préfet de police le devoir le
« plus impérieux. *Je dois donc dire que je ne crois pas que*
« *les sympathies populaires soient avec nous. Nous ne*
« *trouvons d'enthousiasme nulle part. Ceux qui nous ap-*
« *prouvent sont tièdes ; ceux qui nous combattent sont d'un*
« *acharnement inexprimable.* Le bon côté de la médaille
« dont je viens de donner le revers, c'est que sur tous les
« points, chefs et soldats, la troupe paraît décidée à agir
« avec intrépidité ; elle l'a prouvé ce matin. C'est là qu'est
« notre force et notre salut. Pour ma part, quelque pessi-
« miste que je paraisse être, je crois fermement au suc-
« cès ! »

Mais M. de Morny veillait, et il donnait ses instructions avec un impitoyable sang-froid :

« De la préfecture on me mande que quelques troupes
« trop faibles sont cernées. Comment fait-on cette faute, au
« lieu de laisser les insurgés s'engager tout à fait et des
« barricades sérieuses se former, pour ensuite écraser l'en-
« nemi et le détruire ? Prenez garde d'user la troupe à des
« escarmouches, et de ne l'avoir plus à l'heure décisive. »

« ..... Il n'y a qu'avec une abstention entière, en cernant
« un quartier et en le réduisant par la famine, *ou en l'en-*
« *vahissant par la terreur*, qu'on fera la guerre des
« villes. »

Envahir la ville par la terreur. Voilà quel allait être le mot d'ordre des exécuteurs du coup d'État.

Dans la soirée du 3, sont affichées les deux proclamations suivantes :

« Habitants de Paris !

« Les ennemis de l'ordre et de la société ont engagé la lutte. Ce n'est pas contre le gouvernement, contre l'élu de la nation qu'ils combattent, mais ils veulent le pillage et la destruction.

« Que les bons citoyens s'unissent au nom de la société et des familles menacées.

« Restez calmes, habitants de Paris ! Pas de curieux inutiles dans les rues ; ils gênent les mouvements des braves soldats qui vous protégent de leurs baïonnettes.

« Pour moi, vous me trouverez toujours inébranlable dans la volonté de vous défendre et de maintenir l'ordre.

« Le ministre de la guerre,
« Vu la loi sur l'état de siége,
« Arrête :
« Tout individu pris construisant ou défendant une barricade, ou les armes à la main, sera fusillé (1).

« *Le général de division, ministre de la guerre.*
« DE SAINT-ARNAUD. »

« Habitants de Paris !

« Comme nous, vous voulez l'ordre et la paix ; comme nous, vous êtes impatients d'en finir avec cette poignée de factieux qui lèvent depuis hier le drapeau de l'insurrection.

« Partout notre courageuse et intrépide armée les a culbutés et vaincus. Le peuple est resté sourd à leurs provocations.

---

(1) Jamais la loi d'état de siége, jamais aucune des lois les plus implacables de la guerre n'a autorisé l'exécution sommaire des prisonniers. L'odieux de cet ordre doit donc retomber tout entier sur ses auteurs. Nous lisons dans l'*Histoire d'un coup d'État* par M. Belouino : « Le ministre de la guerre n'avait pas
« entendu faire dans sa proclamation une vaine menace. Il avait
« ordonné qu'on en exécutât les termes à la lettre : *Pas de pri-*
« *sonniers armés.* — *On fait toujours des prisonniers malgré*
« *mes ordres,* » disait-il dans la soirée du 4.

« Il est des mesures néanmoins que la sûreté publique commande. L'état de siége est décrété.

« Le moment est venu d'en appliquer les conséquences rigoureuses. Usant des pouvoirs qu'il nous donne,

« Nous, préfet de police, arrêtons :

« Art. 1er. — La circulation est interdite à toute voiture publique ou bourgeoise. Il n'y aura d'exception qu'en faveur de celles qui servent à l'alimentation de Paris et au transport des matériaux. — Les stationnements des piétons sur la voie publique et la formation des groupes seront, sans sommations, dispersés par la force. — Que les citoyens paisibles restent à leur logis.

« Il y aurait péril sérieux à contrevenir aux dispositions arrêtées.

« Paris, le 4 décembre 1851.

« *Le Préfet de police,*

« De Maupas. »

« Le lendemain, 4 décembre, pendant qu'une partie des troupes attaquaient avec vigueur les barricades élevées dans le faubourg Saint-Martin, dans la rue du Temple, dans la rue du Petit-Carreau, dans la rue des Jeûneurs, dans la rue Tiquetonne, qui étaient énergiquement défendues (1), les

---

(1) C'est dans cette lutte que fut tué, sur une barricade de la rue Montorgueil, Denis Dussoubs, frère du représentant de la Haute-Vienne, qui, par une héroïque usurpation, s'était revêtu de l'écharpe de son frère, cloué au lit par une grave maladie. Denis Dussoubs fut tué, comme Baudin, au moment où, sans armes, en avant de la barricade, il haranguait les soldats et les rappelait au respect de la loi et de la Constitution. La barricade fut prise après une horrible lutte corps à corps. L'un des républicains échappés à ce combat ne reçut pas moins de douze blessures. M. Voisin, conseiller général de la Haute-Vienne, qui fut fusillé à bout portant et laissé pour

boulevards étaient balayés (1) par ces terribles charges de cavalerie, accompagnées de la fusillade et de la mitraille, qui fe-

---

mort, en reçut quinze et fut néanmoins sauvé par une bonne femme qui alla le chercher parmi les morts. Au mois de mars, il était convalescent; la police s'empara de lui, il fut emprisonné au fort d'Ivry et plus tard déporté en Afrique. Après l'action, on fusilla sans pitié tous ceux qui furent pris. Le général Magnan évalue à *quarante* le nombre des insurgés tués à cette barricade. — Une lutte non moins acharnée s'engagea sur une barricade de la rue Phélippeaux. Une vingtaine de jeunes gens, armés de fusils de la garde nationale arrêtèrent pendant plus d'une demi-heure un régiment de ligne. — Ils ont péri jusqu'au dernier, dit le *Constitutionnel* du 6 décembre. — Sur les détails du coup d'État et en particulier sur ces sanglants épisodes, il faut lire *l'Étude historique sur le coup d'État* par M. Ténot et le récit des auteurs du Dicti... de la Révolution française. Plusieurs récits écrits dans un se... apologétique ont aussi été publiés immédiatement après le coup d'État, dont quelques-uns ont été réédités récemment : (Récit complet et authentique des événements de décembre 1851, par Granier de Cassagnac ; Histoire du 2 décembre, par Mayer ; Révolution militaire du 2 décembre, par le capitaine Mauduit; MM. Victor Hugo, Schœlcher et Xavier Durieu, ont aussi publié à l'étranger au lendemain des événements des récits très-circonstanciés.

(1) Il y avait déjà eu la veille la charge du colonel Rochefort, qui, à la hauteur du Château-d'Eau, s'était élancé avec ses lanciers au milieu de la foule « en frappant d'estoc, de taille « et de lance. *Plusieurs cadavres* étaient restés sur le careau. » (Mauduit, *Révolution militaire du 2 décembre*.) — Le lendemain ces scènes de carnage se renouvelèrent et se succédèrent pendant toute la journée sur toute la ligne des boulevards. « Les rassemblements qui ont essayé de se reformer sur les « boulevards, dit le général Magnan dans son rapport officiel, « ont été *chargés par la cavalerie* du général Reybell, qui a « essuyé à la hauteur de la rue Montmartre une assez vive « fusillade. » Cette fusillade, contestée par M. Ténot, qui invoque les documents officiels eux-mêmes, vient ici pour expliquer la canonnade ouverte contre la maison Sallandrouze sur le boulevard Poissonnière, dont la façade fut trouée par les

ront vivre à jamais les journées de décembre parmi les souvenirs les plus sinistres de l'histoire. *Des passants inoffensifs furent victimes de cette terrible fusillade*, écrit un des historiens apologistes du coup d'Etat, M. Mayer. La vérité est qu'elle fut dirigée complétement sur les curieux qui n'avaient pas suffisamment tenu compte du terrible avertissement de M. de Maupas, sur les curieux et aussi sur ceux que leurs occupations et leur anxiété du sort des personnes qui leur étaient chères avaient poussés hors de chez eux. Pour ceux qui donnèrent ces ordres épouvantables, il ne s'agis-

---

balles et criblée par les boulets ; vingt-cinq ou trente personnes parmi lesquelles le libraire Lefilleul furent tuées : les cadavres étaient encore exposés le lendemain sur les marches du grand dépôt d'Aubusson. — Voici ce que raconte M. Mauduit, décrivant l'aspect des boulevards le lendemain : « A l'entrée du fau-
« bourg Poissonnière, le boulevard offrait l'image du plus af-
« freux désordre : toutes les maisons étaient criblées de balles,
« tous les carreaux brisés, les colonnes vespasiennes démolies
« et leurs débris de briques répandus çà et là sur la chaussée...
« L'on voit encore sur les marches du grand dépôt d'Aubusson
« une mare de sang que l'on eût bien dû faire disparaître en
« enlevant les vingt-cinq ou trente cadavres que l'on y avait
« rangés et laissés exposés pendant vingt-quatre heures aux
« regards d'un public consterné. »
Une nouvelle charge du colonel de Rochefort eut encore lieu ce jour-là à la hauteur de la rue Taitbout près de Tortoni à la suite de laquelle, dit toujours M. Mauduit, une *trentaine de cadavres* restèrent sur le carreau. « Sur le boulevard des Ita-
« liens, on tira également sur plusieurs maisons, notamment sur
« celle du cercle du Commerce ; les journaux du temps constatent
« que les balles atteignirent et blessèrent grièvement entre
« autres personnes M. Duvergier et le général Billard. » Voir les récits de MM. Ténot, Décembre-Alonnier. Voir aussi *l'Annuaire Lesur*, où nous trouvons cette indication significative : « A
« la suite de la cavalerie, la troupe de ligne s'élance, fouille
« les maisons suspectes, et *fusille* ceux qu'elle arrête les armes
« à la main, *ou qu'elle suppose* avoir pris part à l'insurrection.
« Là se passèrent des scènes regrettables, là eurent lieu de
« sanglantes méprises. »

sait pas de mesures défensives : c'était une tactique ; il fallait *envahir la ville par la terreur*, suivant l'expression de M. de Morny ; il fallait *écraser instantanément et exemplairement l'insurrection* (1). L'histoire avec sa justice sévère appréciera ces faits. Nous pouvons constater en attendant que, par ce caractère, l'acte du 2 décembre se distingue de tous les faits de guerre civile enregistrés jusqu'ici dans les annales du peuples ; et ses auteurs ne se sont pas mis seulement hors la loi, ils se sont mis hors l'humanité : c'est une double absolution qu'ils eurent à demander au suffrage universel. Le suffrage universel, dont nous n'avons ici ni à examiner ni à apprécier les verdicts, ne la leur a pas refusée ; mais la date du 2 décembre n'en reste pas moins une date néfaste pour ceux-là mêmes qui la revendiquent. Et, suivant la remarque saisissante d'un jeune

---

(1) Voici comment s'exprime à ce sujet un des principaux apologistes du coup d'État, M. Mayer : — « Sans doute, *le sang*
« *innocent* est irréparable et crie justice dans le cœur des bons
« citoyens, quand les mauvaises passions crient vengeance. Mais
« enfin ce malheur, qui pouvait être plus immense encore, n'a
« eu ni les proportions excessives que lui prête la malveillance,
« ni le caractère atroce que la démagogie victorieuse par exem-
« ple n'eût pas manqué de donner à son triomphe. Si quelque
« chose enfin pouvait *atténuer ce désastre,* et nous ne disons
« pas consoler, mais rassurer la douleur publique, c'est que
« la conscience du gouvernement eut la satisfaction doulou-
« reuse *d'avoir prévu dès la veille* et d'avoir tout fait, du
« moins, pour empêcher cette sinistre éventualité. La pro-
« clamation du préfet de police disait clairement à tout le
« monde : — N'allez pas sur les boulevards, ne vous mêlez pas
« aux attroupements, car ils seront dissipés par les armes et
« sans sommations préalables. Il est hors de doute que si la troupe
« assaillie par tant de côtés à la fois n'eût pas pris le parti
« d'écraser instantanément et exemplairement l'insurrection, la
« guerre civile durerait encore. Cela dit tout, et, aux yeux non
« pas des gens de bien qui n'ont pas attendu le lendemain pour se
« prononcer, mais des faibles et des incertains, *justifie tout.* »

et éloquent orateur dans une des plus énergiques harangues qui aient fait retentir le prétoire de la justice depuis le commencement du siècle, — jamais le gouvernement issu du 2 décembre n'a osé mettre cette date au rang des solennités de la France et la célébrer comme un anniversaire national (1).

Pendant toute la soirée du 4 décembre, la ville fut livrée aux soldats ivres de vin et de sang (2). La circulation était

---

(1) Plaidoirie de M. Gambetta, dans l'affaire de la souscription Baudin (audience du 14 novembre 1868). Voir le compte rendu de cette affaire publié par M. Le Chevalier : « Écoutez, « s'écriait l'éloquent tribun, voilà dix-sept ans que vous êtes « les maîtres absolus, discrétionnaires de la France — c'est « votre mot — ... Eh bien! vous n'avez jamais osé dire : Nous « célébrons, nous mettons au rang des solennités de la France, « le 2 décembre, comme un anniversaire national! Et cepen- « dant tous les régimes qui se sont succédé dans le pays se « sont honorés du jour qui les a vus naître; ils ont fêté le « 14 juillet, le 10 août; les journées de juillet 1830 ont été fê- « tées aussi, de même que le 24 février; il n'y a que deux anni- « versaires, le 18 brumaire et le 2 décembre, qui n'ont jamais « été mis au rang des solennités d'origine, parce que vous « savez que si vous osiez les mettre, la conscience universelle « les repousserait. » (P. 85 et 86.)

(2) L'ivresse des soldats est attestée par tous les témoins oculaires. Les distributions d'argent, de vivres, de vin faites aux soldats, ne sont pas niées par les historiens bonapartistes. Ils démentent seulement le bruit qui avait pris une certaine consistance que ces distributions provenaient de vingt millions enlevés à la Banque de France par le Président. — Bruit démenti formellement aussi par MM. Casabianca et d'Argout, gouverneur de la Banque. — « La vérité sur les dépenses des soldats « pendant les journées du 2, du 3 et du 4 décembre, est bien plus « simple et bien plus noble, dit M. Granier de Cassagnac. Lors- « que le Prince se décida le 1er décembre au soir à *sauver la* « *société* par une mesure décisive, il lui restait de toute sa for- « tune personnelle, de tout son patrimoine, une somme de *cin-* « *quante mille francs*. Il savait qu'en certaines circonstances « mémorables, les troupes avaient faibli devant l'émeute, faute

interdite sur les boulevards : *on tirait sur tout ce qui traversait*, suivant l'expression énergique de l'historiographe de la *Révolution militaire du 2 décembre*, M. le capitaine Mauduit. De mémoire d'homme, disait le lendemain un journal semi-officiel, le *Moniteur parisien*, « les boulevards « n'eurent jamais un aspect si lugubre. »

Les survivants des barricades et les représentants du peuple qui essayèrent, le 5 au matin, de recommencer l'agitation se heurtèrent à une population glacée d'épouvante Quelques barricades élevées sur la rive gauche de la Seine, à la Croix-Rouge, sur la rive droite, à quelques points des faubourgs, notamment barrière Rochechouart, furent abandonnées sans combat à l'approche des troupes. « Les insurgés, » dit le général Magnan, dans son rapport officiel, « atterrés par le résultat de la journée du 4, n'osèrent plus « défendre leurs retranchements. »

Ainsi fut consommé le coup d'État.

Dans la soirée du 5 décembre, le ministre de la guerre adressa à l'armée pour la remercier et la féliciter la proclamation suivante :

« Soldats,

« Vous avez accompli aujourd'hui un grand acte de votre « vie militaire. Vous avez préservé le pays de l'anarchie, du « pillage, et sauvé la République. Vous vous êtes montrés « ce que vous serez toujours, braves, dévoués, infati- « gables. La France vous admire et vous remercie. Le Pré- « sident de la République n'oubliera. jamais votre dé- « vouement.....

« de vivres, et plus affamées que vaincues. Il prit donc jusqu'au « dernier écu de ce qui lui restait, il chargea le général Fleury « d'aller, brigade par brigade, et homme par homme, distribuer « cette dernière obole aux soldats vainqueurs de la démagogie. » — Nous lisons entre autres détails dans le *Moniteur parisien* du 6 décembre ; « Les vins, les mets ont été prodigués. »

« Dans toutes les garnisons de la France, vos compagnons
« d'armes sont fiers de vous, et suivraient au besoin votre
« exemple. »

Un décret du même jour porte que : « *Afin de récom-
« penser les services rendus à l'intérieur comme ceux des
« armées au dehors*, lorsqu'une troupe organisée aura con-
« tribué par des combats à rétablir l'ordre sur un point
« quelconque du territoire, ce service sera compté comme
« service de campagne. »

Le général Magnan qui a dirigé la *Campagne de Paris*
est nommé maréchal ; les officiers qui se sont plus spécialement distingués dans la guerre civile sont promus à
des grades plus élevés.

La lutte terminée à Paris recommença dans les divers
départements avec des péripéties diverses. Elle fut signalée
par la même impitoyable et épouvantable répression.

M. de Morny, qui fut l'âme de toute cette sanglante campagne, envoyait la circulaire suivante aux généraux et aux
préfets :

« Toute insurrection armée a cessé à Paris par une ré-
« pression vigoureuse ; la même énergie doit avoir partout
« les mêmes effets. Les bandes qui apportent le pillage, le
« viol et l'incendie se trouvent hors des lois. Avec elles on
« ne parlemente pas, *on ne fait pas de sommations*, on les
« attaque et on les disperse. *Tout ce qui résiste doit
« être fusillé*, au nom de la société en légitime défense. »

Ce n'était pas assez de mettre les insurgés hors la loi et
de les fusiller sans merci. Toute personne qui donnait
sciemment asile à un insurgé était réputée complice et jugée
comme telle (1). Ainsi étaient pareillement mis hors la loi

---

(1) Un jugement du conseil de guerre de Lyon, présidé par
M. Ambert, colonel du 11ᵉ de dragons, fit une application mémorable de cette terrible disposition. Ce jugement, du 30 dé-

tous ceux qui n'étaient pas capables, sous l'impression de la terreur, de fermer leur cœur à tous sentiments de générosité et d'humanité.

On essayait de justifier ces mesures en montrant les insurgés comme des brigands qui commettaient tous les crimes. C'était en même temps le moyen de répandre dans les esprits une terreur salutaire, et de les rattacher au coup d'État en prouvant que le Président avait bien réellement sauvé la société.

Au mois d'août 1852, M. Granier de Cassagnac publiait dans le *Pays* une série d'articles sous ce titre : *Le gouvernement du 2 décembre devant la raison et devant la morale*, dans lesquels il disait :

— « Considérablement affaibli en 1815, modéré en 1830,
« et ayant malgré cela, conduit à deux révolutions, le
« principe de l'initiative des assemblées s'étala triompha-
« lement dans la Constitution de 1848. A quel résultat
« avait-il conduit la France en deux années? A un système
« de *pillage et d'égorgement universel, dont l'organisation
« était prête et dont le mot d'ordre était donné*, lorsque la
« France fut réveillée au bord de l'abîme par le *coup de
« foudre* du 2 décembre. »

Le même M. Granier de Cassagnac écrivait dans son *Récit des événements du 2 décembre* 1851 :

« S'il y avait jusqu'ici des divisions entre les classes de
« la société, ces divisions ont disparu aux trois quarts et vont
« disparaître tout à fait devant la nécessité de défendre
« la famille, la propriété, la religion, la morale, contre des
« bandes de malfaiteurs. Il n'y aura bientôt plus ni des lé-

---

cembre 1851, condamne *à vingt ans de travaux forcés* le sieur Astier, garde champêtre à Loriol (Drôme), coupable d'avoir donné asile à des insurgés en fuite, et à dix ans de prison, le sieur Henri Brun, cultivateur, coupable du même crime.

« gitimistes, ni des orléanistes, ni des bonapartistes ; il n'y
« aura plus que des hommes *se battant contre des bêtes féro-*
« *ces*... Les rouges, en prenant les armes, en marchant con-
« tre les villes, en faisant prisonnières les autorités, en tuant
« les soldats, en pillant les caisses publiques, en détruisant
« les propriétés, *en violant les femmes, en brûlant vifs les*
« *enfants*, se sont eux-mêmes dénoncés aux magistrats, aux
« honnêtes gens et à la force publique...... »

Enfin M. de la Guéronnière, « un des plus modérés parmi
« les amis du régime actuel », dit M. Ténot, écrivait en
1853 dans son *Portrait de Napoléon III* :

« Aux nouvelles arrivées des départements, un mouvement
« unanime de douleur et d'indignation avait éclaté dans
« Paris. La Jacquerie venait de lever son drapeau, des bandes
« d'assassins parcouraient les campagnes, marchaient sur
« les villes, envahissaient les maisons particulières, pillaient,
« brûlaient, laissaient partout l'horreur de crimes abomi-
« nables qui nous reportaient aux plus mauvais jours de
« la barbarie. Ce n'était plus du fanatisme, comme il
« s'en trouve malheureusement dans les luttes de parti ;
« c'était du cannibalisme tel que les imaginations les plus
« hardies auraient pu à peine le supposer (1). »

---

(1) M. de la Guéronnière qui, au 2 décembre, rédigeait *le Pays*
sous la direction de M. de Lamartine, avait d'abord hésité de se
rallier au coup d'Etat, et même il avait publié dans son journal
une des rares protestations dont l'expression pût arriver au
public. Voici la lettre qu'il adressait, le 2 décembre, au ministre
de l'intérieur, et que nous trouverons reproduite dans *le Pays*
nos des 3 et 4 décembre : « Monsieur le Ministre, j'apprends la
nomination de mon frère à la sous-préfecture de Bressuire, le
« jour même où l'Assemblée vient d'être dissoute. — Mon frère
« est à 300 lieues de Paris ; mais je ne crois pas me tromper
« sur ses sentiments en vous priant d'accepter sa démission. »
M. de la Guéronnière, qui en même temps brisait sa plume de
journaliste, fit sa rentrée quelques jours plus tard avec un article

C'étaient là d'odieuses calomnies. On suivait la même tactique suivie autrefois à l'égard des insurgés de juin. Il n'y a eu dans les départements soulevés contre le 2 décembre, ni enfants brûlés vifs, ni femmes violées ; aucune ville n'a été livrée au pillage et à l'assassinat. Quelques crimes individuels ont été commis, mais ils ont été aussitôt réprimés et réprouvés par les insurgés eux-mêmes. On citait particulièrement la ville de Clamecy, livrée pendant trois jours au pillage, au meurtre, à l'incendie et au viol. Or cette ville était placée sous la sauvegarde de la proclamation suivante du comité révolutionnaire social :

« La probité est une vertu des républicains. Tout voleur « ou pillard sera fusillé (1). » On disait que la femme du

---

ambigu dans lequel néanmoins il disait expressément qu'il était parmi *les vaincus* du 2 décembre. Mais le 11 décembre, dans un article intitulé *la Guerre sociale*, qui n'est que la reproduction et la paraphrase des quelques lignes citées ci-dessus, il se rallie ouvertement au Président qui a sauvé la France du *pillage* et de *l'égorgement universel*. M. de la Guéronnière fut fait directeur de la presse, puis sénateur. Il est aujourd'hui ambassadeur à Bruxelles. — Dans le n° du *Pays* du 22 décembre, nous trouvons une lettre de M. de Lamartine qui indique que l'indignation était émoussée chez lui, et qu'il accueillit les événements de décembre avec une placidité voisine de l'indifférence. M. de Lamartine dit à M. de la Guéronnière que, *pour des motifs de dignité personnelle*, il ne peut reprendre sa place à la direction du *Pays*, mais il ne blâme pas de leur adhésion au coup d'État ceux qui ne sont pas dans sa situation exceptionnelle : « J'ai à sauvegarder et à maintenir vis-à-vis du public « ami et ennemi le caractère d'homme du 24 février. Si je « laissais suspecter en moi la fermeté modérée, mais conséquente « de ce rôle, je ne serais plus un homme entier. Cette situation « exceptionnelle me commande de me différencier de tous « ceux qui, n'ayant pas les mêmes antécédents, n'ont pas aussi « les mêmes devoirs.

(1) A peu près partout il y eut des proclamations semblables. A Bédarieux, où des désordres graves avaient eu lieu, le comité

sous-préfet avait été violée. Or le sous-préfet n'était pas marié. Tous les faits relatifs au soulèvement des départements ont été rétablis par M. Ténot dans son très-remarquable travail, *la Province en décembre* 1851, et par les auteurs du *Dictionnaire de la Révolution française*, dans leur *Histoire des conseils de guerre de* 1852.

Il ressort de ces livres que les excès commis dans la répression dépassent au delà de toute proportion ceux que l'on peut reprocher à quelques-unes des bandes républicaines, et que dans tous les lieux où les insurgés ont été victorieux, ils ont agi avec modération et humanité.

Terrible avait été la lutte, non moins terrible fut la répression qui suivit. Un décret du 8 décembre statuait que tout individu placé sous la surveillance de la haute police qui serait reconnu coupable du délit de rupture de ban, pourrait être transporté par mesure de sûreté générale dans une colonie pénitentiaire, à Cayenne ou en Algérie. *La même mesure sera applicable aux individus reconnus coupables d'avoir fait partie d'une société secrète.* Ainsi les hommes politiques convaincus d'avoir fait partie d'une société secrète, et Dieu sait l'extension donnée à ce délit ! étaient assimilés aux forçats en rupture de ban. C'était toujours le même système pratiqué, il faut bien le dire, depuis juin, et inventé alors par MM. Marie et Cavaignac, qui consistait à traiter les socialistes, comme des scélérats et des bandits.

---

révolutionnaire s'empressait de publier la proclamation suivante pour en répudier la solidarité et rassurer la population :

« Habitants de Bédarieux, des malheurs regrettables ont
« eu lieu et ne peuvent être imputés qu'à ceux qui les ont
« provoqués par le meurtre de quelques citoyens. Les répu-
« blicains gémissent d'un pareil désastre. Mais ne craignez pas :
« une garde veille et tout le monde doit être rassuré. Les per-
« sonnes et les propriétés seront respectées. *Mort aux vo-*
« *leurs !* »

Un décret du 9 décembre déférait à la juridiction militaire la connaissance de tous les faits se rattachant à l'insurrection. Pour l'instruction, quatre commissions militaires étaient établies, sous la direction du général Bertrand, qui avait déjà présidé aux transportations de juin.

Trente-deux départements sont mis en état de siége. Le chiffre des arrestations à Paris seulement dépasse 26,000, d'après M. Granier de Cassagnac. On installe dans les départements des commissions mixtes composées de militaires et de magistrats qui statuent sommairement sur le sort des prisonniers. Pour faciliter le travail des commissions mixtes et abréger les formalités juridiques, un décret du 9 janvier établit trois catégories de condamnés :
« Dans la première figurent les individus convaincus d'avoir
« pris part aux sociétés secrètes ; ils seront, suivant leur
« degré de culpabilité, déportés à la Guyane française
« ou en Algérie. — Dans la seconde se trouvent les chefs
« reconnus du socialisme ; leur séjour en France serait
« de nature à fomenter la guerre civile : ils seront expul-
« sés du territoire de la République; et ils seront trans-
« portés, s'il venaient à y rentrer. — Dans la troisième
« sont compris les hommes politiques qui se sont fait re-
« marquer par leur violente hostilité au gouvernement, et
« dont la présence serait une cause d'agitation; ils seront
« momentanément éloignés de France. »

Un décret de la même date expulse du territoire français les anciens représentants : Valentin, Racouchot, Perdiguier, Cholat, Latrade, Renaud, Benoît (du Rhône), Burgard, Colfavru, Faure (du Rhône), Gambon, Lagrange, Nadaud, Terrier, Victor Hugo, Cassal, Signard, Viguier, Charassin, Bandsept, Savoye, Joly, Combier, Boysset, Duché, Ennery, Guilgot, Hochstuhl, Michel Boutet, Baune, Bertholon, de Flotte, Joigneaux, Laboulaye, Bruis, Esquiros, Madier de Montjau, Noël Parfait, Emile Péan, Pelletier, Raspail, Bac, Bancel, Belin, Bisse, Bourzat, Brives, Chavoix, Dulac,

Dupont (de Bussac), Dussoubs, Guiter, Lafon, Lamarque, Pierre Lefranc, Jules Leroux, Maigne, Malardier, Millotte, Mathieu (de la Drôme), Roselli-Mollet, Charras, Saint-Ferréol, Sommier, Testelin (du Nord). Un autre décret du même jour éloignait momentanément le général Le Flô, le général Bedeau, le général Lamoricière, le général Changarnier, le général Laidet, Pascal Duprat, Duvergier de Hauranne, Creton, Baze, Thiers, Chambolle, de Rémusat, Jules de Lasteyrie, Emile de Girardin, Edgar Quinet, Antony Thouret, Victor Chauffour, Versigny.

Un troisième décret ordonne que MM. Marc Dufraisse, Greppo, Miot, Mathé et Richardet seront transportés à la Guyane française. Cette mesure fut appliquée seulement à M. Miot, qui fut transporté en Algérie. Elle fut transformée pour les autres en un simple bannissement.

De tous les membres un peu importants de l'opposition, un seul, M. le général Cavaignac, est excepté de ces mesures. C'est que la bataille de décembre, livrée, en apparence, aux socialistes, pour sauver la société, procédait directement de la bataille de juin ; les hommes de juin avaient pris soin de fournir d'avance aux hommes de décembre la justification de leurs procédés les plus révoltants (1) ;

« (1) Comme ce qui fut le plus révoltant dans le coup d'État, « la transportation, avait été inaugurée par la République, le « peuple n'éprouva pas contre cet abominable procédé l'indigna- « tion qu'il eût ressentie s'il n'y avait pas été déjà façonné. » ÉMILE OLLIVIER, le 19 janvier, — « Si le dernier des crimi- « nels, l'homme le plus notoirement coupable, le plus indigne « d'excuse, était frappé sans jugement, condamné sans être en- « tendu, jugé sur des notes de police ou des dénonciations ano- « nymes, il n'y aurait qu'une voix pour invoquer les principes « élémentaires de toute justice ; cependant tout cela s'est fait en « 1848, non pas pour un individu, mais pour des milliers « d'hommes ; cela s'est parfait des hommes qui se disaient répu- « blicains, mais qui voulaient avant tout le pouvoir. Je ne sais

et pour compléter la signification politique du coup d'État, qui ne pouvait pas avoir eu pour objet, aux yeux du monde, d'élever un trône sur les ruines de la République et sur les désastres de la guerre civile, il était bon que le vainqueur de décembre rendît un hommage solennel au vainqueur de juin.

Au moment du coup d'État, M. Cavaignac allait épouser mademoiselle Odier, fille d'un des riches banquiers conservateurs de Paris.

M. de Morny écrivit dès le lendemain des événements à madame Odier, la future belle-mère de M. Cavaignac, de la même plume qui avait signé les proclamations sanglantes que nous venons de rapporter :

« Madame,

« Le Président de la République a jugé nécessaire de
« prendre dans les premiers moments des mesures très-sé-
« vères et n'a pu céder alors à des considérations personnelles.
« Mais il m'a exprimé le désir de rendre à la liberté,
« immédiatement après que la tranquillité serait rétablie,
« le général Cavaignac, *dont il n'a pas oublié les services*
« *rendus à la cause de l'ordre et de la société, et qu'il ne*
« *confond pas avec les conspirateurs qui méditaient la*
« *ruine de son pouvoir.*

« *Connaissant les opinions de toute votre famille*, et
« désirant lui donner une preuve de l'intérêt amical qu'il lui
« porte, le Président me charge de vous dire qu'il verrait avec
« peine la cérémonie du mariage de votre fille avec l'hono-
« rable général attristée par les murailles d'une prison, et de

---

« si lorsque plus tard ils ont vu, en 1851, tourner contre eux
« les armes qu'ils avaient forgées eux-mêmes, un remords tar-
« dif est venu éveiller leur conscience. » (Descluze, *De Paris à Cayenne.*)

« vous envoyer un ordre pour qu'il soit mis en liberté. Je n'ai
« pas besoin de vous dire avec quel plaisir je m'acquitte
« de cette commision, et je vous prie d'agréer, etc.

« DE MORNY. »

A cette lettre M. le général Cavaignac répondit :

« Fort de Ham, 17 décembre 1851.

« Monsieur le Ministre,

« Madame Odier, qui va être ma belle-mère, vient de
« me remettre l'ordre de ma mise en liberté : cet ordre est
« accompagné d'une lettre que vous lui avez adressée.

« Si le gouverneur du fort de Ham avait reçu l'ordre
« pur et simple de m'ouvrir les portes de cette prison,
« j'aurais aussi purement et simplement repris ma liberté,
« qui m'a été illégalement ravie. Mais l'ordre qui m'élargit
« est accompagné d'une lettre que vous n'avez pu consi-
« dérer comme confidentielle et qui m'a été naturellement
« communiquée.

« Les commentaires qui s'y trouvent et les motifs qu'elle
« attribue au pouvoir au nom duquel vous agissez ne sont
« pas de nature à être acceptés par moi. Assurément
« personne ne souffre plus que moi des tristes retards de
« mon union avec mademoiselle Odier, mais je ne crains
« pas qu'elle y voie elle-même un motif d'accepter ma
« mise en liberté. Je ne dois quitter ce lieu, M. le Minis-
« tre, que par une seule raison, c'est que je n'ai rien fait
« pour y être amené. Je n'ai point le désir de rester ici
« prisonnier malgré ceux qui m'ont illégalement arrêté;
« mais je ne veux, et mon honneur y est intéressé, accep-
« ter aucune transaction contraire à ce que je me dois à
« moi-même.

« En conséquence, M. le Ministre, j'ai l'honneur de vous
« déclarer que je resterai ici jusqu'à vendredi 19 du mois.
« A cette date je remettrai au gouverneur du fort

« l'ordre que je garde. S'il n'en a pas reçu de contraire,
« je serai en droit de dire et je considérerai comme admis
« par le gouvernement lui-même que, comme je viens de
« le dire, je sors de prison par la seule raison qu'il n'y a
« pas de motif légal pour m'y retenir.

« E. CAVAIGNAC. »

M. de Morny n'eut que le temps de répondre :

« Général, en transmettant à madame Odier l'ordre de
« votre élargissement, je n'avais d'autre objet que de faire
« une chose agréable à une famille que j'aime et que je
« respecte. Je n'ai jamais eu d'autre pensée.

« Si je me suis permis de parler des sentiments du
« Président de la République, c'est (et vous le savez mieux
« que personne) que, si les grands actes politiques qui
« ont pour objet le salut du pays imposent quelquefois
« de dures nécessités, ils n'effacent point les sentiments
« d'estime que l'on peut nourrir pour un adversaire, et
« n'en empêchent point l'expression.

« Vous comprendrez que je ne réponde pas à ce que
« vous m'avez fait l'honneur de me dire quant à l'illéga-
« lité de votre arrestation et *que je me borne à vous féli-*
« *citer de ce que la date du* 19 *décembre que vous avez*
« *indiquée se trouve si près de nous.* »

L'ironie incisive de ces dernières lignes n'éveilla pas dans
le cœur de M. Cavaignac le sentiment de la dignité politique.
Pendant que ses amis étaient dispersés aux quatre coins du
monde, pendant que les républicains étaient transportés à
Cayenne, à Lambessa, ou pourrissaient sur les pontons et dans
les casemates, M. Cavaignac, le 19 décembre, sortit de sa
prison paré des lauriers de juin, devant lesquels ne pâlissaient
pas les lauriers de décembre. Il se maria, goûta toutes les
douceurs de l'amour et de la famille, eut un fils, vécut heureux. Eut-il un remords ? Il est permis de croire que non.
Il avait été lui aussi, à son heure, le sauveur de la société,

de la religion, de la famille et de la propriété : cela suffisait à sa gloire. — Et on voudrait aujourd'hui refaire à ce nom, au nom de Cavaignac, une popularité républicaine ! Et si ceux qui ont été ses victimes essayent une timide protestation, on les dénonce comme de mauvais républicains et comme des citoyens suspects ! Et c'est là que nous en sommes, dix-sept ans après le 2 décembre ! N'est-ce pas le cas de se voiler la face et de répéter avec Brutus : Justice, tu n'es qu'un nom !

CHAPITRE V

LA CONSTITUTION DE 1852

Le 6 décembre, Louis-Napoléon adressait au peuple la proclamation suivante :

« Français,

« Les troubles sont apaisés. Quelle que soit la décision
« du peuple, la société est sauvée. La première partie de
« ma tâche est accomplie ; l'appel à la nation, pour termi-
« ner les luttes des partis, ne faisait, je le savais, courir
« aucun risque sérieux à la tranquillité publique.

« Pourquoi le peuple se serait-il soulevé contre moi ?

« Si je ne possède plus votre confiance, si vos idées ont
« changé, il n'est pas besoin de faire couler un sang précieux,
« il suffit de déposer dans l'urne un vote contraire. Je res-
« pecterai toujours l'arrêt du peuple.

« Mais, tant que la nation n'aura pas parlé, je ne recule-
« rai devant aucun effort, devant aucun sacrifice pour dé-
« jouer les tentatives des factieux. Cette tâche, d'ailleurs,
« m'est rendue facile.

« D'un côté, l'on a vu combien il était insensé de lutter
« contre une armée unie par les liens de la discipline, ani-
« mée par le sentiment de l'honneur militaire et par le dé-
« vouement à la patrie.

« D'un autre côté, l'attitude calme des habitants de Paris,
« la réprobation dont ils flétrissaient l'émeute, ont témoi-

« gné assez hautement pour qui se prononçait la capitale.

« Dans ces quartiers populeux où naguère l'insurrection
« se recrutait si vite parmi des ouvriers dociles à ses en-
« traînements, l'anarchie, cette fois, n'a pu rencontrer qu'une
« répugnance profonde pour ses détestables excitations.
« Grâces en soient rendues à l'intelligente et patriotique
« population de Paris ! Qu'elle se persuade de plus en plus
« que mon unique ambition est d'assurer le repos et la pros-
« périté de la France.

« Qu'elle continue à prêter son concours à l'autorité, et
« bientôt le pays pourra accomplir, dans le calme, l'acte
« solennel qui doit inaugurer une ère nouvelle pour la
« République. »

Dès le 3 décembre au matin avait été affiché un décret convoquant le peuple dans ses comices pour le 14 décembre, afin de voter sur le plébiscite suivant : « Le peuple français
« veut la continuation et le maintien de l'autorité de Louis-Na-
« poléon Bonaparte, et lui délègue les pouvoirs nécessaires
« pour établir une constitution. » Deux registres, l'un d'*acceptation*, et l'autre de *rejet* devaient être ouverts dans toutes les communes, et les citoyens devaient consigner leurs votes sur ces registres avec mention de leurs noms et prénoms.

Mais un décret du lendemain, 4 décembre, rétablit le vote par *oui* et par *non* au scrutin secret, et renvoya l'ouverture du scrutin au 20 décembre.

Le nouveau cabinet avait été ainsi composé le 3 décembre : MM. de Morny, ministre de l'intérieur ; Fould, ministre des finances ; Rouher, ministre de la justice ; Magne, ministre des travaux publics ; Lacrosse, ministre de la marine ; de Casabianca, ministre du commerce ; de Saint-Arnaud, ministre de la guerre ; Fortoul, ministre de l'instruction publique ; Turgot, ministre des affaires étrangères.

Le 3 décembre aussi avait été formée une *Commissions consultative*, composée des principaux représentants et des principaux citoyens dont l'adhésion paraissait acquise au coup d'État ; elle était composée de :

MM. Abattucci, d'Argout (gouverneur de la Banque), le général Achard, le général de Bar, le général Baragucy-d'Hilliers, Barbaroux, Baroche, Barthe, Ferdinand Barrot, de Beaumont, Benoît-Champy, Bérard, Bineau, Boinvilliers, Boulay de la Meurthe, de Cambacérès, de Casabianca, l'amiral Cécille, Chadenet, Chassaigne-Goyon, Chasseloup-Laubat, Charlemagne, Collas, Dariste, Denjoy, Desjobert, Drouyn de Lhuys, Th. Ducos, Dumas (de l'Institut), Maurice Duval, le maréchal Excelmans, le général d'Hautpoul, Léon Faucher, le général de Flahaut, Achille Fould, H. Fortoul, Frémy, de Gaslonde, de Greslan, de Lagrange, de Lagrenée, Granier, Augustin Giraud, Charles Giraud (de l'Institut), Godelle, de Goulard, de Heeckeren, Lacaze, Lacrosse, Ladoucette, de Lariboissière, Lebeuf, Lefebvre-Duruflé, Lemarrois, Leverrier, Magne, Maynard (président de chambre à la Cour de cassation), de Mérode, de Montalembert, de Morny, de Mortemart, de Mouchy, de Moustier, Lucien Murat, le général d'Ornano, Pepin-Lehalleur, Joseph Périer (régent de la Banque), Persigny, le général Randon, Rouher, le général de Saint-Arnaud, Ségur-d'Aguesseau, Seydoux, Suchet d'Albuféra, de Turgot, de Thorigny, Troplong (premier président de la cour d'appel), Vieillard, Vuillefroy, de Wagram.

« Le Président de la République, » disait le préambule de ce décret, « a voulu, jusqu'à la réunion du Sénat et du « Corps législatif, s'entourer d'hommes qui jouissent à juste « titre de l'estime et de la confiance du pays. »

Plusieurs des membres désignés de la commission consultative furent effrayés de la responsabilité que cela pouvait leur donner et envoyèrent leur démission. M. Véron a raconté, en termes piquants, sous quelle impression ces protestations se produisirent et comment les rétractations se firent agréer, le lendemain de la victoire : — « Le nombre

« de ces dévoués et de ces courageux du lendemain grossit
« de jour en jour, dit-il, en raison des certitudes croissantes
« d'une victoire complète de Louis-Napoléon. Quelques-uns,
« après avoir sollicité la veille l'honneur d'être inscrits sur
« cette liste, écrivaient le lendemain au ministre pour que
« leur nom en fût rayé, puis, demandaient qu'il y fût
« rétabli, suivant les nouvelles et les agitations de la
« journée. »

Il est une de ces protestations cependant qui mérite d'être citée : c'est celle de M. Léon Faucher. Aucun des journaux de l'époque ne la reproduisit, mais elle fut répandue à profusion dans le monde politique :

« Monsieur le Président, écrivait M. Léon Faucher, c'est
« avec un étonnement douloureux que je vois mon nom
« figurer parmi ceux des membres d'une commission con-
« sultative que vous venez d'instituer. Je ne pensais pas
« vous avoir donné le droit de me faire cette injure :
« les services que je vous ai rendus en croyant les
« rendre au pays m'autorisaient peut-être à attendre de
« vous une autre reconnaissance. Mon caractère, en tout
« cas, méritait plus de respect. Vous savez que, dans une
« carrière déjà longue, je n'ai pas plus démenti mes prin-
« cipes de liberté que mon dévouement à l'ordre. Je n'ai
« jamais participé ni directement ni indirectement à la
« violation des lois, et pour décliner le mandat que vous
« me conférez sans mon aveu, je n'ai qu'à me rappeler
« celui que j'ai reçu du peuple et que je conserve.

« Léon Faucher. »

Les antécédents de M. Léon Faucher le désignaient au contraire pour faire partie de la commission consultative, sinon du ministère du 2 décembre. Les historiens bonapartistes ont écrit que la lettre de M. Faucher était un acte de dépit ; qu'il avait proposé un projet de coup d'État que l'on n'avait pas accepté. Le caractère de l'homme que nos lecteurs ont pu apprécier rend cette version tout à fait vraisemblable. Cela n'a pas empêché les libéraux de recevoir M. Léon Faucher à bras ouverts. Il est de ceux auxquels les partis politiques ont beaucoup pardonné, sans doute parce qu'ils ont beaucoup péché, mais dont la démocratie, plus sévère, doit vouer la mémoire, sans atténuation possible, aux gémonies de l'histoire.

Un décret du 4 décembre adjoignit les membres suivants à la commission consultative :

MM. Arrighi de Padoue, Bonjean, de Caulaincourt, de Chazelles, Dabeaux, Eschassériaux, Paulin Gillon, Ernest de Girardin, Goulhot de Saint-Germain, le général Husson, Hély d'Oissel, Hermann, Lawœstine, le général Lebreton, Lestiboudois, le général Magnan, Maillard, Marchand, Maigne, de Maupas, Mimerel, de la Moskowa, Paravey, de Parieu, P. Pascal, Pérignon, de Rancé, général Wast-Vimeux, Vaïsse.

Le clergé catholique donna au coup d'État une adhésion dont l'unanimité et l'enthousiasme rappelaient ses démonstrations semblables après le 24 février, quand il bénissait les arbres de la liberté et célébrait l'alliance de l'Évangile et de la démocratie. Il est vrai que le coup d'État avait pour objet de sauver la religion en même temps que la famille et la propriété. Un décret, « qui avait été le premier dans la pensée et dans le cœur de Louis-Napoléon (1), » rendit, dès le 7 décembre, le Panthéon au culte catholique, et le replaça sous l'invocation de Sainte-Geneviève, patronne de Paris.

Un des premiers actes de M. de Morny fut une circulaire touchant l'observation du repos prescrit par l'Église dans le saint jour du dimanche, qui respire la piété et la ferveur catholique les plus parfaites.

M. de Montalembert se chargea d'exprimer et de rallier les sympathies des catholiques au coup d'État. La lettre suivante, publiée dans l'*Univers* du 14 décembre 1851, est le

---

(1) Belouino, *Histoire d'un coup d'État.*

digne couronnement de l'expédition de Rome à l'intérieur dont il avait été un des plus ardents promoteurs.

« Paris, 12 décembre 1851.

Monsieur le Rédacteur,

« Je reçois chaque jour des lettres qui ont pour but de
« me consulter sur la conduite qu'il convient de tenir dans
« les circonstances présentes, et spécialement dans le scru-
« tin qui va s'ouvrir, le 20 de ce mois, pour répondre à
« l'appel que le Président de la République a adressé au
« peuple français. Il m'est matériellement impossible
« d'écrire à chacune des personnes qui me font l'honneur
« de m'interroger. Cependant je serais désolé de ne répon-
« dre que par le silence et une apparente indifférence à la
« confiance qui m'est témoignée, et qu'ont pu me valoir
« vingt ans de luttes politiques pour la cause de l'Église
« de la société.

« Permettez-moi donc, monsieur le rédacteur, d'user de
« la publicité de votre journal pour exprimer l'avis qui m'est
« demandé.

« Je commence par constater que l'acte du 2 décembre a
« mis en déroute *tous les révolutionnaires, tous les socia-*
« *listes, tous les bandits de la France et de l'Europe.* C'est
« à mon gré, une raison plus que suffisante pour que tous
« les honnêtes gens s'en réjouissent et que les plus froissés
« d'entre eux s'y résignent...

« Voter contre Louis-Napoléon, c'est donner raison à la
« révolution socialiste, seule héritière possible, quant à
« présent, du gouvernement actuel. C'est appeler la dicta-
« ture des rouges à remplacer la dictature d'un Prince qui
« a rendu depuis trois ans d'incomparables services à la
« cause de l'ordre et du catholicisme. C'est, en admettant
« l'hypothèse la plus favorable et la moins probable, *réta-*
« *blir cette tour de Babel qu'on appelait l'Assemblée na-*
« *tionale...*

« S'abstenir, c'est renier tous nos antécédents ; c'est
« manquer au devoir que nous avons toujours recommandé
« et accompli sous la monarchie de Juillet comme sous la
« République ; c'est abdiquer la mission des honnêtes gens
« au moment même où cette mission est la plus impérieuse
« et la plus féconde...

« L'histoire dira comment la France entière, *après l'igno-*
« *ble surprise de février,* a reconnu l'autorité des hommes
« de l'Hôtel de Ville, parce qu'ils lui offraient une chance
« d'échapper à l'abime qu'ils avaient eux-mêmes creusé...
« Je ne reconnais le droit de s'abstenir à aucun de ceux
« qui ont accepté la République de février, à aucun de ceux
« qui ont envoyé des représentants à la Chambre pour
« remplacer les députés *chassés par une horde de barbares*
« ou qui y ont été siéger eux-mêmes... Quant à la conscience,
« celle qui s'est résignée *à un joug pareil,* crainte de pire, ne
« saurait éprouver de difficultés sérieuses et sincères à
« confirmer le pouvoir qui nous a rendu l'ordre et la sécu-
« rité en 1848 et qui seul peut nous préserver de l'anar-
« chie en 1852.....

« Voter pour Louis-Napoléon ce n'est pas approuver
« tout ce qu'il a fait, c'est choisir entre lui et *la ruine to-*
« *tale de la France.* Ce n'est pas dire que son gouverne-
« ment est celui que nous préférons à tout, c'est dire sim-
« plement que nous préférons un Prince qui a fait ses
« preuves de résolution et d'habileté, à ceux qui font au-
« jourd'hui les leurs *par le meurtre et le pillage.* Ce n'est
« pas confondre la cause catholique avec celle d'un parti ou
« d'une famille, c'est *armer le pouvoir temporel,* le seul
« pouvoir possible aujourd'hui, de la force nécessaire
« pour dompter *l'armée du crime,* pour défendre nos
« églises, nos foyers, nos femmes contre ceux dont les
« convoitises ne respectent rien, *qui tirent à l'habit,* qui
« visent au propriétaire et dont les balles n'épargnent pas
« les curés.....

23.

« Sans entrer ici dans l'appréciation de la politique de
« Louis-Napoléon, depuis trois ans, je me souviens des
« grands faits religieux qui ont signalé son gouvernement
« tant que l'accord entre les deux pouvoirs a duré : la
« liberté de l'enseignement garantie, le Pape rétabli par
« les armes françaises, l'Église remise en possession de ses
« conciles, de ses synodes, de la plénitude de sa dignité,
« et voyant graduellement s'accroître le nombre de ses col-
« léges, de ses communautés, de ses œuvres de salut et
« de charité !

« Je cherche en vain hors de lui un système, une force
« qui puisse nous garantir la conservation et le développe-
« ment de semblables bienfaits. Je ne vois que le gouffre
« béant du socialisme vainqueur. Mon choix est fait. Je suis
« pour l'autorité contre la révolte, pour la conservation
« contre la destruction, pour la société contre le socia-
« lisme, pour la liberté possible du bien contre la liberté
« certaine du mal; et dans la grande lutte entre les deux
« forces qui se partagent le monde, je crois, en agissant
« ainsi, être encore aujourd'hui comme toujours pour le
« Catholicisme contre la Révolution.

« Ch. de Montalembert (1). »

---

(1) Après le discours, prononcé le 19 octobre 1849 par M. Victor Hugo sur la question romaine, dans lequel il prenait parti pour le peuple romain contre le pape, M. de Montalembert lui avait dit que les applaudissements de la gauche étaient son châtiment.

— « Ce châtiment, avait répondu noblement M. Hugo, je l'ac-
« cepte et je m'en honore. Il est d'autres applaudissements que
« je laisse à qui veut les prendre. Ce sont ceux des bourreaux
« de la Hongrie et des oppresseurs de l'Italie. »

M. de Montalembert a reçu aussi son châtiment et un châtiment plus cruel encore que celui auquel le vouait M. Hugo. Il a reçu l'éloge de M. Granier de Cassagnac ! Cet éloge, dont M. de Montalembert est libre de s'honorer, venge suffisamment la

M. l'abbé Gerbet donna la réplique à M. de Montalembert :

« Le clergé ne se tiendra pas à l'écart ; il ne se sépa-
« rera pas de l'opinion dans la grande élection qui aura
« lieu dimanche prochain. S'il doit s'unir, autant que cela
« dépend de lui, aux vœux des populations, n'est-ce pas
« surtout lorsque, par un mouvement à peu près unanime,
« un peuple s'efforce, en se sauvant lui-même, de sauver
« sa civilisation avec lui ? Le clergé trouve dans sa
« propre histoire de beaux exemples, que ses pères lui ont
« donnés dans des circonstances analogues à l'état actuel
« du monde. Dans les bouleversements qui suivirent la
« chute de l'empire romain, l'Église, les papes à la tête,

---

démocratie de ses outrages. Nous l'empruntons à l'*Histoire de la chute du roi Louis-Philippe, de la République de 1848, et du rétablissement de l'Empire*, par M. de Granier Cassagnac, t. II, p. 132 :

« *M. de Montalembert* préservé par son bon sens de l'égare-
« ment des anciens partis, s'était montré, même avant le
« 10 décembre, l'un des soutiens les plus convaincus et les plus
« fermes du prince Louis-Napoléon. Il avait travaillé avec ar-
« deur et avec succès à rallier à la cause nationale cette partie
« de la presse honnête, intelligente et courageuse sur laquelle
« il exerçait, en province comme à Paris, un puissant et légi-
« time empire. Son zèle pour l'ordre et pour le Prince se dé-
« pensait en appels énergiques à tous les hommes de cœur,
« même inconnus de lui, qu'il estimait assez pour les encou-
« rager de sa parole et pour les associer à son œuvre. Quelles
« qu'eussent été et que dussent être encore les péripéties de la
« lutte, M. de Montalembert ne se démentit jamais. Tant que
« l'homme providentiel n'eut pas atteint le but que lui mar-
« quait sa mission, et où le poussait le vœu de la France, son
« appui ne manqua pas un instant, pendant trois années, au Pré-
« sident ; et pendant que s'accomplira la dernière crise, lorsque
« les fidèles soldats du 2 décembre rendront au peuple la libre dis-
« position de ses destinées, *M. de Montalembert versera sa joie*
« *d'homme éclairé et de bon citoyen dans le cœur de ses amis.* »

« soutint tout pouvoir qui lui promettait de protéger
« la société contre les mœurs et les instincts sauvages de la
« barbarie. »

Plusieurs évêques, notamment l'évêque de Chartres, adressèrent des lettres pastorales à leurs fidèles pour les inviter à voter *Oui* (1). Le Pape envoya sa bénédiction et ses félicitations « à son très-cher fils Louis-Napoléon. »

Dans une proclamation du 4 décembre, M. de Morny disait : « Le Président de la République entend que tous les
« électeurs soient complétement libres dans l'expression de
« leur votes, qu'ils exercent ou non des fonctions publiques,
« qu'ils appartiennent aux carrières civiles ou à l'armée.
« Indépendance absolue, complète liberté des votes, voilà
« ce que veut Louis-Napoléon Bonaparte. »

Il faut chercher le commentaire de cette déclaration dans la circulaire que M. de Morny adressait en même temps aux maires : « — La spontanéité et l'indépendance
« du suffrage, disait-il dans ce document, doivent être
« respectées par tous. Vous devez surveiller et réprimer
« au besoin, à l'aide de la force publique, toute manœuvre,
« toute violence qui, à un degré quelconque, gènerait la
« liberté des votants. Il ne faut pas que les passions des
« partis, leur aveuglement, leurs intrigues, leur ambition,
« puissent dénaturer ce grand acte de la souveraineté na-
« tionale. »

Nous voyons bien que les mesures les plus rigoureuses étaient recommandées pour paralyser les manœuvres des ennemis de M. Louis-Napoléon Bonaparte ; mais il ne pa-

---

(1) Nous lisons dans une brochure publiée par M. Louis Veuillot en 1861 : *Le Pape et la diplomatie* : « M. de Falloux lui-
« même et ses amis les plus autorisés conseillaient à leur parti
« de ne pas déposer un seul vote négatif dans le scrutin des-
« tiné à légitimer l'acte du 2 décembre. »

raît pas qu'aucune barrière ait été opposée aux excès de zèle possibles des partisans du Président.

Les préfets d'ailleurs veillèrent avec soin à l'exécution rigoureuse des instructions de M. de Morny. Le général d'Alphonse fit placarder dans le département du Cher un avis portant que « tout individu cherchant à troubler le vote « ou en critiquant le résultat, sera immédiatement traduit « devant un conseil de guerre. » Le préfet du Bas-Rhin arrête que « la distribution de bulletins de vote ou d'écrits « est formellement interdite. » Le préfet de Toulouse fera poursuivre « tout distributeur ou colporteur d'écrits ou de « bulletins imprimés ou manuscrits, s'il n'est muni d'une « autorisation spéciale du maire ou du juge de paix. » La gendarmerie arrête des gens sous la prévention d'avoir excité des citoyens à voter contre le Président, d'autres pour avoir tenté d'influencer l'élection ou distribué simplement des bulletins négatifs (1).

Enfin, il ne faut pas oublier qu'au 20 décembre plusieurs départements étaient placés sous le régime de l'état de siège et de la terreur.

La commission consultative (2) avait été chargée de dé-

---

(1) Taxile Delord, *Histoire du second Empire*.

(2) La commission consultative avait été définitivement constituée par un décret du 13 décembre. Ce décret confirmait la plupart des nominations précédemment faites et adjoignait à la commission plusieurs membres nouveaux parmi lesquels MM. Billault, Chaix-d'Est-Ange, Delangle, Vuitry, le maréchal Vaillant, de Cuverville, Hallez-Claparède, Lélut, Mathieu Bodet Renouard de Bussière, Tourangin. Nous ne remarquons guère d'autre démission définitive, avec celle MM. Léon Faucher, que celle de M. Joseph Périer, régent de la Banque de France frère du ministre de Louis-Philippe M. Taxile Delord raconte que M. Joseph Périer s'était empressé d'adresser sa démission au *Moniteur*, et surpris de ne pas la voir dans le journal officiel, il arracha lui-même l'affiche sur laquelle son nom figurait à côté de ceux des autres membres de la commission consultative.

pouiller les scrutins des 20 et 21 décembre. Elle en présenta, le 31 décembre, le résultat au Prince-Président, titre que tous les fonctionnaires donnent maintenant à M. Louis Bonaparte. Le chiffre officiel des bulletins portant *Oui* était de 7,439,216; celui des bulletins portant *Non* de 666,737; celui des bulletins nuls de 36, 880 seulement.

M. Baroche, au nom de la commission, adressa au Président un discours dans lequel il disait :

« Jamais dans aucun pays, la volonté nationale s'est-elle
« aussi solennellement manifestée ? Jamais gouvernement
« obtint-il un assentiment pareil, eut-il une base plus large,
« une origine plus légitime et plus digne du respect des
« peuples ?

« Prenez possession, Prince, de ce pouvoir qui vous est
« si glorieusement déféré... Rétablissez en France le principe
« d'autorité, trop ébranlé depuis soixante ans par nos
« continuelles agitations. Combattez sans relâche ces pas-
« sions anarchiques qui attaquent la société jusque dans ses
« fondements. Ce ne sont plus seulement des théories odieuses
« que vous avez à poursuivre et à réprimer. Elles se sont
« traduites en faits, en horribles attentats. Que la France
« soit enfin délivrée de ces hommes *toujours prêts pour le*
« *meurtre et le pillage*, de ces hommes qui, au dix-neuvième
« siècle, font horreur à la civilisation, et semblent, en réveil-
« lant les plus tristes souvenirs, nous reporter à cinq cents
« ans en arrière. »

Le Président répondit :

« Messieurs, La France a répondu à l'appel loyal que
« je lui avais fait. *Elle a compris que je n'étais sorti*
« *de la légalité que pour rentrer dans le droit.* Plus de
« sept millions de suffrages viennent de m'absoudre en jus-
« tifiant un acte qui n'avait d'autre but que d'épargner
« à la France et à l'Europe peut-être des années de troubles
« et de malheurs.....

« Je comprends toute la grandeur de ma mission nou-

« velle, je ne m'abuse pas sur ses graves difficultés. Mais avec
« un cœur droit, avec le concours de tous les hommes de
« bien qui, ainsi que vous, m'éclaireront de leurs lumières
« et me soutiendront de leur patriotisme, avec le dévoue-
« ment éprouvé de notre vaillante armée, enfin avec cette
« protection que demain je prierai solennellement le ciel
« de m'accorder encore, j'espère me rendre digne de la
« confiance que le peuple continue de mettre en moi. J'es-
« père assurer les destinées de la France en fondant des
« institutions qui répondent à la fois et aux instincts démo-
« cratiques de la nation, et à ce désir exprimé universelle-
« ment d'avoir désormais un pouvoir fort et respecté. En
« effet, donner satisfaction aux exigences du moment en
« créant un système qui reconstitue l'autorité sans blesser
« l'égalité, sans fermer aucune voie d'amélioration, c'est
« jeter les véritables bases du seul édifice capable de
« supporter plus tard une liberté sage et bienfaisante. »

Le lendemain, 1er janvier 1852, le Prince-Président en-
tendit pour la première fois son nom mêlé aux prières du
clergé sous les voûtes de Notre-Dame. Le chœur après le
Te Deum entonna le *Domine salvam fac Rempublicam* en
y joignant *Domine salvum fac Ludovicum Napoléonem*.

« Tous les regards, pendant la cérémonie, dit M. Taxile
« Delord, se portaient sur le prince Napoléon Bonaparte (1)

---

(1) Le prince Napoléon s'était montré le 3 décembre un des plus
ardents à la résistance. Il s'était introduit chez M. Landrin où
étaient réunis les députés républicains, sans doute pour
pouvoir rendre compte à son cousin de l'état des esprits.
M. Taxile Delord raconte que, le 5 décembre, il stimulait M. de
Girardin qui venait de rédiger un nouvel appel à l'insurrection,
et gourmandait ceux qui hésitaient à signer cette proclamation.
Mais quelqu'un lui ayant demandé de la signer lui-même : —
Ma position ne me le permet pas », répondit M. Napoléon Bona-
« parte. — « Ne conseillez pas alors aux autres ce que vous ne
« voudriez pas faire vous-même. »

« assis dans un fauteuil sur l'estrade, non loin du dais
« du dictateur, derrière lequel le prince Murat étalait le
« grand cordon de l'ordre de Naples. »

Le matin même du 1ᵉʳ janvier le *Moniteur*, sous prétexte qu'avec la forme nouvelle de gouvernement sanctionnée par le peuple, la France peut adopter sans ombrage les souvenirs de l'Empire et les symboles qui rappellent sa gloire, publiait un décret remplaçant sur le drapeau français le coq gaulois par l'aigle romaine. Un autre décret apprenait au pays que le palais des Tuileries allait devenir la résidence officielle du chef de l'État (1). Puis parurent des décrets qui ordonnaient d'arracher partout les arbres de la liberté et d'effacer sur les édifices publics le symbole républicain *Liberté*, *Egalité*, *Fraternité*.

La garde nationale était réorganisée sur les bases de la dépendance administrative :

« Considérant, disait le décret du 11 janvier 1852, que
« les principes appliqués à l'organisation de la garde natio-
« nale à la suite de nos différentes révolutions, en armant
« indistinctement tout le monde n'ont été qu'une préparation
« à la guerre civile ; qu'une composition de la garde natio-
« nale faite avec discernement, assure l'ordre public et le
« salut du pays. »

Le 14 janvier fut promulguée la nouvelle Constitution qui remettait tous les pouvoirs entre les mains du Président de la République nommé pour dix ans ; le Corps législatif, déchu du droit d'initiative et du droit d'interpellation ne pourra discuter que les questions qu'il plaît au pouvoir exé-

---

(1) Dans la dernière séance de la commission consultative, M. Ségur d'Aguesseau avait déploré la situation abaissée faite depuis trois ans au chef de l'État « et il avait demandé pour « faire cesser ce scandale, que le Président cessât d'être relé- « gué dans un coin de la capitale et logeât dans l'antique palais « des rois héréditaires, seule résidence digne de lui ! »

cutif de lui soumettre : il est assisté d'un Sénat et d'un conseil d'État, nommés par le Prince.

Par le décret du 17 février 1852, complémentaire de la Constitution, la presse est soumise au pouvoir discrétionnaire du gouvernement. Les journaux ne peuvent paraître qu'avec son autorisation, et il peut les supprimer à son gré. C'est la régularisation du régime exceptionnel auquel les journaux avaient été soumis après juin 1848 et après juin 1849.

La Constitution de 1852 n'est pas autre chose que la mise en état de siége de la France, sous la dictature du Président de la République, qui bientôt va devenir Empereur.

La Constitution pour contre-balancer l'immense pouvoir du chef de l'État lui impose la responsabilité. L'article 5 est ainsi conçu :

« Le Président de la République est responsable devant le
« peuple français. »

Mais pour que cette responsabilité soit mise en jeu, il faut que le chef de l'État soumette lui-même au peuple les actes sur lesquels il appelle son jugement.

Après avoir établi le nouveau pouvoir, il s'agissait de pacifier la France, encore sous l'émotion de la guerre civile. Pour écarter toute opposition inopportune, presque tous les citoyens un peu influents qui étaient supposés hostiles avaient été mis en arrestation dans le premier moment; un grand nombre furent relâchés. Plusieurs grâces furent accordées aux citoyens désignés d'abord pour la transportation. M. le colonel Espinasse, M. le général Canrobert et M. Quentin Bauchart furent chargés d'une mission d'apaisement dans les départements les plus éprouvés par la guerre civile.

Mais les militaires qui avaient exécuté le coup d'État, avec une si implacable rigueur, étaient réfractaires à tous sentiments d'humanité ou de générosité.

Le rapport du colonel Espinasse nous donne le frisson : il blâme l'indulgence des commissions mixtes ; il dit que les grâces accordées par le Président ont produit le plus mauvais effet, et il le conjure d'exercer à l'avenir sa clémence avec plus circonspection (1).

Les hommes des partis monarchistes qui, partageant les sentiments exprimés par M. de Montalembert, ont facilement pardonné au Président son coup d'État, en considération de la guerre acharnée qu'il fait aux révolutionnaires et aux socialistes, élèvent aussi la voix pour protester contre cet *excès de clémence*.

Voici ce qu'imprimait le 1ᵉʳ avril 1852 *l'Assemblée nationale*, organe de la rue de Poitiers et de la fusion, supprimée plus tard par mesure administrative en vertu du décret du 17 février 1852, et qui représentait parfaitement l'opposition actuelle, se rapprochant du gouvernement quand il s'agit de sévir contre les socialistes, hostile sur tous les autres points :

« Nous ne pouvons nous empêcher de remarquer que le
« gouvernement semble avoir modifié sa politique et sa
« conduite vis-à-vis du parti révolutionnaire et socialiste.
« Aussitôt après le 2 décembre, il avait déployé une ri-
« gueur extrême et qui certainement avait dépassé le but à
« atteindre. En faisant des arrestations en masse; en ordon-
« nant la transportation sans jugement de tous les individus
« arrêtés; en éloignant de leurs départements et même du

---

(1) « Je reviens avec la conviction profonde, » dit le colonel Espinasse, « que dans tous les départements que j'ai parcou-
« rus, les commissions... n'ont péché que par excès d'indul-
« gence. Puissent-elles n'avoir pas à se repentir d'avoir laissé
« échapper une occasion peut-être unique de désorganiser l'a-
« narchie! » Ailleurs : « La circulaire de M. le ministre de l'in-
« térieur et les mises en liberté qui en ont été la suite avaient
« produit *le plus mauvais effet*... Les grâces individuelles que
« vous avez déjà accordées, Monseigneur, ont produit en général
« *une mauvaise impression dans le pays.* »

« territoire français des hommes, les uns fort obscurs,
« d'autres très-considérables, uniquement parce qu'ils étaient
« soupçonnés de professer des opinions contraires au nou-
« vel ordre de choses, le gouvernement usait, et peut-être
« même eût-on pu dire, en certains cas, qu'il abusait de la
« dictature dont il avait été investi. — Mais peu à peu cet
« excès de rigueurs, *du moins envers les révolutionnaires
« et les socialistes*, a fait place à un EXCÈS DE CLÉMENCE
« qui nous semble n'être pas sans péril. »

La Patrie calmait *l'Assemblée nationale* en ces termes :
« Si nos informations sont exactes, le nombre des con-
« damnés à l'expulsion s'élève *à plus de six mille. L'As-
« semblée nationale* peut donc se calmer. »

L'Assemblée nationale, calmée par *la Patrie*, lui répond :
« Notre but principal était de venir en aide au gouver-
« nement. Nous le louons, nous le félicitons en toute
« sincérité de s'être donné la mission *d'en finir avec le
« socialisme*. Il s'est montré disposé à remplir cette mission
« avec rigueur et avec justice. Nous regretterions pour lui,
« pour la France, qu'il se désistât de cette rigueur. Il per-
« drait son premier, son meilleur titre, à l'appui des hon-
« nêtes gens.

« Tous les pouvoirs établis sont exposés à des sollicita-
« tions *importunes, dangereuses*. Dans les conditions de
« confusion morale que les révolutions ont faites à notre
« pays, il n'y a pas d'homme, si justement accablé qu'il
« soit par la réprobation publique, qui ne puisse trouver
« quelques personnes honorables pour réclamer en sa fa-
« veur. Nous n'avons voulu demander au gouvernement que
« de remplir la mission qu'il s'est imposée, et de ne pas
« céder à des sollicitations tout à fait inadmissibles, *quand
« il s'agit de criminels condamnés par des tribunaux ré-
« guliers.* »

Des hommes, condamnés les uns à la transportation,
les autres à l'expulsion, sans avoir été interrogés, sans

avoir été entendus, en tout cas sans avoir été protégés par la première des garanties de la justice, par la publicité, voilà ce que *l'Assemblée nationale* appelait *des criminels condamnés par des tribunaux réguliers !*

Allons, démocrates, faites donc alliance avec les anciens patrons de *l'Assemblée nationale !* Confiez-vous au libéralisme éclairé et sincère des *libéraux !* Votez pour M. Thiers, pour M. Dufaure, pour M. de Montalembert, pour M. de Falloux ! Que vos représentants leur donnent la main !

Le Prince-Président, fidèle aux allures que nous avons signalées, reculant pour avancer, suivant l'expression de M. de La Guéronnière, niant pour affirmer, préparait les voies à la proclamation de l'Empire, dans son discours prononcé le 29 mars 1852 à l'ouverture de la session législative (1) :

« En me voyant rétablir les institutions et les souvenirs
« de l'Empire, on a répété souvent que je désirais rétablir
« l'Empire même. Si telle était ma préoccupation constante,
« cette transformation serait accomplie depuis longtemps :
« ni les moyens, ni les occasions ne m'ont manqué.....
« CONSERVONS LA RÉPUBLIQUE, elle ne menace personne,
« elle peut rassurer tout le monde. *Sous sa bannière*, je
« veux inaugurer de nouveau une ère d'oubli et de con-
« ciliation, et j'appelle, sans distinction, tous ceux qui veu-
« lent franchement concourir avec moi au bien public. »

Au mois de septembre, le Prince Président fit un voyage dans le midi de la France. Il alla assister à Lyon à l'inau-

---

(1) Le Président s'épanchait en ces termes dans ce discours au sujet du coup d'État : « Découragé souvent, je l'avoue, j'eus
« la pensée d'abandonner un pouvoir ainsi disputé. Ce qui me
« retint, c'est que je ne voyais pour me succéder qu'une chose :
« l'anarchie. »

guration de la statue équestre de Napoléon Ier; les cris de *Vive l'Empereur!* poussés sur tous les points de son passage lui fournirent l'occasion d'expliquer comment il comprendrait l'Empire. Il développa son programme surtout à Bordeaux dans un banquet qui lui fut offert au palais de la Bourse par la chambre et le tribunal de commerce de cette ville, le 19 octobre, et c'est en cette circonstance qu'il prononça la fameuse parole : *L'Empire, c'est la paix* (1) !

A sa rentrée à Paris, une réception *triomphale* fut faite au Prince-Président. — « Cédez, Monseigneur, » lui dit le préfet de la Seine, M. Berger, « cédez aux vœux d'un
« peuple tout entier ; la Providence emprunte sa voix pour
« vous dire de terminer la mission qu'elle vous a confiée,
« en reprenant la couronne de l'immortel fondateur de
« votre dynastie. Ce n'est qu'avec le titre d'Empereur que
« vous pourrez accomplir les magnifiques promesses du
« magnifique programme que, de Bordeaux, vous venez
« d'adresser à l'Europe attentive. »

Le *Moniteur*, le lendemain, contenait la note suivante :
« La manifestation éclatante qui se produit dans toute
« la France en faveur du rétablissement de l'Empire *impose*
« *le devoir* au Président de consulter à ce sujet le Sénat. »

Le Sénat consulté ne fit naturellement pas d'objections, et, le 20 novembre 1852, le rétablissement de l'Empire fut proclamé par un plébiscite, à une majorité non moins considérable que celle qui avait consacré tous les précédents appels au peuple faits par le Prince Louis-Napoléon.

---

(1) « Par esprit de défiance, certaines personnes se disent :
« L'Empire, c'est la guerre. Moi, je dis : L'Empire c'est la
« paix. »

APPENDICE

FRÉDÉRIC DEGEORGE

Un des hommes auxquels le prince Louis-Napoléon, prisonnier à Ham, dut avoir les plus grandes obligations politiques, c'est M. Frédéric Degeorge, rédacteur en chef du *Progrès du Pas-de-Calais*, qui lui ouvrit les colonnes de son journal et lui permit de se faire connaître à la France sous un jour beaucoup plus avantageux que n'avaient pu le faire les équipées de Strasbourg et de Boulogne.

M. Frédéric Degeorge était un des membres les plus actifs et les plus estimés du parti républicain. C'était un caractère et un tempérament. Fils d'un officier de la République, né en quelque sorte sur un champ de bataille, Degeorge, âgé de quinze ans, avait fait, comme volontaire, les dernières campagnes de l'Empire. Il s'était battu à Ligny et au Mont-Saint-Jean; il était à Waterloo : ces émotions de sa première jeunesse ne s'effacèrent jamais de son esprit, et le rendirent plus accessible aux illusions napoléoniennes.

Il entra de bonne heure dans le mouvement libéral de la Restauration; en 1819 il alla se battre en Espagne contre l'armée de la Foi, et après la défaite de l'insurrection, il fut condamné à mort par contumace.

Degeorge était parvenu à se réfugier en Angleterre. Il épousa à Londres une créole de la Jamaïque dont le frère (M. Ross, gendre de l'amiral Cockburn) était capitaine du vaisseau qui avait conduit Napoléon à Sainte-Hélène. Ainsi la légende napoléonienne le poursuivait.

Il rentra en France en 1828, purgea sa contumace et

fut acquitté à l'unanimité par le jury du Pas-de-Calais. C'est alors qu'il fonda le *Propagateur*, qui devint plus tard le *Progrès du Pas-de-Calais*. En 1830, il vint à Paris se mêler aux insurgés. Mais avec ses amis il fit bientôt une opposition des plus vives à la monarchie de Juillet Vingt-neuf procès furent intentés successivement à son ournal, sur lesquels il obtint, devant le jury, *vingt-six* acquittements.

Degeorge fut mis en rapport avec le prince Louis-Napoléon prisonnier au fort de Ham, par George Sand (1). On sait que le Prince devint un des collaborateurs les plus actifs du *Progrès du Pas-de-Calais*. Il publia aussi plusieurs articles dans l'*Almanach populaire de la France*, dont Degeorge était rédacteur en chef. Un grand nombre de ces articles, notamment une série d'articles très-violents contre les jésuites, n'ont jamais été réimprimés, ni dans les Œuvres du Prince Louis-Napoléon Bonaparte, ni dans les Œuvres de Napoléon III. Tout le monde connaît en revanche ses attaques extrêmement vives contre le gouvernement de Juillet.

---

(1) Nous avons sous les yeux une lettre très-remarquable de George Sand, adressée au prisonnier de Ham, le 26 novembre 1844. Cette lettre, qui a trait précisément au caractère du Prince, à ses aspirations politiques, aux inquiétudes que son ambition pourrait faire concevoir aux républicains, aux méfiances avec lesquelles ils accueillaient ses ouvertures, rentre tout à fait dans notre sujet. Elle est peu connue, et nous pensons faire plaisir à tous nos lecteurs en la reproduisant :

« Prince, je dois vous remercier des souvenirs flatteurs dont
« vous m'avez honorée m'adressant, avec un mot de votre main
« qui m'est précieux, le noble et remarquable travail sur *l'extinc-*
« *tion du paupérisme*. C'est de grand cœur que je vous exprime
« l'intérêt sérieux avec lequel j'ai étudié votre projet. J'ai été surtout
« frappée de la juste appréciation de nos malheurs et du généreux dé-
« sir d'en chercher le remède. Quant à bien apprécier les moyens
« de réalisation, je ne suis pas de force à le faire ; et d'ailleurs
« ce sont là des controverses dont je suis sûre que vous feriez
« au besoin bon marché. En fait d'application, il faut peut-être
« avoir la main à l'œuvre pour s'assurer qu'on ne s'est pas
« trompé, et le rôle d'une vaste intelligence est de perfection-
« ner les plans en les exécutant.

« Mais l'exécution, Prince, à quelles mains l'avenir la con-

Ces articles produisirent une grande sensation et préparèrent certainement les voies au futur Président de la République.

Lors de son évasion du fort de Ham, le Prince Louis-Napoléon écrivit à Degeorge une lettre fort curieuse, dans laquelle il raconte d'une façon circonstanciée tous les détails de cette évasion.

Voici cette lettre, qui n'est pas inédite, mais qui, à notre connaissance, n'a jamais été imprimée dans aucun des recueils consacrés à la biographie du Prince, dont elle forme cependant un chapitre intéressant :

« Mon cher monsieur Degeorge,

« Le désir de revoir encore mon père sur cette terre
« m'a fait tenter l'entreprise la plus audacieuse que j'aie
« jamais tentée, et pour laquelle il m'a fallu plus de
« résolution et de courage qu'à Strasbourg et Boulogne ;
« car j'étais décidé à ne pas supporter le ridicule qui

« fiera-t-il ? Il y a peut-être inconvenance et manque de respect
« à soulever cette question en vous parlant. Peut-être aussi de
« vives sympathies donnent-elles ce droit. Je ne sais pas si
« votre infortune a des flatteurs ; je sais qu'elle mérite d'avoir
« des amis. Croyez qu'il faut plus d'audace aux esprits courageux
« pour vous dire la vérité aujourd'hui qu'il n'en eût fallu si
« vous eussiez triomphé. C'est notre habitude à nous démo-
« crates, de braver les puissants, et cela ne nous coûte guère,
« quel qu'en soit le danger ; mais devant un héros captif et
« un guerrier enchaîné nous ne sommes pas braves.
« Sachez-nous donc quelque gré, vous qui comprenez ces
« choses, de ce que nous voulons nous défendre des séductions
« que votre caractère, votre intelligence et votre situation exer-
« cent sur nous, et de ce que nous osons vous dire la vérité :
« C'est que jamais nous n'eussions reconnu d'autre souverain
« que le peuple, et que la souveraineté de tous nous paraîtra
« toujours incompatible avec celle d'un homme. Aucun miracle,
« aucune personnification du génie populaire dans un seul.
« Mais vous saviez cela, vous le saviez peut-être quand vous
« marchiez vers nous ; et nous, s'il eût fallu que nous fussions
« conquis, nous eussions préféré à toute autre une conquête
« qui eût ressemblé à une délivrance. Mais il nous eût fallu
« vous voir à l'épreuve, et, ce que vous ne saviez pas, c'est que
« les hommes longtemps trompés et opprimés ne s'éveillent pas
« dans un jour à la confiance ; la pureté de vos intentions eût
« été fatalement inconnue, et vous ne vous fussiez pas assis au
« milieu de nous sans en avoir à nous combattre et à nous ré-
« duire.

« s'attache à ceux qu'on arrête sous un déguisement, et
« un échec n'eût plus été supportable. Mais, enfin, voici
« les détails de mon évasion.

« Vous savez que le fort était gardé par quatre cents
« hommes, qui fournissaient une garde journalière de
« soixante soldats, qui étaient en sentinelle en dedans
« et en dehors du fort ; de plus, la porte de la prison
« était gardée par trois geôliers, dont deux étaient tou-
« jours en faction. Il fallait donc passer devant eux
« d'abord, puis traverser toute la cour intérieure,
« devant les fenêtres du commandant ; arrivé là, il fal-
« lait passer le guichet, où se trouvaient un soldat de
« planton et un sergent, un portier-consigné, une senti-
« nelle, et enfin un poste de trente hommes.

« N'ayant voulu établir aucune intelligence, il fallait

« Telle est l'inflexibilité des lois qui entraînent la France
« vers son but, que vous n'avez pas mission, vous, homme
« d'élite, de nous arracher à la tyrannie. Hélas ! vous devez souf-
« frir de cette pensée, autant qu'on souffre de l'envisager et de
« la dire, car vous méritiez de naître en des jours où vos rares
« qualités eussent pu faire votre gloire et notre bonheur.

« Mais il est une autre gloire que celle de l'épée, un autre
« ascendant que celui des faits. Vous le savez, maintenant que
« le calme du malheur vous a rendu toute votre sagesse, toute
« votre grandeur naturelle, et vous aspirez à n'être qu'un citoyen
« français ; c'est un assez beau rôle pour qui sait le comprendre.
« Vos préoccupations et vos écrits prouvent que nous aurions
« en vous un grand citoyen, si les ressentiments de la lutte pou-
« vaient s'éteindre, et si le règne de la liberté revient un jour
« guérir les outrageuses méfiances des hommes. Vous savez
« comme les lois de la guerre sont farouches et implacables,
« vous qui les avez courageusement affrontées et qui les subis-
« sez plus courageusement encore. Elles paraissent odieuses,
« quand on voit un homme tel que vous en être la victime.

« Eh bien ! là est votre gloire nouvelle, là sera votre gran-
« deur véritable. Le nom terrible et magnifique que vous portez
« n'eût pas suffi pour nous vaincre. Nous avons à la fois
« diminué et grandi depuis les jours d'ivresse sublime qu'il
« nous a donnés. Son règne illustre n'est plus de ce monde, et
« l'héritier de son nom, penché sur les livres, médite attendri
« sur le sort des prolétaires.

« Oui, c'est là votre gloire ! c'est un aliment sain qui ne
« corrompt point la sainte jeunesse et la haute grandeur de
« votre âme, comme l'eût fait peut-être l'exercice du pouvoir,
« malgré vous. Là serait le lien du cœur entre vous et les âmes
« républicaines que la France compte par millions aujourd'hui.

« Quant à moi, je ne connais pas le soupçon, et s'il dépen-
« dait de moi, après vous avoir lu, j'aurais foi en vos pro-

« naturellement un déguisement. Or, comme on faisait
« réparer plusieurs chambres du bâtiment que j'habitais,
« il était facile de prendre un costume d'ouvrier. Mon
« bon et fidèle Charles Thélin se procura une blouse et
« des sabots ; je coupai mes moustaches et je pris une
« planche sur mon épaule.

« Lundi matin, je vis les ouvriers entrer à six heures
« et demie. Lorsqu'ils furent à l'ouvrage, Charles leur
« porta à boire dans une chambre, afin de les détour-
« ner de dessus mon passage ; il devait aussi appeler
« un gardien en haut, tandis que le docteur Conneau
« conversait avec les autres.

« Cependant, à peine sorti de ma chambre, je fus
« accosté par un ouvrier qui me suivit, me prenant
« pour un de ses camarades ; au bas de l'escalier, je me
« trouvai nez à nez avec un gardien. Heureusement je lui
« mis la planche devant la figure, et je parvins dans la
« cour, tenant toujours la planche, devant les sentinelles
« et ceux que je rencontrai.

« En passant devant la première sentinelle, je laissai
« tomber ma pipe ; mais je m'arrêtai pour en ramasser
« les morceaux. Alors je rencontrai l'officier de garde,
« mais il lisait une lettre, et ne me remarqua pas. Les
« soldats au poste du guichet semblèrent étonnés de
« ma mise : le tambour surtout se retourna plusieurs
« fois. Cependant les plantons de garde ouvrirent la
« porte et je me trouvai en dehors de la forteresse ; là je
« rencontrai deux ouvriers qui venaient à ma rencontre
« et me regardèrent avec attention. Je mis alors ma
« planche de leur côté ; mais ils paraissaient si cu-

« messes, et j'ouvrirais la prison pour vous faire sortir, la main
« pour vous recevoir.

« Mais hélas ! ne vous faites pas d'illusions ! Ils sont tous
« inquiets et sombres autour de moi, ceux qui aspirent à des
« jours meilleurs ; vous ne les vaincrez que par les idées, par
« la vertu, par le sentiment démocratique sur la doctrine de
« l'égalité.

« Parlez-nous donc souvent de délivrance et d'affranchis-
« sement, noble captif ! Le peuple est comme vous dans les
« fers ; le Napoléon d'aujourd'hui est celui qui personnifie
« les douleurs du peuple, comme l'autre personnifiait ses
« gloires.

« Acceptez, Prince, l'expression de mes sentiments respectueux. »

« GEORGE SAND. »

« rieux, que je pensais ne pas pouvoir leur échapper,
« lorsque je les entendis s'écrier : « *Oh ! c'est Ber-*
« *thoud !*

« Une fois en dehors, je marchai avec promptitude
« vers la route de Saint-Quentin. Peu de temps après,
« Charles qui la veille avait retenu une voiture pour lui,
« me rejoignit et nous arrivâmes à Saint-Quentin.

« Je traversai la ville à pied, après avoir défait ma
« blouse.

« Charles s'était procuré une voiture de poste, sous
« le prétexte d'une course à Cambrai ; nous arrivâmes
« sans encombre à Valenciennes où je pris le chemin
« de fer. Je m'étais procuré un passe-port belge ; mais
« on ne me l'a demandé nulle part. Pendant ce temps-
« là, Conneau toujours si dévoué, restait en prison et
« faisait croire que j'étais malade, afin de me donner le
« temps de gagner la frontière. J'espère qu'il n'aura pas
« été maltraité : ce serait pour moi une bien grande
« douleur, vous le comprenez.

« Mais, mon cher monsieur Degeorge, si j'ai éprouvé
« un vif sentiment de joie lorsque je me sentis hors de
« la forteresse, j'éprouvai une bien triste impression en
« passant la frontière : il fallait, pour me décider à
« quitter la France, la certitude que jamais le gouver-
« nement ne me mettrait en liberté, si je ne consen-
« tais pas à me déshonorer : il fallait enfin que j'y fusse
« poussé par le désir de tenter tous les moyens pour
« consoler mon père dans sa vieillesse. Adieu, mon
« cher monsieur Degeorge. Quoique libre, je me sens
« bien malheureux. Recevez l'assurance de ma vive
« amitié, et, si vous le pouvez, tâchez d'être utile à
« mon bon Conneau.

« Louis-Napoléon »

En 1848 Frédéric Degeorge fut nommé commissaire de la République dans le Pas-de-Calais, et il fut envoyé à l'Assemblée constituante par 96,000 voix. Il vota toujours avec la gauche contre l'état de siège, contre la transportation et contre toutes les lois de répression si tristement accumulées par le gouvernement du général Cavaignac. Degeorge, entraîné par ses illusions qu'avaient fortifiées ses relations avec le Prince, fut un des rares républicains qui soutinrent la candidature de Louis-Napoléon à la présidence de la République. Ce concours fut d'ailleurs entièrement désintéressé. On lui fit offrir deux fois la préfecture du Pas-de-Calais, qu'il refusa. Il n'est pas besoin de dire que Degeorge n'avait pas pensé travailler pour une restauration impériale.

Ses illusions ne furent pas de longue durée, et tous les actes du Président de 1849 à 1851 les lui enlevèrent successivement. Le coup d'État lui porta un coup terrible. Son désespoir fut tel qu'il ébranla sa raison, fatiguée par des luttes incessantes. Degeorge devint fou. Il fallut le faire conduire dans une maison de santé à Paris. Il ne connaissait plus même sa femme, ni ses enfants, et tout entier à son idée fixe, il ne cessait de se livrer à de violentes récriminations contre l'auteur du coup d'État et contre les faits accomplis Il criait, insultait, s'emportait jusqu'à la rage, et avait des accès de folie furieuse.

Degeorge mourut le 22 juillet 1854, après une nuit d'agonie terrible. Son corps fut ramené à Arras où eurent lieu ses funérailles. Le jour de sa mort, le *Progrès du Pas-de-Calais* parut encadré de noir et contenant une courte notice, dans laquelle on remarquait cette phrase que le Prince Louis-Napoléon lui écrivait en 1843 : « Vous « êtes le seul journaliste indépendant. »

M. Lenglet, avocat à Arras, un de ses plus fidèles amis, prononça sur sa tombe un discours dans lequel il dit : « Peut-être eût-il pu acquérir des honneurs, de « l'argent, des dignités, mais il préféra ses souffrances, « et il mourut comme Caton du coup qui avait tué la « liberté. »

Dans le *Siècle* du dimanche 10 mai 1855, un autre des plus anciens amis de Degeorge, un de ses frères d'armes dans la lutte publique, Sarrans jeune, a consacré à sa mémoire une notice, qui se termine par ces lignes : « Quand « il vit toutes ses espérances s'effeuiller une à une, quand « le coup d'État de 1851 eut porté à sa raison, à son âme « honnête et droite, le plus cruel de tous les coups, il « mourut, le 22 juillet 1854. »

Un monument fut élevé à Degeorge par souscription. La souscription s'éleva au chiffre de 4,376 fr. 55 cent. *Un anonyme* avait souscrit pour 1,000 francs. Cette souscription était celle de Napoléon III.

Clichy. Impr. M. Loignon, Paul Dupont et Cie, rue du Bac-d'Asnières, 12.

www.ingramcontent.com/pod-product-compliance
Lightning Source LLC
Chambersburg PA
CBHW071105230426
43666CB00009B/1828